破局
数字化
转型

企业架构 + 落地故事 + AI应用

邓辉 ◎ 著

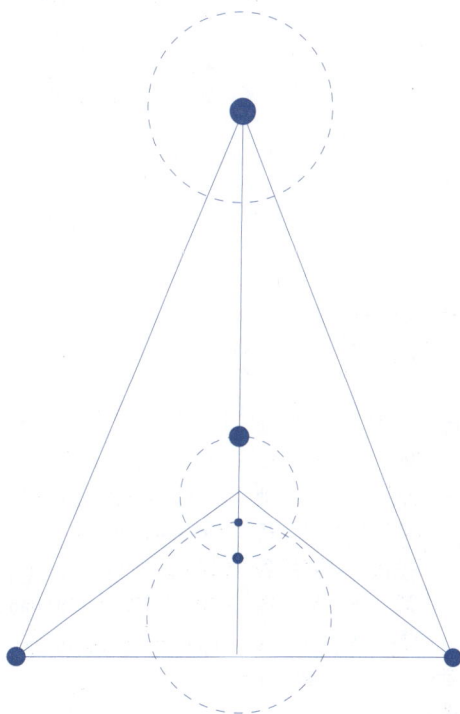

清华大学出版社
北京

内容简介

在数字化与 AI 深度融合的时代，本书聚焦于企业数字化转型的实际需求，系统地梳理了企业数字化建设的整体方法论和实践路径。本书分为"技术篇"和"故事篇"：技术篇（第 1～7 章）围绕 IT 管理、数字化战略规划、企业架构（涵盖业务架构、应用架构、数据架构和技术架构）与信息安全等关键领域，并结合 AI 相关技术，提出具体、可操作性的规划方案和实践建议；故事篇（第 8～13 章）则以一个虚构企业的数字化案例，展现企业从 0 到 1 进行数字化建设的全过程，深入剖析其面临的挑战与积累的经验。

无论企业规模大小或读者专业背景如何，本书均可为其提供数字化建设的全景视角、切实可行的方法论及丰富的案例参考，助力企业提升数字化和智能化水平，提高企业运营效率并支撑企业的持续发展。

本书适合企业管理者、CIO、业务与 IT 团队、IT 咨询顾问，以及希望进入数字化转型领域的从业者阅读。

图书在版编目（CIP）数据

破局数字化转型：企业架构+落地故事+AI应用 / 邓辉著.

北京：清华大学出版社，2025. 8. -- ISBN 978-7-302-70105-7

Ⅰ．F272.7

中国国家版本馆CIP数据核字第2025HT3598号

责任编辑：王中英
封面设计：杨玉兰
责任校对：徐俊伟
责任印制：沈　露

出版发行：清华大学出版社
网　　　　址：https://www.tup.com.cn，https://www.wqxuetang.com
地　　　　址：北京清华大学学研大厦A座　　　邮　编：100084
社　总　机：010-83470000　　　　　　　　邮　购：010-62786544
投稿与读者服务：010-62776969，c-service@tup.tsinghua.edu.cn
质　量　反　馈：010-62772015，zhiliang@tup.tsinghua.edu.cn
课　件　下　载：https://www.tup.com.cn，010-83470236
印　装　者：三河市铭诚印务有限公司
经　　销：全国新华书店
开　本：185mm×260mm　　　印　张：22.75　　　字　数：586千字
版　次：2025年9月第1版　　　印　次：2025年9月第1次印刷
定　价：99.00元

产品编号：109508-01

谨以此书献给我的父亲、母亲。

推荐语

数字化不仅是技术变革，更是企业迈向高效、敏捷和创新的必由之路。作者通过一套完整的数字化战略规划方法论和落地实践，为公司打造了坚实的 IT 平台。相信本书会对其他企业在数字化转型及拥抱智能时代的路上提供极有价值的借鉴。

柳玉平，深圳市汇顶科技股份有限公司总裁

当下中小企业在数字化进程中常面临诸多困境，如数字化程度不高、转型路径模糊、IT 团队力量薄弱等，而市面上能为它们提供实操参考的书籍却寥寥无几。本书的出现，恰好精准填补了这一空白。

书中"技术篇"系统梳理了企业 IT 管理、业务架构、应用架构、数据架构、技术架构及信息安全管理等核心框架，涵盖从架构设计到安全防护的全维度内容；"故事篇"则通过主人公在 XD 公司的经历，展现了 IT 规划、系统实施、架构变革等实际业务场景中的实践过程，提供了可直接借鉴的应用示例。

针对中小企业数字化"不会做、做不好"的困境，本书从架构管理到业务落地（如 IPD 集成产品开发、MTL & LTC 从市场到回款等流程），从安全框架到具体实施步骤（如管理体系、技术方案、安全运营等），全方位给出了切实可行的指引，将为广大中小企业点亮数字化转型之路。

对于正身处数字化转型迷雾中的中小企业而言，本书无疑是一位"实战向导"。它既有扎实的理论架构作为支撑，又有真实的企业实践案例作为参照，帮助企业在转型路上少走弯路、避开陷阱。无论你是企业管理者、IT 负责人，还是致力于推动企业数字化的实践者，都能从中获得启发。

吴明富，荣耀终端股份有限公司 CIO

中小企业应该向华为学什么？如何学？

华为经过二十多年的变革，逐步形成了以业务为导向，方向明确，协同高效的流程化组织运行方式，企业成为有巨大推进力量的前进机器。学习华为的经验，知易行难，最大的问题是不知道如何把理论与自身实践相结合。所以失败的多，成功的少。

本书作者既深刻理解华为的变革，也参与了华为的数字化转型，特别珍贵的是，作者亲自主导了一个中型高科技企业从 0 到 1 的数字化落地的过程，不仅专业功底深厚，且实战经验丰富，体会颇深。书中涵盖组织、业务、技术和安全的全维度内容，既有全局视野，又有切实可行的解决方案，还有结合 AI 在企业应用的实际场景，相信能对其他中小企业的 IT 建设带来帮助！

张贵生，华为技术有限公司高级顾问

在数字化与 AI 深度融合的时代，本书针对"数字化经验难复制"的痛点，既构建了从 0 到 1 的数字化建设框架，又阐释了 AI 与数字化的协同逻辑，为企业数字化提供清晰的建设路径和指导建议。

蒋炜，上海交通大学深圳行业研究院首席科学家

企业 IT 建设是一项系统工程，企业架构是企业 IT 建设的指南。本书以浅显易懂的语言、深入浅出的实践案例和生动的故事，系统地对企业 IT 建设进行了多维度的描述，为在迷雾中探索的中小企业 IT 工作者提供了可操作的指导，推荐大家仔细阅读并参考实践。邓辉结合多年企业 IT 管理和落地实践经验，对企业架构进行了适合中小企业的简化，剔除烦琐冗杂之处，使其更易于中小企业实际落地。

刘亮，长安汽车变革与效率部常务副总经理，数字化总工程师

本书分为"技术篇"和"故事篇"，"技术篇"涵盖企业 IT 管理、业务架构、应用架构等多维度核心内容，系统梳理相关框架与管理要点，还展望了 AI 在企业的应用场景；"故事篇"充分展现了企业多次的 IT 规划、系统实施过程管控的重要性，深刻传递出数字化的本质——以技术赋能业务，精准解决研发、销售、供应链等各领域的实际问题，为企业数字化转型提供非常有价值的参考。

张其明，紫光展锐（上海）科技股份有限公司副总裁

在企业 IT 管理书籍汗牛充栋的今天，此书的问世令人耳目一新。它并非理论的空泛说教，而是实践的生动复盘。书中不仅系统性地梳理了从组织架构、企业架构、信息安全到数

据、AI 等 IT 管理的全景知识，更独辟蹊径地以"故事篇"的形式，将作者团队十余年一线实战的智慧结晶融入引人入胜的情节之中。这种"理论＋故事"的双螺旋结构，打破了知与行的壁垒，让读者在沉浸式阅读中洞悉真谛，轻松地将所学付诸实践。无论是管理者、架构师还是工程师，在职业生涯的任何阶段品读此书，都将获得宝贵的启迪与力量。

陈耿，Google Cloud 资深架构师，《开源容器云 OpenShift》

《深入浅出 Serverless》作者

本书的作者在华为 IT 部门工作多年，拥有深厚的技术积淀、完整的理论框架和高维的战略视野，此后在一家著名芯片企业带领团队实施了完整的企业数字化转型，由此形成了理论、实践与业务的深度融合，可以说本书是其多年最佳实践的深度总结，实现了方法论与落地实施的完美统一。

本书最令人称道之处在于其"授人以渔"的深层价值。作者深谙"方法论先行"的真谛，前半部分精心构建了一个清晰的方法论框架，后半部分则通过一个个生动的故事，讲述从零开始实施数字化转型的过程。书中案例具备极强的实践性和参考意义，而且没有避讳数字化实施过程中的失败案例，可以给读者带来有益启示。

孙泽民，深圳英飞源技术有限公司董事长助理兼 CIO

前言

➲ 为什么写这本书

在当今数字化的时代，信息技术（IT）已成为企业生存与发展的重要支柱。它不仅是企业实现高效运营和创新的关键手段，还是企业迈向数字化和智能化的重要武器。正如华为的任正非先生在内部讲话中多次提到的，"企业管理的目标是流程化的组织建设"，而 IT 恰恰是实现这一目标的关键手段。通过重塑业务流程和 IT 系统建设，能够更好地将企业的管理要求落实到位，从而推动企业的管理水平不断进步。

然而，面对瞬息万变的技术环境与复杂多样的业务需求，如何有效地进行企业 IT 建设，特别是执行全面而实际的数字化转型，依然是困扰许多公司的难题。

目前，市场上的 IT 建设书籍种类繁多，涵盖网络建设、企业资源计划（ERP）、生命周期管理（PLM）等系统建设，以及企业信息安全管理等各个专业领域，还有强调公司战略发展的数字化转型方法论。然而，这些书籍要么深入具体领域，缺乏全局视野；要么高屋建瓴，缺少具体的落地经验和可操作的指导方案。另外，许多案例出自全球 500 强或行业巨头，其转型经验和模式并不完全适用于绝大多数中小企业。因此，我决定编写本书，希望帮助大多数企业的 IT 团队，为他们提供数字化转型的具体规划和实施方案，帮助他们少走弯路，此即我编写本书的初衷。

作为 IT 同行，我希望这本书不仅能为企业的 IT 管理者和技术团队提供专业的知识和实用的建议，还能激发大家在数字化转型中的创新思维。但由于本人所在行业、知识和经验的局限性，书中不足之处在所难免，望读者批评指正。

➲ 本书主要特点

本书的意义不仅在于帮助企业从战略高度理解、从业务发展角度分析和规划 IT 建设，更在于为读者提供一套完备、实用的数字化转型指南，通过细致的规划和建设 IT 架构，为企业打造一个高效、可扩展的数字化平台。这不仅有助于提升企业运营效率、降低成本，还能通过优化和创新业务流程，使得企业更敏捷地响应市场变化，实现战略发展目标，从而提升企业的综合竞争力。

本书具有以下 3 个特点：

- **提炼了通用和全面的数字化蓝图**：本书不针对特定行业或单一业务领域，而是围绕业务变革、流程建设、应用系统、IT 基础架构和信息安全管理，提供一套通用、立体、全面的视图，提炼出通用的企业数字化整体架构蓝图。

- **直击痛点，提供数字化转型方案与思路**：不赘述数字化转型方法论，而是针对企业数字化建设的常见痛点问题，提供浅显易懂的方案与思路，如 IT 组织管理、流程及规范化管理、企业架构管理等具体实践和思路。

- **通过故事，讲述从 0 到 1 的数字化建设路径**：对于大多数的中小型企业的 IT 从业者，如何通过全局性思维和概括性框架去构建自己企业的数字化平台？为了更好地帮助读者实践，本书"故事篇"通过故事的形式，从 IT 初期建设碰到的问题开始，一步步呈现一家企业数字化建设过程中的重点方案与设计思路，展示了一个可供参考的从 0 到 1 的数字化建设路径。

⊃ 本书适用读者

本书不仅适用于企业中需要理解和掌控整体数字化战略的 CEO 和 CIO，也适用于企业内部的业务人员、IT 人员，以及从事 IT 咨询和实施的顾问。他们可以借鉴书中的数字化转型方法论和实践经验，助力企业数字化转型。同时，希望刚进入 IT 和数字化转型领域的从业人员也能从本书中获得启发和指导。无论读者的专业背景是什么，只要对企业数字化转型感兴趣并期望有所收获，本书或能提供有价值的信息和相关经验。

⊃ 本书主要内容

本书分为两部分——"技术篇"和"故事篇"。"技术篇"系统而详尽地阐述企业 IT 建设的各个关键环节，覆盖组织、管理和流程，以及企业架构之四个架构的建设方法和实施过程，并兼顾公司信息安全管理等内容，力求为企业 IT 的数字化转型提供体系化与实用性的指导。"故事篇"则通过讲述一个个生动的案例，描绘一个企业的数字化转型的实践历程，深入剖析其中的成功经验与失败教训，为读者在未来的 IT 建设过程中提供参考和借鉴。另外，本书还总结了 AI（Artificial Intelligence，人工智能）技术在企业内部的典型应用场景。这些场景有助于提升企业的工作效率，助力企业迈向更加智能化的未来。

本书将围绕 IT 的组织与管理、业务架构、应用架构、技术架构、数据架构及信息安全管理等多个维度展开。考虑到大多数企业的需求和阅读体验，本书在每个章节并未力求详尽，而是着力于解决大部分读者关心和可能遇到的关键业务领域的问题。

技术篇包括第 1 ～ 7 章，涵盖以下主要内容：

- **企业 IT 管理概述**：企业 IT 的科学管理是数字化转型的基石。在本书第 1 章，将探讨企业 IT 定位、IT 组织架构与管理、企业架构管理及信息安全管理等内容。企业 IT 部门的定位不仅仅是被动响应业务诉求，更要主动服务于当前业务，最重要的是通过科学的管理方法和流程优化，支撑企业长期的业务发展和逐步提升公司的运营效率。除此之外，数字化转型的价值还在于，可以利用数据辅助公司决策，甚至为公司提供新的营销模式和开展新的商业模式。本章还介绍企业架构管理方法论，以及基于企业架构蓝图的 IT 规划路径。

- **业务架构管理**：业务架构作为数字化转型的核心内容之一，需要在变革管理、流程优化和业务整合方面进行全面规划。本章将深入探讨 IPD（集成产品开发）、MTL（从市场到线索）& LTC（从线索到回款）、ITR（从问题到解决）、ISC（集成供应链）、DSTE（从战略开发到执行）等业务架构的设计和实施。通过这些内容，读者将理解如何利用业务架构的梳理来提高公司整体运营效率，不断提升企业竞争力，从而帮助企业实现业务目标。

- **应用架构管理**：本章将详细介绍 CRM（客户关系管理）、PLM（产品生命周期管理）、供应链管理系统、财务管理系统、人力资源管理系统、统一 Portal 等多个系统的实施与管理。应用架构不仅要满足业务需求，还要具备灵活扩展和组件化的能力，以适应未来不断变化的环境。本章将着重对应用架构设计方案、实施过程中的重难点及相关注意事项进行展开，希望能给读者提供参考和借鉴。

- **数据架构管理**：数据已成为企业最重要的资产之一，如何进行有效的数据治理和保障数据安全，是每个企业都必须面对的难题。本章将探讨数据治理体系、数据架构建设、数据应用及数据管理的 IT 系统等内容。随着人工智能的兴起，数据的价值将更加显著，不仅在于提供传统的数据分析报表，还在于 AI 在数据应用中的多种创新，如大幅提升运营决策效率和风险预测能力。

- **技术架构管理**：技术架构是 IT 建设过程中的技术基石，涉及 IaaS（基础设施即服务）、PaaS（平台即服务）等多种 IT 技术。本章将详细解读数据中心、网络设备、存储、服务器虚拟化、容器等基础设施的建设和运维，还会介绍负载均衡、数据库、基础办公平台、运维自动化和通用开发平台的建设关键要点，帮助 IT 团队从技术层面构建健壮且高效的 IT 环境。

- **信息安全管理**：本章会深入解析信息安全管理原则、信息安全管理体系、信息安全管控策略、终端安全管理、网络安全防护和数据安全防护等具体实施方案，帮助企业构建全面的信息安全防护体系。同时，本章还会介绍如何构建高效的信息安全运营中心（SOC），通过对安全事件的实时监测、快速响应与持续改进，以确保企业在面对复杂多变的安全威胁时，能够快速而有效地进行防护和应对。另外，在本章最后还提供了"信息安全建议与心得"，通过全面而系统的安全管理实践，企业将全面提升信息安全防护能力，从而保障业务的连续性与数据的安全性。

- **展望未来**：现在已经是全民 AI 的时代，AI 正在逐步成为企业发展的核心工具，AI 技术为数字化转型带来了无限可能与变革机会。本章展望了 AI 在企业中的具体应用场景，如 AI 助理、业务赋能、风险预警和全面智能化运营等场景，帮助企业实现更加智慧、高效和创新的发展。

故事篇包括第 8 ～ 13 章，为了让理论与实践更紧密地结合，本书特别设置了"故事篇"。通过生动具体的案例，还原了一个企业从 0 到 1 的 IT 建设与数字化转型之旅。从初入企业的"一穷二白"的 IT 状况，再历经 4 次 IT 规划，支撑公司几次快速成长与扩张，使得 IT 成为公司最重要的平台能力之一。通过这些真实的故事，读者可以更全面地了解每个项目面临的挑战和对应的解决之道。此外，每个案例还配有关键的实施步骤和经验总结，帮助读者更好地理解数字化转型的关键要素与难点。

随着 AI 技术的发展，尤其在 DeepSeek 发布了国内首个开源推理模型后，国内甚至是全球各行各业都进入了 AI 时代，部分观点认为传统的 IT 架构将全面被颠覆，甚至提出"跳过数字化转型直接建设 AI"的激进主张。那么，传统的 IT 架构是否都被颠覆了？企业的数字化转型是否已经落伍了？我们是否直接引入 AI 就行了？甚至只需要在公司内部部署一套 DeepSeek 就足够了？

答案显然是否定的。AI 并非是数字化转型的替代品，而是数字化转型的关键驱动力，能极大地促进企业数字化转型的进程，正如业界提出的"AI + X"理念，即通过 AI 赋能，全面提升公司的运营效率和综合竞争力。要实现 AI 工具在企业内部价值的最大化，需满足以下两个关键前提：

- **高质量的数据**：包括结构化（如 ERP、CRM、PLM 系统数据）和非结构化数据（如研发文档、合同、技术手册、设备日志数据等），AI 借助这些数据，对模型进行微调，或利用 RAG（Retrieval-Augmented Generation，检索增强生成）、ChatBI 等技术，才能真正挖掘出企业数据这一"燃料"的潜在价值。如果数据质量不高，甚至是错误的数据，那么 AI 提供的结果也是不可靠的。

- **完善的 IT 架构**：高效、完善的 IT 架构是 AI 运行的核心载体，也是保障企业价值最大化的必备条件。一方面，强健的 IT 架构可保障大模型及 AI Agent 的高效运行及数据隐私安全；另一方面，企业通过 IT 系统进行规范化管理和运作，不但可以积累全面且高质量的数据，而且可以将 IT 系统配合 AI 工具发挥出更大的价值。另外，完善的 IT 架构还能帮助企业识别和分析运作过程中的重复性活动或低效环节，借助 AI 工具的自动化能力，大幅提升整体运营效率。

如果企业在上述两个方面准备不足，仅依赖部署某个大模型或 AI 工具，往往难以达到预期效果。因此，为了充分发挥 AI 的价值，本书将在多个章节中结合企业实际场景，穿插介绍适用的 AI 应用案例，以给读者借鉴或启发。

⊃ 致谢

非常感谢华为公司高级顾问张贵生前辈对本书的多次指点，为本书提供了非常宝贵的指导意见。

在此感谢张帆、柳玉平、郭峰伟、叶金春等领导一直以来的指导、支持和帮助，感谢我多年的合作伙伴梁勇、金明华、莫输、汤鹏飞和郑张兵为本书中的业务架构、应用架构、技术架构和信息安全管理方面提供了非常重要的信息及建议。

感谢我的同学黄玉建、单红坤、刘果、陈琛、邓义鹏、李萌等在我开始编写本书（发布在公众号"被摧残的 IT 人生"的内容）时的鼓励与支持。

尤其感谢清华大学出版社的王中英老师对本书的多次指导，使得本书在结构和内容上更加完善和流畅。

在我编写本书的过程中，家人给了我无限的理解和支持，让我有了坚持下去的动力！

最后，感谢支持我的粉丝们和 IT 同行，是他们的鼓励促使我出版此书，祝愿每一位 IT 从业者通过系统的规划与实施，都能在数字化转型的道路上取得令人瞩目的成就，为企业的创新与发展贡献独特的价值。

邓辉

2025 年 7 月

目录

技术篇

第1章 企业 IT 管理概述 ·· 2

1.1 IT 定位 ·· 2
   1.1.1 IT 管理中的困惑 ··· 2
   1.1.2 IT 组织的现状 ·· 3
   1.1.3 IT 部门的价值 ·· 4
1.2 IT 组织架构与管理 ·· 6
   1.2.1 常见 IT 部门的组织架构形态 ··· 6
   1.2.2 IT 部门组织架构详述 ··· 7
   1.2.3 IT 管理流程 ·· 8
   1.2.4 IT 知识管理 ·· 9
1.3 企业架构管理 ··· 10
   1.3.1 业务架构管理 ··· 12
   1.3.2 应用架构管理 ··· 24
   1.3.3 技术架构管理 ··· 37
   1.3.4 数据架构管理 ··· 43
   1.3.5 IT 部门应该如何做规划 ·· 43
1.4 信息安全管理 ··· 46

第2章 业务架构管理 ·· 48

2.1 业务流程架构概述 ·· 48
   2.1.1 业务流程架构设计的原则 ·· 48
   2.1.2 业务流程架构设计 ··· 50
2.2 IPD（集成产品开发） ·· 53
   2.2.1 IPD 架构 ·· 53
   2.2.2 需求管理 ·· 54
   2.2.3 产品开发 ·· 57
   2.2.4 生命周期管理 ··· 65
   2.2.5 技术规划 & 技术开发 ·· 66
2.3 MTL & LTC（从市场到回款） ·· 68
   2.3.1 MTL & LTC 架构 ·· 68
   2.3.2 MTL（从市场到线索） ··· 70
   2.3.3 管理线索（从线索到商机 LTO） ······································ 74
   2.3.4 管理商机（从商机到订单 OTO） ······································ 75

2.3.5 管理合同执行（从订单到回款 OTC） ·········· 76

2.4 ITR（从问题到解决） ·················· 77
2.4.1 ITR 架构 ·················· 78
2.4.2 问题与服务请求受理 ·················· 78
2.4.3 处理分配 ·················· 79
2.4.4 制订解决方案并处理 ·················· 79
2.4.5 经验总结与预防 ·················· 80
2.4.6 根因分析并关闭问题 ·················· 81

2.5 ISC（集成供应链） ·················· 81
2.5.1 ISC 架构 ·················· 82
2.5.2 计划 ·················· 83
2.5.3 采购 ·················· 86
2.5.4 生产 ·················· 87
2.5.5 配送 ·················· 88
2.5.6 退货 ·················· 89
2.5.7 供应链使能流程 ·················· 91

2.6 DSTE（从战略开发到执行） ·················· 91
2.6.1 DSTE 架构 ·················· 92
2.6.2 战略规划 ·················· 93
2.6.3 战略解码 ·················· 94
2.6.4 战略执行与监控 ·················· 95
2.6.5 战略评估 ·················· 96

2.7 支撑流程 ·················· 97
2.7.1 管理人力资源 ·················· 97
2.7.2 管理财务 ·················· 98
2.7.3 管理基础支撑 ·················· 98

第3章 应用架构管理 ·················· 100

3.1 应用架构概述 ·················· 100
3.1.1 企业通用应用架构 ·················· 100
3.1.2 企业 IT 系统的规划建议 ·················· 102
3.1.3 人员分工 ·················· 103

3.2 CRM ·················· 103
3.2.1 营销管理 ·················· 104
3.2.2 客户管理 ·················· 108
3.2.3 商机管理 ·················· 111
3.2.4 运营管理 ·················· 116
3.2.5 服务管理 ·················· 117
3.2.6 渠道管理 ·················· 119
3.2.7 系统集成 ·················· 120

3.3 PLM ·················· 121
3.3.1 产品基本信息 ·················· 124
3.3.2 产品规划 ·················· 128
3.3.3 产品数据管理 ·················· 130
3.3.4 外部集成与数据协同 ·················· 138

3.3.5 变更管理 ⋯⋯⋯⋯⋯⋯⋯⋯⋯⋯⋯⋯⋯⋯⋯⋯⋯⋯ 140

3.3.6 项目管理 ⋯⋯⋯⋯⋯⋯⋯⋯⋯⋯⋯⋯⋯⋯⋯⋯⋯⋯ 142

3.4 供应链管理系统 ⋯⋯⋯⋯⋯⋯⋯⋯⋯⋯⋯⋯⋯⋯⋯⋯⋯⋯ 146

3.4.1 供应链管理系统应用架构 ⋯⋯⋯⋯⋯⋯⋯⋯⋯⋯ 147

3.4.2 需求管理 ⋯⋯⋯⋯⋯⋯⋯⋯⋯⋯⋯⋯⋯⋯⋯⋯⋯⋯ 148

3.4.3 计划管理 ⋯⋯⋯⋯⋯⋯⋯⋯⋯⋯⋯⋯⋯⋯⋯⋯⋯⋯ 151

3.4.4 采购管理 ⋯⋯⋯⋯⋯⋯⋯⋯⋯⋯⋯⋯⋯⋯⋯⋯⋯⋯ 157

3.4.5 供应商协同 ⋯⋯⋯⋯⋯⋯⋯⋯⋯⋯⋯⋯⋯⋯⋯⋯⋯ 161

3.5 财务管理系统 ⋯⋯⋯⋯⋯⋯⋯⋯⋯⋯⋯⋯⋯⋯⋯⋯⋯⋯⋯ 166

3.5.1 会计管理 ⋯⋯⋯⋯⋯⋯⋯⋯⋯⋯⋯⋯⋯⋯⋯⋯⋯⋯ 167

3.5.2 预算管理 ⋯⋯⋯⋯⋯⋯⋯⋯⋯⋯⋯⋯⋯⋯⋯⋯⋯⋯ 172

3.5.3 资金管理 ⋯⋯⋯⋯⋯⋯⋯⋯⋯⋯⋯⋯⋯⋯⋯⋯⋯⋯ 177

3.5.4 税务管理 ⋯⋯⋯⋯⋯⋯⋯⋯⋯⋯⋯⋯⋯⋯⋯⋯⋯⋯ 178

3.5.5 如何建设财务共享中心 ⋯⋯⋯⋯⋯⋯⋯⋯⋯⋯⋯ 180

3.6 人力资源管理系统 ⋯⋯⋯⋯⋯⋯⋯⋯⋯⋯⋯⋯⋯⋯⋯⋯⋯ 181

3.6.1 人力资源管理整体架构 ⋯⋯⋯⋯⋯⋯⋯⋯⋯⋯⋯ 181

3.6.2 人力资源管理模块集成图 ⋯⋯⋯⋯⋯⋯⋯⋯⋯⋯ 181

3.6.3 建议实施步骤和注意事项 ⋯⋯⋯⋯⋯⋯⋯⋯⋯⋯ 182

3.7 统一 Portal ⋯⋯⋯⋯⋯⋯⋯⋯⋯⋯⋯⋯⋯⋯⋯⋯⋯⋯⋯⋯ 184

3.7.1 PC 端 ⋯⋯⋯⋯⋯⋯⋯⋯⋯⋯⋯⋯⋯⋯⋯⋯⋯⋯⋯ 184

3.7.2 移动端 ⋯⋯⋯⋯⋯⋯⋯⋯⋯⋯⋯⋯⋯⋯⋯⋯⋯⋯⋯ 185

第 4 章 数据架构管理 ⋯⋯⋯⋯⋯⋯⋯⋯⋯⋯⋯⋯⋯⋯⋯⋯⋯⋯⋯ 186

4.1 数据治理体系 ⋯⋯⋯⋯⋯⋯⋯⋯⋯⋯⋯⋯⋯⋯⋯⋯⋯⋯⋯ 186

4.1.1 基于业务流的综合治理 ⋯⋯⋯⋯⋯⋯⋯⋯⋯⋯⋯ 187

4.1.2 数据架构治理的内容 ⋯⋯⋯⋯⋯⋯⋯⋯⋯⋯⋯⋯ 188

4.1.3 政策制度设计 ⋯⋯⋯⋯⋯⋯⋯⋯⋯⋯⋯⋯⋯⋯⋯ 188

4.1.4 流程与组织设计 ⋯⋯⋯⋯⋯⋯⋯⋯⋯⋯⋯⋯⋯⋯ 188

4.1.5 IT 系统承载 ⋯⋯⋯⋯⋯⋯⋯⋯⋯⋯⋯⋯⋯⋯⋯⋯ 189

4.2 数据架构建设 ⋯⋯⋯⋯⋯⋯⋯⋯⋯⋯⋯⋯⋯⋯⋯⋯⋯⋯⋯ 189

4.2.1 数据资产目录 ⋯⋯⋯⋯⋯⋯⋯⋯⋯⋯⋯⋯⋯⋯⋯ 189

4.2.2 数据标准 ⋯⋯⋯⋯⋯⋯⋯⋯⋯⋯⋯⋯⋯⋯⋯⋯⋯⋯ 193

4.2.3 数据模型 ⋯⋯⋯⋯⋯⋯⋯⋯⋯⋯⋯⋯⋯⋯⋯⋯⋯⋯ 194

4.2.4 数据分布 ⋯⋯⋯⋯⋯⋯⋯⋯⋯⋯⋯⋯⋯⋯⋯⋯⋯⋯ 195

4.3 数据应用 ⋯⋯⋯⋯⋯⋯⋯⋯⋯⋯⋯⋯⋯⋯⋯⋯⋯⋯⋯⋯⋯ 196

4.3.1 数据应用概述 ⋯⋯⋯⋯⋯⋯⋯⋯⋯⋯⋯⋯⋯⋯⋯ 196

4.3.2 报表的思路设计 ⋯⋯⋯⋯⋯⋯⋯⋯⋯⋯⋯⋯⋯⋯ 196

4.3.3 数据共享 ⋯⋯⋯⋯⋯⋯⋯⋯⋯⋯⋯⋯⋯⋯⋯⋯⋯⋯ 198

4.3.4 数据的 AI 应用场景 ⋯⋯⋯⋯⋯⋯⋯⋯⋯⋯⋯⋯ 199

4.4 数据管理的 IT 系统 ⋯⋯⋯⋯⋯⋯⋯⋯⋯⋯⋯⋯⋯⋯⋯⋯ 200

4.4.1 数据管理技术 ⋯⋯⋯⋯⋯⋯⋯⋯⋯⋯⋯⋯⋯⋯⋯ 200

4.4.2 数据管理系统 ⋯⋯⋯⋯⋯⋯⋯⋯⋯⋯⋯⋯⋯⋯⋯ 201

4.5 总结与建议 ⋯⋯⋯⋯⋯⋯⋯⋯⋯⋯⋯⋯⋯⋯⋯⋯⋯⋯⋯⋯ 202

第 5 章　技术架构管理 ·········· **203**

5.1　技术架构概论 ·········· 203

5.2　IaaS ·········· 204

　　5.2.1　数据中心 ·········· 205

　　5.2.2　网络设备 ·········· 207

　　5.2.3　存储 ·········· 211

　　5.2.4　服务器虚拟化 ·········· 214

　　5.2.5　容器 ·········· 216

5.3　PaaS ·········· 218

　　5.3.1　负载均衡 ·········· 218

　　5.3.2　数据库 ·········· 219

　　5.3.3　基础办公平台 ·········· 220

　　5.3.4　桌面云 ·········· 222

　　5.3.5　运维自动化 ·········· 223

　　5.3.6　通用开发平台 ·········· 226

5.4　总结与建议 ·········· 229

第 6 章　信息安全管理 ·········· **231**

6.1　信息安全管理原则 ·········· 232

　　6.1.1　CIA 三元组 ·········· 232

　　6.1.2　AAA ·········· 233

6.2　信息安全管理体系 ·········· 233

　　6.2.1　信息安全管理制度和流程 ·········· 233

　　6.2.2　ISO 27001 体系 ·········· 236

　　6.2.3　组织与职责 ·········· 236

6.3　信息安全管控策略 ·········· 238

　　6.3.1　数据分级 ·········· 238

　　6.3.2　区域划分 ·········· 238

　　6.3.3　保护机制 ·········· 239

　　6.3.4　密码策略 ·········· 240

　　6.3.5　变更管理 ·········· 240

6.4　终端安全管理 ·········· 241

　　6.4.1　终端安全策略管理 ·········· 241

　　6.4.2　操作系统安全管理 ·········· 244

6.5　网络安全防护 ·········· 245

　　6.5.1　威胁类型介绍 ·········· 246

　　6.5.2　信息安全产品介绍 ·········· 250

　　6.5.3　防御体系建设 ·········· 252

　　6.5.4　网络安全典型应用场景 ·········· 256

6.6　数据安全防护 ·········· 258

　　6.6.1　数据加密 ·········· 258

　　6.6.2　数据备份与恢复 ·········· 259

　　6.6.3　数据隔离与脱敏 ·········· 261

　　6.6.4　数据防泄露 ·········· 263

　　6.6.5　数据传递 ·········· 265

6.7 信息安全运营 ·· 266

    6.7.1 安全审计与监控 ·· 266

    6.7.2 事件响应与持续改进 ·· 267

    6.7.3 漏洞管理 ·· 268

    6.7.4 宣传培训 ·· 268

    6.7.5 SOC 平台建设 ·· 269

6.8 信息安全建议与心得 ·· 270

    6.8.1 信息安全体系建设（组织、制度、流程） ················ 270

    6.8.2 终端安全管控 ·· 270

    6.8.3 网络安全之准入 ·· 271

    6.8.4 网络安全之 Internet 出口 ·· 271

    6.8.5 网络安全之服务器 ··· 272

    6.8.6 网络安全之应用 ·· 272

    6.8.7 网络安全之邮件 ·· 272

    6.8.8 数据安全防护措施 ··· 273

第 7 章 展望未来——AI 时代的数字化转型   **274**

7.1 未来已来 ·· 274

7.2 AI 能为企业创造核心价值的领域 ···································· 274

故事篇

第 8 章 故事从这里开始   **278**

8.1 主人公介绍 ··· 278

8.2 初入 XD 公司 ·· 279

第 9 章 第一次 IT 规划   **280**

9.1 IT 选型制度 ··· 282

9.2 网络必须整改 ·· 283

9.3 OA 选型及实施 ·· 285

9.4 IPD 变革前序 ·· 288

9.5 IPD 变革 ·· 289

    9.5.1 松土培训 ·· 289

    9.5.2 现状诊断 ·· 290

    9.5.3 IPD 开发主流程 ··· 291

    9.5.4 IPD 支撑流程 ·· 294

9.6 IPD 系统实施 ·· 296

    9.6.1 项目准备 ·· 296

    9.6.2 PLM 产品与服务商选型 ·· 298

    9.6.3 PLM 系统实施 ·· 301

9.7 邮件之殇 ·· 301

第 10 章　第二次 IT 规划 · **303**

　　10.1　信息安全 1.0 之体系建立 · 305

　　10.2　信息安全 1.0 之技术建设 · 305

　　10.3　CRM 夭折 · 306

　　　　10.3.1　业务梳理 · 306

　　　　10.3.2　项目终止 · 308

　　10.4　轰轰烈烈的 ERP 之业务架构梳理 · 309

　　10.5　轰轰烈烈的 ERP 之系统实施 · 310

　　　　10.5.1　项目准备 · 310

　　　　10.5.2　项目启动 · 311

　　　　10.5.3　项目上线 · 312

　　10.6　并购之路 · 313

　　　　10.6.1　系统改造 · 315

　　　　10.6.2　R&D 环境迁移 · 317

　　　　10.6.3　基础架构整合 · 319

第 11 章　第三次 IT 规划 · **320**

　　11.1　黑客来袭 · 321

　　11.2　信息安全 2.0 · 322

　　　　11.2.1　信息安全 2.0 之重新出发 · 322

　　　　11.2.2　信息安全 2.0 之高效运营 · 324

　　11.3　LTC 第二季——业务架构揭秘 · 326

　　11.4　CRM 卷土重来——系统实施的逆风翻盘 · 328

　　11.5　未来运维——XD 公司的自动化运维转型 · 329

第 12 章　第四次 IT 规划——AI 已来 · **332**

　　12.1　战略规划——DSTE · 334

　　12.2　战略落地的抓手——MTL · 336

　　12.3　全面预算管理之旅 · 337

　　12.4　数据中台建设与实践——AI 辅助决策 · 338

　　12.5　运营指标自动化监控 · 340

第 13 章　结尾 · **342**

附录 A　缩略语 · **343**

技术篇

第 1 章　企业 IT 管理概述

每个企业都有自己的 IT 部门，该部门的负责人，在业界常被称为 CIO（Chief Information Officer，首席信息官）。然而，每家企业因行业特性和发展阶段不同，对 IT 部门的要求也不尽相同。实际上，每个 CIO 都希望 IT 部门的定位不仅仅是被动响应业务诉求，更要主动服务于业务，最重要的是通过科学的管理方法和流程优化，支撑企业长期的业务发展，并逐步提升公司的运营效率。数字化转型已经被提了很多年，除了上述的 IT 价值，数字化转型还可以利用数据来辅助公司决策，为公司提供新的营销模式，甚至是新的商业模式。

本章不涉及具体的 IT 架构方案和技术细节，主要是为了概述 IT 管理的全貌，以及整个 IT 领域的通用管理方法和最佳实践。本章作为本书的开篇，会针对企业 IT 定位、IT 组织架构与管理，以及企业架构管理、信息安全管理等方面，重点介绍其中的管理方法，在后续的章节中会陆续展开每个领域的技术方案细节。

在整个 IT 管理过程中，IT 规划是必不可少的内容。在 1.3.5 节，专门介绍了 IT 部门的愿景、架构蓝图，以及 IT 部门规划的方法论。至于 IT 规划的参考案例，会在"故事篇"中有详述。

1.1　IT 定位

IT 是 Information Technology（信息技术）的缩写，因其使用的目的、范围、层次不同而有着不同的理解。本书所讨论的 IT，特指企业内部的 IT 部门及相关职责范围，并非泛指的 IT 行业。

在企业发展的不同阶段，企业内部的 IT 部门的作用和定位也不尽相同。由于企业的行业、规模及管理理念等的不同，IT 部门遇到的问题也有着巨大差异。

⊃ 1.1.1　IT 管理中的困惑

不管是公司所属的行业和规模，还是 IT 组织本身的大小，在日常管理中，应该都遇到过如下类似的问题：

- IT 部门就是修修计算机，弄弄网络。
- 用户问题频发，IT 人员应接不暇，用户满意度差。
- 业务部门对 IT 系统的需求总是改来改去，多个部门的需求冲突也无人决策。
- 流程制度尚未明确，IT 系统早已被修改得面目全非，还要被用户抱怨 IT 系统有 Bug。
- 系统数据与实际业务不符，IT 部门常常为业务部门修改数据。
- IT 部门预算紧张，无法满足用户要求。
- 安全和效率冲突，用户抱怨信息安全管控策略太严。
- ……

无论是作为 IT 部门的管理者，还是 IT 部门内部的员工，或多或少都会感到失落和尴尬。我们经常产生疑问，是不是每家企业的 IT 部门遇到的问题都是类似的呢？

◯ 1.1.2　IT 组织的现状

伴随着公司的发展和业务需要，企业内部的 IT 部门通常要经历如下 4 个阶段。

1. IT 部门作为基础支撑部门初现

在公司创建之初，大部分公司是缺少 IT 部门的，业务的需求也只是搭建服务器和基础网络，因此，大部分企业会招聘 1 个 IT 人员，甚至让某个员工兼职负责 IT 相关事务。随着公司各个部门逐渐完善，内部分工逐渐明确，此时，IT 部门才会作为一个独立的基础支撑部门存在。

IT 部门主要是负责 IT 的基础架构，包括基础网络、服务器存储、邮件系统等。在这个阶段，大多数企业不会先构建 IT 系统，因为在这个阶段，管理者可以清楚地知道每个阶段的经营情况、人员分工和绩效情况，并且非常容易管控每个环节。待公司出台少量的内部管理制度后，同时也会存在少量审批需求，此时，IT 部门需要牵头导入 OA 或 ERP 系统。这些少量 IT 系统一般作为独立的系统存在，也仅服务于少量业务部门。

此时的 IT 部门，仍然是作为企业的基础支撑部门，负责的范围大部分是 IT 的基础办公环境。

2. IT 部门初具规模，IT 系统建设起步

随着公司的规模越来越大，公司内部分工越来越细，需要协调的工作越来越多，此时公司会出现各种各样的协作问题，即各种扯皮及"部门墙"问题。为解决这些问题，公司会在管理制度上逐步完善，但这些制度的落地仍需要拆解到各级流程，即"制度流程化"。

当企业规模继续扩大，业务持续增长，流程也日益增多时，公司需要依靠 IT 系统来辅助业务管理，减少人工出错率，节省工作效率。基于上述情况，为保证企业更好地管理内部运营，系统建设的需求就出现了。对于初建 IT 系统的企业，通常是围绕最基础的运营支撑体系建立，即钱、人和事。初期建设的系统基本上是财务系统（ERP 模块）、人力资源管理系统（HRMS，或者用 OA、ERP 中的模块承担）、OA 办公系统等。

企业所在行业不同，建立的核心业务系统也不同。研发类公司，还会上线项目管理系统、产品数据管理（PDM）系统；制造类公司，需要上线制造（MES）和排产（APS）相关系统；销售型企业，又会上线客户关系管理（CRM）系统等。

3. IT 系统完善，进入系统整合阶段

随着 IT 系统的建设，多个 IT 系统呈烟囱式、孤立的架构，就出现了工作效率不高、数据无法共享的情况。伴随着用户越来越多的诉求，IT 系统也逐渐不堪重负，各种系统重构、整合和流程打通的需求不断涌现。

事实上，这是在无规划的情况下建设了太多的 IT 系统。系统间业务不明确，各系统使用的平台技术、标准规范、接口、数据格式都存在差异。很多系统拥有同一业务的数据——因为这些数据无法有效地在系统间传递，甚至处理一个业务需要用户登录多个系统才能完成。用户把大部分时间花在系统的数据处理和汇总上。

在这样的背景下，公司通过梳理企业架构、企业变革或者优化专题项目，从而具备了完整

的流程体系，再经过 IT 系统的一系列优化，逐步形成了公司统一的 IT 应用架构，以支撑公司整体业务架构。常见的业务架构包括集成产品开发（IPD）、从线索到回款（LTC）、集成供应链（ISC）、从问题到解决（ITR）等。在 IT 系统层面，除了常见的业务系统，也逐步建设了统一的 IT 技术平台。常见的 IT 平台包括统一 Portal、统一移动办公平台、单点登录（SSO）、企业服务总线（ESB）、消息队列（MQ）等。

4. 通过数据治理和创新技术应用，彰显 IT 价值阶段

数据不仅是 IT 系统中最重要的资产，也是企业内部最宝贵的资产之一。通过对过去的经营结果和业务过程数据进行统计分析，从而帮助企业梳理出各类业务问题。数据分析和治理具备行业特征性，根据公司所在行业不同，需求的显现程度和侧重点也不同。例如，ToC 的企业侧重用户数据和行为分析，ToB 的企业则侧重客户价值分析。

当公司要启动数据分析时，通常会发现如下问题：系统内部数据无法流通，各系统数据源头不统一、数据冗余、缺失、内容不一致，很多需要统计的数据还是以人工的形式进行统计，既不能保证时效，也不能保证准确率等问题，此时才发现数据无法给业务提供有效的利用价值。

通常，公司会启动对内部系统中的数据进行统一治理，主要包括主数据（MDM）治理及数据中台的建设，满足企业对业务的初步分析需求。在主数据治理方面，首先要解决企业内部意识上及业务上的问题，在项目建设前帮助企业明确业务数据和责任人（又称 Owner），并由责任人牵头，针对该业务领域的数据进行业务调研及梳理——有多少数据、哪些数据是有用的、哪些数据是重复的、数据都是以什么形态存在的，并且明确哪些数据作为源头、哪些数据来自其他业务领域，从而统一了数据口径。其次，通过 IT 手段，建设 MDM 平台，对企业内部当下的业务主数据，如组织、人员、岗位、会计科目、客户等主数据的标准建模、统一编码规范、历史数据清洗等。

在数据治理之后，通过数据中台类工具和创新技术的应用，建立起企业决策分析平台。通过引入 AI 工具，改善人工数据与信息的统计方式，面向管理者和用户提供与 AI 直接对话的界面，反馈实时、智能化、多维度的运营数据查询和统计分析结果。

根据业务诉求，数据中台逐渐将数据的价值凸显出来。通过公司内部的运营数据，集成客户和供应商及合作伙伴的数据，支撑企业在多变的市场环境下，做到有效控制市场风险，提升综合竞争能力，从而让企业具备可持续发展、防范风险、预测未来和创新的能力。

⊃ 1.1.3 IT 部门的价值

通常，IT 部门主要负责公司的信息化建设工作，在部分公司还要担负企业变革和流程梳理的工作。一个企业的 IT 建设情况与其战略执行和经营发展密切相关，因此，IT 部门是企业发展中不可忽视的中坚力量。IT 组织之于企业，就类似于城市中的交通及安全，看上去司空见惯，实际上不可或缺甚至是支撑城市发展的基石和关键要素。

那么，一个完善的 IT 部门，应该为企业提供什么样的价值呢？

1. 服务业务，降本增效

公司启动 IT 系统建设的目的，通常是规范流程，将公司纸件或电子表格转换到系统上，以达到流程信息化的目的。同时，考虑到业务运作效率，上线 IT 系统的另一目的也是解决业

务部门中的协作与作业效率。

在上述基础上，通过 IT 系统的不断优化，提供以流程为基础，以服务业务部门为核心，并且通过不断地系统优化及运营，发现并及时解决用户使用过程中的实际问题，逐渐提高用户体验，优化作业效率，降低公司运营成本。

2. 优化管理，保障变革落地

在公司业务的发展过程中，以"个人英雄"的小团队运作的管理方式逐渐出现问题，例如：

- 公司扩张快，英雄不够用，但员工个体却成长缓慢。
- 团队不够规范，缺少统一的标准和做事方法。
- 项目越来越大，问题越来越多，英雄到处救火。
- ……

德鲁克说过，组织的任务就是让平凡的人做出不平凡的事。在这种情况下，很多公司就会启动一系列管理变革，通过向优秀企业学习管理理念，掌握科学的管理方法，从个人英雄向优秀团队转变。

公司根据自己的业务情况，通常会引入相应的咨询公司或招聘流程专家，针对企业最棘手的问题启动变革。常见的变革有 IPD（Integrated Product Development，集成产品开发）、LTC（Lead to Cash，从线索到回款）、ISC（Integrated Supply Chain，集成供应链）、ITR（Issue to Resolved，从问题到解决）、IFS（Integrated Financial Services，集成财经服务）和 HR 变革等。这些变革往往涉及管理制度、流程、组织的变化，也常常会遇到变革推行的阻力。

此时，如果没有优秀的 IT 能力支撑，变革的结果通常只留下一些制度和流程文件。所以，一个优秀的 IT 平台，是需要将公司的变革管理思想，通过一个良好体验的系统，以"润物细无声"的方式融合到业务中。

3. 数字运营，辅助公司决策

随着 IT 系统陆续建设，各业务间串联基本完善，沉淀在系统中的数据越来越多。在非数字原生企业，数据就是随着系统建设而带来的另一种资产。

数据是一种新的生产要素，也是企业的重要资产，需要像管理硬件和软件资产一样，对其进行管理。通过定义数据的责任人（Owner），并制订相应的数据管理规范，并加上对数据管理的分析平台，通过对业务流程可视化分析、经营管理数据的近实时分析，并在此基础上制订指挥作战中心，从而看到公司经营过程中的问题，并发现管理制度中的不足。通过数据运营，再改善公司的管理制度，辅助公司决策，并产生更多更具质量的数据，从而实现公司的良性运营。

4. 上下游协同，支撑业务转型

随着互联网技术和经济的发展，企业间竞争越来越激烈，客户对产品的质量和服务要求越来越高，交付过程也越来越透明。企业的经营链转向扁平化，企业需要和客户、供应链、合作伙伴做好上下游产业链协同，以达到信息共享、过程可控和数据准确的目的。

企业连接合作伙伴，建设供应商协同平台、合作伙伴平台和营销平台等，助力企业实现业务互联。通过系统能力，为公司提供新的营销模式，开展新的商业模式，搭建生态平台，甚至是通过系统平台拓展新的用户群体和商业领域。

通过 IT 系统能力，助力企业的业务转型，让 IT 部门从成本中心转向业务伙伴。

公司的发展阶段不同,对 IT 的定位和要求不同,IT 部门的组织架构和团队规模也各有不同。一个具备完善功能的 IT 部门,再通过优秀的组织运营能力,才能让 IT 部门发挥更大的价值。

◯ 1.2.1 常见 IT 部门的组织架构形态

常见 IT 部门的组织架构形态,一般有 3 类:集权型、分权型和联邦型。

1. 集权型

集权型组织架构中,IT 团队负责全公司的 IT 项目,IT 的运营功能全部配置到公司的独立的 IT 部门中,这类组织也是常见的 IT 组织形式。这种类型组织的优点是对公司的整体 IT 统筹规划非常有效,缺点是对各业务部门的需求和问题响应效率没有那么高。

2. 分权型

分权型组织架构中,IT 团队配置在各个业务部门,负责当前业务领域的 IT 建设,而在公司经营层面,缺少了统一的 IT 运营能力。这类组织在大型集团公司较为常见,由各子公司 IT 团队负责本子公司的 IT 建设。这类 IT 组织的优点是适合独立性强的业务,对本业务的需求和问题响应及时;缺点是可能导致业务部门间的重复建设,并缺少 IT 统一规划能力。

3. 联邦型

联邦型组织架构是将 IT 能力分别配置在公司和业务部门的 IT 部门中。从某种意义上来说,业务部门的 IT 团队仍然隶属于公司 IT 部门,而是类似于业务部门中的 HR BP(Business Partner,业务伙伴),称为 IT BP。这类新型的组织形态,可以发挥集权型和分权型的优势,既有利于公司的 IT 统筹规划,又可以熟悉业务的需求,快速响应业务部门。

表 1-1 所示为 3 种 IT 组织架构形态对比说明。

表 1-1 3 种 IT 组织架构形态对比说明

组织形态		特点
集权型	 公司 业务部门A 业务部门B 业务部门C IT部门	• 对公司的整体 IT 统筹规划有利 • 对业务部门的需求和问题响应可能效率不高
分权型	 公司 业务部门A IT团队 业务部门B IT团队 业务部门C IT团队	• 业务的需求和问题响应及时 • 缺少整体的 IT 统筹规划

组织形态	特点
联邦型 公司 业务部门A｜IT团队　业务部门B｜IT团队　业务部门C｜IT团队　IT部门	• 业务的需求和问题响应及时 • 有利于公司的IT统筹规划

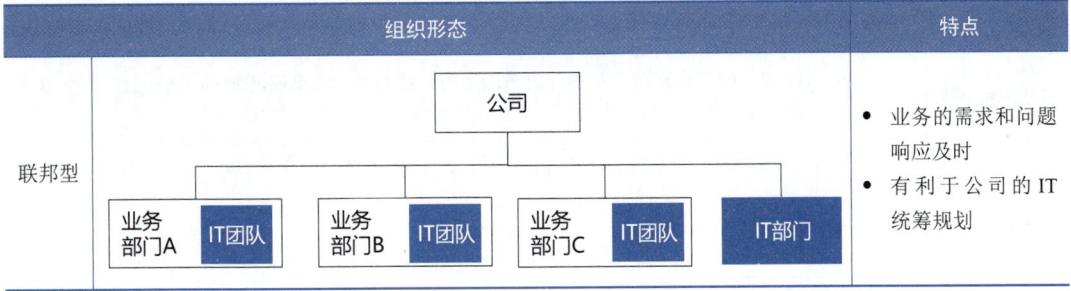

⊃ 1.2.2　IT 部门组织架构详述

不同的企业规模和性质，其 IT 部门的组织架构与职能也有所不同。随着公司的发展和需要，IT 部门会从基础支撑部门逐步拓展到企业架构、数据管理、信息安全管理等领域。一个较为完善的 IT 部门组织架构应该包括图 1-1 所示的 5 个模块。

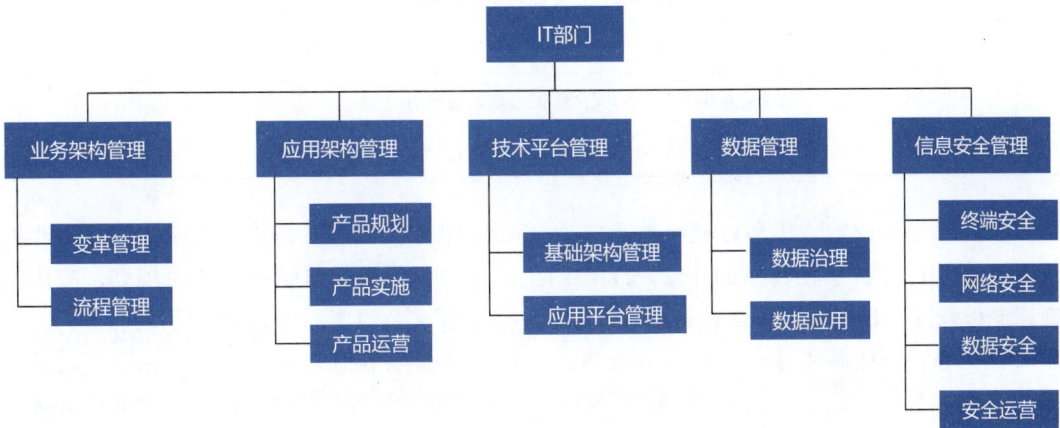

图 1-1　IT 部门组织架构示例

表 1-2 所示为对上述 IT 组织架构中各模块的职责说明。

表 1-2　IT 组织架构中各模块的职责说明

模块 / 子模块	主要职责
业务架构管理	牵头公司变革项目，负责企业架构的输出，定义各架构管理规范等
变革管理	负责公司变革的规划和运营管理，协助业务变革项目管理等
流程管理	负责公司流程顶层设计和管理，协助公司业务部门建设各级业务流程
应用架构管理	负责公司 IT 系统规划、实施和运营，并输出整体应用架构，定义系统间集成关系和开发规范等
产品规划	规划 IT 应用系统（也称"IT 产品"），负责公司业务部门需求的分析、受理、验证和上线工作等
产品实施	负责公司的 IT 应用系统开发工作
产品运营	负责 IT 应用系统的运营维护，分析系统使用情况并提供系统优化建议等

模块 / 子模块	主要职责
技术平台管理	IT 部门的平台部门，负责公司基础架构、技术平台建设等，因为职责区分，大部分公司会将这个团队拆分为两个独立的团队运作
基础架构管理	负责公司的 IT 基础架构的建设和维护，主要包括网络、服务器、存储、邮箱、统一通信等办公平台和 IT 日常问题维护等
应用平台管理	负责 IT 部门的应用平台建设，主要包括通用开发框架、UX 设计、集成服务总线等
数据管理	负责公司的数据规范管理，协助业务数据 Owner 定义数据和管理数据，并制订公司整体数据架构
数据治理	负责制订公司数据管理规范，包括数据的格式、源头、质量、管理职责和数据安全等
数据应用	利用公司数据治理规范和系统数据，建设公司的数据中台和数据报表系统等
信息安全管理	负责公司信息安全体系建设、技术建设、网络安全建设及安全运营等
终端安全	负责公司内的接入端（常见的为计算机、哑终端）的安全管理
网络安全	负责公司网络相关的安全，主要包括网络接入、网络权限和攻击防范等
数据安全	负责公司信息资产的安全防护，通常会覆盖终端、网络、机房等多个维度的管理
安全运营	负责公司信息安全运营，包括安全审计、安全意识宣贯、安全漏洞检测和修复等

因为每家企业的规模和行业特性不同，公司的 IT 部门的职责范围也有所不同，但我们建议有决心进行数字化转型的企业，IT 部门至少要包括**系统运维管理、应用规划、应用实施、流程管理、数据管理和信息安全管理团队**。如果要在公司层面提高 IT 部门的影响力，还需要有变革管理团队主导或参与业务变革，让 IT 成为业务伙伴，从而为业务创造更大的价值。另外，还有些公司会将质量体系管理放入 IT 部门中，负责外部体系认证，如 ISO 9000、QC080000、ISO 26262 等，以及对接外部客户认证稽核等，在此不再展开质量体系的相关工作。

⊃ 1.2.3　IT 管理流程

组织架构是服务于组织流程的，而流程也需要在组织架构的支持下才能顺畅执行。所以，一个完整的 IT 部门，需要配套完善的 IT 管理流程，才可以使得该组织的效用发挥到最大。

IT 管理流程在公司整体流程架构中属于支撑流程。一个完整的 IT 管理流程应该支撑 IT 部门的运作要求，提升部门整体运作效率。

在公司级流程架构中，通常会有两个 L1 流程（即 Level 1，一级流程，在第 2 章会单独展开说明）：管理 BT&IT（Business Transformation & Information Technology，业务变革 &IT）、管理信息安全。

IT 管理流程的有效性不仅关系着 IT 部门的管理，也直接关系到整个企业的业务架构实施落地和业务运作效率提升。图 1-2 所示为涉及 IT 部门的两个 L1 流程架构示例。

L1	管理BT&IT			
L2	管理业务架构	管理应用架构	管理平台服务	管理数据
L3	管理业务变革	规划与立项	平台服务规划	管理数据架构
	管理流程架构	需求到部署	平台服务实现	管理数据质量
		持续运营	平台服务运营	管理数据应用

L1	管理信息安全		
L2	管理信息安全体系	管理信息安全建设	管理信息安全运营

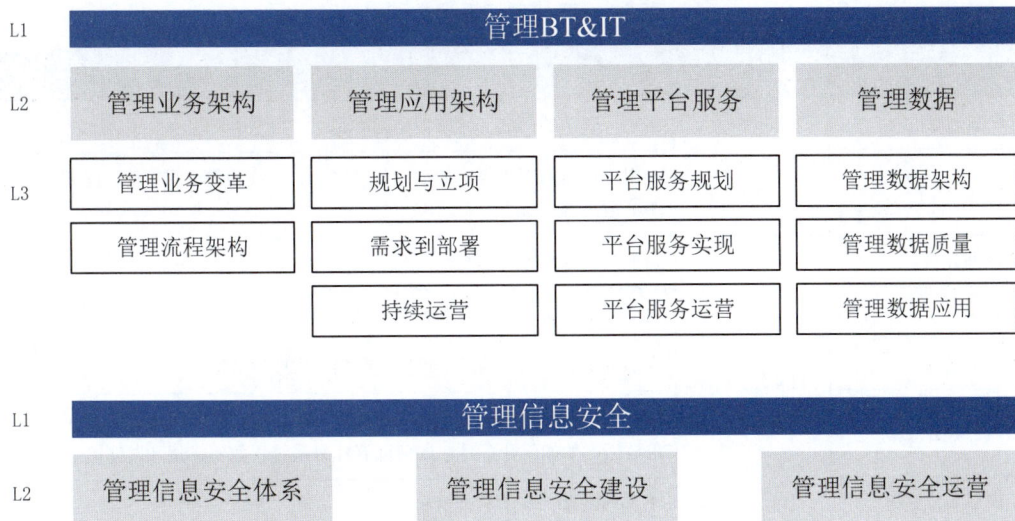

图 1-2　IT 部门流程架构

⊃ 1.2.4　IT 知识管理

在 IT 部门的长期建设中，除了响应业务的需求和完成项目交付，还需要考虑如何提升内部效率，持续积累内部知识案例等，所以，IT 部门的知识管理必不可少。对于部分企业，可能没有专门的知识管理部门，这就更加需要 IT 部门建设时重点投入。

知识管理的重要性，主要体现在如下 3 个方面。

- **提高效率和生产力**：集中管理文档、代码库、解决方案和最佳实践，减少重复工作，加强知识协作共享以提升部门整体技术水平。
- **知识积累和传承**：减少因员工离职带来的知识流失，确保新员工能够快速上手，通过系统化的培训和知识库，使他们了解历史项目及现有系统。
- **问题解决和决策支持**：提供历史故障和解决方案的记录，有助于迅速决策并解决问题。

知识管理建设过程实际上是引导部门内部主动总结和分享，将显性知识和隐性经验通过文档或者内部分享的方式，促进内部学习和提升，同时也可以做好内部人员的互相备份等。整个建设过程大致包括如下 4 个方面。

- **角色设置**：内部需要安排知识管理负责人，负责监督和协调部门内部的知识管理活动。
- **建立知识贡献的评估机制**：激励员工贡献知识，评估知识的质量和使用率，设立奖励机制或将知识贡献纳入绩效考核等，从而提高员工内部知识分享的积极性。
- **文化建设**：定期开展部门内部的培训分享活动，提高员工的知识管理和分享的意识。
- **工具支撑**：需要选择符合部门需求的知识管理工具，如在线文档工具，并且在此工具平台上设计合理的知识分类体系，提供对应的标准化模板，以方便团队内部人员编写和分享。

表 1-3 所示为一个 IT 内部知识分类示例。

表 1-3　IT 内部知识分类示例

分类	权限范围	说明
用户案例专栏	公司内部	给用户解决的问题（通常被称为 Case）、指导手册等
用户宣传专栏		给用户宣传的图片等，如信息安全宣传、会议操作说明宣传、IT 系统变更服务窗口等
IT 内部分享	IT 部门内部	内部的分享交流材料
IT 方案		内部技术方案、业务方案等
IT 内部案例		内部总结的案例，因某个设置导致的异常或事故案例
IT 内部 SOP		SOP（Standard Operating Procedure，标准作业程序）用来指导 IT 内部 / 外包员工，如如何开账号、如何部署什么系统、如何搭建开发环境等
IT 内部其他资料		IT 部门内部共享的其他资料

1.3 企业架构管理

国际上的企业架构（Enterprise Architecture，EA）标准有很多，影响力比较大的有 Zachman 架构框架、FEAF/CIO 架构框架、TOGAF 架构框架等。目前业界流行的架构框架是 TOGAF。

企业架构是沟通业务和 IT 之间的桥梁，承接公司战略规划，并支撑公司的变革决策。同时，企业架构聚焦问题的分析、解决和方案设计，指导项目实施。TOGAF 架构框架是一个多视图的体系结构，由企业的业务架构、信息架构（也被称为"数据架构"）、应用架构和技术架构组成。其中，信息架构、应用架构和技术架构又统称为"IT 架构"。

- **业务架构**：贯彻企业业务战略，以业务流程、组织架构等方式，以主营业务为主线，描述企业的业务流、信息流和其他实体流的架构，体现公司的业务运作模式。
- **信息架构**：建立公司的信息模型，将企业业务实体的关系进行抽象，并划分相应的主题域和实体分类、属性，将业务架构中的信息结构化，通过在业务流或者应用系统中形成公司的统一数据架构。
- **应用架构**：实现公司的信息流动，支撑公司的业务运行。通过应用系统之间的集成关系，实现企业信息、业务的自动化，代替了公司业务的手动工作，提升了运作效率并且降低了运作成本。
- **技术架构**：通过技术架构支撑公司应用架构的正常运行。技术架构是企业应用架构的底层技术基础，通过网络技术、硬件架构、软件平台和安全治理的相互结合，支撑公司的应用架构正常运转。

图 1-3 所示为企业架构与公司战略和 IT 实施的关系。

在企业架构内部，业务架构（BA）又是信息架构（IA）、应用架构（AA）的输入，而技术架构（TA）则是对信息架构（IA）、应用架构（AA）的实现。图 1-4 所示为 BA、IA、AA 和 TA 之间的关系。

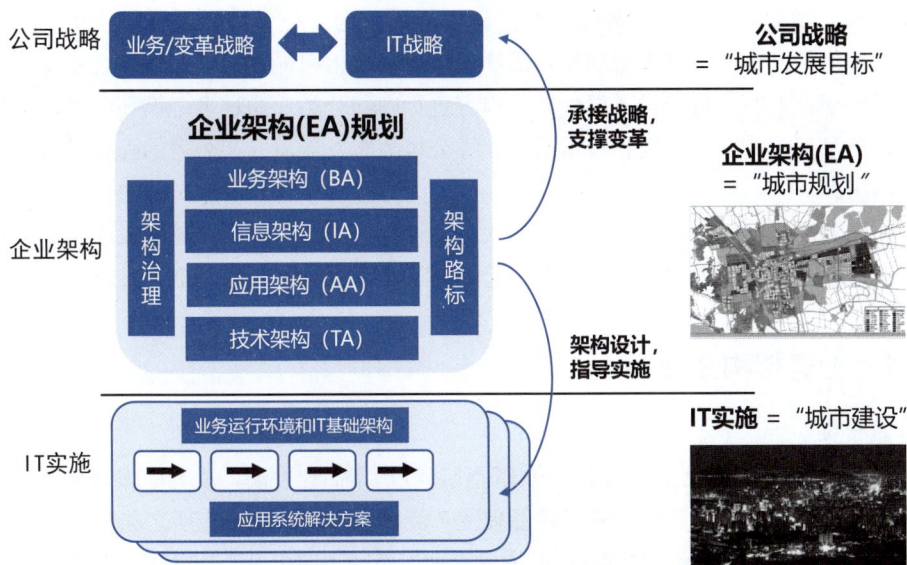

图 1-3　企业架构与公司战略和 IT 实施的关系

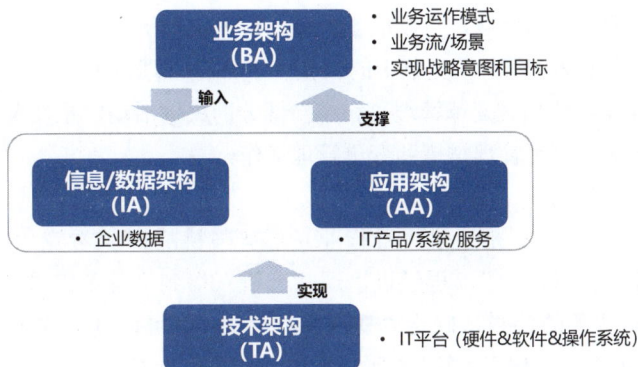

图 1-4　BA、IA、AA 和 TA 之间的关系

　　我们会在后续的章节中逐个介绍各个架构的详细内容，本节仅针对企业架构管理的方法论进行阐述。**不管企业架构如何规划，都需要能够落地，即规划出相应的项目（如业务变革项目、流程优化项目、IT 应用实施项目、IT 基础架构实施项目、信息安全建设项目等），通过项目的落地，来实现企业架构的规划。**

　　在企业架构框架中，企业架构的生命周期都被描述成一个循环演进的过程，并加以适当的治理，从而保证每次演进都是在一种有序、可控的环境下进行的。在企业架构的开发过程中，大多数框架理论还推荐通过使用企业架构成熟度模型来对企业架构的状态进行评估。

　　在每次循环过程中，各个企业基本上也采用类似的方法来逐渐完善架构。

- 识别并定义此次循环的目标、范围及相关干系人。
- 建立用于描述企业在各个领域（业务、数据、应用和技术）当前的基线架构。
- 使用相同的描述方式，对此次循环的目标与范围定义出目标架构。
- 通过差距分析，识别并归纳出当前架构与目标架构的区别。
- 按照差距分析的结果，在征得相关干系人同意的情况下开展迁移实施工作。

这就类似于敏捷软件开发的理念，通过将目标拆分为多个子目标及开发计划，再经过多次迭代开发和优化，不断完善系统功能，最终接近或实现用户最理想的系统。企业架构亦是如此，采用不同干系人的视角来对各层次具体内容进行归纳分类，通过多个循环演进，使公司的业务架构、信息架构、应用架构和技术架构支撑公司战略发展，并在公司的降本增效中发挥越来越大的作用。

另外，企业高层管理人员对于企业架构成功与否起着关键作用。通过企业高层的决心和驱动力，协调众多业务部门中的关键利益者一起配合工作，从而实现整个企业架构的预期目标。

⊃ 1.3.1 业务架构管理

1. 变革管理

华为在 30 多年内从本土企业逐步走向国际化，经历了高速发展，成为中国乃至全球最成功的企业之一，这其中一个重要的因素就是管理变革。在《华为之熵，光明之矢》一书中，华为熵减的关键因素之一就是"远离平衡态"，通过企业变革，不断提升组织效率、激发组织和人才活力，不断提升组织作战能力，保持团队危机感，打破团队板结，驱动组织持续活力和发展。

世界发展迅速，针对企业中的问题，没有永恒的答案，只能致力于找到一个又一个当前最优的临时方案。对待管理中的问题，也要敢于打破系统内部平衡，持续优化管理。

"变革管理"属于管理范畴，即变革中的软技能。凡是管理皆为"科学 + 艺术"的组合，本章旨在帮助变革管理人员开展变革管理"科学"部分的关键活动，主要覆盖变革重点工作规划、组建变革管理团队、变更管理举措和变更管理运作。

（1）变革重点工作规划

每年的变革重点工作规划是通过"看行业（形势与挑战）""看竞争（与同行的差距分析）""看自己（上年规划总结）"，再经过"现状分析"得到"变革需求"，并承接公司"战略规划解码"对公司业务的要求，确定"变革目标"，从而可以划分成多个"专题"或"项目"，输出"年度变革重点工作"。图 1-5 所示为年度变革重点工作规划的方法论。

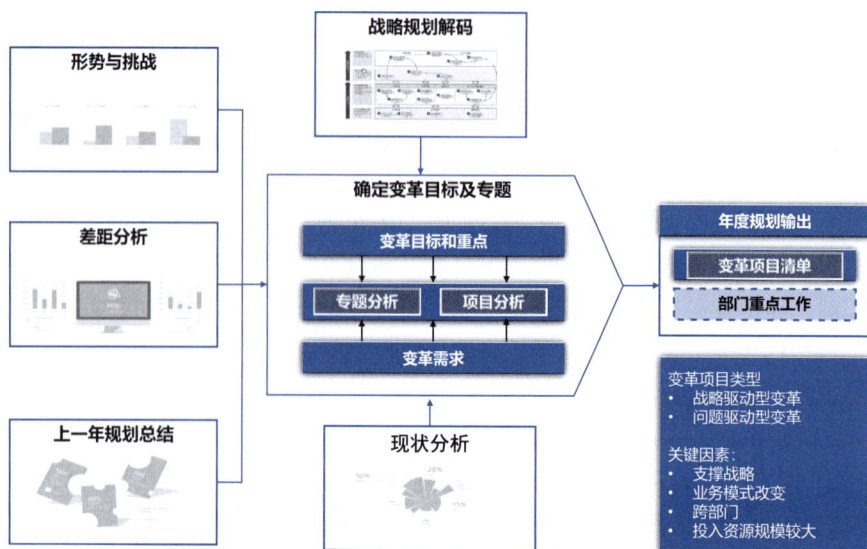

图 1-5　年度变革重点工作规划的方法论

（2）组建变革管理团队

变革项目的管理团队，是保障项目成功的最关键因素。管理层对变革的支持程度，从某种意义上说，是公司对变革目标达成的期望程度。变革管理团队包括如下 3 个子团队。

① 变革支持委员会。

企业建立变革支持委员会，是公司 BT&IT 项目的最高决策机构，由公司任命。变革支持委员会在变革项目运作管理中的职责如下：

- 审核和批准项目立项及项目目标，任命项目经理，指导项目运作。
- 评审并审批项目里程碑计划、项目成本预算。
- 负责项目规划，对项目阶段评审、项目中止、项目关闭进行决策。
- 合理调配项目间资源，保障项目开展所需的人员、设备、资金等资源。
- 接收并审阅变革项目的汇报报告。
- 负责项目重大问题的决策。
- 对项目目标、里程碑计划、项目成本预算等重大变更做出决议。
- 负责项目技术评审组、项目经理的绩效考核、项目内部激励管理，审批项目奖金总包及各项目的分配。

② 技术评审组。

涉及 IT 技术相关的项目，由变革支持委员会负责组建技术评审组，组员包括 IT 总架构师、各业务领域代表、IT 部门专家等，并视情况需要邀请外部专家。

技术评审组从技术架构、可实现性等维度进行评审，主要职责如下：

- 负责保证技术方案与架构设计可行性。
- 负责项目立项、方案等阶段的技术评审，为变革项目管理委员会提供技术评审意见。

③ 变革管理执行团队。

变革管理执行团队是对变革项目进行管理的执行机构，主要职责如下：

- 拟制变革项目管理的各项制度，开发和维护变革项目管理机制、标准、流程、方法和模板。
- 根据公司战略、项目目标、项目管理制度及受控的项目计划，实施项目进度、问题及风险监控，以推动项目按时保质完成。
- 对项目过程中的相关文件和数据进行归档监控管理。
- 协助项目间的沟通管理与协调。

（3）变革管理举措

变革管理举措是基于业务战略下的变革目标而分解出来的一系列支撑变革目标达成的关键要素。举措可以直接成立变革项目，也可以把需求提给现有的解决方案项目或 IT 项目，关注项目的验收和整体目标达成。

① 明确项目的愿景和目标。

明确变革管理的愿景和目标，用来牵引本次变革以达成预期的效果。项目的目标是基于目前业务上发现的问题和背景，所需要达到的期望结果。严格意义上讲，**目标需要清楚地被定义，且是最终可以实现的。**

对一个变革项目而言，目标往往有多个。公司希望通过一个项目的实施，实现一系列的目标，以满足多方面的需求。但很多时候不同目标之间存在冲突或受限于资源和时间，在这种情况下，我们就需要对多个目标进行协调。通过对业务影响的评估，对内部多个目标的优先性进行权衡和选择。

② 识别利益干系人，制订沟通计划。

在确定变革目标后，需要针对该项目识别利益干系人，并确认项目的 Sponsor（项目的发起人，一般为项目提供资源和支持的公司级领导或项目对应的业务部门领导）。

③ 制订变革管理计划。

在确定变革目标和利益干系人后，需要针对项目设定完成计划。变革管理计划和普通的项目管理计划类似，根据阶段设定计划和主要活动。表 1-4 所示为变革管理项目各阶段及主要活动说明。

表 1-4　变革管理项目各阶段及主要活动说明

阶段	主要活动
概念	• 明确变革动因 • 明确变革期望 • 明确变革方向 • 明确变革范围 • 明确变革价值 • 项目组任命及预算批准
计划	• 明确变革目标和评价标准 • 确保人力资源到位 • 发表支持变革的文章 • 明确业务代表 • 评审和批准设计方案
开发	• 访谈一线和业务对变革的看法 • 批准试点策略 • 签发试点版本
试点 / 验证	• 试点开工会 • 再次访谈一线和业务对变革的看法 • 认可试点收益 • 批准推行策略 • 签发推行版本
推行	• 再次访谈一线和业务对变革的看法 • 总结和确认推行收益

（4）变革管理运作

变革管理运作是从变革项目规划到转运营维护的全生命过程，涵盖变革规划、变革项目实施、变革运营。变革项目实施分为立项、方案、开发、验证 / 试点 4 个阶段，按照结构化的变革项目管理流程进行项目实施过程管理，如图 1-6 所示。

变革项目运作管理主要包含的模块及内容如下。

① 变革规划。

组织业务部门进行标杆分析、差距及问题分析、现状分析，基于公司战略和业务战略部署，分析和提交变革项目需求，对需求进行分类、筛选、排序、整理。图 1-7 所示为变革项目规划流程示意图。

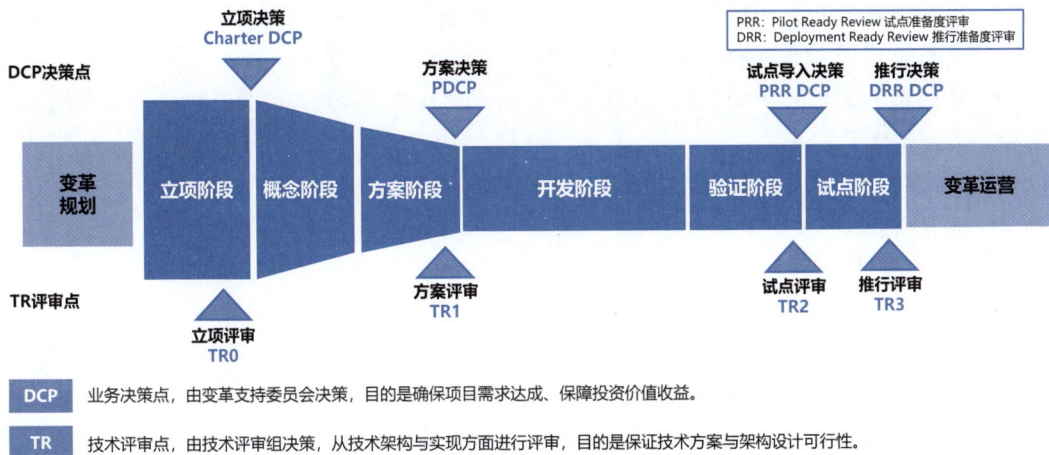

PRR: Pilot Ready Review 试点准备度评审
DRR: Deployment Ready Review 推行准备度评审

DCP 业务决策点，由变革支持委员会决策，目的是确保项目需求达成、保障投资价值收益。

TR 技术评审点，由技术评审组决策，从技术架构与实现方面进行评审，目的是保证技术方案与架构设计可行性。

图 1-6　变革项目管理流程

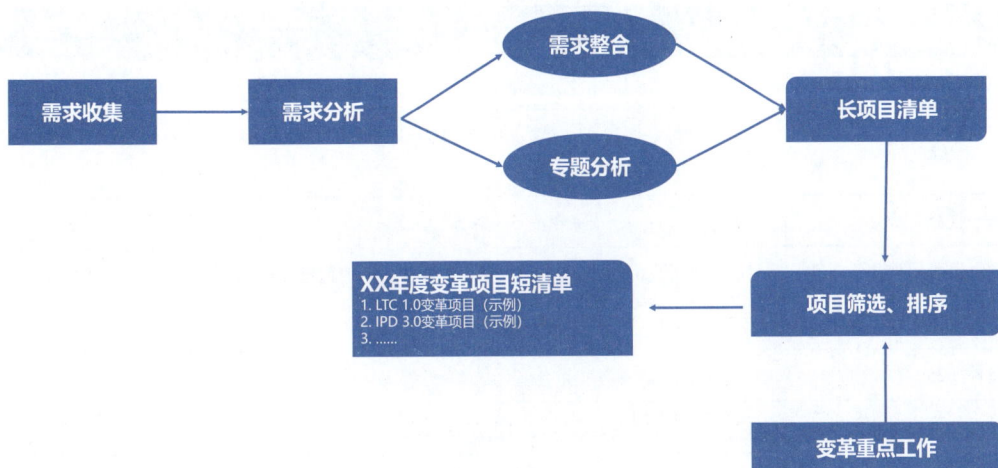

图 1-7　变革项目规划流程示意图

② 立项阶段。

当变革项目规划完毕后，后续的主要工作是对这些规划项目进行立项开发。变革项目首先要明确立项的基本原则，设定立项的必要条件，再进行立项评估与审批，使公司资源能得到合理的分配和利用，实现不断提升整体业务运作效率的目的。

变革项目立项的两个主要原则如下。

业务导向：以公司战略和业务优化为导向，严格控制节奏，切忌盲目追求理想化的管理而立诸多项目，导致项目交叉难度加大、资源浪费、落地困难等。

目标明确：必须设立明确且符合公司业务发展策略和方向的项目目标。如为了支撑某业务目标落地，或提升主要业务流程和关键环节效率。

必须符合下列条件之一，才具备项目立项的准入条件：

- 与公司业务战略紧密相关，是开展业务必不可少的条件。
- 符合该领域愿景规划，能提高端到端的流程运作绩效或提升关键环节的运作效率，符合公司 BT&IT 年度规划。

- 国家政策、法律、法规所要求的，或满足业务发展需要，或解决重大管理漏洞或安全漏洞的 IT 基础设施的新建、扩容或改造。
- 收益大于投资 3 倍及以上，系统生命周期大于系统建设周期 5 倍及以上，且系统生命周期不少于 2 年。

凡符合下列条件之一，实行一票否决，禁止立项：

- 违背公司流程方向。
- 破坏公司信息集成。
- 不符合公司信息安全策略。
- 重复投资。
- 与主流系统、应用、平台技术的方向相抵触。

对符合准入条件的各业务需求就表 1-5 所示的因素进行考察，并给出相应的测评值。

表 1-5　项目需求测评示例

评价指标	权重	分值（1、3、5、7）
投资收益（40）		
——收益	15	少（＜20 万 / 年）；中（20 万～100 万 / 年）；多（100 万～500 万 / 年）；很多（＞500 万 / 年）
——收益 / 投资	10	＜1；1～3；3～5；＞5
——生命周期	10	小于 6 个月；6～12 个月；1～2 年；超过 2 年
——建设周期	5	＜1；1～3；3～5；＞5
重要性（25）		
——公司战略相关性	10	可有可无、有些、很重要、关键
——流程覆盖范围	10	一级部门内局部环节、一级部门内所有环节、跨一级部门、端到端流程
——流程重要性	5	使能流程的局部环节、使能流程的关键环节、核心流程的局部环节、核心流程的关键环节
紧迫性（10）	10	有系统支持，需要一些优化；或无系统支持，业务基本能正常运作； 有系统支持，但较难满足业务要求；或无系统支持，业务运作局部困难； 无系统支持，严重影响业务整体运作效率无系统支持； 关键业务无法运作
约束条件（25）		
——技术易获得性	5	很少可获得（＜30%）；小部分可获得（30%～60%）；大部分可获得（60%～90%）；绝大部分可获得（＞90%）
——风险	5	严重、很大、一般、很小
——项目依赖与关联性	5	无、很少、相关、十分
——系统复杂性	5	十分复杂、复杂、有些、简单
——资源可获得性	5	严重约束、一般、重要角色满足、无约束

将以上得分结果除以 7 可换算为百分制，参考表 1-6 进行排序处理。

表 1-6 项目得分排序示例

项目优先性	A	B	C	D
得分	85 ~ 100	75 ~ 84	60 ~ 74	< 60
处理方式	优先保证	视资源保证	延后安排	暂不安排

对于特殊的业务需求，如公司新业务或业务分离、收益特别突出、业务变革覆盖范围内的项目立项，以及公司战略性、改善重大管理漏洞和安全漏洞、国家政策、法律和法规要求项目，在综合评分较低时可视情况按例外进行处理。所有例外需求必须经部门一级主管审批、变革支持委员会审批后，再提交公司决策。

对于立项的途径，默认为年度规划项目，对于临时的紧急变革项目，需要根据上述立项原则按需申报。

年度规划立项：公司每年初进行年度规划，根据管理变革及信息化建设策略，综合统筹各业务领域的业务需求和总体 IT 资源，制订前瞻性的年度实施计划，并予以贯彻执行。

日常需求立项：为适应公司业务快速发展变化的需要，特殊情况可以临时受理来自各业务部门的紧迫业务需求，并根据以上立项标准进行立项决策。

③ 项目实施（概念、方案、开发、验证、试点阶段）。

当变革项目立项之后，项目的实施过程与普通 IT 项目相比并没有太大的差异性，图 1-8 所示为项目实施阶段的主要任务活动。变革项目管理活动和通用的项目管理活动类似，在此不再逐一展开。

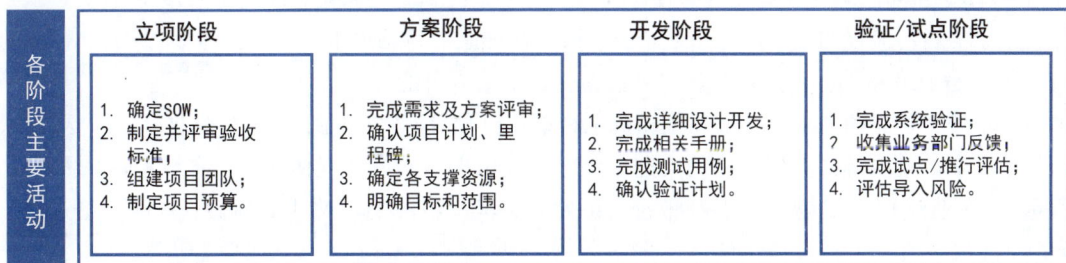

各阶段主要活动

立项阶段
1. 确定SOW；
2. 制定并评审验收标准；
3. 组建项目团队；
4. 制定项目预算。

方案阶段
1. 完成需求及方案评审；
2. 确认项目计划、里程碑；
3. 确定各支撑资源；
4. 明确目标和范围。

开发阶段
1. 完成详细设计开发；
2. 完成相关手册；
3. 完成测试用例；
4. 确认验证计划。

验证/试点阶段
1. 完成系统验证；
2. 收集业务部门反馈；
3. 完成试点/推行评估；
4. 评估导入风险。

图 1-8 项目实施阶段的主要任务活动

参考图 1-6，可以根据变革项目的类型和规模，对 DCP 决策点和 TR 评审点进行裁剪或增加，即为项目的里程碑。DCP 决策点，一般由变革支持委员会决策，目的是确保项目需求达成、保障投资价值收益。变革项目中的 TR 评审点，由技术评审组决策，是从技术架构与实现方面进行评审，目的是保证技术方案与架构设计可行性。

④ 变革运营。

变革运营的前期工作是在变革项目推行时，答疑用户问题，不断调整和完善变革细节，使得变革可以顺利推进。

变革运营的中期工作是对变革情况进行评估，即对变革项目过程进行复盘，总结成功经验；对项目实施成果进行评估，对过程中不理想的问题点进行教训总结。

业务变革通常在推行一段时间（默认为 1 年）后，根据实际的业务运行情况，评估变革后达成的效果是否符合预期。具体评估要紧紧围绕业务的核心目标出发，如是否简化了管理、是否提升了业务效率、是否创造了更多的用户价值等。表 1-7 可供参考。

表 1-7　业务变革评估示例

评估指标	权重	达成度
收益达成率	50	项目收益 / 项目预期
投资执行率	10	实际投资 / 项目预算
计划完成率	10	进展 / 计划
业务效率提升情况	15	业务效率评估
管理优化情况	15	管理简化评估
可根据情况增加评估项		

变革运营的后期工作是对该项目的经验和教训总结，作为下一次变革规划的输入。同时项目组还可以针对变革评估的指标和方法提出优化建议，为后续变革项目提供更多的借鉴。

2. 流程管理

（1）什么是流程

提到流程，相信大家都不陌生，在日常工作中经常接触各种流程。那什么是流程？又该如何来定义它？

关于流程的定义，目前比较常见的是哈默（著名管理学家）及 ISO 9000 的定义。

- 哈默：业务流程是把一个或多个输入转化为对顾客有价值的输出的活动。
- ISO 9000：业务流程是一组将输入转化为输出的相互关联或相互作用的活动。

基于上述对流程的定义，并结合企业实践，流程主要包括如下 3 个方面：

① 流程具有目的性，是以为客户创造及交付价值为目的的。

受市场、客户的需求、外部环境和资源约束及自身目标实现的驱动，对企业提出了要做什么。接下来，就要解决如何去做的问题，此时企业做事情的方法就体现为业务流程，如图 1-9 所示，"企业运作"就是由企业内部的一系列业务流程组成的，解决如何做（How to do）的问题。

由此可见，企业所有的经营管理及业务活动都通过各种流程表现出来，企业运行于流程之中，这些流程最终输出的是企业交付给客户的服务、产品或解决方案。例如，"1.0 集成产品开发 IPD"最终的输出是客户满意的产品，并由"3.0 从线索到回款 LTC"交付给客户，而"4.0 从问题到解决 ITR"输出的是客户满意的服务。

② 流程具有重复性，是优秀业务实践积累及固化。

流程有一个显著的特征——重复性。流程一定是被重复执行的，我们常听到的 IPD 流程，就是对产品开发路径的固化。当 IPD 流程建立后，企业产品开发会一直遵循该流程进行，并且在业务运作过程中不断优化。值得注意的是，IPD 流程并不是为了某一款产品或者某一个项目建立一套一次性"流程"。流程的重复性也从侧面体现了流程的价值，流程就是不断吸收好的实践，把过去好的方法固化下来，并推广出去，提高运作效率和产品质量，降低业务风险。所以，流程是用金钱及教训换来的优秀业务实践，是企业的核心战略资产。

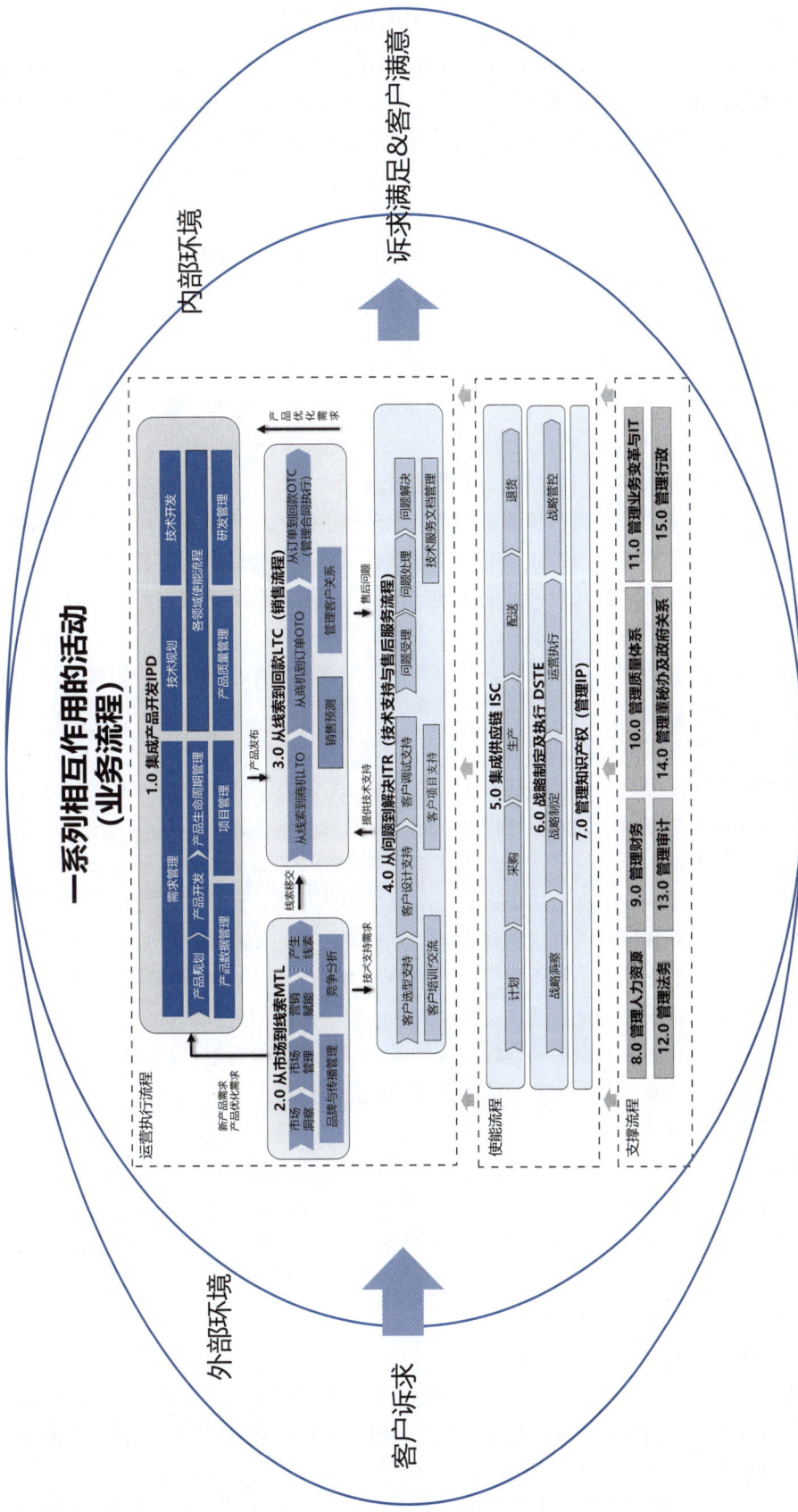

图 1-9 "企业运作"由一系列业务流程组成

一系列相互作用的活动
(业务流程)

运营执行流程

1.0 集成产品开发IPD
需求管理 产品开发 技术规划
产品规划 产品生命周期管理 各领域使能流程
产品数据管理 项目管理 产品质量管理 研发管理

2.0 从市场到线索MTL
市场 市场 产生
管理 洞察 线索
品牌与传播管理 竞争分析

3.0 从线索到回款LTC (销售流程)
从线索到商机LTO 从商机到订单OTO 从订单到回款OTC
销售预测 管理客户关系 (管理合同执行)

4.0 从问题到解决ITR (技术支持与售后服务流程)
客户设计支持 问题受理 问题解决
客户选型支持 客户调试支持 技术服务文档管理
客户培训与交流 客户项目支持

使能流程

5.0 集成供应链 ISC
计划 采购 生产 配送 退货
战略采购管理

6.0 战略制定及执行 DSTE
战略制定 战略执行 战略管控

7.0 管理知识产权 (管理IP)

支撑流程

8.0 管理人力资源 9.0 管理财务 10.0 管理质量体系 11.0 管理业务变革与IT
12.0 管理法务 13.0 管理审计 14.0 管理董事会办及政府关系 15.0 管理行政

内部环境

外部环境

客户诉求

诉求满足＆客户满意

新产品需求
产品优化需求

线索移交

提供技术支持

技术支持需求

产品优化需求

产品发布

售后问题

③ 流程有输入、输出，体现的是将输入转化为输出的过程。

流程的输入是流程运作所必需的资源——人、财、物、信息资源等。输入是流程的前置环节，是启动流程之前需要提前完成的准备工作。流程输入的内容，是流程处理人进行执行或决策的直接依据。要确保流程的有效运作，就必须有符合流程要求的输入。例如，付款流程，付款的对象、收款账号、收款人、开户行、付款事由、发票、付款金额等都是这个流程必要的输入。

流程的输出是流程运作的结果，也是流程的目标，即要回答为什么要建立这个流程、为了解决什么问题等。从价值角度考虑，如果流程的输出结果不是满足内外部客户需求，那么这个流程就是不增值的流程，就没有存在的必要。

例如，上面提到的付款流程，为什么要建立付款流程呢？

- 内部要管控付款的风险，确认付款真实存在、票据和信息完整等。
- 及时响应供应商付款请求，规范合同履行、推进双方合作、提升服务质量等。

流程有了明确的输入和输出，就要为其设置合理的过程，确保其达到预设的目标。一般来说，过程活动有着严格的前后顺序和逻辑关系，上一个活动的产出就是下一个活动的输入。

综上所述，对于什么是流程，我们有如下定义：**流程是被重复执行、逻辑上相互关联的一组业务活动序列，将明确的输入转换成明确的输出，从而实现向客户交付价值（产品和服务）的业务目的。**

在企业内部对流程的定义达成共识，是推行流程化管理的第一步。它可以统一沟通语言，是讨论与共识的基础。

（2）流程管理的基本概念及其目的

对于流程管理这个概念，很多人还存在模糊的认识。例如，不能区分流程设计（含流程优化）和流程管理这两个概念，认为流程设计做好了，流程管理就做好了，这个观点是错误的。

流程就像我们制造的产品一样，每个产品都有其生命周期，同样，每类流程也都有其生命周期——产生、发展和消亡。首先，根据客户期望、业务需求、运作模式分析等多个方面进行流程规划，而后基于流程规划进行流程建设、试点与推广。在流程推广之后，还要对流程运行的质量进行监控，对于不符合流程质量要求的情况，需进行优化、重构或废弃。所以，流程管理就是对流程的全生命周期进行管理，管理流程从产生到消亡的过程。

流程管理的直接目的就是通过构建端到端的业务流程，使业务过程标准化、简单化、可视化，提升组织流程成熟度水平，从而持续提高组织能力和业务绩效。

（3）流程管理体系

当企业决定实施流程管理时，就要构建流程管理的体系，或者说流程管理的机制。很多领域的管理体系，通常是针对流程、组织与 IT 系统 3 个维度分别建设的。流程的管理体系也不例外，通过明确定义流程业务的相关流程、组织资源与 IT 系统，促进和牵引企业内部业务的高效运作。

图 1-10 所示为流程管理体系框架。

① 流程管理的流程。

流程管理的流程，解决的是流程管理应该怎么做、如何做的问题，是企业在流程管理工作的实施路径及方法论，通常包含流程规划、流程建设、流程运营、流程需求管理和流程文档管理，如图 1-11 所示。

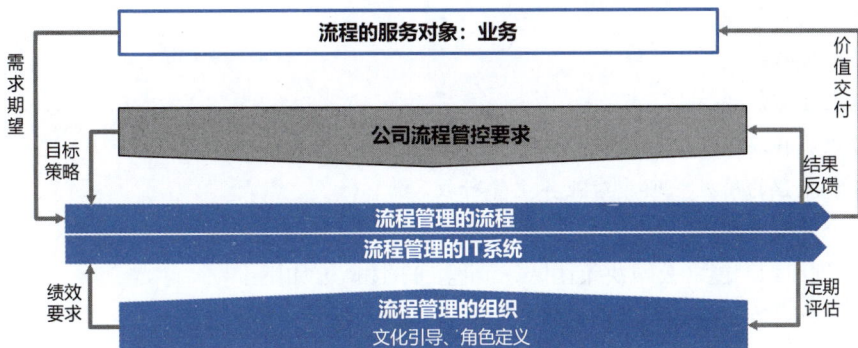

图 1-10　流程管理体系框架

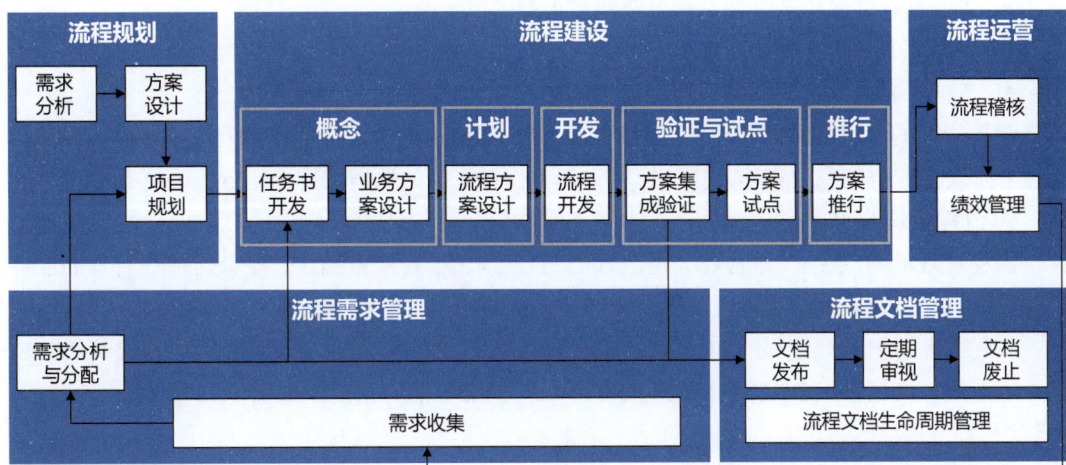

图 1-11　流程管理的流程示例

从流程管理的业务流中不难发现，流程管理的各流程之间互为关联且相互作用。流程规划描绘的是未来的业务蓝图，确定变革方向及目标，设计 TO-BE（未来）的业务运作模式，最终通过变革项目的方式推动战略落地。流程建设是基于变革项目进行方案设计、流程开发、流程试点和推行，从而实现具体流程的过程。流程运营是在流程建设完成后，通过对流程运行监控及绩效分析，最终识别出流程优化点，又作为流程需求输入至流程规划中。

在整体的流程管理业务流中，流程文档管理及流程需求管理是对流程管理强有力的支撑。流程需求管理承载了需求收集、分析、分流的工作，是流程规划及流程建设的重要输入。流程文档管理是对业务运作以文件的形式固化，指导业务操作的同时，也为内部审计提供了文件支撑，满足相关管理体系对文件规范化管理的要求（如 ISO 9001）。

公司流程管理工作是持续性的，会随着公司战略、内部管控的要求及市场及客户的变化而进行持续性优化及改进。所以，规范化的流程管理路径是企业流程管理工作开展的基础。

② 流程管理的组织。

流程管理的组织包括流程责任组织及流程管理组织。流程责任组织主要由流程各层级责任人（Owner）构成，流程管理组织主要由公司决策团队及流程、IT 团队构成。

流程责任组织职能（由流程 Owner 组成）如下：

● 制订本领域或单个流程的流程战略并参与公司变革规划。

- 组织需求管理。
- 组织流程优化。
- 批准发布流程。
- 组织流程培训及流程推行。
- 负责流程的绩效管理，对业务主管行权。
- 审批流程废弃。

流程管理组织职能（公司决策团队、流程、IT 团队）如下：

- 主导公司流程战略和变革规划。
- 收集、分析、评审需求，批准流程项目立项。
- 指导、参与流程设计，对公司流程架构进行符合性评估并最终批准。
- 主导进行流程实施，协调跨流程执行问题。
- 实施流程评估及绩效管理。
- 审批流程废止，批准架构调整。

流程管理的组织是流程管理工作的核心。一个高效、务实、有执行力的组织可以确保流程管理各阶段工作得到有效实施，推动流程管理工作在正确的轨道上持续运行。

③ 流程管理的 IT 系统。

流程管理的 IT 系统，即管理公司流程的 IT 工具、平台或系统。它是针对流程管理的业务进行数据识别，根据数据实体建立起数据模型，再进行 IT 系统的建设。

实际上，对于管理流程的 IT 系统，也可以共享 IT 部门的需求管理，以及共享公司级的项目管理系统、文档库和 BI（Business Intelligence，商业智能）系统，如图 1-12 所示。

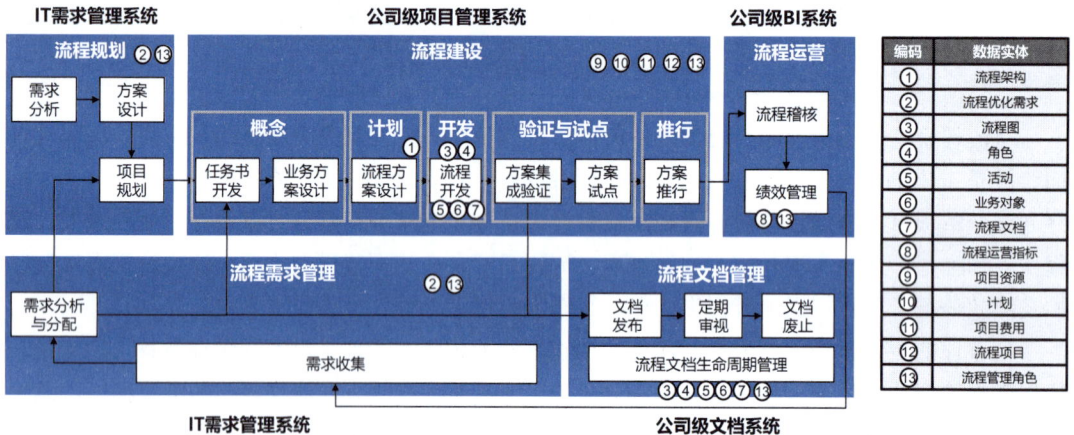

图 1-12　流程管理的 IT 系统

④ 流程规划。

流程规划是公司规划的重要组成部分，是由流程管理组织与流程责任人、业务领域专业人员基于公司战略和业务目标进行充分沟通，描述企业面向未来的业务蓝图及实施路径。

流程规划首先需要明确的是业务变革范围及方向，或者说是流程建设与优化的范围及方向。流程规划路径如图 1-13 所示。

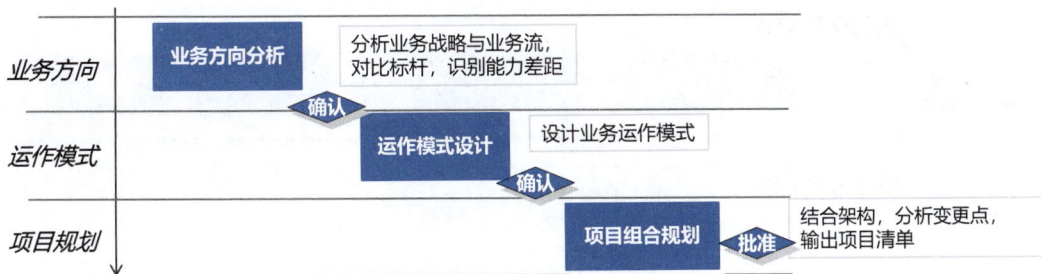

图 1-13　流程规划路径

- **业务方向分析**：对公司战略、业务目标解读，对实际业务进行需求分析，以及标杆对比和分析等。
- **运作模式设计**：基于业务分析的范围及方向，定义 TO-BE 业务模式，通过与实际对比，识别现有业务运作模式的变更点。
- **项目组合规划**：将这些变更点与现有的流程架构进行匹配，输出未来的流程架构及业务变更点（流程变更点、组织团队变更点、IT 系统变更点等），形成对应的流程建设项目清单。

⑤ 流程建设。

流程建设是基于变革项目或流程优化需求，完成流程的方案设计、开发、试点、推行等一系列活动。流程建设最直接的目的就是承接流程规划及业务需求，实现流程的落地执行，支撑业务目标达成。

流程建设的流程如图 1-14 所示。

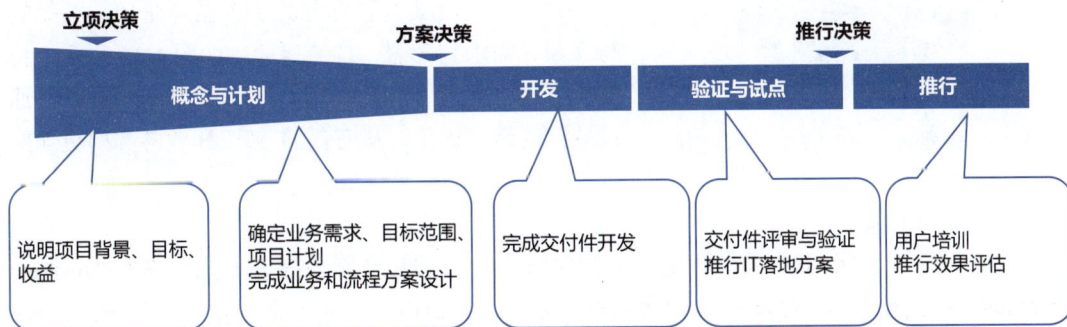

图 1-14　流程建设的流程

⑥ 流程运营。

流程运营瞄准的是业务目标，针对流程的适用性、合理性及有效性等进行审视，通常会从流程绩效管理和流程执行过程保障两个层面来确保流程有效运行。

如图 1-15 所示，首先要进行流程绩效指标的分解，得出流程的绩效考评点，再进行数据收集，结合流程过程执行情况进行指标测算，从而得到流程运营分析报告，重点指出流程改进点和改进建议，以推动流程持续优化。

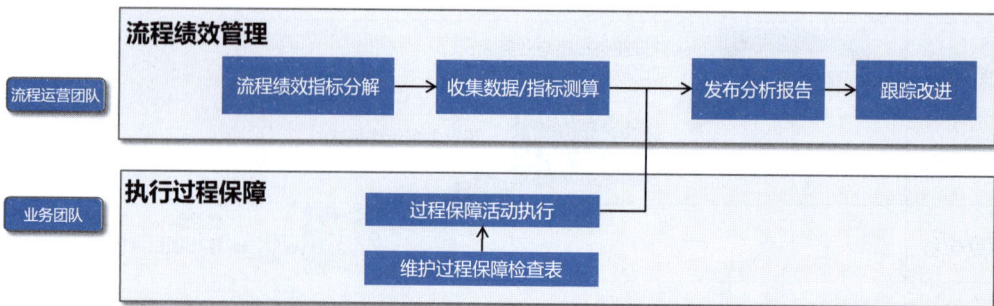

图 1-15　流程运营的流程示例

1.3.2　应用架构管理

业务变革的执行通常依赖于 IT 系统的支持。一套成熟完善的 IT 系统不仅可以提升公司的管理水平，还可以提高业务部门的作业效率。IT 系统越高效，业务对其依赖程度越高，公司变革的推行和落地也越容易。

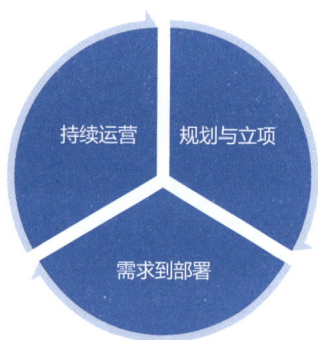

图 1-16　应用架构管理的 3 个循环阶段

应用架构管理本质上是对支撑业务部门的 IT 系统进行管理。在应用架构的管理过程中，IT 部门需要与业务密切配合，可以针对核心的业务部门设置 IT BP（Business Partner，业务伙伴），对准公司经营的业务场景，如销售、市场、研发、供应链等，让 IT 系统更大限度地发挥出业务价值。

通常，应用架构管理分为 3 个循环阶段——规划与立项、需求到部署、持续运营，如图 1-16 所示。将 IT 系统看作一个 IT 产品（以下简称"IT 产品"），通过持续的运营优化，从而让 IT 部门和业务部门更加融合，发挥更大的业务价值。

1. 规划与立项

规划与立项是指 IT 产品的规划和立项阶段，一般的启动阶段是在年初的 BP（Business Planning，经营计划），为 IT 产品的建设指明方向（如架构、路标、业务价值等），协调资源并指导 IT 产品朝既定方向发展。

（1）团队角色

IT 产品的规划与立项团队角色说明如表 1-8 所示，也可以根据公司规模和 IT 产品复杂度灵活调整。

表 1-8　IT 产品的规划与立项团队角色说明

角色	所属团队	职责说明
Sponsor（项目发起人）	公司 / 业务团队	负责立项审批，定期审视
IT 产品经理	产品规划	负责 IT 产品规划，包括应用架构设计方向、产品路标规划、资源排兵布阵和预算方案等，关注交付质量、成本和进度，确保 IT 产品规划的落地、支撑业务价值的目标达成

角色	所属团队	职责说明
IT 产品技术架构 SE	产品实施	负责 IT 产品技术架构，确保技术架构可支撑产品的路标规划方向，指导 IT 产品开发团队的实施工作
IT 产品数据架构 SE	数据管理	负责 IT 产品的数据架构，确保数据的准确性、唯一性和数据之间的关联关系
IT 产品运营经理	产品运营	负责 IT 产品的运营，包括用户问题解决、收集用户声音、关注 IT 产品功能的使用情况和用户体验、逐步改进和优化 IT 产品
业务代表	业务部门	作为业务部门的代表，负责答疑用户问题，根据业务未来的发展方向，提出业务需求和期望，验收 IT 产品的交付情况，确保 IT 产品符合业务预期

（2）流程说明

图 1-17 所示为 IT 产品规划与立项流程示例。

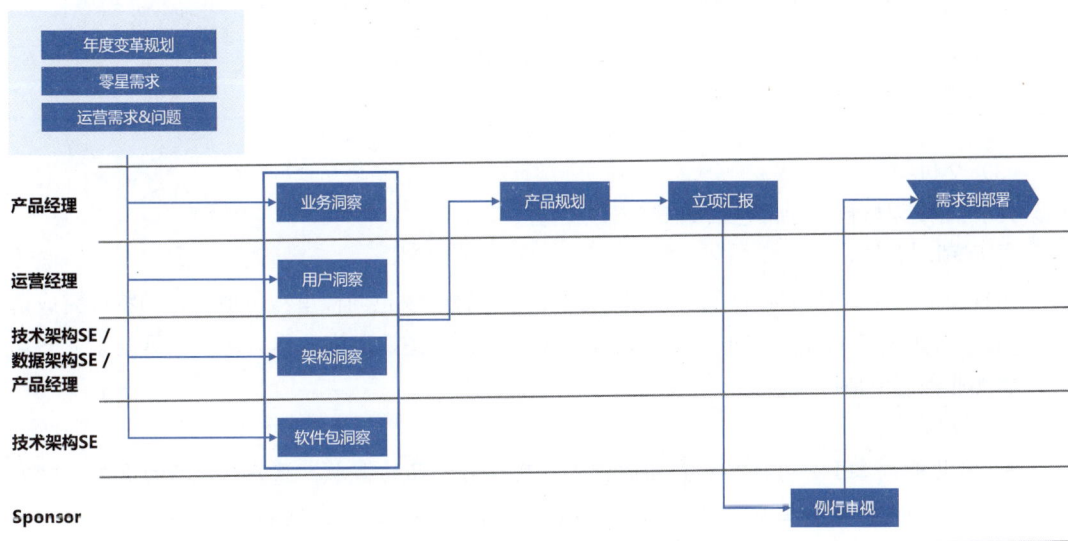

图 1-17　IT 产品规划与立项流程示例

表 1-9 所示为 IT 产品规划与立项流程活动说明。

表 1-9　IT 产品规划与立项流程活动说明

活动编码	活动名称	活动内容	角色	输入	输出	模板
1	业务洞察	基于公司战略对产品的需求、变革对产品的需求、业务对产品的需求，对准业务场景，解决业务问题。关注目标、范围、关键设计、关键 IT 诉求和特性	产品经理	变革需求	业务洞察分析	IT 产品规划材料
2	用户洞察	体现用户群，全面分析用户现状、痛点、根因及对产品诉求。结合运营情况，如用户分布、业务量、用户声音、满意度、需求和问题交付率、性能等，再进行总结提炼要求	运营经理	运营报告	用户洞察分析	

活动编码	活动名称	活动内容	角色	输入	输出	模板
3	架构洞察	识别需求对 4A（业务架构、应用架构、技术架构和数据架构）的影响，规划未来的架构规划和方向	技术架构 SE/ 数据架构 SE/ 产品经理	变革需求、运营需求、用户需求等	架构洞察分析	IT 产品规划材料
4	软件包洞察	分析业界最佳实践和软件包，识别与业界软件包的差距和可借鉴点，包括业界 Gartner 评估报告、识别和业界的差异点、识别产品未来关键发展方向	技术架构 SE	业界评估报告（如 Gartner）	软件包洞察分析	
5	产品规划	产品规划路标及年度建设要点，通过对各个洞察的总结，体现本年度或几个年度的规划特性和重点功能	产品经理	各洞察分析结果	产品主要特性	
6	立项汇报	项目经过 Sponsor 审批正式成立	产品经理	立项报告	立项汇报结论	
7	例行审视	定期审视项目进展、风险，年底还需要审视目标达成情况、用户满意度等	Sponsor	进展报告	审视结果	项目进展报告

（3）交付物

IT 产品规划材料，通常包括如下 3 部分内容。

① 回顾和总结。

审视产品去年规划目标和特性完成情况（过程审视建议也同样审视价值目标和特性完成情况），上一年目标完成情况、下一步计划等可使用流程框图，以横向作为时间、纵向为业务功能，体现业务完成情况等。

② 洞察启示。

- **看业务**：基于公司战略对产品的需求、变革对产品的需求、业务对产品的需求，对准业务场景，解决业务问题，包括目标、范围、关键设计、关键 IT 诉求和特性。
- **看用户**：需要体现用户群，对用户现状、痛点、根因及对产品诉求，再结合运营情况（用户分布、业务量、用户声音、满意度和性能等）进行全面分析。
- **看业界**：分析业界最佳实践和软件包，识别与业界软件包的差距和可借鉴点，从而识别产品未来关键的发展方向。
- **看架构**：结合对业务战略的分析和解读及上述分析，刷新产品愿景（如体验、功能、性能、系统集成等），以及对 4A 的影响。

③ 产品规划。

基于洞察分析，描述产品年度规划方向，输出本年度产品的关键特性、目标、路标计划、年度预算和里程碑等。

- **产品能力规划 1**：非功能性规划，如网络安全、隐私、可用、可靠、安全防护等。
- **产品能力规划 2**：公共服务规划，哪些公共服务要优化提升、哪些要调用其他的平台或系统服务、哪些服务需要下线等。
- **产品能力规划 3**：专业的应用服务和数据服务的规划，并注册到服务平台进行统计分析，以确认哪些专业服务需要持续优化或下线。
- **产品架构规划**：说明本次规划对架构的影响。业务架构，明确业务能力和业务服务；应用架构，包括产品、子产品和模块等，哪些是自研，哪些是软件包能力；信息架构，业务对象和概念模型，以及所属应用系统模块；技术架构，是否有新技术或平台引入，是否有新的部署需求及核心服务产生等。
- **产品资源规划**：明确产品内部哪些需外购、哪些需与合作方一起建设、哪些为自主开发等，并描绘项目人力资源的排兵布阵图（项目组结构）。
- **产品预算规划**：包括软件、硬件、费用，以及和去年同比的变化等。
- **里程碑计划**：本年度里程碑计划，以及后续审视的频度和时间点；结合产品的发布周期，重点审视关键节点，如立项、年中审视、产品试点、推行等。

（4）相关管理制度

在日常的管理过程中，不可避免要制订一些相关的管理制度来规范其管理过程。对于 IT 产品的规划和立项，建议制订《IT 产品规划管理制度》，在该制度内明确规划及立项的流程，以及相关的规范要求等。

2. 需求到部署

需求到部署是指 IT 产品的实施阶段，即 IT 产品实施的项目管理过程。本节不再展开具体的项目管理制度，仅描述项目团队相关角色及活动说明。

（1）团队角色

IT 产品的实施团队角色说明如表 1-10 所示，也可以根据公司规模和 IT 产品复杂度进行灵活调整。

表 1-10　IT 产品的实施团队角色说明

角色	所属团队	职责说明
Sponsor	公司 / 业务团队	负责立项审批，定期审视
业务代表	业务部门	作为业务 Owner 的代表，负责答疑用户问题，根据业务未来的发展方向，提出业务需求和期望，验收 IT 产品的交付情况，确保 IT 产品符合业务预期
项目经理	产品实施	负责 IT 项目的整理管理工作，确保项目的有序进行，通过计划管理、风险管控等手段保障项目按计划高质量交付
IT 产品经理	产品规划	负责 IT 产品规划，包括应用架构设计方向、产品路标规划、资源排兵布阵和预算方案等，关注交付质量、成本和进度，确保 IT 产品规划的落地和业务价值的达成
IT 产品技术架构 SE	产品实施	负责 IT 产品技术架构，确保技术架构可支撑产品的路标规划方向，输出系统的概要设计方案，指导 IT 产品开发团队的实施工作
IT 产品数据架构 SE	数据管理	负责 IT 产品的数据架构，确保数据的准确性、唯一性和数据之间的关联关系
IT 产品运营经理	产品运营	负责 IT 产品的运营，包括用户问题解决、收集用户声音、关注 IT 产品功能的使用情况和用户体验、逐步改进和优化 IT 产品
开发 / 实施人员	产品实施	负责输出详细设计方案并完成开发任务，确保按时保质地交付 IT 系统

角色	所属团队	职责说明
测试人员	产品实施	负责输出测试方案和用例，并针对 IT 产品进行测试验证，跟进 Bug 的修复和回归测试工作
信息安全代表	信息安全	在系统设计时介入，从网络安全、数据权限、数据安全等方面进行信息安全评估，并在系统上线前进行安全漏洞扫描，确保产品的安全性
运维代表	基础架构管理	在系统设计时介入，从部署方案、软件环境、硬件资源需求、网络需求、运维场景、备份容灾等方面进行运维评估，确保运维环境可满足 IT 产品需求

（2）流程说明

图 1-18 所示为 IT 产品开发项目管理袖珍卡，可支撑大型 IT 产品的开发过程，具体项目活动可根据实际情况修改。

表 1-11 所示为 IT 产品开发项目过程中活动说明。

表 1-11　IT 产品开发项目过程中活动说明

活动编码	活动名称	活动内容	角色	输入	输出
1	开工会	召集相关业务人员与项目组开会，由 Sponsor 宣布启动	项目经理	开工会材料	项目正式启动
2	制订项目计划	制订整体项目的初步计划	项目经理	需求分析报告	项目计划
3	配合需求调研	配合产品经理反馈业务场景、诉求、问题等，并确认需求调研报告的完整性	业务代表	/	/
4	需求确认	由用户确认需求的完整性	业务代表	需求分析报告	需求确认书
5	需求调研	向用户访谈业务场景、需求、问题等	产品经理	/	需求调研报告
6	编写需求分析报告	通常使用用例或者 Story Board 的方式将用户的需求整理成报告	产品经理	需求调研报告	需求分析报告
7	可行性分析	在技术层面分析项目的可行性，如功能开发、性能、易用性、安全等	技术架构 SE	需求分析报告	可行性分析报告
8	DFX 需求调研	根据用户需求场景整理和分析非功能性需求，通常包括可靠性、可用性、安全、性能、易用性等	运营经理	/	DFX 需求调研报告
9	成立选型小组	对涉及软件、服务等方面的外购需求，需要成立选型小组，引入多方供应商进行选型评估。小组成员除 IT 相关人之外，需要加入业务人员及 Sponsor	项目经理	/	选项小组任命书
10	组织供应商选型	寻找供应商，并组织业务一起进行选型评估	项目经理	/	供应商评估报告

活动编码	活动名称	活动内容	角色	输入	输出
11	编写选型报告	根据每个供应商的评估报告，编写选型评估报告	项目经理	供应商评估报告	选型报告
12	选型业务评估	在业务满足度方面，对供应商进行评估	业务代表	/	供应商评估情况
13	确认选型结论	针对供应商评估报告进行最终审核选型结论	Sponsor	选型报告	选型结论
14	制订选型标准	根据业务、IT、服务等多个方面制订选型评估的 checklist 标准	产品经理	需求分析报告	选型评估项
15	编写项目 RFP	根据需求分析报告，编写 RFP（Request for Proposal，需求建议书），用于选型招标使用	产品经理	需求分析报告	RFP 报告
16	编写项目 SOW	根据需求分析报告和 RFP，编写项目的 SOW（Statement of Work，工作说明书），用于和供应商确认需求的详细任务和验收标准	产品经理	需求分析报告、RFP报告	SOW 报告
17	刷新项目计划	每个阶段都需要根据实际的进展刷新最新的项目计划，以便业务及 Sponsor 及时掌握进展	项目经理	/	项目计划
18	配合开发团队进行需求确认	配合开发人员确认需求逻辑和界面	业务代表	/	/
19	编写需求规格	将需求分析报告细化，转换为有明确需求标准的规格说明书	产品经理	需求分析报告	需求规格说明书
20	应用架构设计	针对新的需求、设计和应用建设方案，刷新应用架构	产品经理	需求规格、概要设计	应用架构设计
21	概要设计	高阶的方案设计文档编写	技术架构 SE	需求规格说明书	概要设计文档
22	技术架构设计	根据概要设计方案和新技术的引入情况，刷新技术架构	技术架构 SE	概要设计	技术架构设计报告
23	数据架构设计	根据需求、概要设计方案和数据变更情况，刷新数据架构设计	数据架构 SE	需求规格说明书、概要设计	数据架构设计报告
24	确认信息安全风险	根据概要设计方案，从网络安全、数据权限、信息传递方面等确认信息安全风险	信息安全代表	概要设计方案	信息安全风险评估报告
25	确认运维需求	根据概要设计方案，从部署架构、硬件资源、网络资源层面评估运维需求的满足情况	运维代表	概要设计方案	运维需求确认书
26	项目计划执行与监控	项目运行过程中监控进度、质量和风险	项目经理	/	/
27	制订 SIT 计划	制订 SIT（System Integration Testing，系统集成测试）计划	项目经理	/	SIT 测试计划

活动编码	活动名称	活动内容	角色	输入	输出
28	制订 UAT 计划	制订 UAT（User Acceptance Testing，用户验收测试）计划	项目经理	/	UAT 测试计划
29	测试验证	根据各领域的需求和标准进行的测试验证活动	产品经理、运营经理	需求规格说明书	测试验证结果
30	编写产品手册	编写或优化本产品 / 系统的用户手册	产品经理	需求规格说明书，系统	产品手册
31	编写管理员手册	编写或优化本产品 / 系统的系统管理员和业务管理员手册	产品经理	需求规格说明书，系统	管理员手册
32	跟踪系统设计实现与变更	项目管理过程中跟进开发和变更的管理	技术架构 SE	/	/
33	开发环境申请	根据开发要求申请硬件资源、网络资源、软件资源，以支撑部署开发环境	技术架构 SE	运维需求确认书	/
34	UAT 环境申请	根据测试要求申请硬件资源、网络资源、软件资源，以支撑部署 UAT 环境	技术架构 SE	运维需求确认书	/
35	部署系统	搭建 UAT 系统	技术架构 SE	UAT 环境	UAT 系统
36	详细设计	根据需求和概要设计，进行详细设计（本步骤根据产品的复杂度可裁剪）	开发 / 实施人员	需求规格说明书，概要设计	详细设计说明书
37	开发	代码开发	开发 / 实施人员	需求规格说明书，概要设计	代码
38	修复 Bug	根据自测或测试人员反馈的问题修改代码	开发 / 实施人员	Bug	代码
39	编写 SIT 测试用例	根据需求编写 SIT 测试用例	测试人员	需求规格说明书	SIT 测试用例
40	SIT 测试执行	按照 SIT 测试用例验证系统	测试人员	SIT 环境	SIT 测试情况
41	编写 SIT 测试报告	根据 SIT 测试情况编写 SIT 测试报告	测试人员	SIT 环境	SIT 测试报告
42	开发环境准备	根据需求提供开发环境	运维代表	运维需求确认书	开发环境
43	UAT 环境准备	根据需求提供 UAT 环境	运维代表	运维需求确认书	UAT 环境
44	编写培训手册	编写对用户培训的手册或材料	项目经理	系统	培训手册
45	UAT	组织并参与 UAT 环境测试	业务代表	UAT 系统	UAT 测试情况
46	试运行确认	确认系统是否可以进入试运行环境	Sponsor	项目状态	汇报结论
47	生产环境申请	根据需求申请硬件资源、网络资源、软件资源，以支撑部署生产环境	技术架构 SE	运维需求确认书	/
48	部署系统	申请相关硬件资源、网络资源和软件资源，部署生产环境	技术架构 SE	生产环境	生产系统

活动编码	活动名称	活动内容	角色	输入	输出
49	编写 UAT 测试报告	根据 UAT 测试情况编写测试报告	测试人员	UAT 情况	UAT 测试报告
50	确认信息安全风险	根据系统环境和概要设计对比，从网络安全、数据权限、信息传递方面等确认信息安全风险	信息安全代表	概要设计方案、系统	信息安全风险评估报告
51	生产环境准备	支持和分配硬件资源、网络资源和软件资源	运维代表	运维需求确认书	资源环境
52	编写试运行报告	根据试运行情况编写试运行报告	项目经理	试运行情况	试运行报告
53	项目总结	项目正式上线后的总结	项目经理	项目运作情况和文档记录	项目总结报告
54	组织培训	组织业务部门用户培训	业务代表	系统	培训纪要和问题跟进
55	组织试运行	选择试运行部门和支持试运行期间用户的问题	业务代表	/	/
56	项目上线确认	跟进试运行情况，汇报决策是否可以正式上线	Sponsor	试运行报告	汇报结论
57	监控、备份申请	提交系统的监控和备份申请流程给运维部门	技术架构 SE	系统	监控和备份申请
58	产品运营	持续跟进产品的使用情况、用户问题和体验等	运营经理	系统	运营总结
59	部署监控、备份	运维部门实施系统的监控和部署	运维代表	监控和备份申请	监控和备份完成

上述活动大部分为项目管理中常见的活动，在此不再逐一展开。对于 IT 项目而言，IT 选型是项目管理中的一个重要环节，企业对新的 IT 产品或者 IT 服务商的引入，都需要慎重选择。对于公司和 IT 部门来说，如何选择最合适的供应商？图 1-19 所示为 IT 选型流程示例。

表 1-12 所示为 IT 选型流程中的角色说明。

表 1-12　IT 选型流程中的角色说明

角色名称	职责	说明
项目经理	主导选型工作的员工。负责选型过程中的资源协调、任务分派、计划安排等工作，是选型工作责任人	负责该项目的 IT 人员
Sponsor/ 选型小组	选型工作决策的领导层。选型决策人根据负责人和各业务代表汇总的信息，给出选型结论	项目 Sponsor 或选型小组均可
业务代表	选型工作涉及的业务部门代表，配合选型负责人梳理本部门业务，确认本部门选型需求，作为选型团队和业务部门的沟通桥梁	业务代表或由多名业务人员组成业务小组
采购代表	采购部门参与选型的代表，在启动采购流程后，负责和供应商进行商务沟通、谈判，参与开标	采购人员

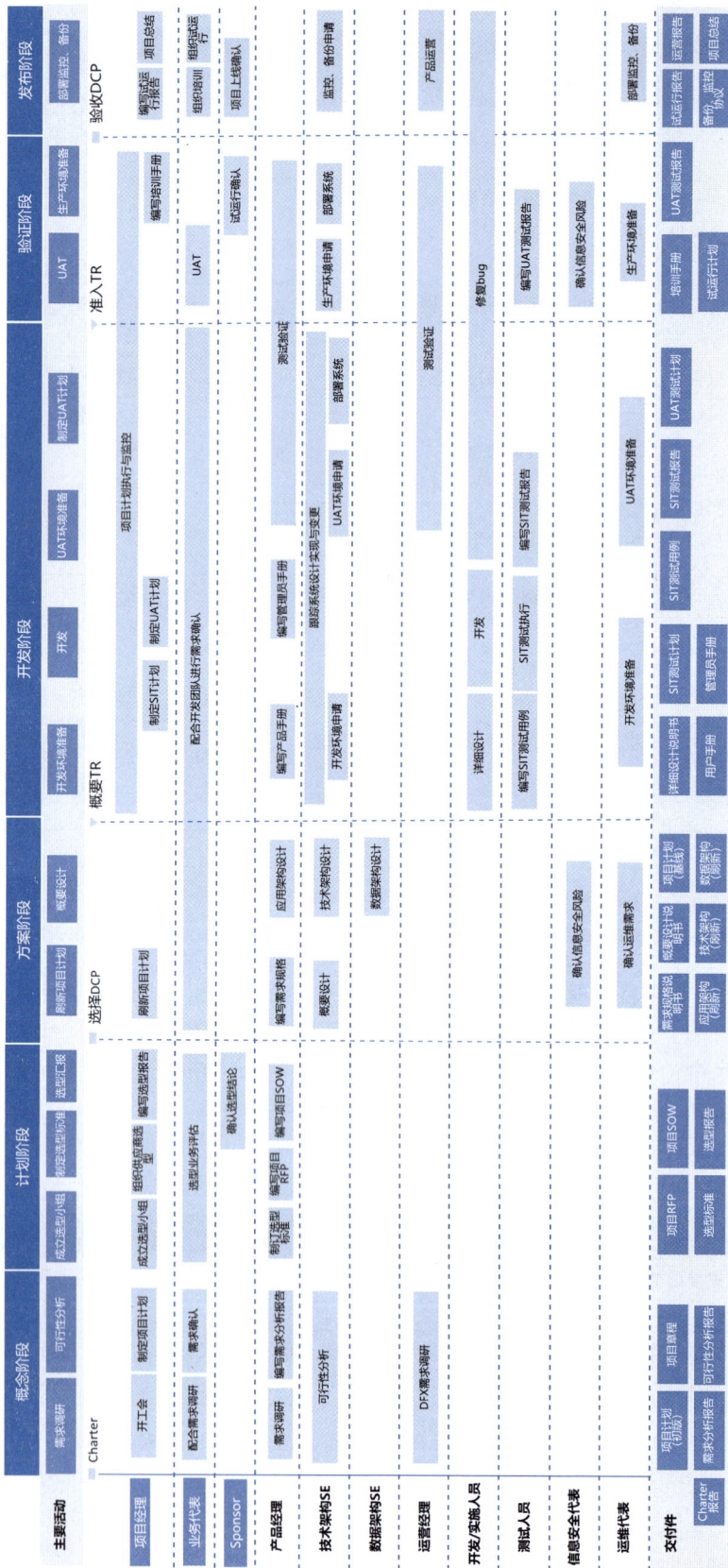

图 1-18　IT 产品开发项目管理袖珍卡

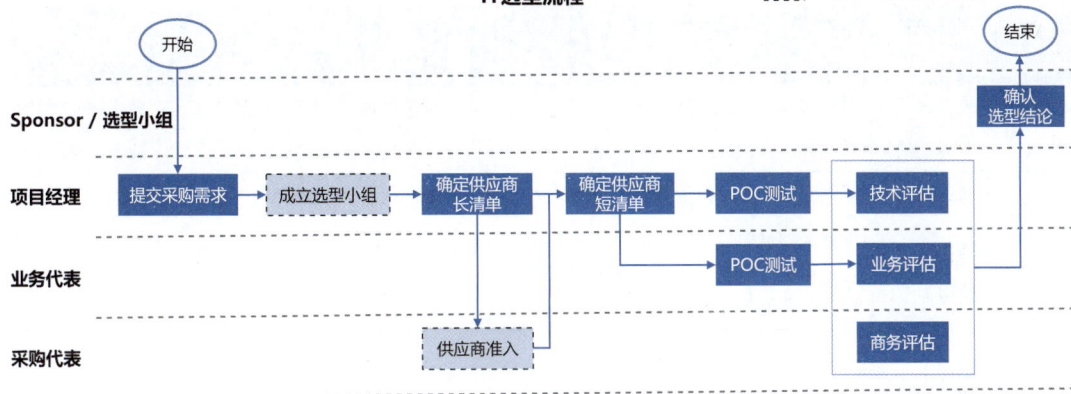

图 1-19　IT 选型流程示例

表 1-13 所示为 IT 产品选型过程中的活动说明。

表 1-13　IT 产品选型过程中的活动说明

活动编码	活动名称	活动内容	角色	输入	输出
1	提交采购需求	选型需求可以来自公司高层、业务部门或 IT 内部。需求整理包含收集、整理、确认 3 个过程，如果选型内容比较明确，过程区分可能并不明显。目的是输出一份整个选型团队达成一致意见的选型需求清单，详见补充说明（1）	项目经理	公司高层需求，业务部门需求，公司当前相关制度、技术要求等	采购需求
2	成立选型小组	由 IT 内部组成技术评估小组，加上业务责任人（Owner）、采购代表、财务代表组成。对于公司级项目，可由公司签发后组建	项目经理	采购需求、高层汇报	选型小组名单
3	确定供应商长清单	根据选型需求清单，来确定选型标准。重点考虑高阶需求作为长清单的拟定参考，如对部署环境要求、国际化能力、产品定位、服务能力等情况等初步确认供应商清单	项目经理	采购需求	供应商评估标准、长清单
4	确定供应商短清单	从长清单中筛选符合要求的供应商，作为短清单的可选供应商。短清单的考察项需从业务需求出发，并增加技术考察项，如易用性、安全性、可定制能力、维护等方面。可定义出每个考察项的评分标准及权重	项目经理	长清单	短清单
5	供应商准入	对供应商资质等方面进行确认评估，确认符合公司供应商准入标准	采购人员	长清单	确认后的供应商清单
6	POC 测试	POC 是 Proof of Concept 的缩写，意思是概念验证测试。即组织相应的供应商搭建环境进行测试	项目经理 / 业务代表	长清单	测试结论

活动编码	活动名称	活动内容	角色	输入	输出
7	技术评估	对 POC 测试进行评估	项目经理	方案、测试结论	技术评估结论
8	业务评估	对 POC 测试进行评估	业务代表	测试结论	业务评估结论
9	商务评估	对供应商资质、报价等多个方面评估	采购代表	报价	商务评估结论
10	确认选型结论	根据采购招标情况进行汇总评估结果，若是公司级项目，经项目领导组评审确认。详见补充说明（2）	Sponsor/ 选型小组	技术业务、商务评估情况、	选型结论

补充说明（1）：

- 需求收集范围包含公司高层需求、业务部门需求，以及公司当前相关制度、技术要求等内容。
- 需求收集方式可以灵活选择，常用的收集方式有会议沟通、问卷调查、单独访谈、邮件反馈等。
- 选型负责人需要将通过各种途径收集到的需求进行整理，尽可能细化需求内容，明确需求提出人，形成条目化的需求清单文件。
- 需求整理成清单后，选型负责人组织相关需求提出人员和选型团队，通过会议或其他方式对需求清单进行确认，确保选型需求清晰、完整。
- 经过团队确认的选型需求清单，作为采购流程的输入文件，也是将来 SOW 组成部分之一。

补充说明（2）：

- 在本阶段，选型团队还需要讨论选型评估方案，确定各角度的评估占比，如技术占 30%，业务占 40%，商务占 30%，评估占比情况要各方达成一致意见。
- 根据供应商方案及报价，各自进行业务、技术、商务评分，根据占比得出最终评估结论。

（3）交付物

IT 产品实施过程中的交付材料清单如表 1-14 所示。

表 1-14　IT 产品实施过程中的交付材料清单

文档名称	产出阶段	说明
Charter	Charter	核心交付件
项目章程	概念阶段	核心交付件
项目计划（初版）	概念阶段	
需求分析报告	概念阶段	核心交付件
可行性分析报告	概念阶段	可选
项目 RFP	选择阶段	可选
项目 SOW	选择阶段	如果需要选择供应商，则建议使用 SOW

文档名称	产出阶段	说明
选型标准	选择阶段	可选
选型报告	选择阶段	核心交付件
需求规格说明书	计划阶段	核心交付件
概要设计说明书	计划阶段	核心交付件
项目计划（基线）	计划阶段	核心交付件
应用架构（刷新）	计划阶段	可选，如有变化则刷新
技术架构（刷新）	计划阶段	可选，如有变化则刷新
数据架构（刷新）	计划阶段	可选，如有变化则刷新
详细设计说明书	开发阶段	可选
SIT 测试计划	开发阶段	核心交付件
SIT 测试用例	开发阶段	核心交付件
SIT 测试报告	开发阶段	核心交付件
用户手册	开发阶段	核心交付件
管理员手册	开发阶段	核心交付件
UAT 测试计划	开发阶段	核心交付件
UAT 测试报告	验证阶段	核心交付件
培训手册	验证阶段	核心交付件
试运行计划	验证阶段	
试运行报告	发布阶段	核心交付件
运营报告	发布阶段	
备份、监控协议	发布阶段	核心交付件
项目总结	发布阶段	核心交付件

（4）相关管理制度

在这个过程中，实际上就是项目管理的过程。与其他的项目管理过程一样，建议 IT 团队可以制定相关的管理制度，包括《需求管理制度》《项目管理制度》《选型管理制度》等。

3. 持续运营

持续运营是 IT 产品能够持续发展的最重要的保障。新上线的 IT 产品起初比较符合业务要求，但在企业持续发展过程中，若无人关注用户的需求，IT 产品将逐步走向衰亡。相反，如果产品持续收集用户的需求，IT 运营人员和业务人员密切配合，在 IT 产品功能上持续打磨，对功能、易用性不断提升，才能实现 IT 产品价值的最大化，也会让业务价值最大化。

（1）团队角色

IT 产品的运营团队，主要涉及 IT 产品的运营经理和运维代表，可参考表 1-15。

表 1-15　IT 产品运营团队的角色说明

角色	所属团队	职责说明
IT 产品运营经理	产品运营	负责 IT 产品的运营，包括用户问题解决、收集用户声音、关注 IT 产品功能的使用情况和用户体验、逐步改进和优化 IT 产品
IT 运维代表	基础架构管理	负责 IT 产品的基础架构的支持，包括硬件环境（网络、服务器、存储等）、软件环境（操作系统、中间件、数据库等）及 IT 产品的部署和维护支持等

（2）流程说明

图 1-20 所示为 IT 产品运营流程示例。

图 1-20　IT 产品运营流程示例

表 1-16 所示为 IT 产品运营过程中的活动说明。

表 1-16　IT 产品运营过程中的活动说明

活动编码	活动名称	活动内容	角色	输入	输出
1	收集用户需求	在系统运行过程中，收集一线用户的问题、诉求等	运营经理		需求问题清单
2	分析用户现状	根据系统的数据，分析用户的分布、业务量、用户操作性能等	运营经理		用户现状报告
3	关注系统状态	关注系统和硬件层面的运行情况，如硬件利用率、系统整体性能等	运维代表		系统状态报告
4	运营需求&问题	根据上面三个活动的报告输入，输出系统运营期间的需求（用户层面、系统层面等）和问题等	运营经理	需求问题清单、用户现状报告、系统状态报告	运营需求&问题报告

（3）交付物

表 1-17 所示为 IT 产品运营过程中的交付物清单。

表 1-17　IT 产品运营过程中的交付物清单

文档名称	产出阶段	说明
需求问题清单	运营阶段	包括用户的需求、日常问题、常见咨询问题等

文档名称	产出阶段	说明
用户现状报告	运营阶段	包括用户分布、业务量统计、常用功能、非常用功能等
系统状态报告	运营阶段	系统硬件资源利用率、操作系统和软件的状态、性能等
运营需求 & 问题报告	运营阶段	运营需求、问题等改进项

（4）相关管理制度

建议 IT 团队制订《运营管理制度》，说明运营的团队、角色及其职责和相关的交付内容等。

○ 1.3.3 技术架构管理

技术架构管理是对公司 IT 产品的运营支撑或技术实现，主要涉及系统运维规范（技术标准化、变更规范、通知管理、SLA 等）、IT 服务流程管理、IT 运营流程管理、应用平台建设管理（公共组件，服务规范、知识案例）等。

1. 系统运维规范

系统运维规范通常包括两部分——IT 部门管理标准和约束 IT 员工的管理规范。

IT 部门管理标准通常包含技术标准和服务标准。技术标准一般是部门内部使用的技术，需要在一定的范围内进行选择，如内部通用的开发框架和开发技术、虚拟化平台、网络设备标准、存储设备、系统 UI 规范等。服务标准通常是指 SLA（Service-Level Agreement，服务水平协议），是 IT 部门与公司业务部门就 IT 服务的品质、水准、性能等方面所达成的双方共同认可的协议或契约，通常表现为系统的可用性、准确性、性能、响应时间等。

IT 员工的管理规范通常是内部管理上的一种约束，包括技术标准、服务标准、管理规范、运维服务流程。

（1）技术标准

技术标准制订后，有助于内部的技能提升、管理效率提升和规范化管理。通常需要针对商用的 IT 设备或软件类别制订标准，表 1-18 所示为 IT 技术标准参考样例。

表 1-18　IT 技术标准参考样例

大类	小类	技术标准	供应商
计算机	台式机	i7 CPU、16GB 及以上内存、512GB SSD，23.5 寸以上显示器、3 年维保	联想、惠普、戴尔
	笔记本	i5 或 i7 CPU、8GB 及以上内存、512GB SSD、13 寸屏幕、3 年维保	联想、惠普、戴尔、微软、华为
机房设备	机柜相关	尺寸：600×1100×42U 制冷量：按需 ×1.2 UPS& 电池：按需 ×1.2	维缔、施耐德、华为
	配电柜	按需设计市电输入和 UPS 输出柜等	施耐德、ABB、西门子
网络设备	核心交换机	可扩展背板式交换机、双电源、交换容量≥按需 ×1.2，包转发率≥按需 ×1.2	华为、H3C、思科
	服务器交换机	数据中心专用交换机、双电源	华为、H3C、思科

大类	小类	技术标准	供应商
服务器	标配 x86 服务器	2×CPU、512GB 内存、双电源	联想、惠普、戴尔
	高配 x86 服务器	4×CPU、1TB 内存、双电源	联想、惠普、戴尔
	AI 服务器	NVIDIA GPU H100、A100 等 2×CPU、256GB 内存、2×SSD 硬盘	英伟达、联想、惠普、戴尔
存储	SAN 存储	SSD 存储或混合式存储	EMC、HDS
	NAS 存储	SSD 存储或混合式存储	Netapp、华为
网络安全	防火墙	外网：吞吐＞5Gbit/s 服务器：吞吐＞20Gbit/s	Fortigate、华为、PA
	IPS	外网：吞吐＞5Gbit/s 服务器：吞吐＞20Gbit/s	PA、Fortigate、深信服
	WAF	吞吐＞1Gbit/s，软件部署或独立硬件	长亭
终端安全	HIDS	符合 ATT&CK 框架，可本地部署，支持 Windows 和 Linux 多种操作系统，可静默安装和卸载	青藤云
	EDR	同上	奇安信、亚信、Crowdstrike、深信服、腾讯
	终端管控 & 加密	支持 Windows 和常见 Linux 操作系统	IP-Guard、联软
账号	AD 域控	Windows 2016 以上	微软
	LDAP	FreeIPA	开源
DNS	DNS 解析	Windows 2016 以上	微软
邮箱	邮件系统	Exchange 2016 以上、O365	微软
虚拟化平台	虚拟机	ESX 7.0	VMWare
	容器	Docker	Kubernetes Rancher
中间件	Java 平台	Tomcat	Apache
	其他	……	……
数据库	Oracle	11g（含）以上	Oracle
	MS SQL Server	2012（含）以上	微软
	MySQL	5.5（含）以上	Oracle
	大数据	Hadoop、Spark	Apache
	其他	MongoDB、Redis、PostgreSQL	开源
负载均衡	Nginx	1.11.5（含）以上	Apache

（2）服务标准

服务标准通常是指对业务部门的 SLA 承诺——通常是针对 IT 基础设施和 IT 系统的可用性、准确性、性能、响应时间等做出承诺。

可用性：是系统服务能正常运行所占的比例，也是我们常说的"几个 9"。对于大部分系统而言，能保证 4 个 9 的可用性（99.99% 的可用性）就可以说这个系统是高可用的。99.99%

的可用性是指一天（60×60×24s），只有 8.64s（6064 有指 24×0.0001s）为不可用，一年就是大概有 52.56min（8.64×365÷60min）不可用。

准确性：不同系统对准确率都会有一个衡量的指标，大部分系统可以用错误率来衡量。

$$错误率 = 导致系统内部错误有效请求数 ÷ 总的有效请求数$$

性能：一般是针对内部的 IT 系统的查询、写入、批量操作的完成时间进行定义的。通常情况，一次查询应该在 3s 内完成，写入时间最长不超过 7s。对于常用的 IT 系统，还需要根据业务场景，定义更高的要求。

响应时间：响应时间常指的是出现故障的响应时间和解决时间。这一点和第三方维保类似，针对用户的问题，IT 部门应该在多长时间内响应和解决，并对此做出达成率的承诺。表 1-19 所示为 IT 事件等级的响应时间示例。

表 1-19　IT 事件等级的响应时间示例

事件等级	程度描述	及时响应时间	及时解决时间	达成率
一级	影响大量（大于当地 site 的 20% 的用户数）用户办公，导致工作无法进行	10min	2h	99%
二级	影响部分（大于当地 site 的 10% 的用户数）用户办公，导致工作无法进行	1h	4h	96%
三级	IT 一般故障，未对用户工作造成阻塞性影响	2h	1 个工作日	95%
四级	IT 事务咨询或者问题	4h	1 个工作日	94%

随着 AI 技术的普及，AI 客服在企业内部的应用场景正变得越来越广泛。为了进一步提升用户满意度，IT 部门可以基于企业常见问题和业务流程编写标准化知识手册，并结合 RAG 技术搭建一个 7×24 小时随时在线的 AI 客服系统。该系统不仅能快速、精准地响应内部用户的各类问题，还能够大幅减少人工客服的工作压力，从而全面提升全公司运营效率和员工满意度。因此，AI 客服因实施简单且效果显著，已成为企业内部 AI 应用的首选。

（3）管理规范

IT 内部的管理规范，在实际的 IT 部门管理中非常重要，又恰恰是很容易被忽略的一个环节。这些规范通常是为了避免未知的风险，持续改进 IT 系统和服务以提升用户满意度而设计的。

变更规范：在 IT 系统变更前，需和受影响的 IT 人员和业务代表一起确认，由 IT 系统负责人提交变更申请。经各方共同评审后，发出 IT 系统变更通知。

通知规范：除了上述例行的 IT 系统变更通知，还有一些因为外部不可抗力（如外部政策影响、电力影响、运营商服务异常等）导致的系统性能下降或不可用，应对受影响的用户发出相关通知。如下是一个通知示例：

因 ×××（列清楚背景或原因），××× 系统将在 ××× ～ ××× 时间段进行维护 / 升级 / 关机 /……，对于 ××× 用户（列清楚受影响的用户群），在这期间 ××× 系统将会存在性能下降 / 不可用，如有疑问请联系 IT 部门 ×××（接口人信息），给您带来不便请谅解，谢谢！

事故总结：对于已经发生的 IT 严重事件（参考表 1-19 中的一级和二级事件），需要主要的当事人进行事故总结，包括事故的描述、影响程度、故障分析、解决步骤和改进措施等。

（4）运维服务流程

在公司正常运作过程中，用户通常会对 IT 部门提出各种诉求。通常，IT 部门为了满足用户的各种诉求和提升服务效率，会设计出两类流程——IT 服务流程和 IT 运营流程。

2. IT 服务流程管理

IT 服务流程主要用于服务和支持用户。一般说来，这类流程都是面向一线用户的，大致分为如下 6 类流程。

（1）IT Ticket 流程

IT 部门对外服务的通用事件跟踪流程，主要是解决用户遇到的 IT 办公相关问题。考虑到提交 IT Ticket 的效率，用户可以通过语音、拍照、录制视频等快捷方式发起该流程。IT 部门也可设置 IT 热线（或服务台），当用户电话咨询 IT 热线时，由热线人员代为提交 Ticket 流程，并以此跟进 Ticket 的处理情况，最后由用户对 IT 服务做出评价。图 1-21 所示为 IT Ticket 流程示例。

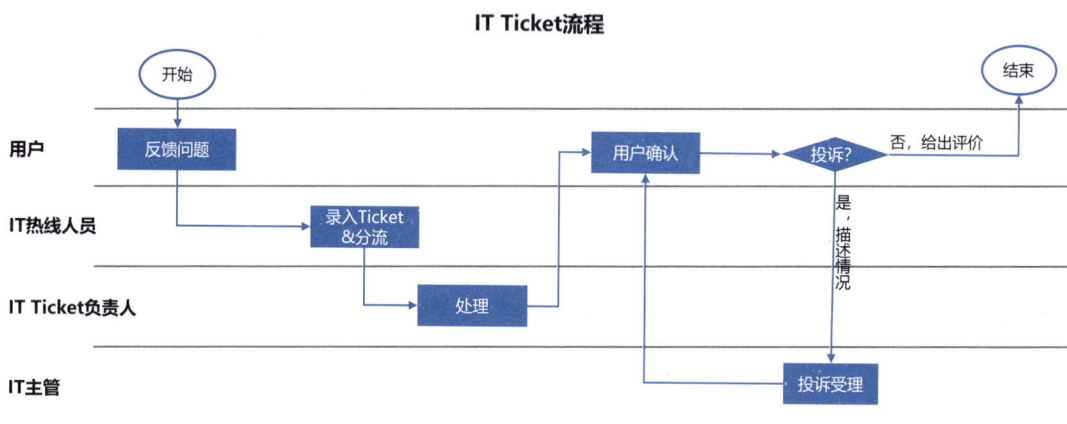

图 1-21　IT Ticket 流程示例

（2）IT 账号相关流程

IT 账号相关流程是针对一些系统或设备、外来人员或其他需要多个账号的业务场景设计的。一般来说，账号都是由账号管理员负责，对于公司用户（包括 IT 内部用户）而言，按需申请，如 AD 域相关账号、LDAP 账号、某 IT 系统相关账号等。这类流程一般是由业务相关主管及 IT 相关主管审核后开通的。

（3）IT 权限相关流程

在公司内部的 IT 管理中，考虑到信息安全管理，往往会做诸多管控和限制。IT 权限流程就是围绕这些限制设定的，如网络安全相关权限、终端管控权限、软件使用权限和加密权限等。这类流程除了由业务相关主管及 IT 相关主管审核，通常，业务主管审核前需要增加信息安全评估。

（4）IT 数据相关流程

公司的数据一般由数据责任人（Owner）管理，但因为数据的存储一般都在 IT 系统或 IT 服务器上，故数据权限的开通大多数是由 IT 人员完成的。公司的数据一般分布在网盘、配置库、服务器、存储和常用的 IT 系统（如 ERP、HR、PDM 等）中。这类流程一般是由业务相关主管、数据 Owner 及 IT 相关主管审核后开通的。

（5）IT 设备相关流程

IT 设备通常包括计算机、服务器、移动存储、常用耗材等。业务部门在工作中需要这些设备时，需要从 IT 部门借用或者领用。对于这些设备的领用或借用，要考虑是否要默认开通一些设备权限，以及设备的归还、库存盘点及安全审计等。IT 设备的审批流程应包括业务部门审核、信息安全评估及 IT 及行政部处理节点。

（6）网络资源相关流程

不规范的网络管控，常常会给很多内部人员或外部黑客留下很低级的漏洞，因此，对于信息安全管理而言，网络安全的管理非常重要。例如，服务器访问外网、内部关键服务器对某些终端开通访问、一些 IT 系统需要发布到公网访问等诉求，通常需要网络安全的人员评估后方可执行。设计一个网络资源申请流程，除了网络安全评估，还需要更高层的业务主管进行风险可接受性评估。

3. IT 运营流程管理

IT 运营流程主要是持续规范和优化 IT 平台，并持续改进 IT 管理水平。这类流程通常应用于 IT 内部，大致包括如下两类。

（1）管理规范

一般是指部门内部的管理规范，包括 CMDB（Configuration Management Database，配置管理数据库）管理规范、日常运维管理规范、资产管理规范及其他一些事项的管理规范等。

① CMDB 管理规范。

CMDB 是一套配置管理数据库，能清晰地展现 IT 各业务系统的关联拓扑。所以，必须制订 CMDB 的管理规范，以支撑 IT 内部的运营。

② 日常运维管理规范。

为了提高 IT 故障处理效率和交付质量，提升用户服务满意度，应该制订一系列日常运维的管理规范，让 IT 运维工作可按照规则和方法进行。一般会对客户端工作环境（主要是计算机或者瘦客户机 TC 等）、软件环境、会议系统、耗材、服务台等制订相应的管理规范。

③ 资产管理规范。

公司资产一般由行政部门负责，但因为其中 IT 资产占据相当比重，所以为了更好地支撑行政部门的资产管理工作，IT 需要针对自己部门的资产进行规范管理。首先，要考虑计算机资产和机房资产管理，包括入库、出库、借用和例行盘点等；其次，还应考虑计算机的型号各式各样，为了工作环境的稳定性，需制订相应标准规范；最后，资产的清理和报废，需结合行政资产管理制度，定期梳理和执行资产的报废工作。

（2）管理流程

管理流程一般是指部门内部的支撑流程，主要支撑内部的系统监控、备份、容灾、变更等。

① 监控流程。

IT 监控管理是指从设备的 CPU、内存、流量、端口等性能指标进行多方面立体化的监控管理，通过设定预警参数的阈值进行告警，便于 IT 人员发现潜在的隐患，做到防患于未然。除了制订监控管理规范，还需要提供对应的"监控申请流程"，由各系统管理员提交监控申请，并以此定期与各系统管理员确认监控信息和状态。

② 备份流程。

数据备份是 IT 部门管理中不可缺少的部分。备份的数据包括数据库、应用系统、服务器环境和文件、存储等。建设统一的备份机制和流程，针对系统管理员和核心业务管理员提供数据备份服务，并且定期与其进行备份恢复演练。

③ 容灾流程。

灾难恢复是指在发生灾难性事故时，能利用异地备份的数据或异地备用的系统，以保障业务的连续性。容灾和备份的主要区别如下：容灾是在异地进行备份系统数据或者直接搭建备用系统，而备份通常是在同一个机房内的数据备份，以加快恢复数据的速度。同样，容灾也需要考虑与各系统管理员及业务代表定期演练。

④ 变更流程。

在 IT 系统运行过程中，时常会有变更操作发生。这些变更通常来源于基础设施的升级、容量管理、软件更新和新系统上线等。在变更执行时，常常会导致服务降级甚至不可用，还可能会带来一些预估不到的风险，因此，IT 系统管理员需要提交变更申请流程，并附上相关的变更手册，由 IT 相关评审专家及受影响的业务人员确认后，方可进行。

4. 应用平台建设管理

应用平台也是一类特殊的 IT 系统或模块，主要目的是可快速交付或实现某些 IT 系统（含服务），以提高 IT 团队内部的协作效率。

（1）服务总线和数据中台

公司在快速发展阶段，IT 系统的建设速度也会非常快。通常，IT 团队根据业务的需求或问题快速建设了该业务领域的系统，这样往往会造成多个"烟囱式"系统——各个系统互相独立运行，但又需要彼此的数据或接口服务。

常见的解决方案是通过系统接口对接或者以数据同步的方式来集成。久而久之，系统之间的关系就是网状的，不仅给 IT 维护人员的工作带来很大困难，而且时间越久，维护工作量越大。

业界比较推荐的做法是建设内部的 ESB（Enterprise Service Bus，企业服务总线）系统和数据中台。

在建设服务总线时，需要提前定义接口标准，每个系统提供的接口地址、参数传递和数据返回都有统一的格式标准。另外，需要关注的就是接口认证和访问统计，以便后续统计服务被消费的次数，以及制订服务的"日落法"——使用次数极少的服务应该被下线。

在建设数据中台时，首先考虑的是主数据管理，如公司产品基本信息、人事组织架构信息、公司物料、BOM 信息等；其次是核心业务数据，如供应商、客户、采购订单、销售订单、公司项目等。数据中台的主要作用有两个方面：一方面是为系统提供数据服务，另一方面是为公司提供统计分析功能。详情可参考第 4 章。

（2）开发框架

在企业的应用架构中，除了市场上已有的 CRM、PLM、ERP 等成熟应用系统，还需要建设许多更贴近企业自身业务需求的独特应用系统。随着企业规模的成长和业务的变化，这类定制化应用系统会越来越多。

若每次都是从零开始建设，IT 团队将非常耗时耗力。因此，企业需要建设一个通用的开发框架，使用统一的开发标准，积累 IT 部门的通用技术和组件，从而提高开发效率和质量，满足企业的多种特殊业务需求。详情可参考 5.3.6 节。

（3）公用基础模块

CBB（Common Building Block，公用基础模块）是指产品或子系统具有一项或多项独立功能、具有稳定结构与标准接口的可重用的单元。公用基础模块具备可组合、可替换、可变型等特性。

一个有效率的 IT 团队，会持续在 CBB 上进行积累和沉淀。不管是在 IT 系统还是基础设施方面，都有一些公共的模块可以积累，如统一的消息通知中心、虚拟化或容器平台、IT 部门通用的小工具（查询、排错、日常维护）等。

在 CBB 建设方面，需要基于 IT 规划，定义和建设 CBB 模块。值得注意的是，除了每年例行的新模块建设，IT 团队还需要投入一些时间去维护和优化现有 CBB 模块。

⊃ 1.3.4 数据架构管理

数据架构作为企业架构中非常重要的组成部分，在建设数据架构时，需要从业务架构识别数据化的业务对象，建立数据模型，并在数据架构中明确数据之间的逻辑关系。数据架构的主要目的是实现企业数据的标准化、一致性和准确性，充分挖掘数据价值，有效支撑数据管理和经营决策分析，实现数据的统一管理和共享。

在数字化转型过程中，IT 团队如果仅仅关注业务当前问题或者单个 IT 系统的建设，而忽略了数据的规划和设计，则会导致在 IT 系统建设过程中缺乏数据之间的关联与集成。由于缺乏有效的数据关联、集成和共享，在实际业务活动中，一方面会给业务部门造成效率低下，另一方面还可能因为在手动处理的过程中带来数据不一致的问题。数据架构建设中一旦出现数据不统一、数据不准确等问题，会给企业带来协作困难、效率低下甚至决策失误等风险。所以，数据架构管理工作在 IT 数字化转型过程中相当重要，主要有以下 3 个方面。

- **数据资产目录**：定义整理架构框架和数据模型。
- **数据分布**：定义数据在流程架构及其 IT 系统的产生源头、在流程和系统间的交互。
- **数据应用和治理**：通过对数据的信息呈现和规律分析辅助企业决策，并在实际应用中发现数据问题，从而进行治理。

⊃ 1.3.5 IT 部门应该如何做规划

IT 规划是基于公司战略来制订的，而企业架构衔接战略与项目实施落地的桥梁——承载 IT 战略，指导 IT 实施。那么，IT 部门应该怎么做规划？IT 规划与企业架构之间应该如何关联起来呢？

IT 规划在每家企业并没有什么标准——做到什么颗粒度、制订什么样的 IT 路标和项目规划、如何落地执行等。在华为官方出版的《数字化转型之道》一书中指出，IT 数字化转型规划是依据"三阶十二步法"制订的，如图 1-22 所示。

但很多企业的 IT 部门规模不大，可能没有办法完全参考"三阶十二步法"，所以我们的建议是可以简化上述步骤，主要聚焦如下 3 个方面。

以终为始，描绘愿景　　统一认识，设计架构蓝图　　把握节奏，规划举措和项目

① 理解企业的战略诉求　　⑤ 描绘数字化转型愿景　　⑧ 定义数字化转型指标体系（可选）　　⑩ 数字化转型路标（可选）

② 5"看"：看战略、看客户、看行业、看自己、看技术

⑥ 设计顶层架构蓝图　　⑨ 识别数字化转型举措

④ 现状和差距分析　　识别改进机会

③ 数字化转型成熟度评估

⑦ "一体四面"细化架构蓝图　　⑪ 举措设计（可选）　　⑫ 规划项目

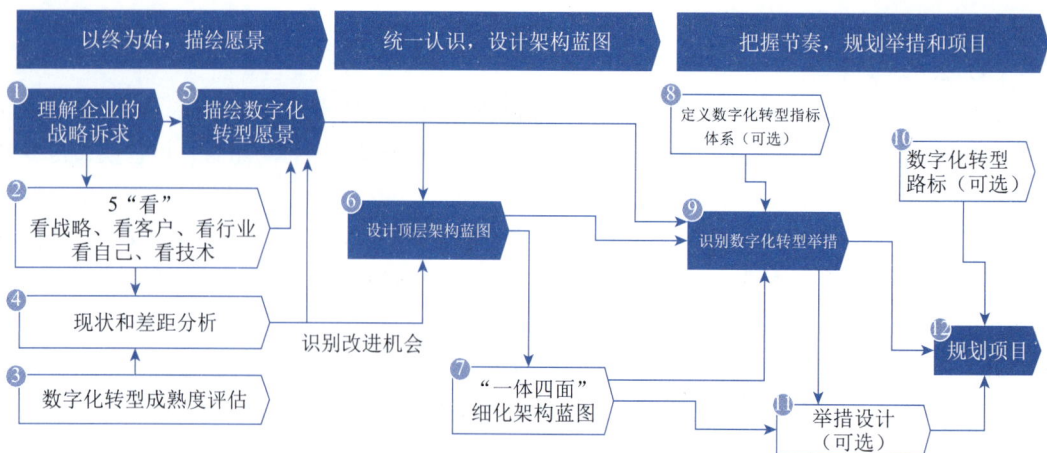

图 1-22　华为数字化转型规划"三阶十二步法"

1. IT 部门的愿景是什么

这是华为"三阶"中的第一阶，也就是希望 IT 部门能够为客户带来什么价值、为企业运营带来什么价值、为组织提升哪些能力。例如，华为数字化愿景是"把数字世界带入华为，实现与客户做生意简单高效，内部运营敏捷，率先实现 ROADS 体验，成为行业标杆"，但这样的愿景对很多中小型企业来说，实现起来并不容易。如果将 IT 愿景改为这样：

信息安全防护能力达到国内一流水平，基于公司 OES（运营、使能、支撑）业务架构基础，打通业务流和数据流，建设以数据为核心、AI 赋能的 IT 运营平台，支撑公司长期业务发展，并通过 IT 技术持续提升公司核心竞争力。这样的愿景既相对清晰，也可以支撑大部分中型企业的战略发展。

2. 架构蓝图应该做哪些事

架构蓝图是华为"三阶"中的第二阶。一般说来，可以参考上面的 4 个架构理念，分别设计对应的架构蓝图。华为的数字化架构蓝图设计，也是融合了上述几个维度，形成一个完整的数字化蓝图，如图 1-23 所示。

将图 1-23 的蓝图设计展开，不难看出，华为的蓝图设计，第一层是解决客户体验；第二层是设计相应的业务流，即业务架构，通过流程支撑公司长期的运作发展；第三层，则是对于流程的支撑，自然需要相应的 IT 应用系统，即应用架构；第四层是对应的数据架构；第五层是通过 IT 平台，即技术架构对上面几层的实现。另外，对于科技型企业，信息安全是不可忽略的一个重要方面，也可以体现到蓝图中。

所以，一个完整的架构蓝图可以参考图 1-23，将其拆分为多个维度分别设计蓝图——业务架构、应用架构、数据架构、技术架构和信息安全整体方案，关于这些架构设计的具体方案，都会在后续的章节中陆续展开讲解。

3. IT 部门应该怎么规划

IT 部门规划最主要的对象是 IT 项目规划，属于华为"三阶"中的最后一个阶段。IT 项目规划是对应上面的蓝图设计，设计出来 IT 路标，不仅包括应用系统建设项目，还包括公司变革项目、IT 平台优化项目、IT 数据中台建设项目和信息安全建设项目等。通常这些项目并不能一年内完成，因此，项目的规划，也需要依据蓝图设计，规划 3 ～ 5 年的项目清单。

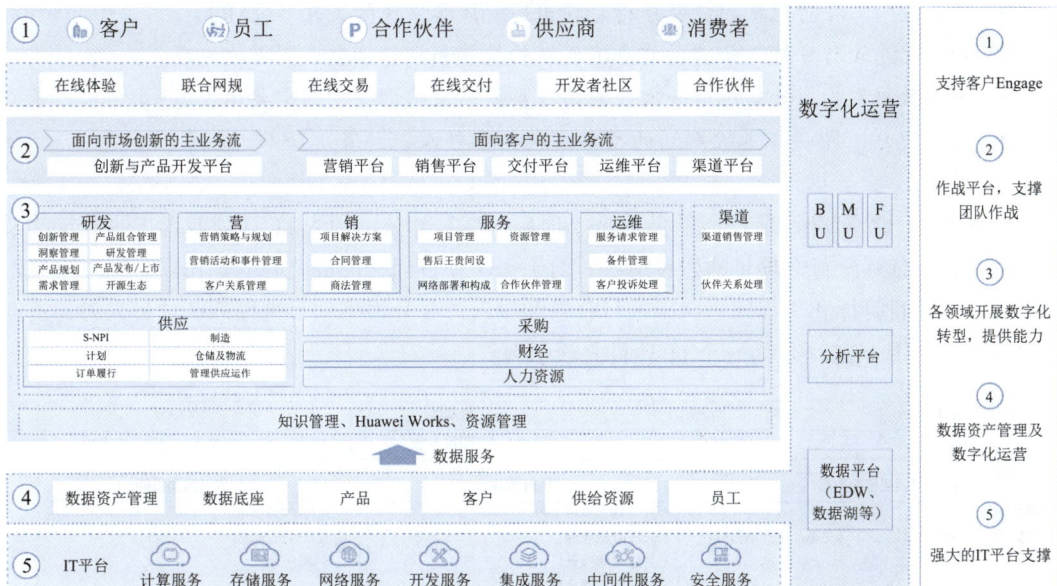

图 1-23　华为数字化架构蓝图设计参考图

另外，建议每次 IT 规划中包括少量速赢的项目——可以快速解决业务痛点，对业务运作效率有明显改善的项目（如某个流程优化、某个数据批量处理功能实现等）。这对于 IT 部门来说，项目既可以快速交付，也可以让业务部门看到 IT 团队的价值，这是 IT 规划中必不可少的一项工作。

除了上述项目规划，对于 IT 部门的管理，以及对数据治理的机制，在 IT 规划时需要同步考虑——通过组织、流程机制来保障项目的成功交付，并且达到业务目标。图 1-24 所示为结合华为"三阶十二步法"，给出的一个完整的 IT 规划流程示例。

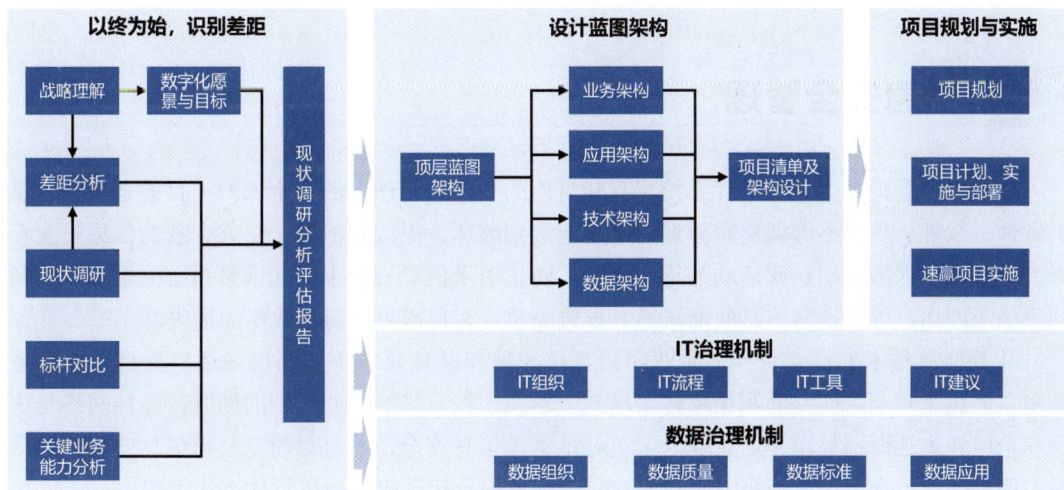

图 1-24　完整的 IT 规划流程示例

在图 1-24 中，如下几个部分较为关键，建议在每次 IT 规划时可以重点体现：

● 战略理解，即了解企业的愿景和战略目标，目的是指导 IT 规划匹配战略发展诉求。

- 现状调研，即对现状的调研分析，找出匹配战略发展的差距（GAP）。
- 数字化愿景与目标，如需对前一次规划的愿景和目标调整，则需要体现。
- 顶层蓝图架构，如需对前一次规划的顶层蓝图架构调整，则需要体现。
- 项目规划，即支撑本次规划的项目，包括责任人、预算（含人力、资产、费用）、计划等。

针对上述几个部分，最核心的仍然是"项目规划"部分，因为 IT 规划能否按照既定的节奏顺利实施，依赖于每个项目的建设情况。对于每个项目而言，最核心的是在项目立项阶段，设定清晰的项目目标和里程碑，明确项目收益和投入，并且根据项目规模确认项目人力、资产和费用预算。图 1-25 所示为一个 IT 项目立项示例。

项目负责部门	XX部	协同部门	XXX部
项目周期	5个月	项目人数	IT：X 人；业务：Y 人

项目目标和内容	项目收益	项目启动条件
项目目标 • 建设公司XX平台，落地公司XX变革，提升运营效率、数据质量等 **项目内容：** • **流程落地：** 公司XX变革流程由IT系统承载落地 • **数据管理：** 数据准确、及时、源头唯一 • **效率提升：** 提升整体运作效率XX% • **XXX：**	• 关注流程变革体系： • 关注数据质量： • 关注效率提升： • 关注客户满意度：	• 业务/流程成熟度： • 商业软件成熟度： • IT条件：

	项目投入概算	项目风险及应对措施	
	• 硬件费用：0 • 软件费用（或SaaS租赁费）： • 实施费用： • 自有人员：IT：X 人月 / 业务：Y 人月	**风险** • 无	**应对措施** • 无

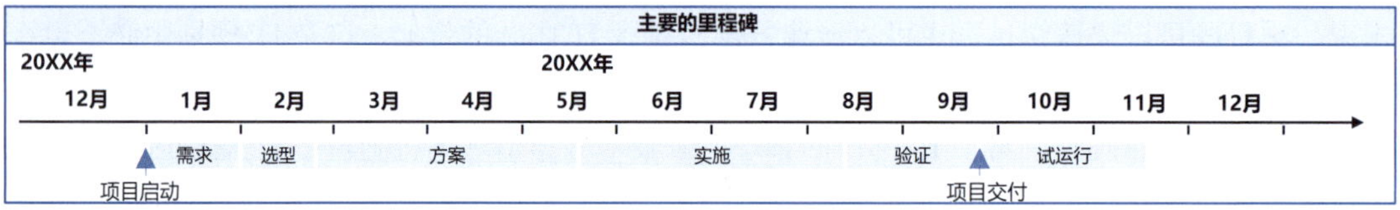

主要的里程碑

20XX年　　　　　　　　20XX年

12月	1月	2月	3月	4月	5月	6月	7月	8月	9月	10月	11月	12月

▲ 需求　选型　方案　实施　验证　▲ 试运行

项目启动　　　　　　　　　　　项目交付

图 1-25　IT 项目立项示例

1.4 信息安全管理

信息安全管理是为数据处理系统建立和采用的技术、管理上的安全保护，目的是保护计算机硬件、软件、数据不因偶然和恶意的原因而遭到破坏、更改和泄露。每家企业的信息安全管理，都是为了保障公司运营活动的正常进行，防止由于信息安全事件（信息系统的中断、数据的丢失或破坏，以及敏感信息的泄露等）导致公司、客户或供应商及伙伴的损失。

随着信息技术的日新月异，企业在信息化应用和具体要求等方面也在逐步提高，信息系统覆盖面越来越全，网络的利用率越来越高。然而，技术带给企业便利的同时，各种网络与信息安全问题也逐渐凸显出来。企业为了更好地管理信息安全，一般会建立公司信息安全管理体系，即在信息安全组织、信息安全技术建设及信息安全运营等方面进行体系化管理。

信息安全管理体系也遵从 PDCA（Plan、Do、Check、Act，计划、执行、检查、行动）过程模型——规划、建设并持续改进，如图 1-26 所示。

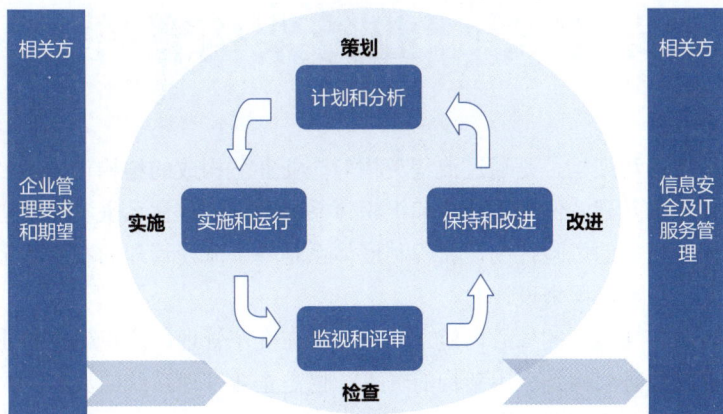

图 1-26　基于 PDCA 过程模型的信息安全管理体系

公司设立信息安全专有组织架构，对信息安全体系落地至关重要。公司为了更好地界定各部门职责以保证信息安全策略得到有效的贯彻和信息安全管理活动有序进行，一般会在 IT 部门之外设定信息安全委员会，如图 1-27 所示。

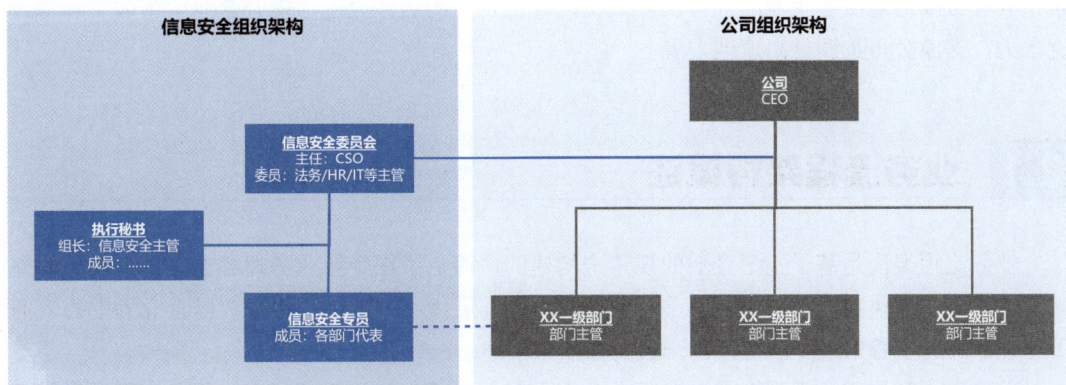

图 1-27　信息安全组织架构示例

在信息安全体系中，最核心的工作仍然是信息安全技术方面的建设，主要涉及区域、人员、终端、信息资产（也就是数据）、网络等方面的技术层面。

除此之外，日常的信息安全运营必不可少，一方面是对业务高风险活动进行审计；另一方面是对信息安全技术上的漏洞进行例行管理和优化，以持续提升信息安全防护能力。这些都将在第 6 章中陆续展开讲解。

第 2 章　业务架构管理

业务架构即业务流程架构，是通过流程架构对企业业务构成的结构化描述。业务流程架构是企业一切运营体系的基础。例如，战略和组织体系是基于流程体系来实现战略落地，风险与内控体系是基于流程过程的风险控制，流程制度体系是基于流程管理的制度体系建设，岗位职责体系也主要是基于业务流程来设计的。

业务架构作为数字化转型的核心内容之一，需要在变革管理、流程优化和业务整合方面进行全面规划。企业的业务架构是应用架构的输入，也是企业管理系统的灵魂，缺少了"灵魂"的管理系统，很难在企业内部顺利实施及推广。

本章将深入探讨 IPD（Integrated Product Development，集成产品开发）、MTL&LTC（Market to Lead & Lead to Cash，从市场到回款）、ITR（Issue to Resolved，从问题到解决）、ISC（Integrated Supply Chain，集成供应链）、DSTE（Develop Strategy to Execution，战略开发到执行）等业务架构的设计和实施。通过这些内容，希望能给读者在业务架构梳理过程中提供借鉴参考，并且希望读者可以通过梳理企业的业务流程架构，规范企业的运作流程，提升企业运营效率和综合竞争力，支撑公司长期且高速地发展。

2.1　业务流程架构概述

业务流程架构是基于整个企业的视角来构建的，避免了在企业业务理解上的盲人摸象的弊端。这就要求框架的设计一定要基于全业务，让不同层级不同部门的管理者以企业为中心，而不是以部门为中心来统一认知，用一致的标准来描述。

业务流程架构需要根据企业自身的业务发展和战略牵引进行升级演进。图 2-1 所示为华为公司的 BPA（Business Process Architecture，业务流程架构）从 1.0 到 3.1 版本的演进图。

BPA 1.0 时，体现管理流程支撑四大业务体系。BPA 2.0 时，体现业务流程的端到端管理，将核心价值业务，即企业核心运营业务（Operating）与使能业务（Enabling）、支撑业务（Supporting）分开，从而形成 OES 架构，明确战略规划对整体业务发展的牵引使能。BPA 3.0 和 BPA 3.1 的优化，同样是为了支撑公司战略发展和多 BG 业务，增加了部分运营流程和使能流程。

⊃ 2.1.1　业务流程架构设计的原则

1. 分层分级原则

业务流程架构从价值链层逐层分解到业务域层、逻辑关系层、流程活动层，如图 2-2 所示。其中，逻辑关系层是框架与流程的承上启下层，可以是多层，内容既可以有流程框架，也可以有具体的流程活动。

价值链层是整个企业业务流程的 L0 级，可以定义为公司整体流程的顶层设计与 L1 层流程之间的关联关系；业务域层是将各 L0 的流程域分解展开至 L1 ～ L3 级，常见的 L1 流程有

IPD、MTL、LTC 等流程。架构的 L0 ～ L3 级必须具有严格的结构，每一上层对其下层都是绝对包含关系。

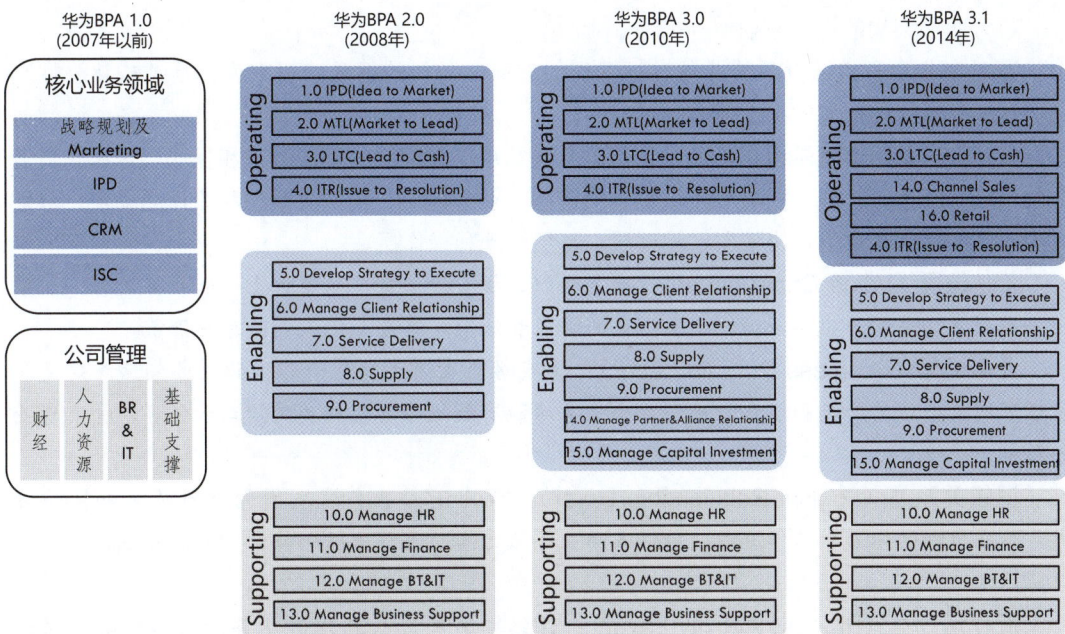

图 2-1　华为公司的业务流程架构（BPA）的演进

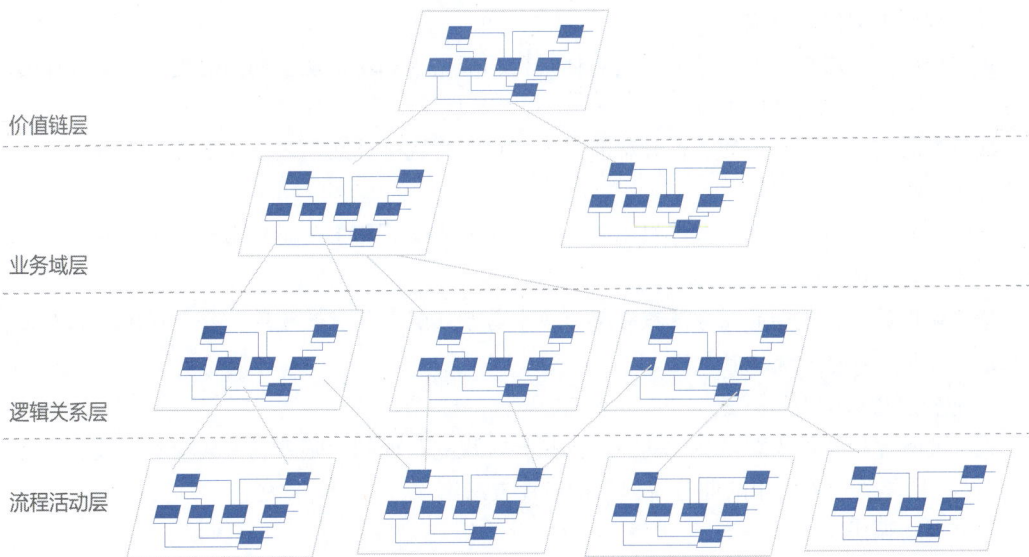

图 2-2　流程架构分层分级原则

2. MECE 原则

MECE 是 Mutually Exclusive Collectively Exhaustive 的缩写，即"相互独立，完全穷尽"的意思。设计业务流程架构时，应该涵盖组织内的所有业务，即所有活动都应该包括在框架之中。某一块业务只能属于某一个特定的业务模块，不能同时属于多个不同的模块，但是可以通过流程的调用关系出现在不同的模块之中。

⊃ 2.1.2　业务流程架构设计

1. 业务流程架构设计的思维

（1）四层架构的设计原理

在对企业众多错综复杂的业务进行管理的方面，公司的诉求一般来说都是结构化、规则化，这就有了流程框架的出现。

管理业务的主体就是组织，通常组织是从决策层、管理层、基层管理和操作层等视角对业务的不同层级进行管理。四层架构包括价值链层、业务域层、逻辑关系层和流程活动层，分别对应不同的使用者角色：决策层、管理层、基层管理和操作层。

价值链层（Value Chain Layer）：确定组织的核心价值链，从整体上规划业务流程，识别出一系列互相关联的业务活动。确保企业的资源和活动能够最大化地创造客户价值。

业务域层（Business Domain Layer）：将战略商业模式转化为具体的业务领域，定义和管理不同业务域的功能和职责。确保每个业务域能有效执行与其相关的活动和任务，并实现业务目标。

逻辑关系层（Logical Relationship Layer）：确定不同业务域之间的逻辑关系和协作方式，建立清晰的沟通和工作流程。确保各个业务域之间的流程流转顺畅，信息和资源的传递无障碍。

流程活动层（Process Activity Layer）：详细描述和记录具体的业务活动和步骤，保证工作任务的顺利执行。确保每个工作任务都有明确的执行步骤和标准，保证活动有效性和一致性。

（2）顶层框架建设思维

顶层框架建设思维主要涉及组织的总体结构和战略规划，是从全局角度进行架构设计的思维方式。以下是一些关键思维方式。

战略性思维：根据组织的长远目标和市场环境制订战略计划，基于战略目标和解码去设计业务流程架构。

全局观念：从全局出发，考虑组织内外部不同因素及其相互之间的影响，保证各业务领域和流程之间的协调一致。

模块化设计：将复杂的业务流程分解为多个易于理解和管理的模块，每个模块独立而又相互联系，便于日常维护和适时改进。

2. 业务流程架构设计方法

设计业务流程架构需要以科学的方法为指导，规划合理的步骤来确保架构的有效性和可行性。图 2-3 所示为业界常用的业务流程架构设计方法论。

（1）现状调研

现状调研是现状诊断的第一步，主要方式包括现状访谈、专项调研、参考业界标杆。

- **现状访谈**：通过与业务部门代表访谈的形式，收集企业内部关于业务现状的信息。
- **专项调研**：针对企业的特定业务场景或问题进行深入探讨研究。
- **参考业界标杆**：将调研情况对比行业中的最佳实践，寻找差距。

（2）战略理解

战略理解是理解企业愿景和长期的战略目标。企业的战略目标是指导架构设计的方向。

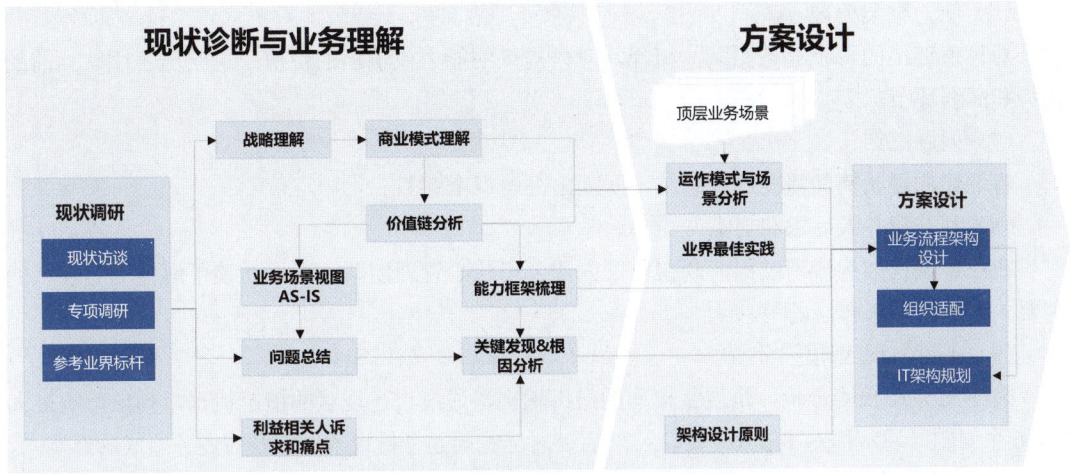

图2-3　业务流程架构设计方法论

（3）商业模式理解

图2-4所示为某企业的商业模式画布示例。通过商业模式的理解，主要是了解企业的价值主张（即提供的特殊价值的产品或服务）、客户、供应商及合作伙伴、收入模式、盈利模式等，在此不再展开每个细节说明。

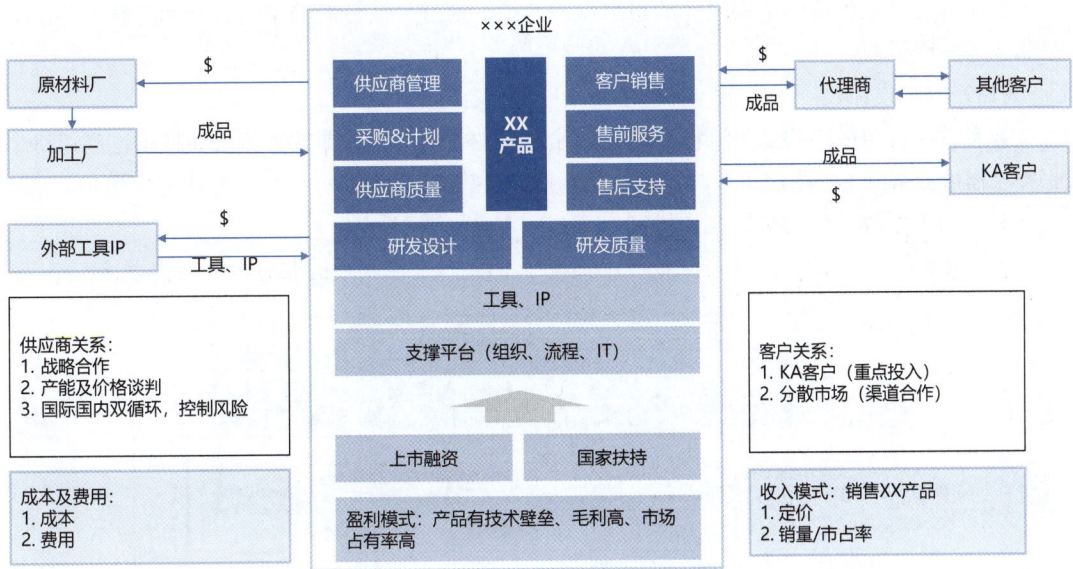

图2-4　某企业的商业模式画布示例

（4）价值链分析

价值链分析可以识别企业提供产品或服务的整个链条，通过对整个链条的分析可以用来识别哪个阶段是最有价值的阶段，从而加以发挥以获取竞争优势。价值链分析最重要的一点就是如何将各个活动有效地联系在一起，以更大程度地争取竞争优势。

（5）业务场景视图AS-IS

AS-IS即现状的意思。业务场景视图即企业每个业务（如研发、供应链、销售等）运行的场景图，包括流程、信息流和支撑场景运作的IT系统等。

（6）能力框架梳理

对价值链上的每个业务团队，梳理其对外提供的能力或输出的价值，总结出各团队当前的优势和薄弱环节。

（7）问题总结

将上述的现状梳理情况进行总结，罗列出公司每个业务。

（8）利益相关人诉求和痛点

在业务流程架构梳理过程，利益相关人即公司核心管理团队，通过访谈了解他们对现状的主要关注点、诉求和问题等。

（9）关键发现 & 根因分析

关键发现 & 根因分析，是现状梳理的最终输出，通过上述现状的情况梳理，列出影响最大的 10 个问题（通常称为 Top 10 问题），然后针对这些问题分析根本原因及对业务造成的影响。

（10）运作模式与场景分析

通过对企业价值链的分析，结合商业模式画布的分析，针对每个业务领域，归纳企业核心的业务场景，以及场景与场景之间的串联关系。

（11）业界最佳实践

参考业界标杆，以及行业内的最佳实践，梳理自己企业的业务流程架构。

（12）架构设计原则

如前面对"业务流程架构设计的思维"的介绍，通过分层分级的架构设计和分解，输出企业的业务流程架构。

（13）方案设计

方案设计，即最终的业务流程架构设计输出，主要的交付件即业务流程架构图，建议每个业务流程可分解到 L4 或 L5 层。

3. 业务流程高阶架构规划典型样例

如图 2-5 所示，采用 OES 方法设计，实现了 L1 ～ L2 端到端的业务流程架构设计。

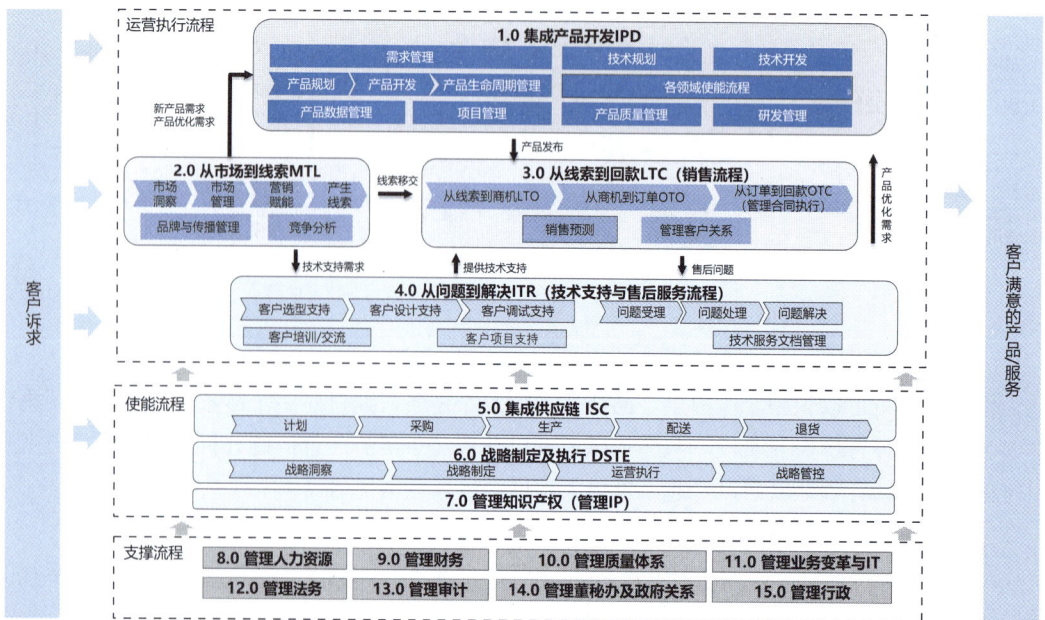

图 2-5　基于 OES 方法的业务流程架构图

运营执行流程（O）：客户价值创造流程，端到端定义为完成对客户价值交付所需的业务活动，并向其他流程提出需求。

使能流程（E）：响应运营执行流程的需求，用以支撑运营执行流程的价值实现。

支撑流程（S）：公司基础性的流程，为使整个公司能持续高效、低风险运作而存在。

本章后续小节将针对运营执行中的 IPD、MTL、LTC、ITR 和使能流程中的 ISC 和 DSTE 进行展开说明。

2.2 IPD（集成产品开发）

⊃ 2.2.1 IPD 架构

1. 业务逻辑架构

目前国际公认的成熟的研发业务逻辑框架一般都基于 IPD 框架，如图 2-6 所示。企业可以基于这个 IPD 框架，设计出满足自身产品开发特点的 L2 ~ L3 级架构。

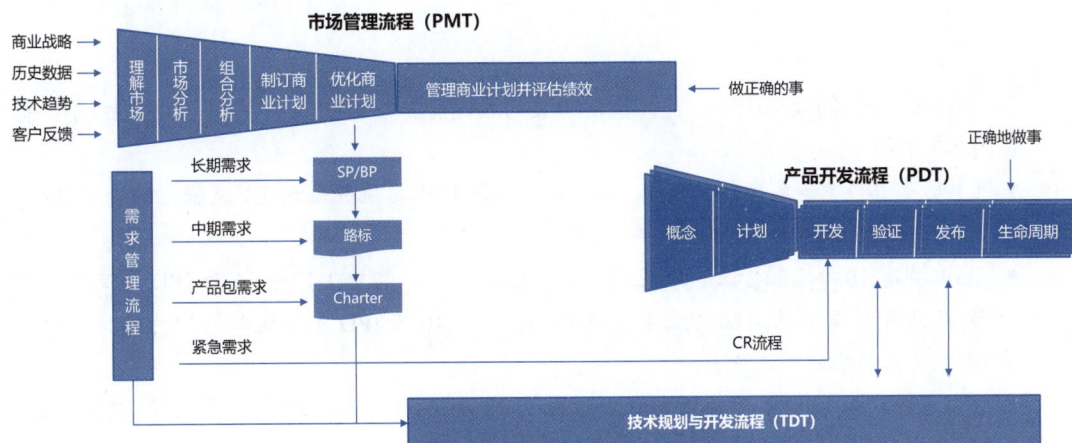

图 2-6　集成产品开发（IPD）框架

市场管理流程属于 Marketing 领域，由 PMT（Portfolio Management Team，产品组合管理团队）负责，在企业的流程架构中与 IPD 和 MTL 都有着密切的关系，当业务流程架构没有 MTL 时，往往将市场管理流程作为 IPD 流程体系的一部分，但在最新的业务结构设计中，除对市场管理输出产品路标之外，还需要根据市场管理策略对产品进行营销，所以，它更多的是被纳入 MTL 流程架构中，前端衔接市场洞察，后端与客户联合创新和销售赋能。

在图 2-6 中，需求管理流程和市场管理流程是产品规划的输入，在 Charter（立项）之后，进入由 PDT（Product Development Team，产品开发团队）负责的产品开发流程。技术规划和开发流程也是 IPD 流程框架非常重要的部分，通过业务分层设计，将产品共用的技术模块单独开发和共享，从而加快产品的交付效率。

2. L2 ~ L3 流程框架

图 2-7 所示为某企业 IPD 流程架构示例。

L1 — 1.0 IPD（集成产品开发）

L2 — 1.1 产品规划　　1.2 产品开发　　1.3 生命周期管理

L3:
- 1.1.1 路标开发
- 1.1.2 Charter 开发
- 1.2.1 概念阶段
- 1.2.2 计划阶段
- 1.2.3 开发阶段
- 1.2.4 验证阶段
- 1.2.5 发布阶段
- 1.3.1 产品维护
- 1.3.2 管理EOX

L2 — 1.4 技术规划　　1.5 技术开发

L3:
- 1.4.1 技术路标开发
- 1.4.2 技术Charter开发
- 1.5.1 需求阶段
- 1.5.2 方案阶段
- 1.5.3 开发阶段
- 1.5.4 迁移阶段
- 1.5.5 维护阶段

L2 — 1.6 需求管理

L2 — 1.7 项目管理　　1.8 数据管理　　1.9 质量管理　　1.10 变更管理 …

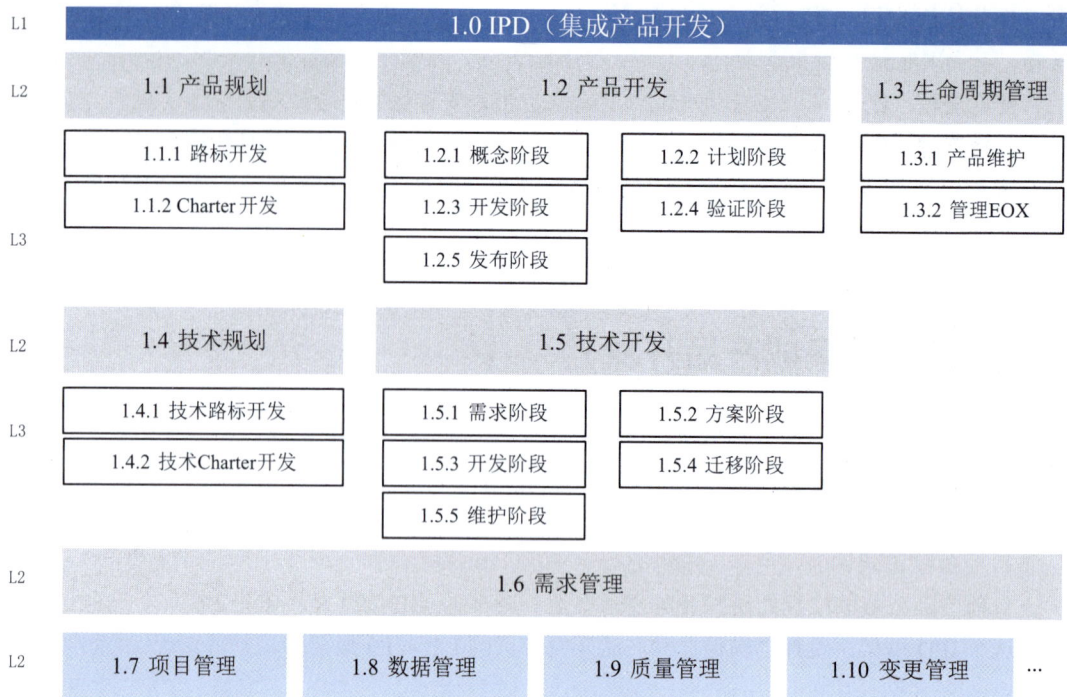

图 2-7　IPD 流程架构示例

在流程分层分级的架构图中，往往会在每级的流程前面增加数字序号，作为流程级别的标识。在图 2-7 中：

- L1 层是 IPD（集成产品开发），用 1.0 表示。对于其他领域的 L1 流程，则会以 2.0、3.0、……表示。
- 图中共有 10 个 L2 流程，分别用 1.1～1.10 表示，其中 1.1～1.6 为 IPD 主流程（即为产品开发提供端到端的业务流程），1.7～1.10 为 IPD 支撑流程（即支撑 IPD 主流程所需的基础性流程）。
- 在 L3 层，如"1.1.1 路标开发"流程属于 L2 层"1.1 产品规划"的子流程，则以 1.1.1 为序号表示，以此类推。

或许，有的企业还有预研流程，基于图 2-7 所示的流程架构基础上，可以将产品预研和技术预研单独设置为 L2 流程，也可以将产品预研放入"1.1 产品规划"中，将技术预研也可以放入"1.4 技术规划"中。

本节将对其中的需求管理、产品开发、生命周期管理、技术规划和技术开发流程依次详细介绍。在图 2-7 中的 L2 层级中，"1.7 项目管理"至"1.10 变更管理"属于 IPD 中的支撑流程，它们会被 1.1～1.6 的 L2 流程调用，因为每个行业和每家企业的要求不尽相同，本节不再展开。

⊃ 2.2.2　需求管理

需求管理的输出是产品规划流程、技术规划流程、产品开发流程的输入，从不同渠道收集内外部需求，进行需求分析、分发、实现，最后进行需求验证的全过程。常见的需求管理过程如图 2-8 所示。

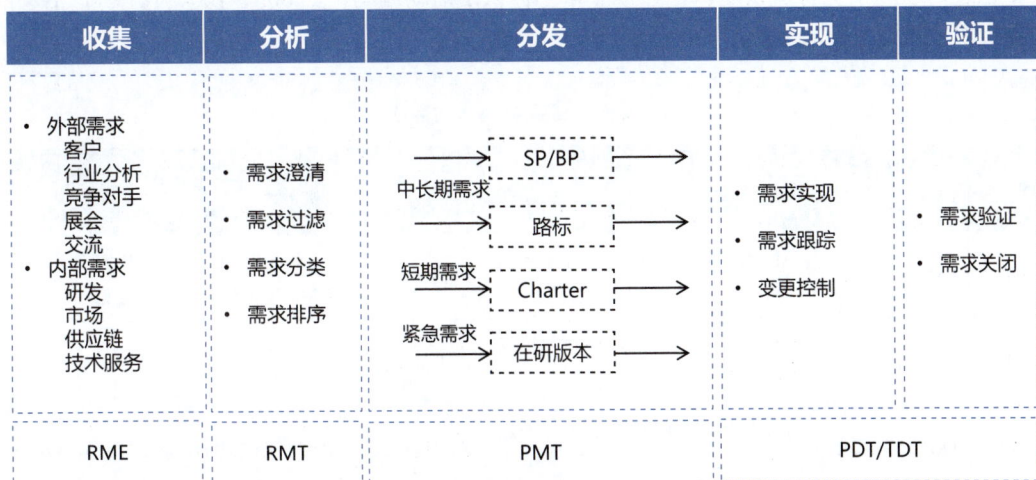

收集	分析	分发	实现	验证

• 外部需求
  客户
  行业分析
  竞争对手
  展会
  交流
• 内部需求
  研发
  市场
  供应链
  技术服务
	• 需求澄清
	• 需求过滤
	• 需求分类
	• 需求排序
		中长期需求 → SP/BP →
		→ 路标 →
		短期需求 → Charter →
		紧急需求 → 在研版本 →
			• 需求实现
			• 需求跟踪
			• 变更控制
				• 需求验证
				• 需求关闭

RME	RMT	PMT	PDT/TDT	

图 2-8　需求管理过程

一个通用的需求管理流程如图 2-9 所示。

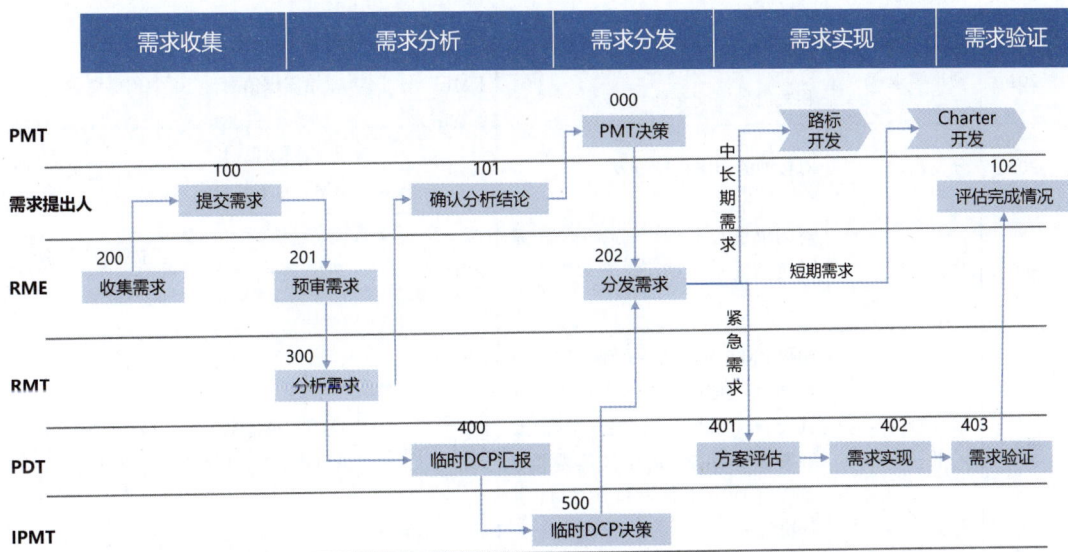

图 2-9　通用的需求管理流程

其中，流程中涉及的角色如下：

- IPMT（Integrated Portfolio Management Team）：集成组合管理团队，一般是公司高层管理团队，或者 BG/BU 的管理团队，负责评审和批准 Charter。
- PMT（Portfolio Management Team）：组合管理团队，一般是产品线业务规划团队，负责制订 Charter。
- RMT（Requirement Management Team）：需求管理团队。
- RME（Requirement Management Engineer）：需求管理工程师。
- PDT（Product Development Team）：产品开发团队。

对于不同的企业来说，需求管理的流程及决策团队可以简化，如将 PMT 与 RMT 合二为一。上述活动为了更有辨识度，已经按照角色标识了活动编码，如 000、100、101 等，活动的详细说明如表 2-1 所示。

表 2-1　需求管理活动描述

活动编码	活动名称	活动内容	角色	输入	输出
000	PMT 决策	PMT 对提交人不同意的需求分析结论进行决策	PMT	原始需求信息、RMT 需求分析结论	PMT 需求决策结论
100	提交需求	根据需求管理规范，整理并提交需求申请	需求提出人	—	原始需求信息
101	确认分析结论	需求提出人对 RMT 的需求分析结论进行确认	需求提出人	RMT 需求分析结论	需求确认结论
102	评估完成情况	需求提出人对需求的实现情况进行评估，给出需求满意度评价	需求提出人	—	需求评估结论
200	收集需求	从内外部渠道收集需求和需求相关的信息	RME	—	原始需求信息
201	预审需求	对提交的需求进行预分析，确定相关信息提交充分	RME	原始需求信息	预审结论
202	分发需求	对接纳的需求进行分发	RME	原始需求信息、RMT 需求分析结论	初始需求
300	分析需求	对需求进行分析和排序，给出是否接纳需求的结论、需求完成时间计划	RMT	原始需求信息	RMT 需求分析结论
400	临时 DCP 汇报	如果 RMT 分析结论是纳入当前已经通过 PDCP 的版本中开发，并且会导致项目合同变更，则需要触发临时 DCP。PDT 经理需要准备临时 DCP 汇报材料到 IPMT 进行决策	PDT	原始需求信息、RMT 需求分析结论	临时 DCP 汇报材料
401	方案评估	对需求相关的设计方案、影响、工作量进行评估。如果涉及产品数据变更，则需要触发产品数据变更流程	PDT	初始需求	需求方案评估
402	需求实现	完成需求相关的设计、开发、测试工作	PDT	初始需求	产品包
403	需求验证	对已经实现的需求进行验证	PDT	产品包	需求验证结论
500	临时 DCP 决策	对影响项目合同的紧急需求进行决策，是否同意接纳	IPMT	临时 DCP 汇报材料	临时 DCP 决策结论

⊃ 2.2.3 产品开发

产品开发流程是 IPD 的主业务流程，从 Charter 立项评审通过开始，到产品发布上市，包括概念阶段、计划阶段、开发阶段、验证阶段、发布阶段的流程。在整个产品开发过程中，以 PDT 经理为核心，通过市场、研发、制造、采购供应、服务、财经、质量等各个功能领域的紧密合作，以市场与客户需求为驱动，及时交付有竞争力的、高质量的产品包。图 2-10 所示为集成产品开发袖珍卡（又称 IPD Pocket Card），和需求管理的流程图类似，最左边为角色，并为角色标记了序号（从 0 到 C），右边是每个流程的阶段及每个角色对应的活动，活动的序号从 0 计数，例如，PDT 经理（序号为 1）组建项目团队（第一个活动），该活动编码为100，第二个活动为制订项目计划，则编码为 101，以此类推。

1. 概念阶段

概念阶段为产品开发的后续阶段提供了清晰的产品方向、切实可行的规划和必要的资源保障。这个阶段的关键任务如下：

- **定义项目目标和范围**：明确市场需求，定义产品的目标和范围。这通常通过市场需求分析来实现，输出 MRD（Market Requirements Document，市场需求书）。
- **组建项目团队**：确定项目团队的成员及其角色和职责，确保各个领域的专家参与，形成跨职能团队。
- **制订项目计划**：基于市场需求和技术可行性，制订全面的项目计划，包括里程碑、关键活动和资源分配。
- **技术和可行性分析**：进行关键技术方案设计和可行性分析，确保设计方案能满足市场需求并具备技术可实现性。
- **项目评审与决策**：组织评审会议，如 TR（Technical Review，技术评审），对当前阶段的成果进行评估，通过评审确认项目的进展和识别存在的风险，支持管理层做出继续、变更或终止项目的决策。

概念阶段的各活动详细说明如表 2-2 所示。

表 2-2　概念阶段的各活动详细说明

活动编码	活动名称	活动内容	角色	输入	输出
000	CDCP 决策评审	PDT 经理到 IPMT 汇报 CDCP 材料，IPMT 决策是否通过评审，是否同意后续的计划及投资	IPMT	CDCP 汇报材料	决策评审结论、会议纪要
100	组建项目团队	组建项目团队，包括研发子项目团队及各功能领域团队的成员，明确每个项目成员的职责、工作投入比例等	PDT 经理	Charter 汇报材料	项目成员表
101	制订项目计划	组织各领域代表共同制订项目计划，明确DCP、TR 及各领域的关键活动计划	PDT 经理	Charter 汇报材料	项目计划
102	项目计划执行、监控与刷新	组织项目成员按照项目计划开展产品开发工作，定期组织项目例会，发布项目状态报告，更新项目计划	PDT 经理	项目计划	项目状态报告

活动编码	活动名称	活动内容	角色	输入	输出
103	准备 CDCP 汇报材料	组织各领域代表一起整理 CDCP 的汇报材料，包括市场分析、市场需求定义、TR 评审结果、项目风险和依赖等	PDT 经理	Charter 汇报材料，TR1 评审汇报材料	CDCP 汇报材料
200	市场需求分析	市场代表完成市场需求分析，输出市场需求书（MRD），并组织评审	PM	Charter 汇报材料	市场需求书（MRD）
400	组织 TR1 评审	组织 TR1 评审，对本阶段交付件的完成情况进行评审，评估遗留问题与风险	开发代表	—	TR1 评审汇报材料
401	关键技术可行性分析	对产品的关键技术进行方案设计，以评估技术可行性	开发代表	市场需求书（MRD）	关键技术方案
402	产品规格分析	对产品包需求进行澄清和补充，分析系统需求，进行需求分解分配	开发代表	市场需求书（MRD）	产品规格书
403	组织 TR2 评审	组织 TR2 评审，对本阶段交付件的完成情况进行评审，评估遗留问题与风险	开发代表	—	TR2 评审汇报材料
C00	创建项目站点与配置库	创建项目站点，录入项目里程碑与计划，项目团队成员；创建项目配置库，完成权限配置	PQA	Charter 汇报材料，项目计划，项目成员表	配置库、项目站点
C01	质量管理	包括流程引导、交付件评审、流程审计、质量评估等	PQA	—	—
C02	配置库管理	包括权限管理、配置项审核、基线管理等	PQA	—	—

2. 计划阶段

计划阶段的主要任务是细化产品开发的具体计划和策略，确保项目的规划能够指导后续工作的高效进行。在计划阶段，很重要的一个工作是 IPMT 的决策——是否要继续投入项目。具体来说，此阶段的活动和任务如下：

- **PDCP 决策评审准备与执行**：通过准备和回顾 PDCP 汇报材料，确保决策评审的顺利进行。PDT 经理负责组织各领域代表准备材料，并向 IPMT 汇报，以便获得后续开发的批准和投资。
- **产品架构与系统设计**：由开发代表组织专家开展产品架构和系统设计，制订产品的功能模块划分和接口设计，并进行关键设计方案的验证。
- **专利与知识产权分析**：分析相关的专利和知识产权，以确定可能的专利申请，以及同行的专利布局，为产品的创新性和竞争力提供支持。
- **技术评审与更新**：刷新产品规格，并通过 TR3 等技术评审，验证系统架构设计的合理性和完备性。
- **详细设计工作**：包括产品架构和系统设计、模块概要设计等活动，旨在细化设计方案和验证步骤，以确保技术实现的可行性。
- **可制造性分析**：系统化地制订产品量产和制造策略，以保证产品的交付效率。
- **市场策略**：制订市场营销策略、服务策略、采购策略以支持产品的市场化。
- **预算管理**：制订项目每个阶段的人力、费用的预算目标，以确保项目按照既定投入的标准来推进。

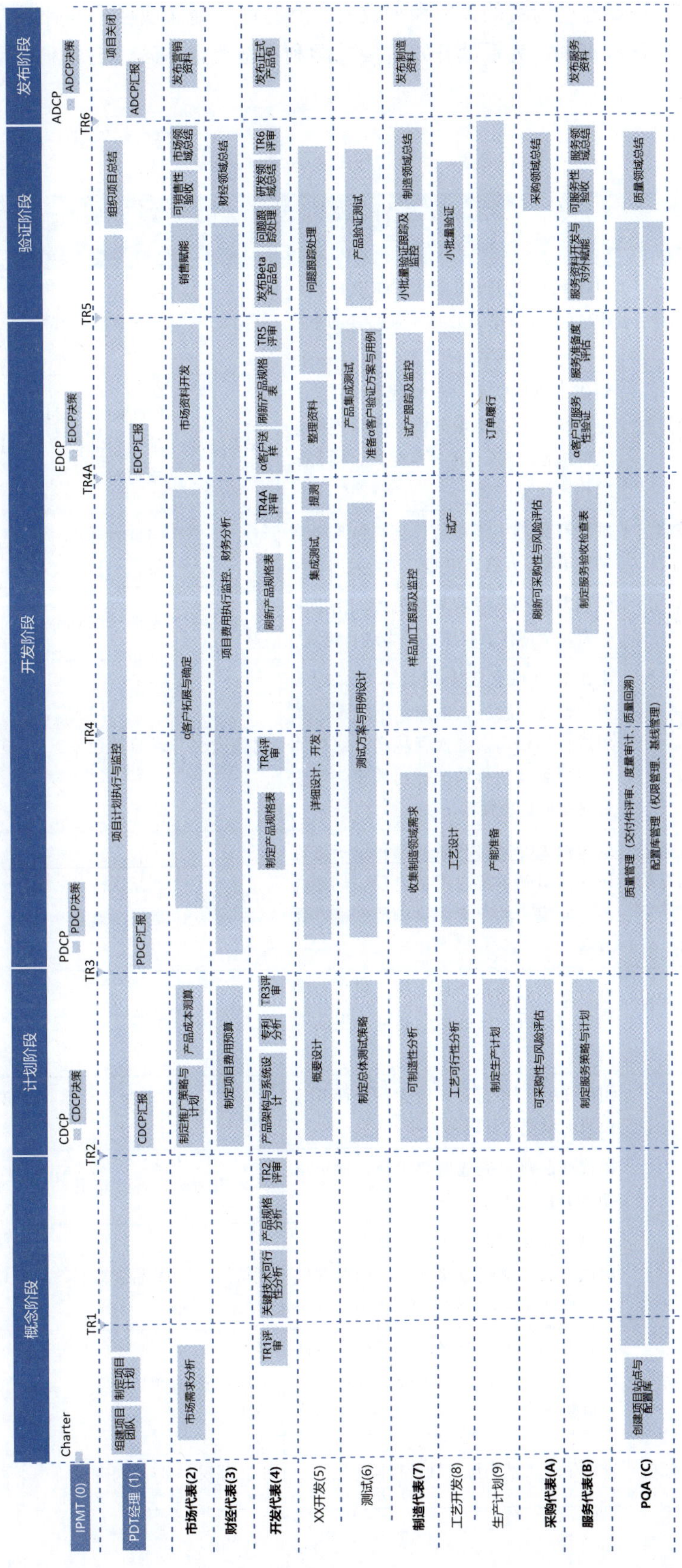

图 2-10 集成产品开发（IPD）袖珍卡

在计划阶段，需要通过周密的评估和细致的策略制订，确保项目具备清晰的方向、合理的资源配置及有效的管理机制，为后续开发阶段的顺利实施奠定基础。表 2-3 所示为计划阶段的各活动详细说明。

表 2-3 计划阶段的各活动详细说明

活动编码	活动名称	活动内容	角色	输入	输出
000	PDCP 决策评审	PDT 经理到 IPMT 汇报 CDCP 材料，IPMT 决策是否通过评审，是否同意后续的计划及投资	IPMT	PDCP 汇报材料	决策评审结论、会议纪要
100	准备 PDCP 汇报材料	组织各领域代表一起整理 PDCP 的汇报材料，包括市场分析、产品规格定义、执行策略、TR 评审结果、项目风险和依赖等	PDT 经理	Charter 汇报材料，TR2 评审汇报材料	PDCP 汇报材料
200	制订推广策略与计划	制订产品推广策略与计划，包含早期销售策略、α 客户策略、定价策略等	市场代表	Charter 汇报材料	营销计划
201	产品成本测算	组织发起产品成本测算流程，由采购代表、制造代表对产品成本进行测算	市场代表	硬件早期 BOM	产品成本测算结果
300	制订项目费用预算	组织各领域代表对项目本领域的人力、设备、物流、试产、小批量等费用进行预估，财经代表从产品线整体费用预算及执行情况提出约束，形成最终的项目总预算	财经代表	项目计划	项目费用预算表
400	产品架构与系统设计	组织相关专家对产品架构和系统进行设计，明确系统内部功能模块划分，各功能模块的职责、接口及关键设计方案	开发代表	产品规格书，关键技术方案	产品架构与系统设计说明书，架构原型验证报告
401	专利与知识产权分析	进行专利与知识产权分析，包括专利检索、分析，提炼本产品可产生的专利等	开发代表	关键技术方案	专利申请计划
402	组织 TR3 评审	组织 TR3 评审，对系统架构设计及各模块的概要设计进行评审	开发代表	—	TR3 评审汇报材料
500	概要设计	根据产品规格完成概要设计，输出早期 BOM/ 设计方案等	×× 开发	产品规格书	概要设计书
600	制订总体测试策略	明确产品系统测试重点、测试步骤、测试工具、测试方法等等，确保测试的完整性、规范性和正确性	测试	产品规格书	总体测试策略
700	可制造性分析	制订产品的制造策略，包括对供应商的制造能力评估、制造成本分析、制造风险等	制造代表	产品规格书	可制造性分析
800	工艺可行性分析	评估生产工艺的可行性及风险	工艺开发	产品规格书	工艺可行性分析报告

活动编码	活动名称	活动内容	角色	输入	输出
900	制订生产计划	根据产品各阶段生产要求制订生产计划和产能规划	生产计划	项目计划	生产计划表
A00	可采购性与风险评估	对各物料的可采购性与风险进行评估	采购代表	硬件早期BOM	可采购性与风险评估表
B00	制订服务策略与计划	制订产品的服务策略与计划	服务代表	Charter汇报材料	产品服务策略与计划
C00	质量管理	组织相关的领域代表，制订产品的质量目标和质量计划	PQA	—	质量目标与计划

3. 开发阶段

开发阶段的主要任务是进行详细设计、集成、测试和验证，确保产品功能、性能和质量满足预定要求，并为量产和市场推出做好充分准备。具体活动如下：

- **决策评审与市场准备**：通过EDCP决策评审，确定产品是否具备早期销售的条件。PDT经理负责准备和汇报材料，确保产品上市准备的充分性。
- **客户拓展和营销**：市场代表负责α客户的拓展与确定，并基于进展开发和更新营销资料，以支持产品早期市场活动。
- **设计与验证**：进行各组件的详细设计和验证，包括硬件、软件和工艺设计，输出验证报告和详细设计说明书。
- **集成与测试**：进行产品模块的集成和测试，确保各部分协同工作。测试团队设计测试方案和用例，执行产品集成和验证测试。
- **制造和工艺跟踪**：制造代表收集需求，跟踪样品加工和试产过程，评估产品的可制造性。工艺设计确保生产工序和BOM的准确性。
- **可服务性确认**：服务代表制订服务验收检查表，并进行α客户服务验证，确保产品具备可服务性条件。

另外，质量问题和预算执行偏差是本阶段极易发生的问题，需要PQA（Product Quality Assurance Engineer，产品质量保证工程师）和财经代表投入更多精力，负责质量和预算的度量审计。开发阶段通过这些细致的设计、测试和管理活动，确保产品性能及市场适应性，准备好全面的量产和市场投放。表2-4所示为开发阶段的各活动详细说明。

表2-4 开发阶段的各活动详细说明

活动编码	活动名称	活动内容	角色	输入	输出
000	EDCP决策评审	PDT经理到IPMT汇报EDCP材料，IPMT决策是否同意产品早期销售	IPMT	EDCP汇报材料	决策评审结论，会议纪要
100	准备EDCP汇报材料	组织各领域代表一起整理EDCP汇报材料，包括市场分析、上市准备情况等	PDT经理	Charter汇报材料，TR4A评审汇报材料	EDCP汇报材料

活动编码	活动名称	活动内容	角色	输入	输出
200	α 客户拓展与确定	α 客户拓展和确定	市场代表	—	α 客户
201	市场资料开发	基于产品营销计划，根据产品开发的进展和市场情况，进行营销资料的开发及刷新	市场代表	—	产品营销资料
300	项目费用执行监控、财务分析	在项目运行过程中监控项目整体费用的执行情况	财经代表	—	项目费用预算表
400	制订产品规格表	组织各领域制订产品规格，明确产品参数、指标及卡控标准	开发代表	—	产品规格表
401	组织 TR4 评审	组织 TR4 评审，对产品核心设计的验证结果进行评审	开发代表	—	TR4 评审汇报材料
402	刷新产品规格表	根据开发进展，刷新产品规格表	开发代表	—	产品规格表（刷新）
403	组织 TR4A 评审	组织 TR4A 评审，对产品开发结果进行评审	开发代表	—	TR4A 评审汇报材料
404	准备 α 客户样品、资料和工具	准备 α 客户验证所需样品、资料和工具	开发代表	α 客户验证计划	α 客户样品、资料和工具
405	刷新产品规格表	根据开发进展，刷新产品规格表	开发代表	—	产品规格表（刷新）
406	组织 TR5 评审	组织 TR5 评审，对系统集成测试与试产结果进行评审	开发代表	—	TR5 评审汇报材料
500	详细设计、开发	对产品的各部件进行详细设计、开发及验证	×× 开发	概要设计书	详细设计说明书、验证报告等
501	集成测试	将产品各模块进行集成，完成集成测试	×× 开发	—	自测报告
502	提测	提交转测试流程	×× 开发	自测报告	转测试流程
503	整理资料	整理对外发布的产品资料	×× 开发	—	操作手册、配置说明等
504	问题跟踪处理	跟踪测试团队提交的问题并进行处理	×× 开发	—	问题跟踪单
600	测试方案与用例设计	根据产品包需求、产品系统设计方案，进行涵盖系统集成测试和系统验证测试工作的测试方案设计和测试用例设计	测试	产品规格书、总体测试策略	产品测试方案、产品测试用例
601	产品集成测试	按照测试用例执行功能、性能、专项和基本可靠性以及工具、资料测试，依据"产品测试计划"进行多轮测试执行和回归测试执行活动	测试	产品测试方案、产品测试用例	产品集成测试报告

活动编码	活动名称	活动内容	角色	输入	输出
602	准备α客户验证方案与用例	与α客户进行验证测试相关工作内容（配合形式、验证内容、验证方法等）的沟通、评估、确认α客户验证测试所需支持内容	测试	—	α客户验证方案、α客户验证用例
700	收集制造领域需求	收集制造领域需求，以便制订产品生产计划	制造代表	产品规格书	制造需求表
701	样品加工跟踪及监控	根据项目计划跟踪监控工程样品的生产加工过程	制造代表	—	样品生产报告
702	试产跟踪及监控	根据项目计划跟踪监控产品试产过程，评估可制造性	制造代表	—	试产报告
800	工艺设计	对产品的结构、生产工艺进行详细设计，包括设计图纸、BOM等	工艺开发		工艺设计报告、BOM
801	试产	通过产品的试产，验证产品设计、工艺设计、测试覆盖率，确认产品量产方案	工程开发	产品规格表	产品量产测试验证报告（试产）
900	产能准备	量产所需机台产能准备	生产计划	制造需求表	—
901	订单履行	对样品小批量进行生产跟进	生产计划	生产计划表	—
A00	刷新可采购性与风险评估	对各物料的可采购性与风险进行评估	采购代表	硬件BOM	可采购性与风险评估跟踪表
B00	制订服务验收检查表	根据可服务性需求制订可服务性验收检查表	服务代表	—	服务验收检查表
B01	α客户可服务验证	通过α客户验证，对产品的可服务性进行验证，包括服务资料、服务工具的验证	服务代表	—	—
B02	服务准备度评估	对本阶段的产品可服务性进行评估，需重点评估是否具备全面量产的可服务条件，以提前做好服务准备	服务代表	—	服务验收检查表（刷新）
C00	质量管理	组织相关的领域代表，对产品质量度量审计、质量回溯等	PQA	—	质量管理报告

4. 验证阶段

验证阶段的主要任务是确保产品在功能、性能、可制造性、可服务性和市场适应性等方面都满足预定的标准，并为最终的产品发布做好准备。关键的活动如下：

- **ADCP决策评审**：PDT经理向IPMT汇报ADCP材料，以获得产品发布的最终批准。这一步是确认产品是否具备市场发布条件的关键决策点。
- **市场准备与销售赋能**：市场代表负责进行销售赋能和可销售性验收，确保销售团队掌握产品的关键信息，制订合理的销售策略，支持产品上市。
- **发布Beta产品包**：开发代表发布Beta版本，用于小批量生产和α客户验证，从而测试工艺的稳定性和可靠性，并在真实的使用环境中进行性能检验。

- **服务与文档准备**：服务团队开发相关服务资料并进行培训，确保产品上市后的服务支持准备到位。
- **项目总结与经验教训**：各领域（如市场、财经、研发、制造、采购、服务、质量等）进行项目总结，总结开发过程中的经验教训，以提高后续项目组织能力，提升项目管理水平。

以上活动确保所开发的产品达到了高质量的标准，且具备优质性价比和足够的市场竞争力，为顺利进入市场准备好基础和支持。表 2-5 所示为验证阶段的各活动详细说明。

表 2-5　验证阶段的各活动详细说明

活动编码	活动名称	活动内容	角色	输入	输出
000	ADCP 决策评审	PDT 经理到 IPMT 汇报 ADCP 材料，IPMT 决策是否同意产品发布	IPMT	ADCP 汇报材料	决策评审结论、会议纪要
100	组织项目总结	组织各领域对项目进行总结	PDT 经理	—	项目总结
101	准备 ADCP 汇报材料	组织各领域代表一起整理 ADCP 的汇报材料，包含 TR 评审结论、需求实现评估、α 客户验证结果等	PDT 经理	Charter 汇报材料、TR6 评审报告	ADCP 汇报材料
200	销售赋能	对销售人员进行培训赋能	市场代表	—	—
201	可销售性验收	对产品的可销售性进行验收	市场代表	—	—
202	市场领域总结	完成市场领域总结，总结经验教训	市场代表	—	项目总结
300	财经领域总结	完成财经领域总结，总结经验教训	财经代表	—	项目总结
400	发布 Beta 产品包	发布用于小批量及 α 客户验证的 Beta 产品包	开发代表	—	Beta 产品包
401	问题跟踪处理	跟踪小批量与 α 客户验证进展，解决验证过程中的问题	开发代表	—	问题清单
402	研发领域总结	组织研发各子领域进行总结	开发代表	—	项目总结
403	组织 TR6 评审	组织 TR6 评审，对小批量验证与 α 客户验证结果进行评审	开发代表	—	TR6 评审汇报材料
500	问题跟踪处理	跟踪并解决测试、制造、客户等发现的产品相关问题	×× 开发	—	问题跟踪单
600	系统验证测试	按照测试用例执行专项、可靠性测试，依据"产品测试计划"进行多轮测试执行和回归测试执行活动，以确认产品包符合需求和系统设计的验证性工作	测试	—	产品验证测试报告
700	小批量验证跟踪及监控	正式量产前的小批量加工，验证生产工艺及文件	制造代表	—	小批量验证报告
701	制造领域总结	完成制造领域总结，总结经验教训	制造代表	—	项目总结
800	小批量验证	通过小批量验证工艺稳定性和良率	工艺开发	—	工艺验证报告
900	订单履行	对样品小批量进行生产跟进	生产计划	生产计划表	对样品小批量进行生产跟进
A00	采购领域总结	完成采购领域总结，总结经验教训	采购代表	—	项目总结

活动编码	活动名称	活动内容	角色	输入	输出
B00	服务资料开发与对外赋能培训	完成服务资料开发与对外赋能培训	服务代表	—	服务培训资料
B01	可服务性验证	对产品的可服务性进行验收	服务代表	—	服务验收检查表
B02	服务领域总结	完成服务领域总结，总结经验教训	服务代表	—	项目总结
C00	质量领域总结	完成质量领域总结，总结经验教训	PQA	—	项目总结

5. 发布阶段

发布阶段是产品成熟度最终确认的阶段，需要确保所有量产的准备工作全部完成，并发布正式配套产品包和相关资料，确保产品在技术、生产、市场和服务方面都已做好充分准备，支持产品正式推向市场。表 2-6 所示为发布阶段的各活动详细说明。

表 2-6　发布阶段的各活动详细说明

活动编码	活动名称	活动内容	角色	输入	输出
100	项目关闭	进行项目人员释放、权限清理、项目文件归档等，完成项目关闭	PDT 经理	—	—
200	发布营销资料	发布营销资料	市场代表	—	正式营销资料
400	发布正式产品包	发布正式产品包，包含相关的软件、硬件、工具、资料等完整的产品包	开发代表	—	正式产品包
700	发布制造资料	发布制造资料	制造代表	—	正式制造资料
B00	发布服务资料	发布服务资料	服务代表	—	正式服务培训资料

⊃ 2.2.4　生命周期管理

在产品开发完成并成功量产后，产品进入了生命周期管理阶段。该阶段的主要目标是支持产品在市场中的持续成功和盈利能力，同时做好逐步退出市场的准备工作。这个阶段关注产品的长期运营、优化和最终退市。图 2-11 所示为生命周期管理阶段的 L3 级的流程架构。

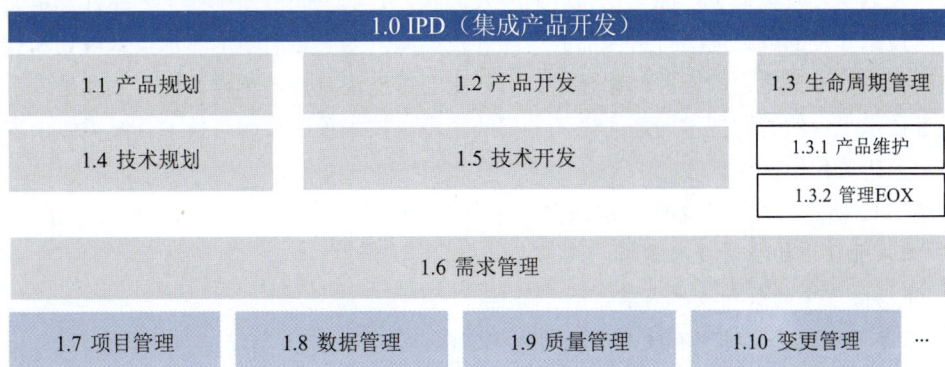

图 2-11　生命周期管理阶段的 L3 级的流程架构

生命周期管理子流程的目的和主要流程 / 活动如表 2-7 所示。

表 2-7　生命周期管理子流程的目的和主要流程 / 活动

L3 流程	目的	主要流程 / 活动
产品维护	负责新版本升级、更新补丁，以保障客户的老产品持续稳定运行	研发维护阶段中最重要的几个活动： • 提供完善的售后服务和技术支持，确保产品使用过程中的问题得到及时解决 • 收集客户反馈和市场数据，以改进产品特性、质量和用户体验，同时为市场代表规划新产品提供了输入 • 对于硬件产品，还需要考虑备件更换，尤其是为专用原材料设置一定的库存。通常采取的做法是结合每年的备件消耗情况和现网的设备运行数量及使用年限，推测未来一定区间内的备件需求，提前做好备货 • 对于外购的备件，如何防范供应商对该备件的 EOL（End of Lifecycle，生命周期结束）风险？一般来说，除了对供应商的 EOL 做出要求，还需要评估未来最大需求量，再考虑合理的安全库存，提前做好 Last Buy（最后一次购买） • 评估产品的绩效，从财务指标（如收入、成本、费用等）和市场表现（市占率、毛利），评估产品是否要 EOL • 考虑在质量（解决产品缺陷）、成本（改进产品设计和工艺优化成本）、交付（供应链安全）多个方面持续改进，保持功能、性能、成本等多个方面的竞争力，在客户确认的基础上做出产品变更
管理 EOX	对已量产的产品 ROI（Return on Investment，投资回报率）的衡量，在低于公司 ROI 的基准线时，需要考虑对该产品 EOX 管理	EOX 主要包括如下几个阶段： • EOM（End of Marketing，停止销售），不再对外销售，停止开发新客户 • LODSP（Last Order Date of Spare Parts，备件最后购买日），接收现有客户最后订单的时间点 • EOP（End of Production，停止生产），产品完成最后一次制造生产 • EOFS（End of Full Support，停止全面服务），对客户问题进行修复和提供补丁的最后日期 • EOS（End of Service & Support，停止服务和支持），所有服务停止

⊃ 2.2.5　技术规划 & 技术开发

　　技术规划与开发类似于产品规划和产品开发流程，它们之间的差别在于产品开发是交付给客户，而技术开发的成果是交付给内部的产品开发团队。为了更清晰地表示技术规划和技术开发的流程关系，本节将它们合并一起介绍。一些企业可能还有技术预研流程，主要是为了解决产品或者技术平台的关键技术问题而投入专门的资源。技术预研流程与技术开发类似，本节不再对技术预研流程作赘述。

　　如图 2-12 所示，技术规划的需求来自于多个层面：

- 需求管理中的公共技术需求。
- 市场管理中的长期技术需求。
- 产品开发过程中对现有技术平台的优化需求。

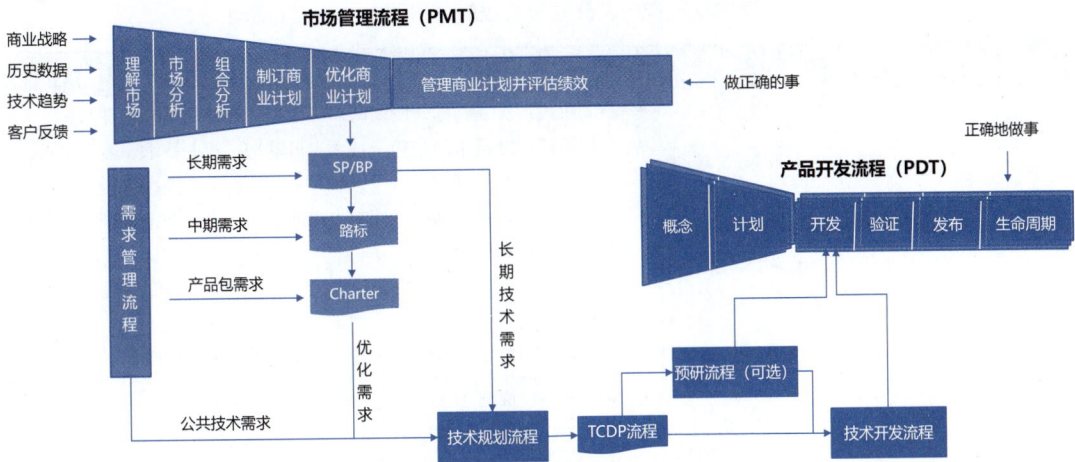

图 2-12　技术规划的需求来源

　　技术规划的需求，经过路标和 Charter 的开发之后，再纳入技术开发流程中。技术开发分为技术预研、技术开发、平台开发、子系统（含 CBB 和组件）开发几种类型。技术开发流程大致分为需求阶段、方案设计阶段、开发阶段、技术迁移阶段和技术维护 5 个大阶段。图 2-13 所示为技术规划和技术开发的流程架构，企业可根据自身实际情况进行合并，例如，大多数小型企业把需求分析和方案设计合并成一个阶段，相应的技术评审点也可以视情况合并。

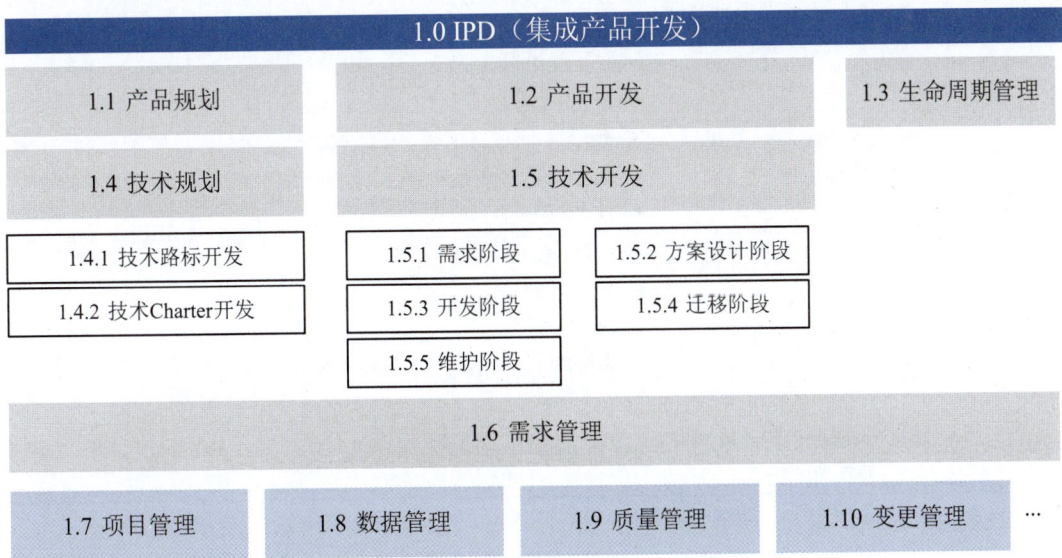

图 2-13　技术规划和技术开发的流程架构

技术规划和技术开发子流程的目的和主要流程 / 活动如表 2-8 所示。

表 2-8　技术规划和技术开发子流程的目的和主要流程 / 活动

L3 流程	目的	主要流程 / 活动
技术路标开发	制订技术发展战略和计划，确保技术能力与战略规划、产品路线图、市场趋势保持一致	• 启动阶段：成立路标开发团队，确定路标开发的范围和目标 • 分析阶段：分析市场趋势、技术发展动态、行业技术、客户需求、竞争力等多个维度 • 制订路标阶段：识别战略控制点和断裂点，设计并定义出技术发展的详细路标和里程碑 • 融合优化：避免冲突和资源浪费，通过整合调整提高路线图的可行性和战略的一致性 • 执行阶段：定期监控执行进展，对偏差进行评估和调整
技术 Charter 开发	定义、规划和启动技术开发项目，确保项目目标明确与技术路标保持一致	• 立项准备：成立 TCDT（技术 Charter 开发团队） • 环境与价值分析（Why）：从宏观、市场、竞争对手、行业技术分析、客户诉求等多个维度分析 • 需求定义（What）：识别价值特性、目标、成本、竞争力等 • 执行策略（When / How / How much / Who）：什么时间交付、关键路径、需要投入的资源及成立相应的团队 • Charter 移交：项目文档及总结，移交给 TDT 团队
需求阶段	保障技术开发项目的需求分析的完整性	关注点：需求是否包括了来自多个渠道的功能需求、DFX（Design For X，质量需求）需求
方案阶段	对技术开发项目的方案可行性分析和设计	关注点： • 技术路线和方案选择 • 成本分析 • 资源需求能否满足 • 项目计划是否可行
开发阶段	技术项目开发	关注点： • 项目已经完成开发和验证，是否具备向产品 / 平台进行迁移的条件 • 技术风险是否可控
迁移阶段	向产品或上一级技术平台进行迁移	关注点： • 技术集成到产品 • 知识转移 • 支持制造与生产 • 技术验证
维护阶段	长期维护和升级现有技术平台	和生命周期管理阶段类似

2.3　MTL & LTC（从市场到回款）

⊃ 2.3.1　MTL & LTC 架构

1. 业务逻辑架构

MTL 连接 IPD 和 LTC，IPD 从 MTL 的市场洞察和市场管理中获取需求，MTL 的线索触发和驱动 LTC。如图 2-14 所示，由 MTL、LTC 及 IPD 即可完成从客户需求到客户满意的端到端的价值链构建。

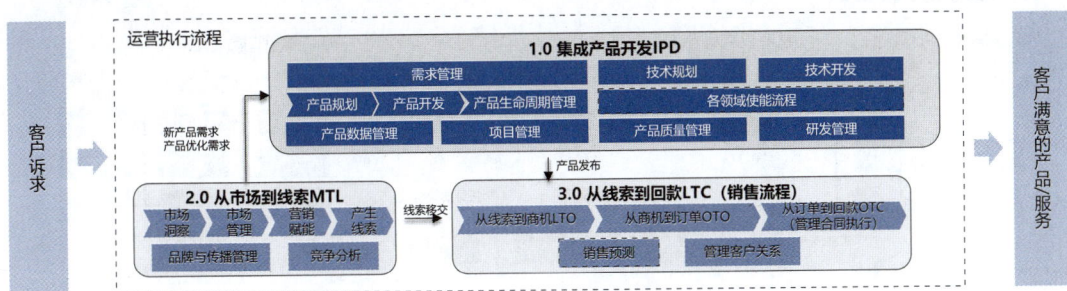

图 2-14　MTL、LTC 与 IPD 的业务逻辑架构

2. MTL & LTC 流程框架

MTL 的主要作用是分析市场、培育市场、牵引研发、产生线索、打造品牌、促进增长。公司整体层面的品牌与传播管理是 MTL 的支撑流程。MTL 一般需要指导企业如何洞察市场、选择细分市场、瞄准关键客户，制订营销策略和营销方案，将营销活动转化为线索。图 2-15 所示为 MTL 流程架构示例。

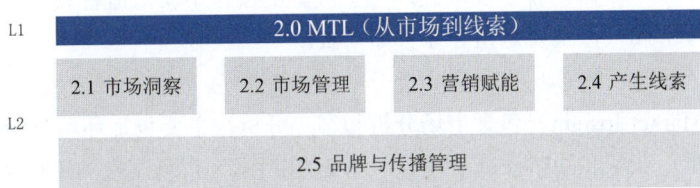

图 2-15　MTL 流程架构

LTC 的主要作用是对线索进行管理，将线索培育转化为商机，将商机转化为订单，并将订单交付最终转化为回款。图 2-16 所示为 LTC 流程架构。

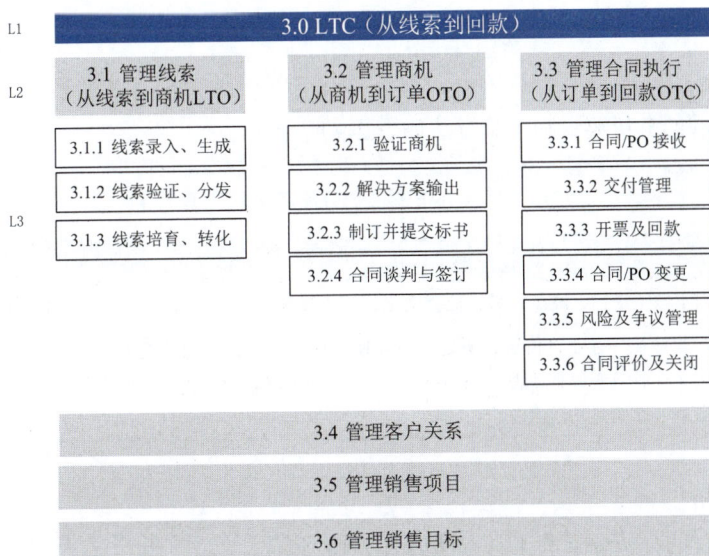

图 2-16　LTC 流程架构

图 2-17 所示为 LTC 业务流程逻辑框图。

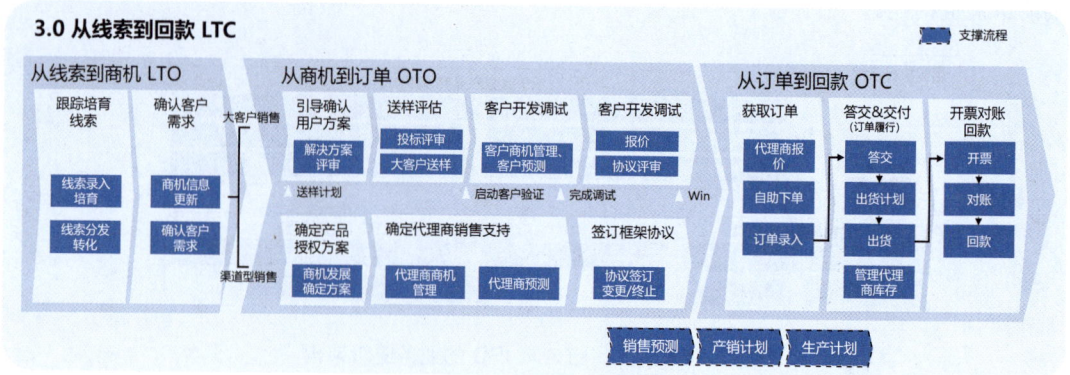

图 2-17　LTC 业务流程逻辑框图

⊃ 2.3.2　MTL（从市场到线索）

按业界认知，MTL 流程框架与其说是流程，不如说是方法论。因为 MTL 流程不承载资金流，不承载物流，哪一步做，哪一步不做，不直接影响流程下游，流程属性没有 IPD、LTC 那么强，更侧重于业务属性，主要是指导业务如何做。

1. 市场洞察

市场洞察（Market Insight）包含市场分析和客户分析，主要包括环境分析、市场分析、自身分析、竞争分析、业务和战略控制点设计。图 2-18 所示为市场洞察的流程架构。

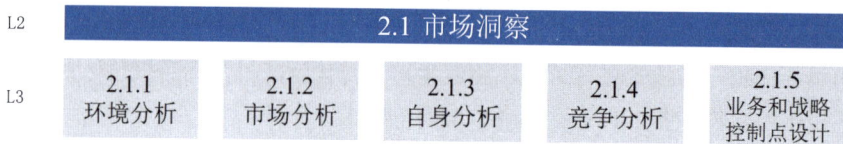

图 2-18　市场洞察流程架构

（1）环境分析

环境分析流程的分析要素和工具方法如表 2-9 所示。

表 2-9　环境分析流程的分析要素和工具方法

分析维度	分析要素	工具方法
宏观环境	政治政策法律、经济贸易、社会文化、科技技术	PEST、SWOT
行业环境	行业特征（行业价值链、所处生命周期、行业结构、行业关键成功因素、行业演变和驱动力）、行业吸引力、行业战略客户群体、行业竞争态势（行业间、行业内）	行业调研

（2）市场分析

市场分析流程的分析要素和工具方法如表 2-10 所示。

表 2-10　市场分析流程的分析要素和工具方法

分析维度	分析要素	工具方法
市场	正在或可能出现哪些变化，会影响市场选择或市场策略选择？ 市场的规模、增长、利润率、盈利空间	调研
客户	• 客户购买的原因、欲望和需求 • 产品是为了满足客户什么需求 • 客户购买决策中的关键成果因素 • 客户买 A 供应商而不买 B 供应商的原因	调研
渠道	• 什么样的渠道对客户比较重要（可获得性） • 什么样的渠道对公司可能比较重要（可获得性的准备度） • 哪些渠道会成为合作伙伴或竞争对手	调研
综合	• 公司及产品的优势与劣势分析 • 结合环境、市场、产品的机会与威胁分析 • 市场地图分析（客户买什么、通过哪些渠道、谁负责买）	SOWT、市场地图

（3）自身分析

自身分析流程的分析要素和工具方法如表 2-11 所示。

表 2-11　自身分析流程的分析要素和工具方法

分析维度	分析要素	工具方法
公司自身	公司战略与目标、财务状况、产品盘点、各产品生命周期分析、各产品波士顿矩阵分析	内部调研、波士顿矩阵
产品自身	对每个产品按要素进行评估：目标客户、产品特点、渠道、客户类型、利润模型、战略控制点、增值服务、口碑、其他因素	内部研讨

（4）竞争分析

竞争分析流程的分析要素和工具方法如表 2-12 所示。

表 2-12　竞争分析流程的分析要素和工具方法

分析维度	分析要素	工具方法
公司层面	主要竞争对手、竞品生命周期分析、竞品波士顿矩阵分析、对手的战略，以及对自身的影响、如何与竞争对手争夺份额	标杆分析、波士顿矩阵
产品层面	对主要竞品按要素进行评估：目标客户、产品特点、渠道、客户类型、利润模型、战略控制点、增值服务、口碑、其他因素	标杆分析
波特五力	• 对供应商的话语权及讨价还价能力 • 潜在的竞争参与者及其威胁 • 与现有同行业竞争者的竞争能力 • 潜在的替代品及其威胁 • 客户的话语权及讨价还价能力	波特五力

（5）业务和战略控制点设计

根据 SOWT 分析进行扬长避短，参考业务设计方法进行业务设计，并让业务具备一定壁垒的战略控制点。战略控制点可以考虑品牌、专利、版权、技术先进行与壁垒、成本优势、销售渠道控制力、供应控制力、客户信息及关系、平台生态控制力等。

业务设计的分析要素和工具方法如表 2-13 所示。

表 2-13　业务设计的分析要素和工具方法

设计维度	分析要素	工具方法
客户选择与价值描述	• 为客户提供哪些价值并可以盈利 • 识别目标客户	业务设计评估
价值获取与利润模型	• 确定业务模式（如何将价值转化为利润） • 业务模式对应的利润模型	业务设计评估
差异与战略控制点	• 客户为什么买我们的产品 • 产品的差异化价值 • 保护可持续性利润的战略控制点	业务设计评估
业务范围	• 我们聚焦于提供什么样的产品和服务 • 独立做什么，合作做什么 • 定义产品线愿景与战略	业务设计评估
组织体系	设计什么样的组织体系能给业务提供最好的支持，主要因素包括组织架构、流程、绩效评估、文化、技能和人员要求	业务设计评估

2. 市场管理

市场管理（Market Management）区别于营销管理（Marketing Management），是基于市场洞察输出的业务设计，通过对市场细分及细分市场产品组合分析来评估机会点，目的是制订合理的产品战略、规划有竞争力的产品，以指引企业通过产品营销战略达成产品线或跨产品线融合的业务目标，并对业务计划进行管理和绩效评估。图 2-19 所示为市场管理流程架构。

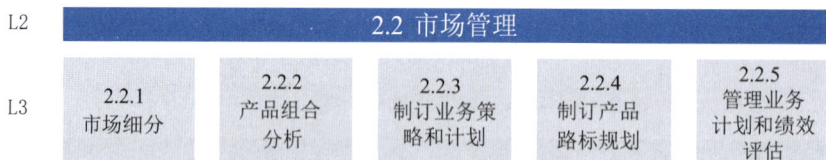

图 2-19　市场管理流程架构

市场管理流程的目的和流程活动如表 2-14 所示。

表 2-14　市场管理流程的目的和流程活动

L3 流程	目的	流程活动
市场细分	根据客户对需求的相似程度，将市场中的客户划分为不同的组别，以便由明确的产品和营销组合满足需要	• 客户需求梳理 • 划分和定义细分市场 • 细分市场对应的业务目标
产品组合分析	排列各细分市场机会的优先级，选择出要投资的细分市场机会，制订满足细分市场的产品组合策略	• 细分市场评估排序 • 选择目标细分市场 • 目标细分市场的产品组合策略

L3 流程	目的	流程活动
制订业务策略和计划	使产品线能够制订出自己的业务战略，并确定各业务要素的行动策略规划	• 制订业务策略、制订业务目标计划 • 制订定价策略 • 制订营销策略（销售模式、推广策略） • 业务目标评估策略
制订产品路标规划	根据业务策略规划未来满足细分市场实现业务策略目标的产品路标规划	制订产品策略（产品规划、路标）
管理业务计划和绩效评估	执行业务计划（产品开发等）并评估业务绩效，针对存在的问题和差距进行纠偏	• 制订任务书 Charter • 组建产品开发项目 • 跟踪开发进度和业务计划表现 • 评估产品线绩效 • 产品战略调整与优化

3. 营销赋能

营销赋能是基于市场管理的业务设计、规划和定义的产品，通过 IPD 产品开发流程实现产品的同时，针对产品开发营销策略和方案，即 IPD 流程中的营销使能。进一步考虑客户场景和产品，介入客户价值链，为客户带来创新价值，进行解决方案营销。同时，通过合作伙伴能力建设，加快业务拓展的速度、深度和广度。最终目的是高效地实现市场管理时制订的业务计划。图 2-20 所示为营销赋能流程架构。

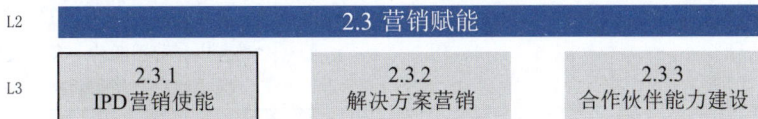

L2	2.3 营销赋能		
L3	2.3.1 IPD营销使能	2.3.2 解决方案营销	2.3.3 合作伙伴能力建设

图 2-20 营销赋能流程架构

营销赋能流程的目的和流程活动如表 2-15 所示。

表 2-15 营销赋能流程的目的和流程活动

L3 流程	目的	流程活动
IPD 营销使能	• 明确上市策略并帮助客户商业成功 • 通过营销计划确定目标、上市策略、价值主张及执行计划 • 赋能一线市场和销售人员掌握和具备推广能力，实现快速上市	• 制订营销策略、定价策略、营销方案 • 制订服务策略、服务方案 • 上市资料开发流程
解决方案营销	介入客户价值链，联合客户进行解决方案层面的价值创新，成就客户	• 营销资料客户化（从客户的视角，根据客户场景做解决方案的引导，根据客户购买的心理历程做好相应的营销资料） • 营销资料场景化（按营销场景、客户场景，抓住不同场景下的特点，突出重点，开发场景化的营销资料）
合作伙伴能力建设	通过渠道能力建设，快速复制营销资源，让业务发展的更深远、更迅速	• 渠道规划和建设 • 渠道营销赋能（使渠道达到自有市场资源的同等或相似能力）

4. 产生线索

将从营销活动等客户接触点了解到的需求进行收集跟进，对客户痛点、潜在需求通过营销能力进行客户需求激发创造线索，开拓 LTC 前端管道，为 LTC 持续提供输入。图 2-21 所示为产生线索流程架构。

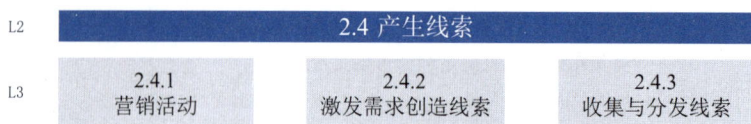

L2	2.4 产生线索		
L3	2.4.1 营销活动	2.4.2 激发需求创造线索	2.4.3 收集与分发线索

图 2-21　产生线索流程架构

产生线索流程的目的和流程活动如表 2-16 所示。

表 2-16　产生线索流程的目的和流程活动

L3 流程	目的	流程活动
营销活动	通过有针对性场景的营销活动，将产品能力让客户感知并影响客户	• 公司级营销活动（标准化的内容，展现企业实力、产品布局、跨 BU 产品的整体方案等标准化内容） • BU 级营销活动（展示针对特定细分市场的产品组合、典型应用场景与成功案例） • 地区级营销活动（针对某个地理区域的跨 BU 产品，跨 BU 产品的典型应用场景与成功案例） • 客户群营销活动（客户具体问题，解决问题的解决产品和解决方案）
激发需求创造线索	基于营销活动形成的客户接触点，深入挖掘客户痛点和潜在需求，通过解决方案帮挖掘潜在的增值价值，激发客户需求创造线索	制订不同场景营销活动的线索挖掘方式；激发需求创造线索
收集与分发线索	• 客户痛点需求涉及跨 BU 产品时的沟通机制、合作机制，要代表公司而不是 BU 给出最优方案建议 • 多渠道产生来的线索有一个统一的规则、统一的系统，有组织地对线索进行收集和管理	收集线索（显性客户需求、激发的潜在需求）

⊃ 2.3.3　管理线索（从线索到商机 LTO）

线索是指特定客户在一定的窗口期内对特定产品或服务的潜在购买意愿，这种潜在的购买意愿最终可能会转化为商业机会。管理线索就是对线索孵化过程的管理，具体包括线索录入、生成，线索验证、分发，线索培育、转化，如图 2-22 所示。

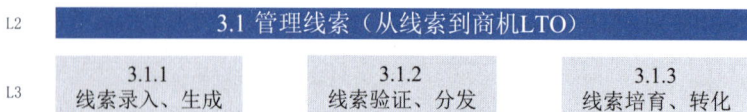

L2	3.1 管理线索（从线索到商机LTO）		
L3	3.1.1 线索录入、生成	3.1.2 线索验证、分发	3.1.3 线索培育、转化

图 2-22　管理线索流程架构

管理线索流程的目的和流程活动如表 2-17 所示。

表 2-17　管理线索流程的目的和流程活动

L3 流程	目的	流程活动
线索录入、生成	定义销售线索的标准，确保线索质量，筛选有价值的线索	从销售线索定义的标准或者评分机制进行销售线索质量及价值判断 识别合格线索，一般来说线索应该包含基础信息［行业，企业规模，联系人（职位，年龄，联系方式）］、需求点、需求时间、购买预算、决策流程（含决策链及过程） 定义线索价值，基于线索的指标，设计相应的评分机制，定义其价值
线索验证、分发	验证销售线索的真实性并分配线索 Owner	当销售线索被定义为有价值线索时，接下来就需要去验证线索的真实性，验证真实性的同时又对线索关键信息进行了进一步了解，此时可以按照相应的标准将线索进行进一步的分类管理并跟进培育
线索培育、转化	进行线索跟踪培育，实现商机转化	通过解决方案运用销售方法，推动线索成熟转化，移交给商机管理团队

⊃ 2.3.4　管理商机（从商机到订单 OTO）

商机是已确定但还未被满足的产品或服务的需求。商机可以来源于销售线索，也是可以直接获取的。管理商机就是管理需求满足到最终获取订单的过程，提升销售成功率，如图 2-23 所示。

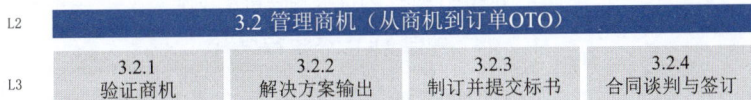

L2	3.2 管理商机（从商机到订单OTO）			
L3	3.2.1 验证商机	3.2.2 解决方案输出	3.2.3 制订并提交标书	3.2.4 合同谈判与签订

图 2-23　管理商机流程架构

管理商机流程的目的和流程活动如表 2-18 所示。

表 2-18　管理商机流程的目的和流程活动

L3 流程	目的	流程活动
验证商机	对商机进行综合评估，进行立项决策	验证商机与线索验证是有区别的。线索的验证是还原并验证信息的准确性、真实性，而验证商机则是一个决策点，即立项的决策点。其主要活动如下： • 组建内部项目团队，对商机进行综合评估，一般需要由客户信息、交付、方案这 3 条线进行综合评估 • 根据综合评估的结果进行立项决策，将成功率高的项目筛选出来，聚焦投入保证成功
解决方案输出	分析客户需求，提供解决方案并引导进行方案匹配	解决方案的输出及相应的标前引导是提升成功率的关键因素之一，主要活动如下： • 客户需求分析、沟通，输出完整解决方案 • 标前引导（以方案为核心进行全方位的引导，将自身优势预先埋进客户标书） 注：在这个过程中可能还会存在一些支撑性活动，如客户送样和技术支持等

L3 流程	目的	流程活动
制订并提交标书	进行标书的质量控制，保证答标质量	• 根据客户标书要求，进行标书开发 • 分析竞争信息 • 制订并评审标书 • 进行投标决策 • 提交标书 • 标书宣讲及澄清 • 获取中标确认函
合同谈判与签订	进行合同的质量控制，保证合同质量	• 进行合同谈判，确定合同相关条款，如价格、付款条件、交付条件等 • 进行合同评审，合同签约决策 • 合同签订

⊃ 2.3.5 管理合同执行（从订单到回款 OTC）

合同签订后的主要工作就是管理契约化的合同履行，通过标准化合同履行的过程，保证回款及时性。管理合同执行的过程主要包括合同 /PO 接收、交付管理、开票及回款、合同 /PO 变更、风险及争议管理、合同评价及关闭，如图 2-24 所示。

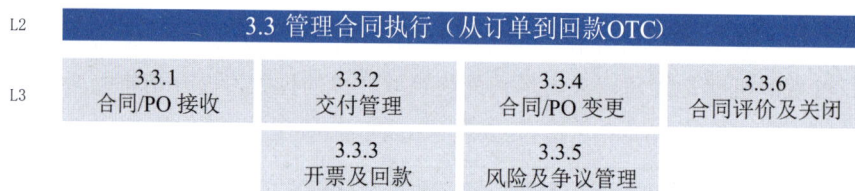

L2 | 3.3 管理合同执行（从订单到回款OTC）

L3

3.3.1 合同/PO 接收	3.3.2 交付管理	3.3.4 合同/PO 变更	3.3.6 合同评价及关闭
	3.3.3 开票及回款	3.3.5 风险及争议管理	

图 2-24　管理合同执行流程架构

管理合同执行流程的目的和流程活动如表 2-19 所示。

表 2-19　管理合同执行流程的目的和流程活动

L3 流程	目的	主要流程 / 活动
合同 /PO 接收	正确地理解合同 /PO，确保正确高质量交付	合同签订后，如何正确地理解合同 /PO，直接关系到正确交付，因此，合同信息的正确传递意义重大。此时售前团队与售后（交付）团队需要共同进行合同 / 订单的交接确认，主要包括： • 通过合同交底会进行合同解读、方案交接、SOW 确认、交付注意事项、超标承诺、规避措施等 • 合同信息的分类管理及传递，将交付信息准确完整地传递至对应领域，如采购、计划、生产、物流等 • 针对单个合同包括多个 PO 时，需接收和确认每个 PO 的明细
交付管理	关注交付领域流程衔接，确保交付准确及时	整个交付管理在各领域都有专业流程承载，在 LTC 流程中主要强调流程的可视化及各领域流程之间的衔接：主要涉及的领域流程、计划管理、采购管理、订单管理、生产管理、物流与仓储管理、服务管理等

L3 流程	目的	主要流程 / 活动
开票及回款	管理 LTC 各关键里程碑环节的交付验收条款，付款条款的关联，确保回款	分析从预付、发货、到货、初验、终验等各个交付里程碑与交付验收条款、付款条款的关联，从而达到客户的付款条件和交付验收条件的吻合。交付必须触发开票是非常重要的管理原则，管理开票需要管理如下内容： • 交付触发开票的内容和时间 • 开票自身的准确性和时间 • 发票到达客户接收的确认和时间 • 客户接收发票到付款达成的准确性和时间
合同 /PO 变更	分析评审变更原因，避免超出交付界面带来的成本及利润影响	当合同与客户实际情况出现不一致时，就需要对合同 /PO 进行修改并按修改后的协议进行契约交付，管理改业务的主要活动如下： • 进行变更原因分析 • 评估变更影响 • 提交变更决策
风险及争议管理	建立风险及争议管理机制，管理合同执行阶段风险	• 建立风险管理清单 • 制订风险应对方案及监控预警 注：在整个合同执行管理过程中，合同生成、交付变更、客户争议等识别的风险或争议都应纳入管理
合同评价及关闭	检查及确认合同执行结果，评价合同是否达成，为后续新签合同管理改进提供基础	• 进行合同评价，包括达成情况、客户服务、风险控制等 • 进行财务决算，对本次合同的盈亏进行分析 • 合同关闭决策

2.4 ITR（从问题到解决）

ITR 与 IPD、LTC 一起组成企业常见的三大业务流程，也是输入来自客户，并终结于客户的端到端业务流程。图 2-25 所示为 IPD、LTC 和 ITR 三大业务流程示意图。

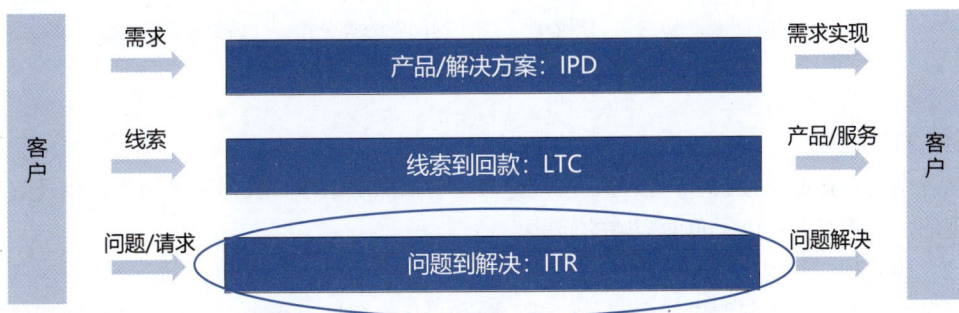

图 2-25　IPD、LTC 和 ITR 三大业务流程示意图

ITR 是产品问题或客服请求从接收到解决的过程，也是产品不断改进和更新换代的源泉之一。流程的目标一般是保障企业服务网络和解决问题的有效性，提升服务竞争优势，促进产品销售，甚至将服务打造为产品，将服务从成本中心向利润中心转型。

➲ 2.4.1 ITR 架构

1. 业务逻辑架构

ITR 的逻辑架构是以"解决问题"为中心，端到端横向拉通问题解决的各业务环节，纵向协同研发、销售、供应链等周边部门，站在客户视角为客户解决问题或提供增值服务。此问题是广义的客户服务需求，不仅包括产品售后问题处理，也包括在售前、售中或售后为客户提供的技术服务。

2. L2～L3 流程框架

客户问题类型主要包括售后问题和技术服务请求，ITR 流程架构应包括问题的受理、分配、处理、问题总结、根因分析和问题关闭，并增加必要的服务使能流程。图 2-26 所示为 ITR 流程架构。

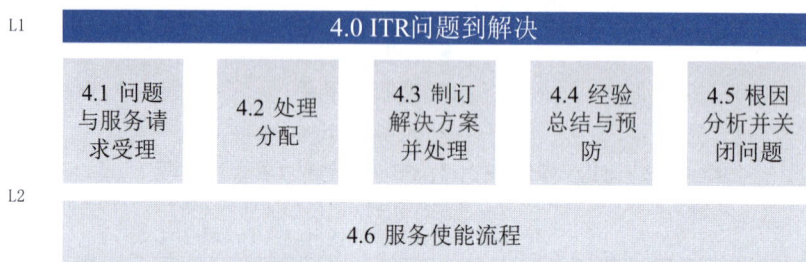

L1	4.0 ITR问题到解决				
	4.1 问题与服务请求受理	4.2 处理分配	4.3 制订解决方案并处理	4.4 经验总结与预防	4.5 根因分析并关闭问题
L2	4.6 服务使能流程				

图 2-26 ITR 流程架构

➲ 2.4.2 问题与服务请求受理

问题与服务请求受理是 ITR 流程的第一个阶段，是流程的起点，由客户问题或需求引发。问题与服务请求受理流程架构如图 2-27 所示。

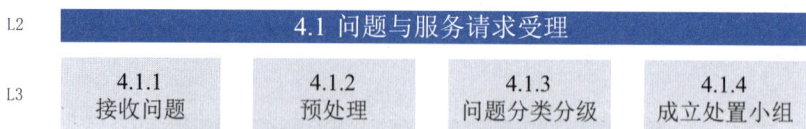

L2	4.1 问题与服务请求受理			
L3	4.1.1 接收问题	4.1.2 预处理	4.1.3 问题分类分级	4.1.4 成立处置小组

图 2-27 问题与服务请求受理流程架构

（1）接收问题

从各个客户接触点接收客户投诉、客户抱怨、售后服务请求、技术服务请求，以及收集内部发现的，即将对客户产生负面影响的问题。

（2）预处理

通过一定的介质将问题进行登记、记录，向客户反馈问题已受理，并将问题传递至问题处理的后续环节。

问题受理人自行或召集相关人员对问题进行预审，或由 IT 系统自动分发到相关人员进行问题预审。预审范围包括判断问题是否被清晰描述、是否需要反馈人或相关人获取更多问题细节、明确问题的相关部门等。

（3）问题分类分级

服务部门应根据经验或对客户影响程度，制订问题分类分级标准和处理机制。针对不同分类分级制订对应的响应时间和机制。

如果问题分类分级的规则足够明确，可以通过IT技术手段对问题进行自动分类分级，规则不够明确的可由人工进行判断。

（4）成立处置小组

根据问题分级分类处理机制形成问题处置小组，确定问题处置跟进责任人。问题处置小组的成员可以在后续活动中陆续识别和增加。此活动的目的是明确有专人负责跟进问题的处理直至关闭。

⊃ 2.4.3 处理分配

处理分配阶段是对问题或服务请求的人员分配和资源配置。处理分配流程架构如图2-28所示。它的前提条件是对问题进行定位，方可根据具体的问题来指定恰当的责任人，扩充问题解决团队并获取必要的资源支持。

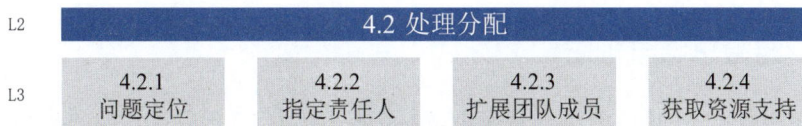

L2	4.2 处理分配			
L3	4.2.1 问题定位	4.2.2 指定责任人	4.2.3 扩展团队成员	4.2.4 获取资源支持

图 2-28　处理分配流程架构

（1）问题定位

由处置小组对问题进行定位分析，缩小问题范围，明确问题点及客户诉求或澄清客户的服务需求，目的是能进一步指定恰当的责任人。

（2）指定责任人

指定问题闭环管理的责任人，不一定是问题的决策者，但需要得到相关决策者的支持，也是问题处理团队的负责人，能调动资源，并负责最终解决客户问题或满足客户服务需求。

（3）扩展团队成员

随着问题定位得更加明确，如果问题处理小组资源不够，必要时可扩展团队成员。因为有些复杂问题或服务需求涉及的领域较多，相当于一个复杂的项目，所以，需要以小组成员为核心组，扩充项目的外围组成员。

（4）获取资源支持

与项目类似，团队负责人需要与资源部门负责人沟通以获取团队成员，需要预估和获取所需的预算、设备等资金资源。

⊃ 2.4.4 制订解决方案并处理

此阶段是流程的业务核心，主要包括制订解决方案与计划、解决问题、问题处理反馈，如图2-29所示。

L2	4.3 制订解决方案并处理		
L3	4.3.1 制订解决方案与计划	4.3.2 解决问题	4.3.3 问题处理反馈

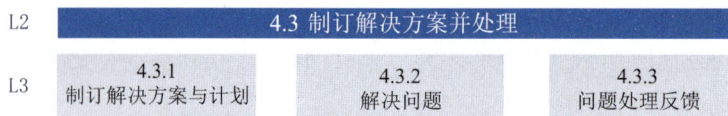

图 2-29　制订解决方案并处理流程架构

（1）制订解决方案与计划

问题处理团队组织人员，必要时从资源部门获取支持，针对问题或服务需求制订解决方案。一般包括技术方案、商务方案、项目计划等。

（2）解决问题

本活动为问题处理的实际行动环节，根据项目计划及解决方案，必要时在用户的配合下实施处理计划、解决问题或满足服务需求。

（3）问题处理反馈

用户一般尤为关注问题处理进展，因此，及时向客户反馈处理进展，可以提升客户满意，有助于获得客户的反馈和支持。此环节包括处理结果的反馈，也包括过程中进展的反馈。进展反馈往往容易被忽视，应特别注意。

⊃ 2.4.5　经验总结与预防

此阶段是吸收问题的经验教训，避免问题再次发生，其 L3 流程架构如图 2-30 所示。通过问题经验总结和优化，是挖掘问题价值最大化的重要环节。如果只解决问题，不对问题进行经验总结与预防，就无法进行持续优化，问题及其处理的价值就微乎其微。

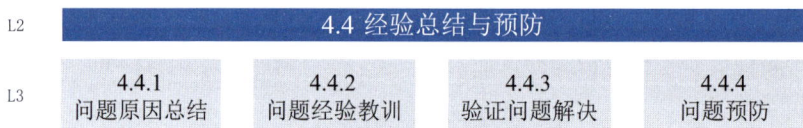

L2	4.4 经验总结与预防			
L3	4.4.1 问题原因总结	4.4.2 问题经验教训	4.4.3 验证问题解决	4.4.4 问题预防

图 2-30　经验总结与预防流程架构

（1）问题原因总结

经验总结的首要环节是对原因进行追溯，检讨导致此问题的原因，以及可能导致此问题或相关问题的潜在原因。总结如何避免类似问题再次发生。

（2）问题经验教训

经验教训应包括如下 3 个方面：

- 分析总结问题是否由产品或服务缺陷导致。如果是，则有必要提出产品或服务产品的优化需求。
- 总结在问题处理过程中的应对之策是否具备普遍适用性，能否形成问题解决机制和模板，能否用于产品或服务优化。
- 总结问题处理过程和流程是否可以优化、细化，以不断完善 ITR 业务流程。

（3）验证问题解决

部分问题解决方案需要在运行一段时间才能确认是否得到彻底解决，为此需要在问题解决后继续跟踪，需要关注如下 3 个方面：

- 问题处理后的运行效果和技术指标是否达标。
- 是否带来了其他风险或问题。
- 问题是否有再次发生的风险。

（4）问题预防

根据问题原因和问题处理的总结，分析此问题在其他客户或产品上是否有再次发生的风险。如果有，根据问题处理的经验，提前安排问题的风险排除，预防问题在其他客户或产品上发生。

⊃ 2.4.6　根因分析并关闭问题

之前已经完成了问题处理，并针对问题采取了预防措施，但此时还不能将问题关闭，因为解决问题是治标。需要进一步对问题根因进行分析，并进行针对性的优化，从根本上铲除问题风险隐患，其 L3 流程架构如图 2-31 所示。

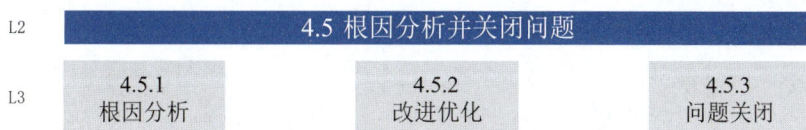

L2	4.5 根因分析并关闭问题		
L3	4.5.1 根因分析	4.5.2 改进优化	4.5.3 问题关闭

图 2-31　根因分析并关闭问题流程架构

（1）根因分析

对直接原因通过反复问为什么，直到发现根本原因。往往直接原因不止一个，还需要对每个原因进行层层递进分析。根因分析包含如下 3 个方面的要求：
- 对每个问题进行深入层层探究。
- 深入探究各个原因的关联关系。
- 根据各种原因及其之间的关联关系找到根本原因。

（2）改进优化

一旦确定了根因，改进优化就是针对根因进行问题防范。一般可以从如下两方面来考虑：
- 改善产品或服务的外部使用条件，避免达到根因的触发条件。
- 对产品或服务进行改进，增强对原因的抵抗力，即使原因出现也不至于导致问题。

（3）问题关闭

这个过程是对问题进行彻底关闭，主要包括问题归档和释放问题处理的所有资源。

2.5　ISC（集成供应链）

集成供应链的概念，是将企业内部从采购、制造到交付的链条，向前延伸到供应商、供应商的供应商，向后扩展到客户、客户的客户，指的是由相互间提供原材料、零部件、产品、服务的供应商、厂家、分销商、经销商、零售商、顾问组成的网络。

集成供应链的理念和模型，承自 SCOR（Supply Chain Operations Reference，供应链运作参考）模型。该模型可以使用一套公共的定义来描述简单的或复杂的供应链，可以描述不同行业任何供应链的宽度和深度。

SCOR 模型是一个标准的供应链参考模型，目前已经演进到 V12 版本。它不仅定义了集成供应链的流程架构，还对供应链业务的性能评估指标、最佳实践、人员技能等方面提供了标准参考。

⊃ 2.5.1　ISC 架构

1. 业务逻辑架构

基于 SCOR 模型的集成供应链模型如图 2-32 所示，它是由企业内部的计划、采购、制造、配送、退货和支撑使能流程组成的，并且一环扣一环。其中，对于计划环节，需要考虑和覆盖下游客户的需求和上游供应商的交付能力。

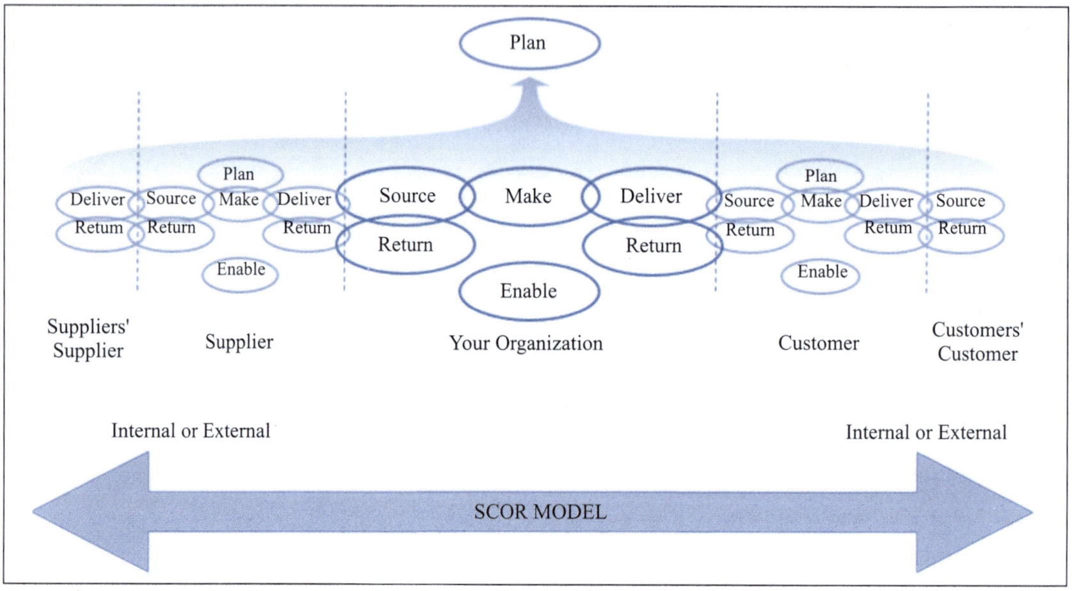

图 2-32　基于 SCOR 模型的集成供应链模型

基于 SCOR 模型的集成供应链流程架构如图 2-33 所示。架构中 7 个主流程框架分解为 32 个流程子类。其中，采购（Source）、制造（Make）、配送（Deliver）、退货（Return）是分场景的，不同企业可能只有其中部分场景，可以根据实际情况进行裁剪，而计划（Plan）、使能（Enable）的流程子类多数情况是通用的。

正向的采购（Source）、制造（Make）到配送（Deliver）业务分 4 种场景：现货库存产品（D1）、按订单生产产品（D2）、按订单设计生产产品（D3）、零售产品（D4）。

逆向的退货（Deliver Return 和 Source Return）业务分 3 种场景：不良品（DR1 和 SR1）、维保配件（DR2 和 SR2，MRO：Maintenance，Repair and Overhaul）、过剩产品（DR3 和 SR3）。

2. L1 ～ L2 流程框架

将 SCOR 模型的集成供应链主流程架构整合到企业流程架构，形成 ISC（集成供应链）流程域的 L1 ～ L2 流程框架，如图 2-34 所示。

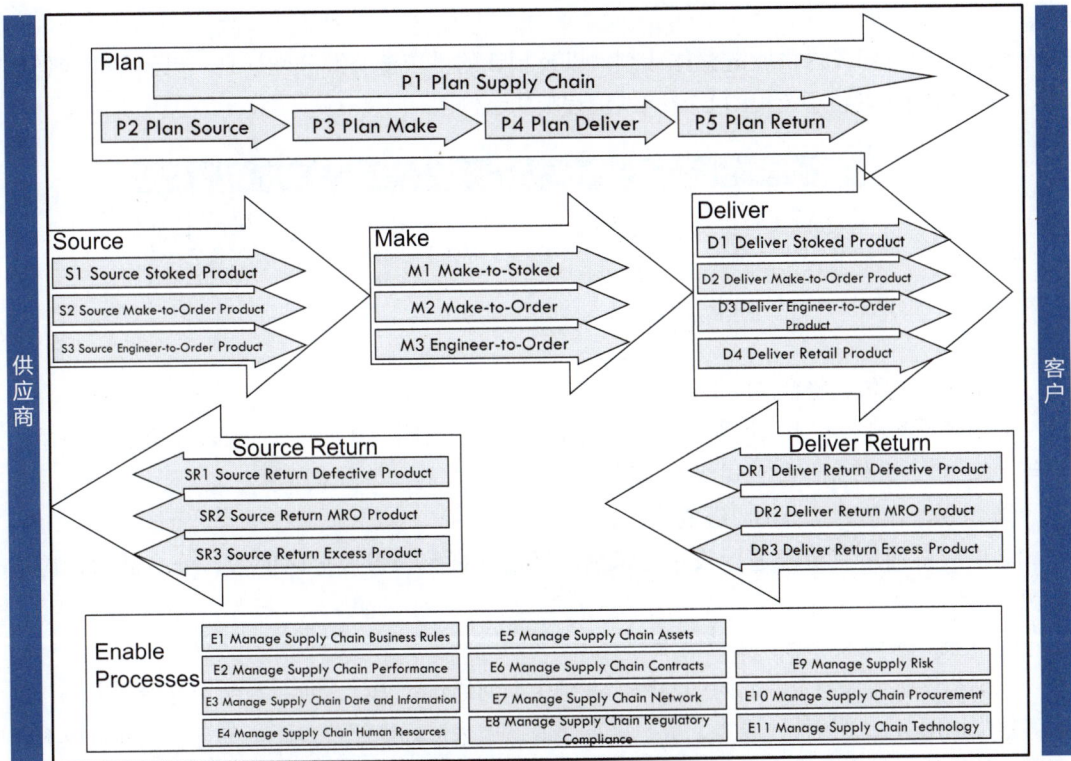

图 2-33　基于 SCOR 模型的集成供应链流程架构

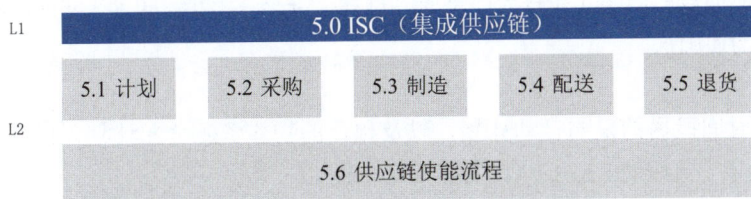

图 2-34　ISC（集成供应链）流程架构

SCOR 模型的主流程和流程子类，即为每个 L2 展开到 L3 的流程架构。

⊃ 2.5.2　计划

计划是集成供应链管理中的核心，需要考虑供应链的需求及供应链资源，先对供应链进行整体计划，再对采购、生产、配送、退货 4 个环节分别做计划，形成"5.1 计划"的 L2 ～ L3 流程架构，如图 2-35 所示。

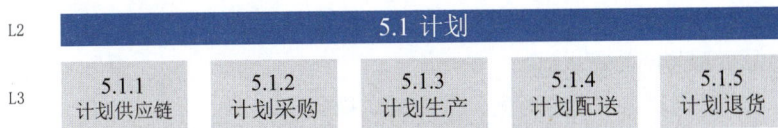

图 2-35　计划流程架构

本节将对图 2-35 中的 L3 流程逐一展开，形成 L3 ～ L4 流程架构。

1. 计划供应链

制订适当时间段内供应链整体计划，以及预计的供应链资源分配计划，以满足供应链要求。图 2-36 所示为该子流程的 L3 ～ L4 流程架构示例图。

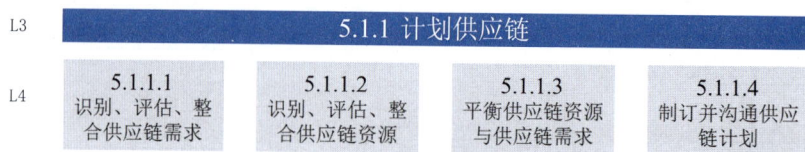

L3	5.1.1 计划供应链			
L4	5.1.1.1 识别、评估、整合供应链需求	5.1.1.2 识别、评估、整合供应链资源	5.1.1.3 平衡供应链资源与供应链需求	5.1.1.4 制订并沟通供应链计划

图 2-36　计划供应链流程架构

① 识别、评估、整合供应链需求。

对销售预测进行收集、识别，经过分析整合形成分时间段（如每天、每周、每月、每季、半年、每年）、分级别（如公司级、BU 级、产品线级）的产品需求预测。

② 识别、评估、整合供应链资源。

对供应链的所有资源进行收集、识别，经过分析整合形成分时间段、分产品的供应链资源。

③ 平衡供应链资源与供应链需求。

识别和度量需求与资源之间的差距，并确定如何通过营销、定价、包装、仓储、外包计划或其他优化服务、灵活性、成本、资产等方面的措施来最好地解决差距。制订分时间阶段的合理有效的措施，以投入供应链资源满足需求。

④ 制订并沟通供应链计划。

制订一定时间段的间隔（如每天、每周、每月、每季、半年、每年）并满足需求的供应链资源计划，并沟通确认。

2. 计划采购

制订一定时间段内的采购行动计划，以及预计的物料资源分配计划，以满足采购需求。图 2-37 所示为该子流程的 L3 ～ L4 流程架构示例图。

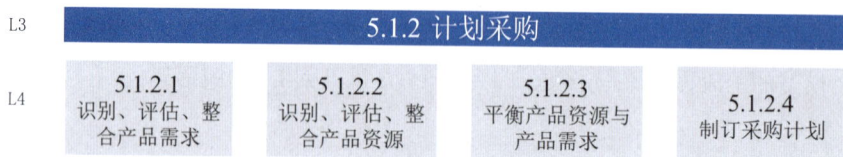

L3	5.1.2 计划采购			
L4	5.1.2.1 识别、评估、整合产品需求	5.1.2.2 识别、评估、整合产品资源	5.1.2.3 平衡产品资源与产品需求	5.1.2.4 制订采购计划

图 2-37　计划采购流程架构

① 识别、评估、整合产品需求。

识别和评估产品物料需求，考虑所有需求，整合形成整体的物料采购需求。

② 识别、评估、整合产品资源。

识别和评估采购资源，整合考虑所需的供应商和物料资源。

③ 平衡产品资源与产品需求。

制订为满足产品物料需求的分时间阶段的采购措施。

④ 制订采购计划。

制订一定时间段内的满足采购需求的资源供应计划。

3. 计划生产

制订一定时间段内生产行动计划，以及预计的生产资源分配计划，以满足生产需求。图 2-38 所示为该子流程的 L3 ～ L4 流程架构示例图。

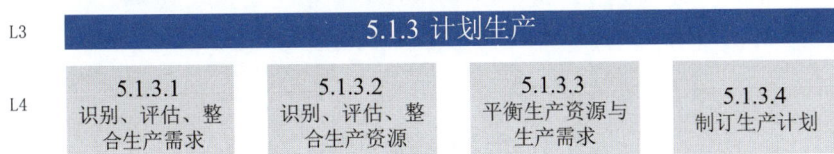

L3	5.1.3 计划生产			
L4	5.1.3.1 识别、评估、整合生产需求	5.1.3.2 识别、评估、整合生产资源	5.1.3.3 平衡生产资源与生产需求	5.1.3.4 制订生产计划

图 2-38　计划生产流程架构

① 识别、评估、整合生产需求。

识别和评估制造需求，考虑所有需求，整合形成整体的生产制造需求。

② 识别、评估、整合生产资源。

识别和评估生产制造资源，整合考虑所需的生产制造资源。

③ 平衡生产资源与生产需求。

制订为满足产品制造需求的分时间阶段的生产措施。

④ 制订生产计划。

制订一定时间段内的满足生产需求的生产计划。

4. 计划配送

制订一定时间段内配送行动计划，以及预计的配送资源分配计划，以满足配送需求。图 2-39 所示为该子流程的 L3 ～ L4 流程架构示例图。

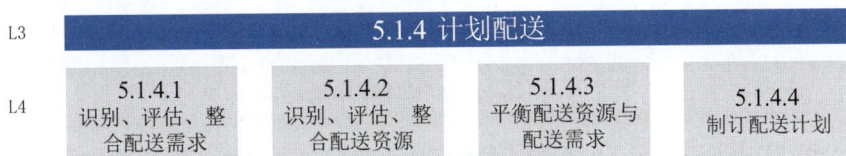

L3	5.1.4 计划配送			
L4	5.1.4.1 识别、评估、整合配送需求	5.1.4.2 识别、评估、整合配送资源	5.1.4.3 平衡配送资源与配送需求	5.1.4.4 制订配送计划

图 2-39　计划配送流程架构

① 识别、评估、整合配送需求。

识别和评估配送需求，考虑所有需求，整合形成整体的配送需求。

② 识别、评估、整合配送资源。

识别和评估配送资源，整合考虑所需的配送资源。

③ 平衡配送资源与配送需求。

制订为满足配送需求的分时间阶段的配送措施。

④ 制订配送计划。

制订一定时间段内的满足配送需求的配送计划。

5. 计划退货

制订一定时间段内发生预期或非预期可能产生的退货的所需资源和策略。退货范围包括计划内和计划外，也包括翻新处理后重新交付给客户的部分。图 2-40 所示为该子流程的 L3 ～ L4 流程架构示例图。

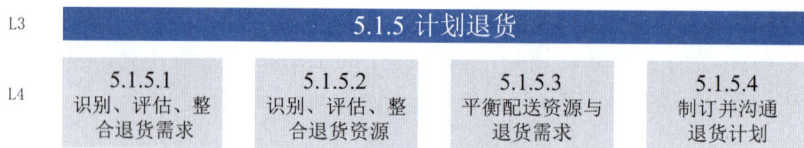

图 2-40　计划退货流程架构

① 识别、评估、整合退货需求。

识别和评估所有来源的退货需求，整合形成整体的退货需求。

② 识别、评估、整合退货资源。

识别和评估退货过程中所需资源，考虑应对退货的所有资源。

③ 平衡配送资源与退货需求。

制订为使退货需求得到处理的可行的相关资源措施。

④ 制订并沟通退货计划。

制订一定时间段内的退货处理的资源计划。

⊃ 2.5.3　采购

采购流程是购买原材料、组件、产品或服务相关的订购、交付、接收和移交等流程。"5.2 采购"流程按所采购产品分类的场景形成 L2 ～ L3 的流程架构，如图 2-41 所示。

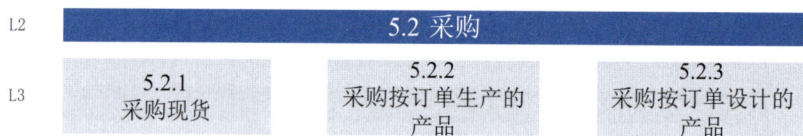

图 2-41　采购流程架构

本节以相对复杂的"5.2.3 采购按订单设计的产品"流程展开介绍，图 2-42 所示为该子流程的 L3 ～ L4 流程架构示例图。在其他采购场景下，如果需要新增供应源和谈判，也可以参考该流程架构。

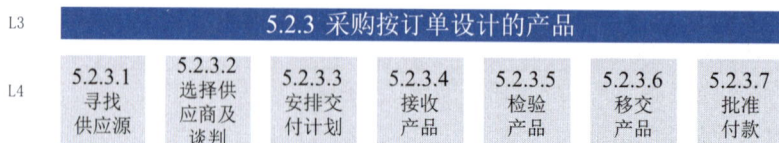

图 2-42　采购按订单设计的产品流程架构

① 寻找供应源。

识别和鉴定有能力交付满足产品所有规格要求的潜在供应商。

② 选择供应商及谈判。

根据不同类型需求选择合适的采购方式（招标、竞争性谈判、询价、议价等），确定供应商，谈判确定包括产品规格要求、成本、可获得性等条款的合同或协议。

③ 安排交付计划。

根据合同或协议安排和管理产品的交付执行，包括交付内容和交付时间等。

④ 接收产品。

根据合同或协议接收产品。

⑤ 检验产品。

判断接收的产品是否符合要求或标准。

⑥ 移交产品。

将检验合格的产品进行移交，并转移到适当的库存位置。其中可能包括重新包装、暂存、转移和存储相关的活动。

⑦ 批准付款。

批准并向供应商付款的过程。

⊃ 2.5.4 生产

通过加工或制造使产品增加或改变功能特性，进而满足交付要求的过程。"5.3 生产"流程按交付场景可分为按库存生产、按订单生产、按设计生产 3 种子流程，如图 2-43 所示。

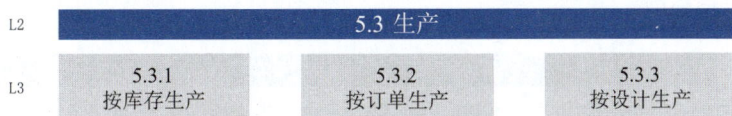

图 2-43　生产流程架构

按库存生产是基于预先的产品定义，以成品或现货的方式出货的生产方式。可以基于销售预测的时间要求，在收到客户订单之前时已经完成。非通用性的产品不能通过此方式进行生产交付。

按订单生产是按客户所提供订单的特定数量、特定计划交付的生产方式。特定计划可能包括工序安排、工厂布局、过程运行标准等。

按设计生产是指在生产流程开始时未完全定义产品，需要根据客户的特定要求进行开发、设计、验证进行的生产方式。

本节以相对较为常见的"5.3.1 按库存生产"的流程展开介绍，图 2-44 所示为该子流程的 L3 ～ L4 流程架构示例图。其他场景可以参考。

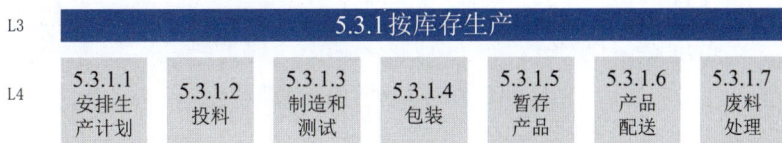

图 2-44　按库存生产流程架构

① 安排生产计划。

制订按规定数量和时间生产特定产品的排产、制造计划。

② 投料。

根据生产计划的排产安排，将指定数量的物料在指定时间投放到制造工序。

③ 制造和测试。

将物料或半成品按照工艺要求完成制造，转化为产品，并对产品进行测试检验。

④ 包装。

将产品按包装规范进行包装。

⑤ 暂存产品。

将产品在特定的位置暂存，等待配送。

⑥ 产品配送。

将产品按客户要求进行出货检验、出货配送。

⑦ 废料处理。

收集和管理制造过程中产生的废物、剩余或试验物品，包括废料、未使用的物料和不合格产品等。

⊃ 2.5.5 配送

配送是执行面向客户的订单管理和订单履行过程，从询报价到订单、发运、客户收货确认、开票。此流程一般也是 LTC 流程的供应链使能流程，图 2-45 所示为 "5.4 配送" 流程的 L2 ～ L3 流程架构示例。

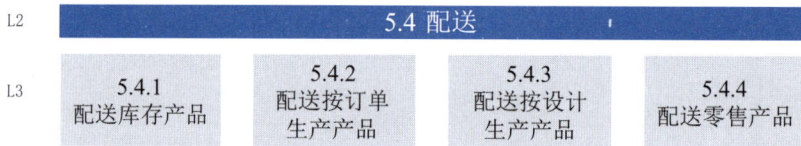

L2	5.4 配送			
L3	5.4.1 配送库存产品	5.4.2 配送按订单 生产产品	5.4.3 配送按设计 生产产品	5.4.4 配送零售产品

图 2-45 配送流程架构

本节以相对较为常见的 "5.4.1 配送库存产品" 的流程展开介绍，图 2-46 所示为其 L3 ～ L4 的流程架构示例，其他场景可以参考。

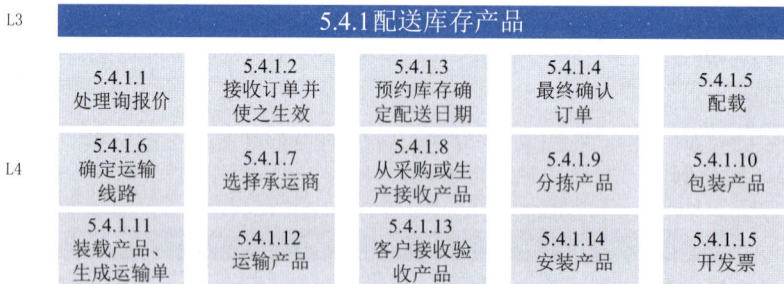

L3	5.4.1 配送库存产品				
L4	5.4.1.1 处理询报价	5.4.1.2 接收订单并 使之生效	5.4.1.3 预约库存确 定配送日期	5.4.1.4 最终确认 订单	5.4.1.5 配载
	5.4.1.6 确定运输 线路	5.4.1.7 选择承运商	5.4.1.8 从采购或生 产接收产品	5.4.1.9 分拣产品	5.4.1.10 包装产品
	5.4.1.11 装载产品、 生成运输单	5.4.1.12 运输产品	5.4.1.13 客户接收验 收产品	5.4.1.14 安装产品	5.4.1.15 开发票

图 2-46 配送库存产品流程架构

① 处理询报价。

接收和回复客户的询报价请求。

② 接收订单并使之生效。

接收客户的订单，必要时需经过订单评审，将其输入公司的订单处理系统，包括从技术上检查订单配置、价格，以及客户信用、付款方式等。

③ 预约库存确定配送日期。

确认库存情况（现有库存和计划库存），并为订单预定库存，最终确定交期并进行安排配送。

④ 最终确认订单。

确定订单的运输方式。分析订单组成，通过适当的方式进行货物分组，平衡最低的运输成本和最佳的运输方式。

⑤ 配载。

为具体的运班选配货载，即对所属运输工具的具体运班确定应装运的货物品种、数量及体积。

⑥ 确定运输线路。

根据运输方式确定最佳的运输线路。

⑦ 选择承运商。

根据配送线路在确保配送质量的前提下选择最低成本的承运商。选择承运商时需对承运商评级、议价、招标等。

⑧ 从采购或生产接收产品。

接收和检验产品，记录产品接收，确定产品应存放位置并接收产品。

⑨ 分拣产品。

检索要提货的订单，确定库存可用性，创建拣货单并分拣货物。需记录拣货和配送的产品信息，并将产品移交给发货部门。

⑩ 包装产品。

对产品进行外包装处理，包括可能的分组、粘贴标签条码等，最终将产品转移至装载区。

⑪ 装载产品、生成运输单。

将货物装载到运输工具上，以及生成相关的单据。这些单据一般为满足企业内部、客户、承运商和政务部门要求所需的相关单据。

⑫ 运输产品。

承运商将产品运送至客户收货地点。

⑬ 客户接收验收产品。

客户接收货物并验收，确保产品符合交货条款。

⑭ 安装产品。

必要时，在客户现场准备、安装和测试产品的过程。

⑮ 开发票。

根据订单和客户验收情况开具发票。

⊃ 2.5.6 退货

通过供应链将产品（或材料）从客户处退回（或者企业退回供应商），以解决产品缺陷、订单或制造中的问题，或执行维修维护的相关过程。图 2-47 所示为 "5.5 退货" 流程的 L2～L3 流程架构示例，包括从客户退回企业、企业退回供应商的退货过程。需要注意的是，在一些企业中，客户退货的流程 Owner 是销售部门，供应链团队协助其完成部分工作。

本节以相对较为常见的 "5.5.1 采购退不良品" 和 "5.5.4 客户退不良品" 两个流程展开介绍。其他场景可以参考。

L2	5.5 退货		

L3	5.5.1 采购退不良品	5.5.2 采购退维保备件	5.5.3 采购退过剩产品
	5.5.4 客户退不良品	5.5.5 客户退维保备件	5.5.6 客户退过剩产品

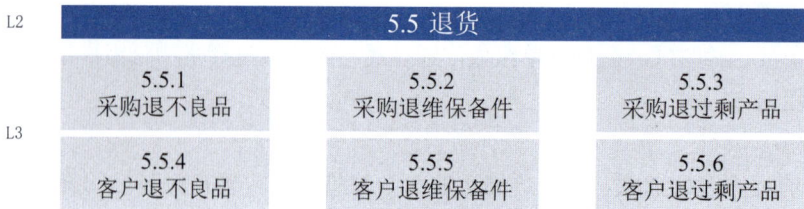

图 2-47　退货流程架构

1. 采购退不良品

从企业退回相关法律法规、标准或协议定义的缺陷产品、不良品，或其他条件下需要更换的产品至供应商，图 2-48 所示为其 L3 ～ L4 流程架构示例。

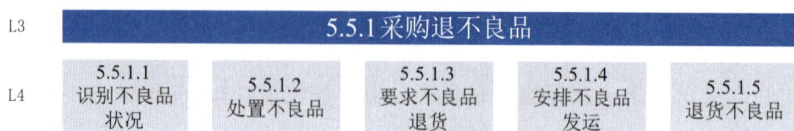

L3	5.5.1 采购退不良品				
L4	5.5.1.1 识别不良品 状况	5.5.1.2 处置不良品	5.5.1.3 要求不良品 退货	5.5.1.4 安排不良品 发运	5.5.1.5 退货不良品

图 2-48　采购退不良品流程架构

① 识别不良品状况。

根据相关规则和产品运行情况，识别和确认产品不符合要求的状况。

② 处置不良品。

判断是否需要退回，以及联系供应商相关人员以发起退货。

③ 要求不良品退货。

发起退货要求，并从供应商相关人员得到退货确认。退货确认的具体内容可能包括退货产品及数量、包装、运输等。

④ 安排不良品发运。

安排承运商退货配送，包括选择承运商、货物转移及管理退货安排的进度等。

⑤ 退货不良品。

按照预先确定的条件包装和处理不良品以准备装运，将货物发运，并通知供应商确认收货。

2. 客户退不良品

客户退回相关法律法规、标准或协议定义的缺陷产品、不良品，或其他条件下需要更换的产品，图 2-49 所示为其 L3 ～ L4 流程架构示例。

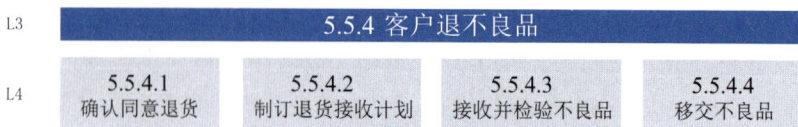

L3	5.5.4 客户退不良品			
L4	5.5.4.1 确认同意退货	5.5.4.2 制订退货接收计划	5.5.4.3 接收并检验不良品	5.5.4.4 移交不良品

图 2-49　客户退不良品流程架构

① 确认同意退货。

从客户处接收退货要求，评估决定是否接受退货，并将此意见与客户进行沟通。如确认同意退货，则需进一步与客户沟通确定具体退货方案；若拒绝客户退货，需与客户正式沟通合理原因并达成一致。

② 制订退货接收计划。

评估退货产品的处理措施，制订具体计划并正式通知客户，以及通知收货方，包括退货的预计时间、收货或移交到何处进行处置等。

③ 接收并检验不良品。

退货接收人根据相关文件接收，并进行退货产品检验。

④ 移交不良品。

退货接收人将不良品移交给执行不良品处置的相关人员。

➲ 2.5.7　供应链使能流程

供应链使能流程是与建立、维护和监控供应链运营所需的信息、关系、资源、资产、业务规则、合规性和合同相关的使能支撑性流程，也用来监控和管理供应链整体绩效。供应链使能流程架构如图 2-50 所示。

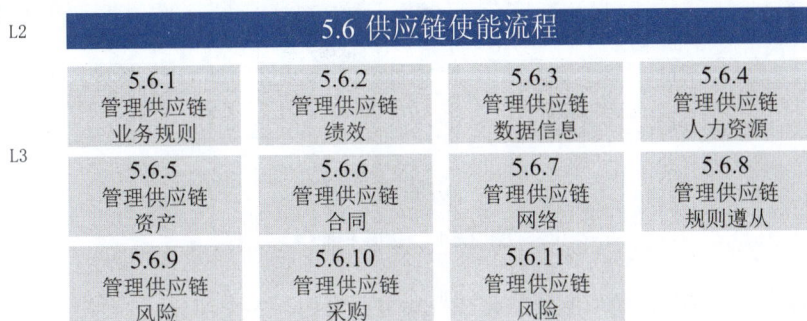

L2	5.6 供应链使能流程			
L3	5.6.1 管理供应链业务规则	5.6.2 管理供应链绩效	5.6.3 管理供应链数据信息	5.6.4 管理供应链人力资源
	5.6.5 管理供应链资产	5.6.6 管理供应链合同	5.6.7 管理供应链网络	5.6.8 管理供应链规则遵从
	5.6.9 管理供应链风险	5.6.10 管理供应链采购	5.6.11 管理供应链风险	

图 2-50　供应链使能流程架构

供应链使能流程的目的是为实现和管理供应链的规划和执行等业务流程提供关键输入和规则。供应链使流程能够与其他领域的流程（如财务流程、人力资源流程、信息技术流程、产品开发流程、流程设计流程及销售和支持流程等）进行交互，并与之保持管理的一致性。

2.6　DSTE（从战略开发到执行）

战略是指一个企业或组织在一定时期的全局的、长远的发展方向和目标。通过战略制订确立战略和战略目标，通过战略解码使得战略和战略目标具体化，进而转化为实施计划和关键绩效指标。战略执行是通过资源（如组织、预算、人力、文化、氛围）配置实施和完成战略举措，以实现战略目标。

华为公司提出的 DSTE（Develop Strategy To Execution，战略开发到执行）架构，是由华为公司融合了 BLM（Business Leadership Model，业务领先模型）和 BEM（Business Execution Model，业务执行力模型）两个模型框架，使得整个战略管理框架日趋完善，已经成为企业战略开发到执行的主流方法论。

⟳ 2.6.1　DSTE 架构

1. BLM 与 DSTE 架构

BLM 是由 IBM 公司提出的，如图 2-51 所示，其中，"领导力"贯穿战略制订与执行的全过程，并基于与企业战略匹配的价值观，以"差距"为起点，通过"战略规划""战略解码"和"战略执行"不断减少差距，持续提升市场结果。另外，BLM 模型还要求对战略进行复盘，对战略管理体系进行评估和迭代改进。

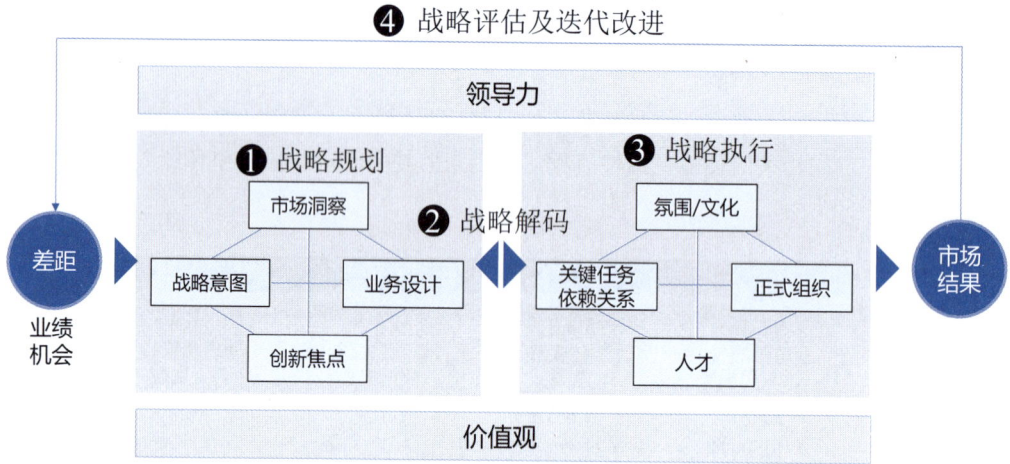

图 2-51　BLM 模型

对图 2-51 所示的 BLM 模型解读，整个框架可分为如下 5 个部分：

- 从市场结果反馈的差距，形成战略规划和评估优化的输入，即"战略评估及迭代改进"。
- 以领导力和价值观作为牵引和氛围基础。
- 由市场洞察、战略意图设计、创新焦点设计、业务设计模块构成战略规划，即"战略规划"。
- 通过关键任务、氛围文化、组织、人才模块实现战略执行落地，即"战略执行"。
- 衔接战略规划和战略执行的中间需要进行战略解码，即"战略解码"。

BEM 模型是华为公司在 2011 年从三星引入的，主要是为了补充 BLM 模型中的"战略解码"的方法论，从而融合成华为公司的 DSTE 架构，主要包括制订中长期战略规划、制订年度业务计划与预算、执行并监控、评估迭代的一个统一流程框架的管理体系。

2. L1～L2 流程框架

DSTE 战略开发到执行流程框架如图 2-52 所示。

图 2-52　DSTE（战略开发到执行）流程架构

我们将针对图 2-52 逐步展开 L2～L3 的流程架构及相关流程活动。

⊃ 2.6.2 战略规划

图 2-52 中的 L2 流程"6.1 战略规划"是整个 DSTE 流程的第一个阶段，是流程的起点，起点由双差分析引发。根据差距、战略意图来识别创新点而进行战略业务设计，即为战略规划。将规划的战略通过目标、策略、战略控制点等关键要点将战略明确地描述出来，并制订衡量战略的 KPI（Key Performance Indicator，关键绩效指标）和目标值。而且，只有将已经确定的战略在整个企业内部达成清晰的共识，才标志着战略制订的完成。如果只是企业高管和管理者部分人员了解战略，将不利于战略的部署、落地执行。图 2-53 所示为某企业战略规划流程架构。

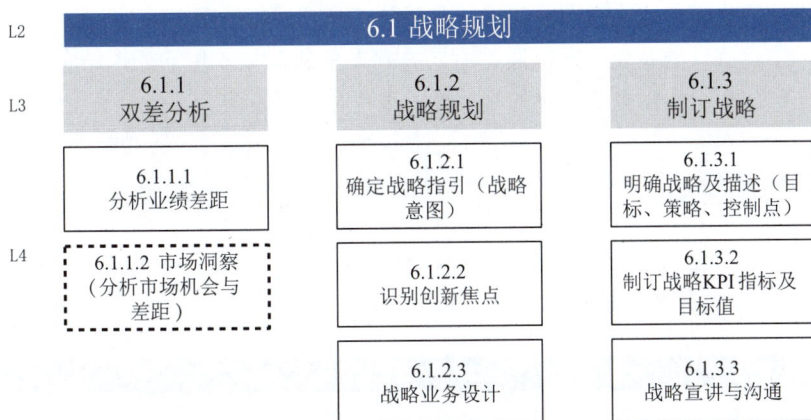

L2	6.1 战略规划		
L3	6.1.1 双差分析	6.1.2 战略规划	6.1.3 制订战略
L4	6.1.1.1 分析业绩差距	6.1.2.1 确定战略指引（战略意图）	6.1.3.1 明确战略及描述（目标、策略、控制点）
	6.1.1.2 市场洞察（分析市场机会与差距）	6.1.2.2 识别创新焦点	6.1.3.2 制订战略KPI指标及目标值
		6.1.2.3 战略业务设计	6.1.3.3 战略宣讲与沟通

图 2-53　战略规划流程架构

1. 双差分析

整个战略规划流程的输入来自双差分析，即业绩差距和市场机会差距。业绩差距，顾名思义，就是现状和期望业绩之间的差距。期望业绩又分为内部自身的目标期望和外部市场机会目标期望，与现状的经营业绩差距即为业绩差距。与现在的市场表现（如市场份额、市场竞争力）的差距即为市场机会差距。

分析业绩差距就是要对业绩与目标达成情况进行对比，找出差距，分析差距原因及解决差距的思路。通过市场洞察流程（调用 MTL 流程中的市场洞察，详见 2.3.2 节）中的专业的工具和方法，找出市场机会差距，分析差距原因，并得到解决思路。

2. 战略规划

首先，要根据企业的愿景和使命，形成未来作战的总体思路和规划，并设计战略意图。战略意图是对未来大胆假设企业的目标和方向，体现企业的战略重点方向和竞争优势。

然后，将双差分析作为输入，结合战略意图，识别出未来某个战略规划周期（3～5 年）需要进行创新的焦点。这些创新焦点要能聚焦重点，且能解决弥补差距和实现战略意图。可以从如下创新模式入手分析：

- 产品技术创新。
- 服务创新。
- 业务模式创新。
- 企业运营创新。

最后，通过更具体的战略业务设计，将创新焦点设计到业务中，形成业务的差异化价值优势。战略业务设计是战略制订的落脚点，是迈向战略执行的关键，包括客户选择、价值主张、活动范围、持续价值、风险管理等（与 MTL 流程中的"业务和战略控制点设计"方法类似，详见 2.3.2 节）。

3. 制订战略

战略规划输出的是战略业务设计，这只是业务层面的策略性描述，还需要制订战略，即通过进一步细化，按战略主题形成条目化的清晰描述，包括每个战略主题的目标、策略方向、控制点，并对每个战略主题制订 KPI。

战略主题需要能对战略业务设计形成无遗漏的支撑，确保每个战略主题目标达成时，能确保战略业务设计的达成和战略意图的实现，常用的工具是战略地图。

经过企业审批确认的企业战略，通过适当的方式在企业内部进行宣讲沟通，使企业全员都明白自己所在部门和岗位与企业战略的相关性，牵引员工凝心聚力，激发员工的工作热情。

⊃ 2.6.3　战略解码

战略解码是将战略目标、战略主题通分解到中长期行动计划（也称"战略举措"）、年度 BP 的过程。图 2-54 所示为战略解码流程架构。

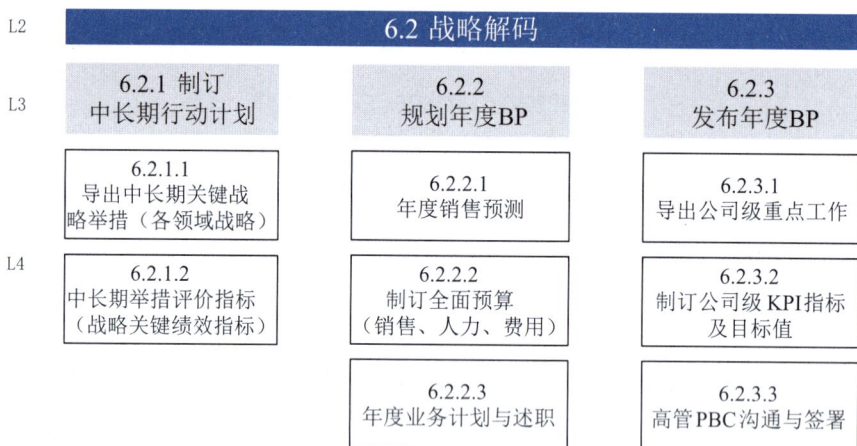

L2	6.2 战略解码		
L3	6.2.1 制订 中长期行动计划	6.2.2 规划年度BP	6.2.3 发布年度BP
L4	6.2.1.1 导出中长期关键战略举措（各领域战略）	6.2.2.1 年度销售预测	6.2.3.1 导出公司级重点工作
	6.2.1.2 中长期举措评价指标（战略关键绩效指标）	6.2.2.2 制订全面预算（销售、人力、费用）	6.2.3.2 制订公司级 KPI 指标及目标值
		6.2.2.3 年度业务计划与述职	6.2.3.3 高管 PBC 沟通与签署

图 2-54　战略解码流程架构

1. 制订中长期行动计划（战略举措）

战略解码的目的是分析和确定对战略主题进行承接和落地，需要对每个战略主题进一步分解，对每个主题制订中长期行动计划，即中长期的关键战略举措。各业务单元分析与自身的相关性，分解为支撑各战略主题的各领域、各单元中长期战略举措。战略举措包括业务方面的重点举措，也包括能力建设的举措。

战略举措需要能对战略主题形成无遗漏的支撑，需要确保战略举措达成就一定能实现战略主题的达成，常用的工具是战略地图。

相应地，战略举措也需要制订合适的衡量指标 KPI，需要确保战略举措 KPI 达成能实现战略主题的 KPI 达成。

2. 规划年度 BP

战略制订已经形成了中长期（3～5年）的战略举措和目标，这些中长期目标需要通过每年的业务规划逐年演进，所以，需要进一步合理地分解到年度规划中，即年度业务计划（简称年度 BP），包括年度重点工作、年度 KPI 等。常用的工具有战略地图、平衡积分卡、OGSM（Objective、Goal、Strategy 和 Measurement，即目的、目标、策略和度量）、OKR（Objectives and Key Results，目标与关键成果法）。

年度 BP 主要目的是分步实现中长期战略举措，通过实现当年的 BP，对未来 3～5 年的业务目标做准备。

规划年度 BP 的输入除了来自战略主题，另一输入是年度销售机会点预测。一般情况下，年度销售预测会与战略主题的业务增长目标会有一定的差距。如果没有差距，说明战略目标制订的挑战性不够，建议回头审视战略目标。

根据战略主题分解的输入、销售预测与业务目标的差距，各业务单元分析并制订年度重点工作、能力建设举措、预算与资源需求，形成各业务单元年度 BP。为确保各业务单元的 BP 对年度目标和战略举措的无遗漏支撑，一般通过组织年度 BP 审视，以年度述职的形式将年度 BP 与战略举措纵向贯通、将各业务单元 BP 横向协调拉通。

3. 发布年度 BP

为了让年度 BP 更具权威性和驱动力，通过一系列的形式对年度 BP 进行发布和签署，包括：

- 提炼出公司级重点工作，为每项工作确定 Owner。
- 提炼出公司整体层面重点关注的 KPI，形成公司级 KPI 和目标值。
- 企业的最高负责人与高管就年度 BP 沟通，并由高管签署 PBC（Personal Business Commitment，个人业务目标承诺）。

至此，在公司层面完成了战略解码。但战略解码还需要层层展开到各级部门，直至每个员工，即形成了企业各层级主管和员工的年度 BP。同样，每个员工的年度 BP 也包含两部分：年度 KPI 和重点工作（有些企业可能会采用 OKR 的方式）。

⊃ 2.6.4 战略执行与监控

战略执行与监控是通过各业务流程运营执行，并对运营执行过程进行监视、测量和管控，以确保年度 BP 得以有效执行。图 2-55 所示为战略执行与监控流程架构。

1. 运营执行

运营执行包括两方面：一是各业务领域流程的常规运转，以及某些必要的业务流程的优化；二是执行年度 BP 的重点工作专项。年度重点工作专项一般是为了完成年度重点工作需要进行的管理变革项目和业务优化专项。

2. 过程审视

在运营执行过程中，聚焦公司级重点工作、公司级 KPI、全面预算的经营目标，通过企业运营报表报告、运营分析会定期监控进展，分析和识别风险。针对风险项，再重点讨论解决措施、协调资源，在过程中及时干预纠偏。

在年中时，一般可以组织 BP 半年度审视，评估重点工作及目标是否需要调整，确认半年度进展。半年度审视可以通过专项会议的形式或作为半年度述职汇报进行。

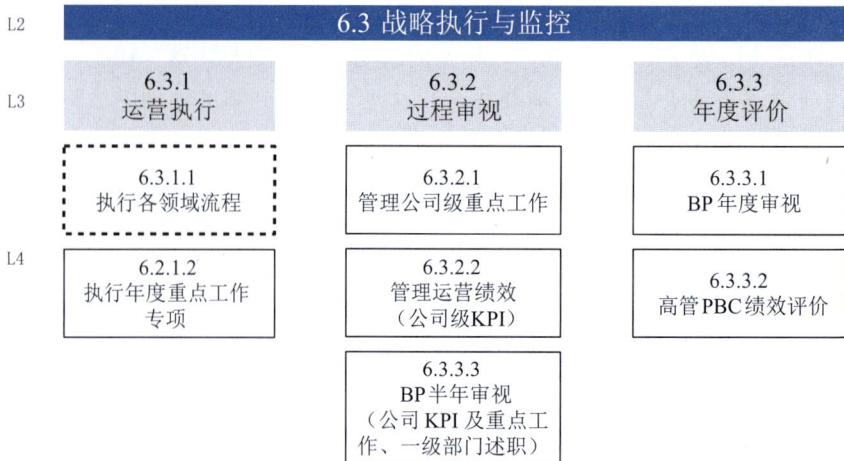

图 2-55　战略执行与监控流程架构

3. 年度评价

年度评价是对年度重点工作、年度 KPI 的完成情况进行总结，审视完成情况或偏差，并对高管 PBC 进行绩效评价。年度审视的输出还包括年度结果与战略举措目标的偏差、对战略管理体系运作评价，作为战略评估的输入。

⊃ 2.6.5　战略评估

战略评估是评估战略执行和管理体系自身运行状况的过程，图 2-56 所示为战略评估流程架构。

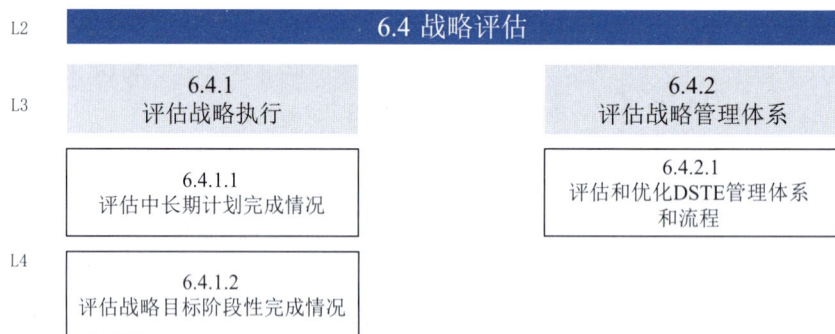

图 2-56　战略评估流程架构

战略评估与年度评价不同，战略评估的焦点是年度结果与战略举措强相关的部分。如果完成情况超预期，需要评估是否要提高战略举措目标，以取得更大的优势。判断原定的目标是否过于保守，进而分析原因作为战略管理体系评估的输入，以提高后续目标确定的准确性与合理性。战略评估还包括对管理体系自身运行状况的评估，例如，目标制订是否准确、运行过程中是否需要增加活动和工具、执行监控是否有漏洞等。

战略评估的输出，一方面是迭代优化本战略周期的战略目标和战略举措，使下一年的年度 BP 更精准；另一方面是迭代优化 DSTE 管理体系和流程。

2.7 支撑流程

2.2～2.6 节详细介绍了常见的 3 大核心价值流程和 2 个主要的使能流程，除此之外，较为通用的支撑流程是管理人力资源、管理财务、管理业务变革与 IT、管理基础支撑等一级流程框架，图 2-57 所示为公司流程架构示例可供参考。另外，企业需要重点突出的业务也可以增加到相应的流程架构中，例如，渠道业务和零售业务可以增加到核心价值创造的运营流程类，管理投资者关系和管理客户关系可以作为使能流程。

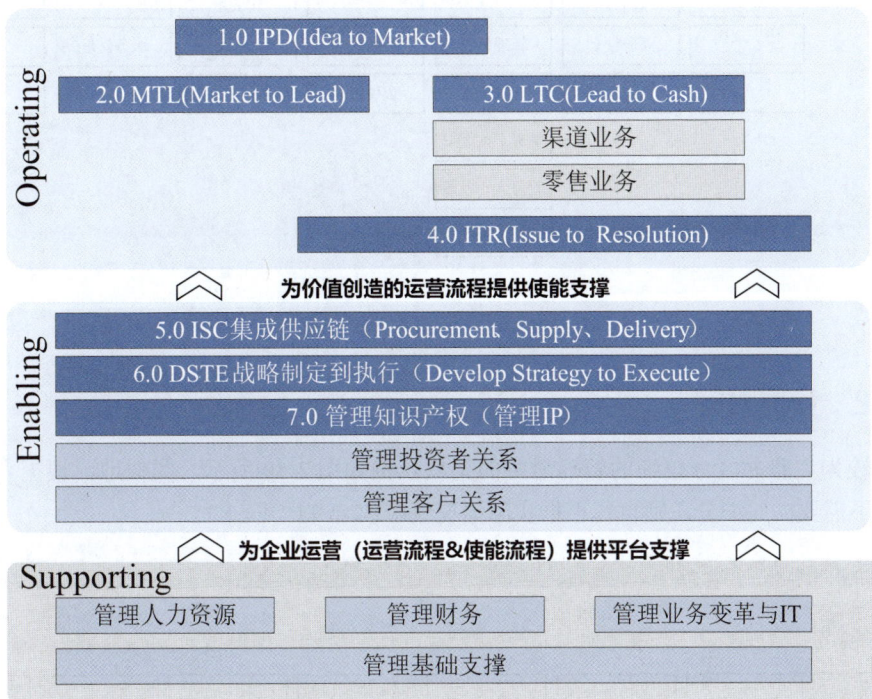

图 2-57　公司流程架构示例

管理业务变革与 IT 已在 1.2.3 节详细介绍，本章的后续小节将对管理人力资源、管理财务、管理基础支撑 3 个常见一级流程架构进行展开介绍，以供读者在构建整个企业业务流程架构时参考。

支持流程的内部架构与企业规模、业务特点、管理模式相关，具备较大的灵活性，以下仅简单列举管理人力资源、管理财务、管理基础支撑 3 个流程架构的一种示例，仅供参考。

⊃ 2.7.1　管理人力资源

因为人力资源战略通常是企业必须考虑的职能战略之一，所以，流程架构的组成首先包括 HR 战略与政策管理，同时还会根据 HR 管理的业务模块细分为组织管理、人才获取、领导力与人才管理、薪酬与福利管理、员工关系等，如果将 HR 领域的服务工作视为交付服务，则可将 HR 服务交付管理作为一个二级流程。HR 领域内部的运营工作一般也会作为独立的二级流程，即 HR 运营管理。

图 2-58 所示为管理人力资源流程架构。请根据企业自身特点，如不需要进行如此细分，则自行根据实际情况删减或合并即可。

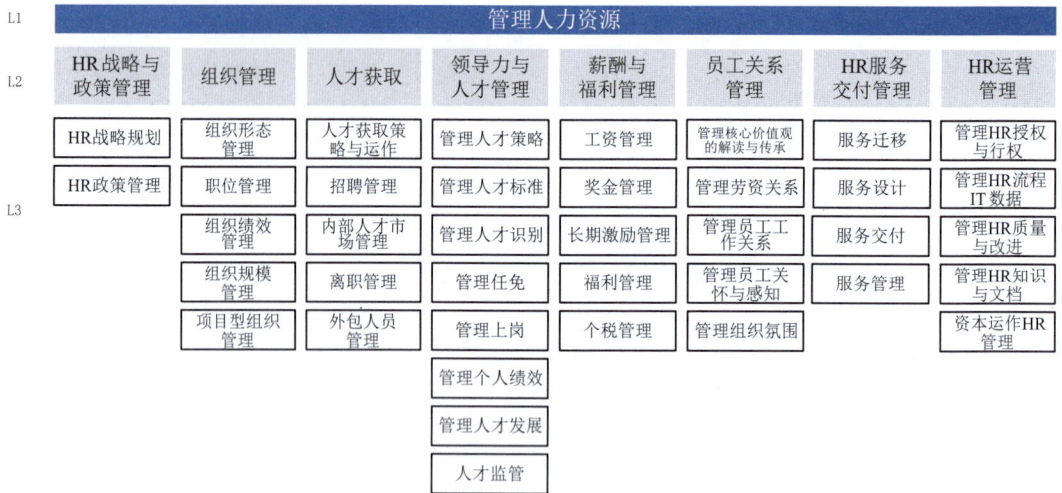

L1	管理人力资源							
L2	HR战略与 政策管理	组织管理	人才获取	领导力与 人才管理	薪酬与 福利管理	员工关系 管理	HR服务 交付管理	HR运营 管理
L3	HR战略规划	组织形态 管理	人才获取策 略与运作	管理人才策略	工资管理	管理核心价值观 的解读与传承	服务迁移	管理HR授权 与行权
	HR政策管理	职位管理	招聘管理	管理人才标准	奖金管理	管理劳资关系	服务设计	管理HR流程 IT数据
		组织绩效 管理	内部人才市 场管理	管理人才识别	长期激励管理	管理员工工 作关系	服务交付	管理HR质量 与改进
		组织规模 管理	离职管理	管理任免	福利管理	管理员工关 怀与感知	服务管理	管理HR知识 与文档
		项目型组织 管理	外包人员 管理	管理上岗	个税管理	管理组织氛围		资本运作HR 管理
				管理个人绩效				
				管理人才发展				
				人才监管				

图 2-58 管理人力资源流程架构

⊃ 2.7.2 管理财务

一个较为完整并区分较细的管理财务的架构示例如图 2-59 所示。类似地，根据企业自身特点，若不需要如此细分，则自行根据实际情况删减或合并即可。

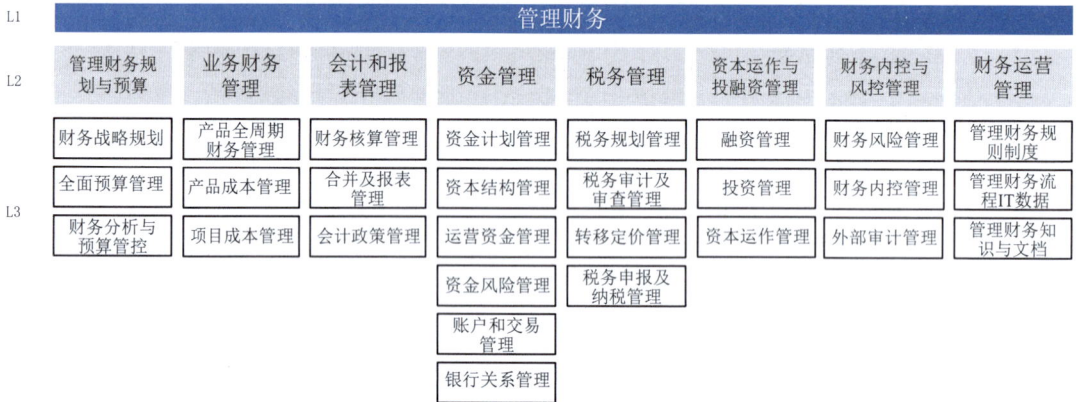

L1	管理财务							
L2	管理财务规 划与预算	业务财务 管理	会计和报 表管理	资金管理	税务管理	资本运作与 投融资管理	财务内控与 风控管理	财务运营 管理
L3	财务战略规划	产品全周期 财务管理	财务核算管理	资金计划管理	税务规划管理	融资管理	财务风险管理	管理财务规 则制度
	全面预算管理	产品成本管理	合并及报表 管理	资本结构管理	税务审计与 审查管理	投资管理	财务内控管理	管理财务流 程IT数据
	财务分析与 预算管控	项目成本管理	会计政策管理	运营资金管理	转移定价管理	资本运作管理	外部审计管理	管理财务知 识与文档
				资金风险管理	税务申报及 纳税管理			
				账户和交易 管理				
				银行关系管理				

图 2-59 管理财务流程架构

⊃ 2.7.3 管理基础支撑

管理基础支撑 L1 流程框架一般是与核心价值流程无关的，或是企业根据自身管理需求认为关注程度比上述使能流程和支撑流程弱一些，不希望单独作为一个 L1 流程架构的其他管理支撑类流程的合集，如图 2-60 所示。

L1	管理基础支撑			
L2	管理法务	管理行政	管理审计	……（其他）

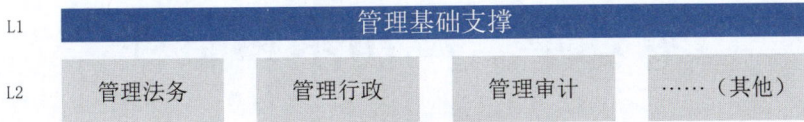

图 2-60　管理基础支撑流程架构

　　当然，如果上述业务流程对公司运营有重要影响，例如，高科技公司的法务部门需要重点关注法律和知识产权问题，或者大部分生产制造企业的行政部门高度重视差旅和资产管理，那么这些流程就可以单独列为一级流程（L1 流程）进行建设，在此不再展开。

第 3 章　应用架构管理

通常讲的应用架构是一个名词，指的是企业应用系统建设规划的蓝图，企业 IT 人员根据这个蓝图有序地搭建应用系统。如果把应用架构理解成一个动词，就是利用各种技术手段，建设企业应用系统的过程。这里着重讲的就是这个建设过程。企业应用系统向上承载企业的业务架构（详见本书第 2 章），将企业运营的各类信息按照业务逻辑，在系统上分发、流转、审核，从而实现在线协同合作、规范运作过程、提升业务效率、促进业绩增长的目标。

其实应用架构就像堆积木，每个系统就是一块积木，把所有的积木都堆起来，就形成了完整的应用架构。当积木比较少时，能选择的搭建方式是非常有限的，而且无论怎么搭，结构都相对稳定，挑战不大。只有当系统越来越多，越来越复杂，架构规划才能显现出它的意义。

根据《国民经济行业分类》标准，中国企业的行业分类繁多，各行业在信息化建设上存在一定的差异。受限于经验和能力，无法面面俱到地阐述所有行业应用架构建设历程，所以，我们从中提炼出了企业通用应用架构设计，希望能够给大部分企业的应用建设提供参考。即便如此，一套通用的并且完整的企业应用架构，仍然包括非常多的业务系统和子系统，因此，我们化繁就简，针对企业最常用的应用系统——CRM（Customer Relationship Management，客户关系管理）、PLM（Product Lifecycle Management，产品生命周期管理）、供应链管理、财务管理、人力资源管理系统，以及企业 Portal，讲述它们的落地过程及注意事项，通过理论与实际结合，把应用架构设计方案、实施过程中的重难点及相关注意事项阐述清楚，而不是简单停留在千篇一律的理论框架上。

3.1　应用架构概述

⊃ 3.1.1　企业通用应用架构

一个典型的企业包含研发、生产和销售 3 块核心业务。研发保证企业能够设计、创造属于自己的产品，再经过生产加工把产品制造出来，然后销售团队将产品推向市场，卖给客户，从而为企业带来营收。除了主干业务，还需要额外的资源来支撑主干业务的正常运转，于是就有了分工专业的职能部门。

- 人力资源部：企业的业务量越来越大，需要的员工越多，围绕人事的活动就变得非常频繁，企业就逐渐需要专门的人力资源部门来跟进员工的入、转、调、离的相关管理工作。
- 财务部：企业的营收逐渐增加，除了付款、收款、报税等基础工作，还需要管控财务风险，为公司运营守好最后一道门，于是就有了专业的财务部门。
- 法务部：随着企业不断发展和业务的全球化，法律、合规风险与市场扩张密切相关；对于科技创新型企业，知识产权作为法务部的一部分，也扮演着至关重要的角色。
- ……

当然，以上这些职能部门出现，就像应用系统架构一样，都是随着企业的发展逐步建立和完善的。

为了支撑公司主干业务和职能业务的运转，需要逐步搭建相应的应用系统。与上述业务领域对应，就形成了一套企业通用的应用架构，如图 3-1 所示。

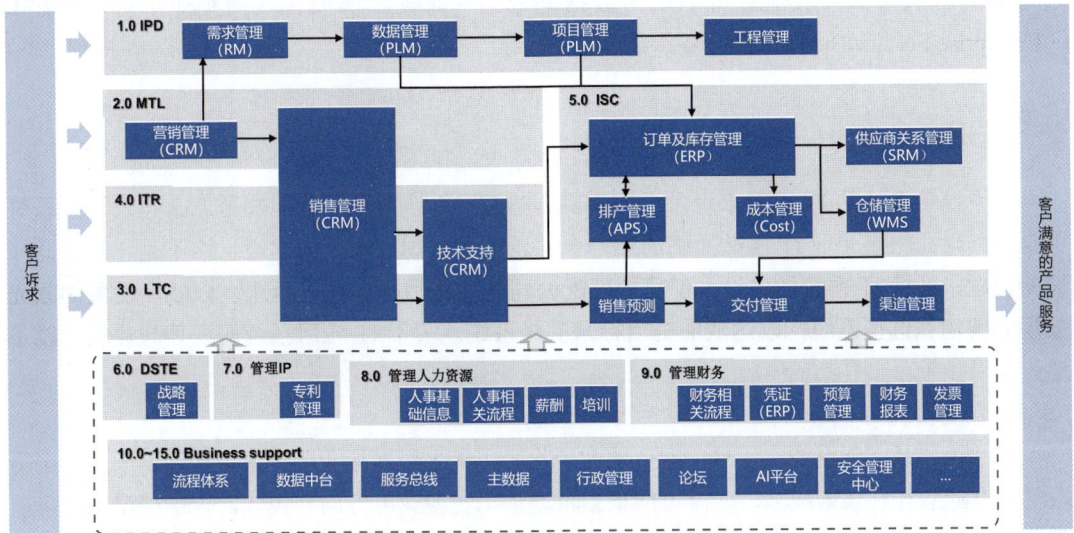

图 3-1　企业应用架构

图 3-1 所示的企业应用架构对应企业的业务架构，它基于"端到端"的流程，搭建对应的应用系统或子系统，从而将第 2 章的"业务架构"落地到企业的"应用架构"中。最左边的"端"即"客户诉求"，代表客户的需求和问题，最右边的"端"即"客户满意的产品/服务"，代表通过企业内部的运作机制，交付让客户满意的产品或服务。中间横向的"1.0 IPD""2.0 MTL"等代表企业的每个 L1 流程，在图中以"方块"表示，分布在每个业务流程内，或者跨多个业务流程存在的应用系统，组成了企业完整的应用架构。

例如，在"1.0 IPD"流程中，主要通过"需求管理""数据管理""项目管理"等系统支撑产品研发过程。对于一些高科技企业，工程管理和专利管理系统也是必不可少的一部分，这些应用系统及相应的集成关系就构成了"1.0 IPD"流程的应用系统架构。

又如，在"2.0 MTL""3.0 LTC"和"4.0 ITR"流程中，涉及企业的市场、销售、服务等多个业务部门，各部门流程之间集成关系复杂，所以，应用系统的建设通常会放在一起通盘考虑。通常的建议是，建设一套完整的 CRM 系统来覆盖上述 3 个业务流程。但也有不少企业，因为业务的侧重点不同，会将部分业务建设为单独的管理系统，如服务管理系统、合作伙伴管理系统等。

同样，对于使能流程来说，在"5.0 ISC"流程中，则需要通过 ERP（Enterprise Resource Planning，企业资源管理系统）、APS（Advanced Planning and Scheduling，高级计划与排产）、SRM（Supplier Relationship Management，供应商关系管理）等多个应用系统来承载。图 3-1 中的"6.0 DSTE"和"7.0 管理 IP"则可以根据公司需要建设相应的"战略管理"和"专利管理"系统。另外，对于企业内部的支撑流程，"8.0 管理人力资源"和"9.0 管理财务"都是非常重要的支撑流程，而对于其他领域的支撑流程，为了简化表示，合并到"10.0～15.0

Business support"流程中。通常情况下，大部分企业会利优先用 OA（Office Automation，办公自动化）或者 BPM（Business Process Management，业务流程管理）系统来承载，但随着企业的发展，公司也需要建设相应的人力资源和财务管理等系统。

企业中的业务不会独立存在，需要上下游串联协作。同理，以上应用系统之间也需要通过各种方式集成，保证业务串联与数据集成，从而逐步形成公共的集成平台，如 ESB（Enterprise Service Bus，企业服务总线）。

⊃ 3.1.2　企业 IT 系统的规划建议

对于一个企业的 IT 部门来说，了解需要哪些应用系统很重要，但知道怎么建设这些系统更重要。现在很多企业 IT 团队面临的第一个问题就是先规划还是先建设，这不是一个非此即彼的问题。**任何 IT 系统的建设，都需要匹配公司的战略目标和业务诉求，以战略发展的眼光去规划架构和选型系统，以达成业务目标来实施系统。** 关于 IT 应用系统的规划与建设，以下建议仅供参考。

1. 企业发展到一定规模，需要先规划再建设

如果公司是初创企业，还处于业务的起步阶段，优先选择按业务需求先建设。因为这个阶段的企业业务往往还未成型，随时可能根据市场情况转换业务方向和模式。极端情况下，可能规划的架构还未确定，业务已经变了，倒逼着调整规划内容。而且，这个阶段的企业对 IT 部门诉求有限，提前做架构规划的必要性并不大。

如果企业已经发展到一定规模，业务相对比较稳定，而信息化又相对薄弱，提前做好架构规划，再按规划逐步落地建设，往往会事半功倍。身在这类公司的 CIO 们，一定要在"晴天修屋顶"，不要等公司发展完全稳定了再规划建设。因为公司一旦在快速发展的路径中遇到挫折，企业将暴露出一系列的问题，这时候的企业往往考虑的是生存压力，对于信息化投入会相对慎重。

如果企业已经有相当大的规模，业务成熟，营收稳定，通常信息化建设不会太差。这样的企业还需要规划吗？回答是肯定的。但这时的规划更多的是做架构梳理、整合，避免重复建设，确保将精力投入到更有价值的系统建设上。在一些大型企业中，动不动会有成百上千个应用系统，这些系统的维护、升级及硬件的配套是一笔不小的开支，甚至很多系统是历史遗留下来的产物，食之无味，弃之可惜，每天的用户量也是少得可怜。企业 IT 系统在发展过程中，应该逐渐积累形成一套治理规范，不能一味地做加法，就像《华为流程变革》中说的，"每增加一段流程，要减少两段流程，每增加一个评审点，要减少两个评审点，避免出现不产生价值、浪费成本的流程"。

2. IT 团队的经验和能力是支撑 IT 规划的核心

规划应用架构需要丰富的实践经验，没有课本可以参考，也不能完全复制其他企业。如果企业有经验丰富的 IT 团队，可以先规划，然后按业务的轻重缓急落地。如果团队经验不足，缺乏规划能力，可先按需求建设，逐渐积累经验，再做规划整合也未尝不可。

有人或许会问："我们团队没经验，那我们借助外部的力量，请咨询公司来做应用系统的架构规划，是否可以解决经验不足的问题？"的确，找到合适的咨询团队，确实可以弥补经验上的不足，但市场上的咨询团队能力良莠不齐，经常被人诟病的是规划高大上，留给公司的是

一堆 PPT，但 IT 团队仍然无法落地。关于 IT 规划的方法论，可参考本书 1.3.5 节。

接下来，要考虑应用系统是购买还是自研。如果企业需要建设的应用系统，市场上已经有非常成熟的解决方案，建议优先考虑购买，如 ERP、PLM、OA 等产品，建议引入业界成熟的商业软件。对于其他情况，若 IT 部门有专门的开发团队，则推荐自研，否则仍然建议从外部购买或合作开发。

⊃ 3.1.3　人员分工

因为应用系统是用来承载企业业务的，所以，IT 人员就必须理解企业业务运作的过程，这样才能把真实的业务落地到系统中。这给 IT 从业人员提出了挑战，因为在信息化建设早期是没有专门的 BA（Business Analysis，业务分析）人员这一岗位的。目前，很多中小企业仍没有专职的 BA 人员。

BA 人员通常由如下两部分人群来承担：

- 业务部门中，非常了解业务的人员，在与 IT 沟通中，逐步了解并学习 IT 知识，成了既懂业务又了解 IT 的人。
- IT 团队中了解业务并且沟通能力比较出色的人员，与业务沟通逐步取代了技术开发的工作，成了专业对接业务的 BA 人员。

通过对应用架构的概述，因为每家企业的发展阶段及现状不同，在业界并没有一个标准的应用架构，但针对企业常见的应用系统，如 CRM、PLM、供应链管理系统、财务管理系统、人力资源管理系统及统一 Portal，我们在本章将逐一展开其建设的关键要点。

3.2　CRM

所有的企业，无论是 B2B（Business to Business，企业对企业，简称 ToB）还是 B2C（Business to Consumer，企业对消费者，简称 ToC）领域，无论哪种商业模式，都有销售团队，或面向渠道与合作伙伴，或面向终端客户，或兼而有之。当企业的业务机会增加，客户数量增多，业务范围扩大时，销售队伍也逐渐壮大，就需要使用信息化工具来进行销售管理。

在中大型企业中，市场营销、销售和服务部门是分开的，但它们所做的事情又是紧密相关的，最终目标都是找到客户，为客户提供优质的产品和服务，最终为客户创造价值，让用户满意。所以，在应用系统建设方面，通常也会将这 3 个部门的业务活动建立在统一的系统平台上，这就是 CRM（客户关系管理）系统。不管企业选择哪个 CRM 商用软件，还是全新自研一套 CRM 系统，这个平台都应该涵盖销售过程中涉及的客户、联系人、线索、商机、报价、订单，承载完整的销售业务流程，管理市场、销售、服务人员的业务活动。

销售作为企业的核心业务之一，会与研发、供应链和财务等业务发生关联，所以，CRM 系统需要有良好的集成能力，打通 PLM、ERP 等外围系统。除了和企业内部业务关联，也会基于 CRM 系统打造上下游合作伙伴的协同平台，如让代理商反馈线索、报备商机，或让客户自助下单，实时跟进订单进度，或管理渠道库存和销售情况等。

从大多数项目经验来看，CRM 系统建设的难度并不是在产品选择和功能开发上，而是对企业当前销售管理模式的变革。有些企业上 CRM 系统是希望通过系统沉淀客户资源，规避销售人员离开公司导致客户丢失的风险。但 CRM 系统的价值远不止于此，更大的价值是各部门可以更好地共享和协作，提高内部运作效率，提高商机转化率。

图 3-2 所示为 CRM 系统模块全景图。

MTL		LTC					ITR
营销管理	客户管理	商机管理		定价管理	销售运营	渠道管理	服务管理
营销活动管理	客户基础信息	商机报备	组建团队	首次定价流程	销售目标管理	渠道赋能	多渠道支持
营销流程管理	客户360°视图	识别决策链	竞争分析	折扣&审批	销售目标考核	渠道报价	工单管理
线索管理	客户分级管理	客户需求应答	客户验证	成本确认流程	销售预测管理	渠道订单	案例管理
营销活动分析	客户分析	报价管理	合同订单管理	定价刷新流程	销售运营分析	渠道库存	服务运营

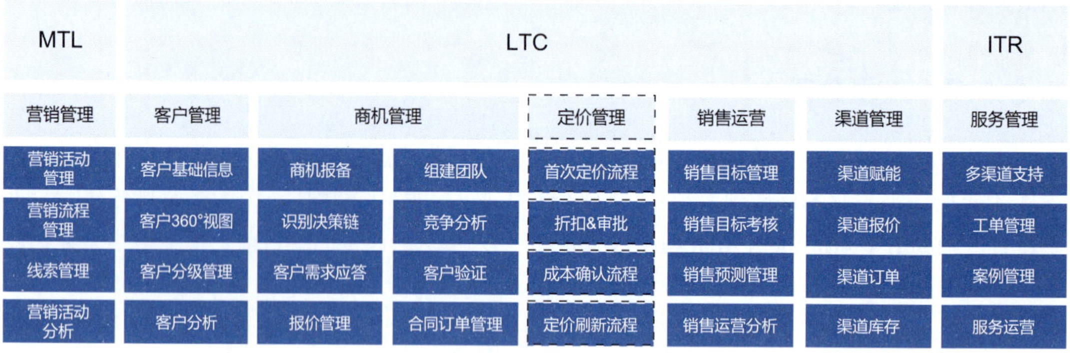

图 3-2　CRM 系统模块全景图

其中，定价管理属于产品线管理范围，在本节不再展开。

⊃ 3.2.1　营销管理

营销的目标是缩减销售周期和销售成本、增加收入、寻找扩展业务所需的新市场和渠道，以及提高客户的价值、满意度、赢利性和忠实度。通过组织或参与市场活动来获取潜在客户，掌握销售线索。

通常情况下，企业是由市场部门（又称 Marketing）负责营销管理。无论是组织还是参与营销活动，这些都会带来公司的经营成本，因此，管理层需要评估活动对业务的影响，并依靠数据来支持其决策。为了系统化地管理这一过程，CRM 系统需要涵盖营销活动、营销流程及活动中获取的潜在客户和线索的管理。接下来，将详细介绍如何在系统中实现这些功能。

1. 营销活动管理

（1）活动分类

根据企业营销活动的目的，通常可以将活动分为产品推广和品牌宣传；从活动形式上可以分为线上活动、线下活动。

在 CRM 系统上，需要提供灵活的分类方式，让业务用户能够按企业实际需要的维度定义活动分类。系统可提供每类活动的要素定义，表 3-1 仅供参考。

表 3-1　营销活动要素定义示例

活动分类	活动要素
产品推广	<ul><li>产品宣传手册</li><li>产品体验途径</li><li>产品对接人资料</li><li>推广方式与媒介</li><li>......</li></ul>

活动分类	活动要素
促销活动	• 设计促销方案（如折扣、买一送一、限时优惠等） • 制作促销广告素材（如海报、社交媒体图片） • 确定预算和预期效果 • 分析活动效果并生成报告 • ……

在发起不同的营销活动时，用户可根据企业规定的必要活动要素，补充相关数据，从系统层面确保在活动开始前相应的活动组织者已经完成了活动前期的准备工作。

（2）活动目标

活动目标即企业活动需要面向的目标人群，只有找对活动目标，才能有的放矢。互联网公司都是利用大数据对用户进行画像，分析每个用户的特点和喜好，从而进行精准营销。

在 CRM 系统层面，要怎样提供方便的活动目标管理功能呢？主要从以下几个方面考虑：

① 利用好潜在客户和现有客户联系人。

随着 CRM 系统的使用，系统中会积累大量的潜在客户和现有客户联系人，这些联系人是企业营销活动首选的目标对象。在 CRM 活动目标管理功能中，要能够直接使用这部分数据。系统能一键拉取这些客户数据，通过与这些客户的过往数据，再根据公司类型、主流产品、所处区域等进行分组，方便快速查找定位。

② 对接企业门户信息。

一般的企业都会建立官方网站等对外门户，方便访客通过网络了解公司及其产品信息等。CRM 系统应该把对外门户的这些访问信息利用起来，把这些访客纳入活动目标中，标识好来源、感兴趣的内容等信息。访客信息的收集，通常需要关注以下 4 个方面：

• 收集信息时，需要提前给出声明，并让访客确认。
• 对访问的数据需要做一定规则的过滤，去掉偶发性、短暂性的浏览记录。
• 可引入 AI 客服，给客户一些关键信息提示或引导式提问，以便获取更多信息。
• 官网的客户信息、客户问题等可以对接 CRM 系统，由客服及时给出响应。

获取优质的客户资源是营销管理的关键，避免在将来活动邀请或推广中引起访客的反感，反而对企业形象带来负面影响。

③ 支持目标人群批量导入。

企业以往营销活动中会收集到大量的名片等信息，这部分数据需要能够快速进入系统中，支持 Excel 或者文本文件的批量导入，对客户管理会有很大的帮助。

（3）营销渠道

提到营销渠道，过去是线下的方式居多，如行业峰会、展会、产品发布会等；随着社会信息化程度越来越高，线上渠道越来受到企业的青睐。与线下渠道相比，线上渠道规避了地域和时间上的限制，能够让活动覆盖面更广，时间跨度更长，从而影响更多的受众。

当然，不同的企业，在营销渠道的选择上会有所差异，ToB 的选择线下居多，ToC 则更多选择线上的方式。但选择的标准很难被确定下来，这就需要 CRM 系统给企业提供更多的帮助，通过对各种渠道活动的效果分析，来判断选择对企业最有利的方式。

在 CRM 系统中，企业可以把会使用到的渠道作为系统活动的主数据维护进去，在活动创建的时候选择。常见的渠道有峰会、展会、网站、媒体、邮件等，CMR 系统通过对每次营销活动效果的分析，默认给出一定的推荐或建议，如每个渠道在过去 3 年的商机转化率、订单转化率等。

（4）营销计划

营销活动会产生相应的企业支出，为了更好地管控活动预算，CRM 系统要具备为企业提供营销规划的能力。活动的人员成本、媒体费用、场地费用等要和计划关联起来，对接到企业的预算管理系统、采购执行系统等。例如，当企业需要选择服务商的情况下，该营销活动需要经主管审核后，可以自动推送免审批的 PR（Purchase Requisition，采购申请）流程并扣减相关预算。

2. 营销流程管理

企业的营销活动往往需要多个业务部门配合完成，为了更好地协同配合，要建立标准的营销流程，将活动前后的相关事情串联起来，图 3-3 所示为一个营销活动流程示例。

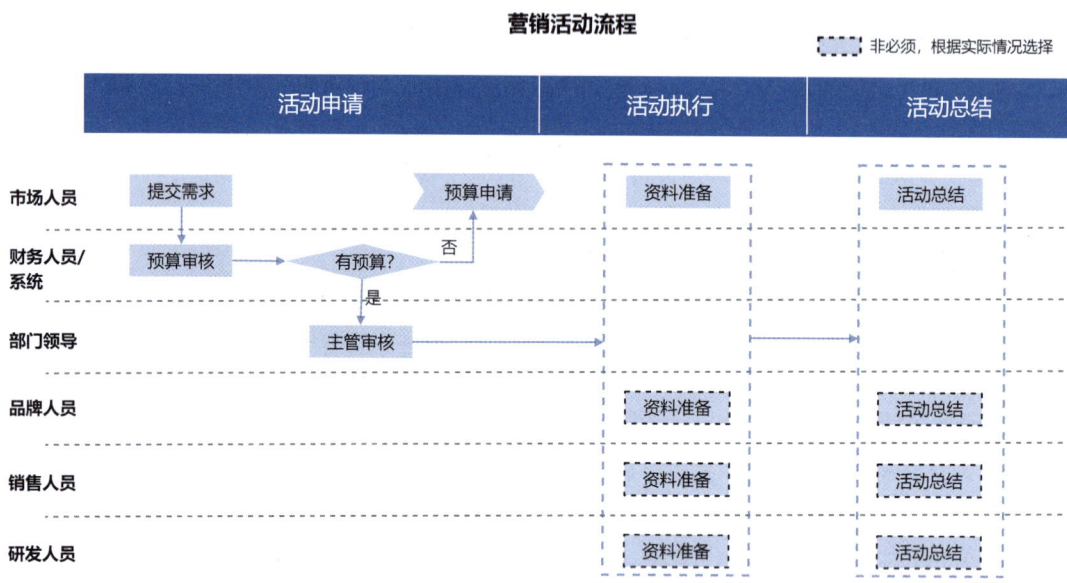

图 3-3　营销活动流程示例

活动的流程基本分为如下 3 个阶段：

（1）活动申请

活动申请通常由企业的市场部门员工发起，填写活动名称、组织人员、目标群体、类型、渠道、预算、需要协助的部门等信息，CRM 系统需要能够根据业务要求配置流程可发起人员范围。流程启动后流转到预算确认环节，如果企业有预算系统，也可以由系统代替财务人员，自动判断是否超预算。

即便在有预算的情况下，大部分企业仍然需要经过市场部门相关主管的审核。审核内容主要是确认营销相关的信息是否准确，并且要符合企业当前的需求。

（2）活动执行

营销活动的执行环节，仍需要不同的业务部门协办。在营销流程审批通过后，系统根据规则指定协办部门相关人准备资料。因为营销活动都是面向客户的，所以，通常需要销售和品牌人员的参与，对于新产品的推广，可能还需要研发部门的参与。

（3）活动总结

活动结束后，由活动发起人组织相关参与人员进行活动总结，主要从活动费用、活动受众参与情况和线索收集情况着手。将这些数据按照系统格式整理录入或导入系统中。

需要注意的是，流程只是驱动活动执行，最终流程产生的数据，一定要结构化地写入CRM 系统中，清晰地记录活动发起人、参与人、受众群体、过程中关联的任务完成情况，以及活动产生的线索或商机。

3. 线索管理

通常，线索是通过各种渠道获取联系方式的待联系"客户"。注意，这里的客户是带引号的，因为这些"客户"只是潜在客户，通过联系确认有潜在的合作机会。线索可以转化为商机，商机在跟进和验证通过后才可能达成合作，签订合同，形成订单。

企业应该广开口，提供多种渠道，收集尽可能多的线索。通常情况，营销活动是线索的重要来源之一。除此之外，企业官网的访客记录、论坛留言用户、销售邮箱中的咨询者，以及企业通过销售人员电话确认、行业特定人群提供的相关数据都可以作为线索。图 3-4 所示为线索管理流程示例。

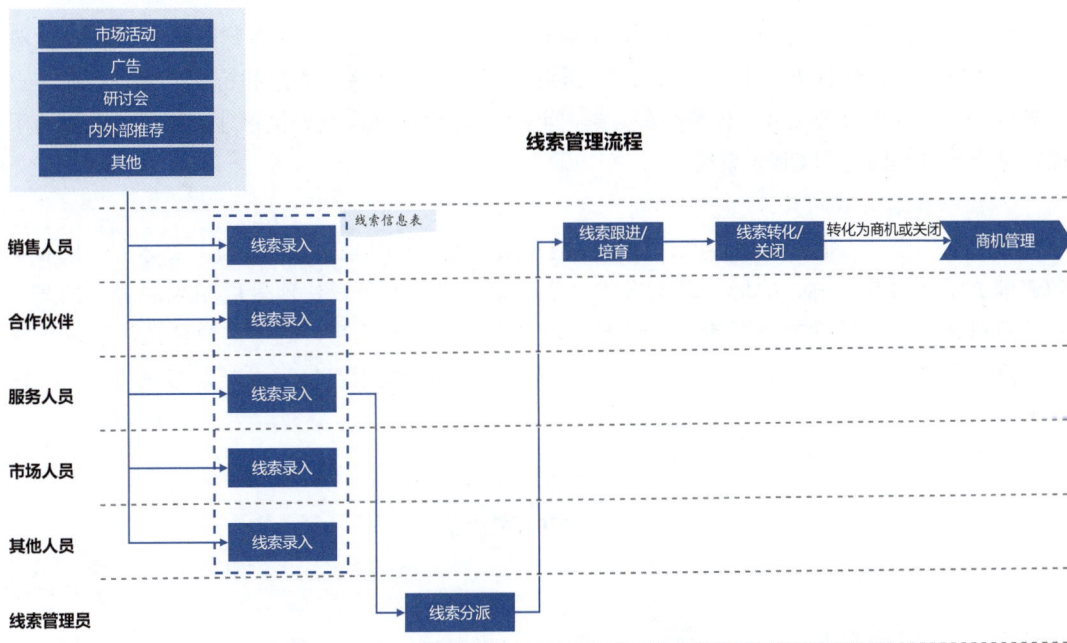

图 3-4　线索管理流程示例

从流程中可以看出来，线索管理的主要工作是线索报备、分派和跟进。在 CRM 系统中，重点考虑如下几个要素：

- 线索报备应该尽量简单，降低线索报备的成本。
- 线索的分派要能够根据线索的属性配置自动分配分派规则，减少人工处理。
- 线索分派到销售人员后，系统要能够支持跟进信息的记录，方便销售人员安排、分析手头待跟进的线索，尤其在 AI 时代到来后，线索跟进记录需要支持多模态，除了传统文字，还可以支持聊天记录、截图、邮件、语音输入等。

- 定义出线索能够转商机的标准，如借助 LLM（Large Language Model，大语言模型，简称大模型）分析跟进记录，自动判断是否可转换为商机。

4. 营销活动分析

CRM 系统需要具备数据分析能力，将营销活动积累的数据，从业务各维度进行分析，让数据产生价值。比如：

- 分析各渠道的营销活动产生的线索情况，通过数据规律找到最适合的活动渠道。
- 每次营销活动后，分析潜在客户转变为实际客户的比例。
- 分析营销活动的 ROI（Return on Investment，投资回报率）情况，投入后转化为多少订单，为将来的活动规划提供数据参考。

通常，CRM 系统都具备一定的报表分析能力，可将**业务活动与相对应的数据分析结合起来，让数据成为企业的生产力**。

○ 3.2.2 客户管理

客户作为企业的重要主数据之一，数据入口在 CRM 系统，由销售人员负责录入跟进。企业可以基于 CRM 系统实现客户的全生命周期的精细化管理。

按照客户的不同合作阶段，可以分为潜在客户、意向客户、合作客户、流失客户。针对不同阶段的客户，销售可以制订不同的管理策略，帮助企业拓展新客户和留住老客户。在客户管理中，企业要重点关注客户信息收集、客户识别、客户分级及差异化管理，通过信息化的手段，把管理过程固化到 CRM 系统中。

1. 客户基础信息

客户的信息录入通常是烦琐的，这也是销售人员抵触 CRM 的重大原因。实际上，只需要销售能够录入客户名称、地址、联系方式这些基础信息，就可以快速生成相应的客户档案。企业可以按照客户管理的不同阶段，设置该阶段客户必要的信息，确保客户信息能被逐步完善。除了直接创建客户，CRM 系统还可以批量导入，根据线索直接生成对应客户信息等多种方式。

图 3-5 所示为客户建档流程示例。

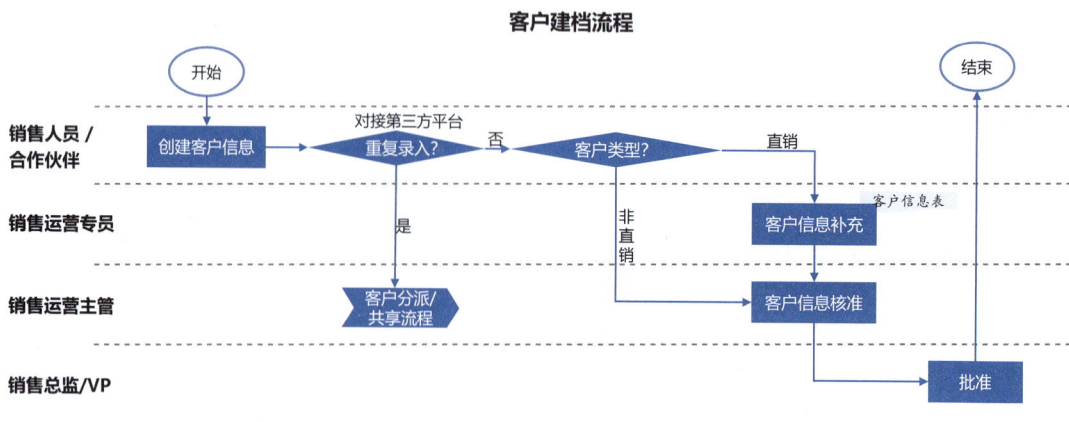

图 3-5　客户建档流程示例

为了确保客户数据真实有效，需要通过流程来规范管理客户信息导入的过程。如上流程是企业中常见的客户建档的审批流程。在流程中要过滤掉重复客户，避免同一客户多人报备跟进。CRM 系统在处理客户信息方面，需要关注如下几个要素：

- 对接到天眼、企查查等第三方平台，通过企业关键信息来判断客户是否重复。
- 很多集团性的客户，存在多个分子公司，需要在 CRM 系统中搭建客户集团架构，方便在后续的销售业务中使用。
- 根据不同的客户类型设置差异化的审批流程，如裁剪审批过程等。

2. 客户 360° 视图

对客户了解程度越深，销售人员就越能够为客户提供针对性的服务。所以，需要尽可能地收集更多的客户信息，在 CRM 系统中建立客户 360° 视图，如图 3-6 所示。

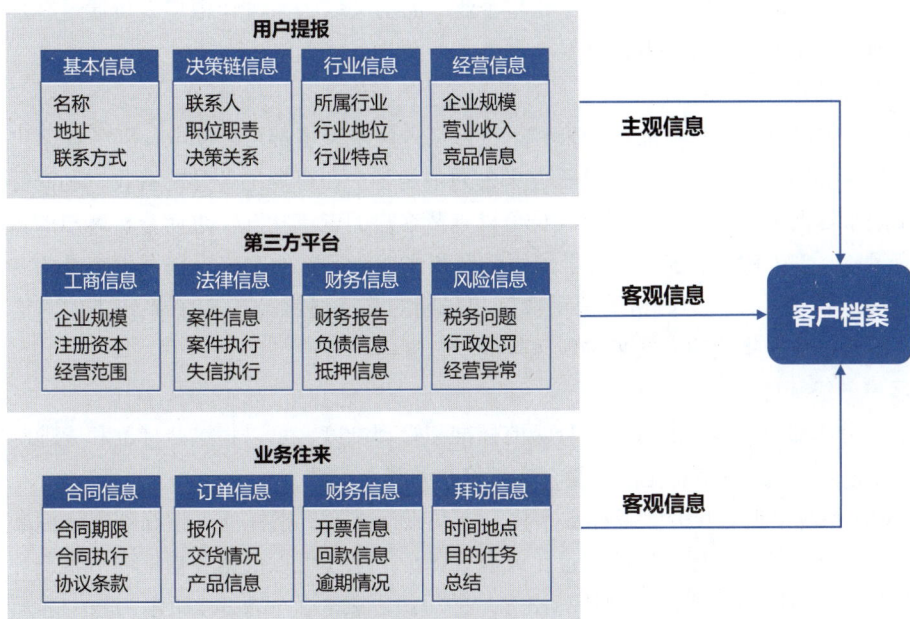

图 3-6　客户 360° 视图

根据信息来源，可以分为用户提报、第三方平台和业务往来 3 种渠道。

- 用户提报信息属于主观信息，由销售人员通过各种渠道获取并录入系统中。
- 第三方平台的信息相对比较客观，基本上是客户对外披露的公开信息或第三方平台主动整理的数据，CRM 系统可接入这些平台（需付费）自动获取。
- 业务往来数据是企业与客户合作过程中产生的数据，这需要打通 CRM 系统和内部其他业务系统，如 ERP、OA 等系统，自动从关联系统中获取这部分信息。

在这里，重点说明如下 3 个信息。

（1）决策链信息

客户的决策链是该客户联系人的合集，通过 CRM 系统把各联系人之间的汇报关系按照层级结构组织起来，就构建了客户决策链视图。在销售谈判过程中，决策链是非常重要的参考信息，可以让销售人员快速找到谈判的关键人物，从而制订针对性的谈判策略。需要强调的是，基于客户的决策链不一定适用该客户的所有商机，每个商机中的决策链可能会有差异，这种情况在规模较大的客户中经常出现。所以，不仅要建立这对客户的决策链，还要建立基于商机层面的决策链，通常情况下，商机决策链是客户决策链的子集。

决策链中有一个核心信息就是联系人。有些 CRM 系统会把联系人作为一个单独的模块来管理，这足以说明联系人的重要性。如果 CRM 系统中只记录联系人的姓名、电话号码、性别等基本信息，只能达到企业最基本的要求。如果销售人员要制订针对性的销售策略，就需要掌握联系人更多的信息。例如，提前了解联系人的爱好，快速拉近双方关系。所以，联系人除了基础信息，还可以记录联系人的年龄、爱好、家庭情况等。

（2）行业信息

如果说决策链和联系人是从人的角度考虑，行业信息则是从公司维度来分析客户情况。不同行业的销售模式会有差异，行业地位一定程度上可以作为销售在该客户上应投入精力的一个重要参考。在 CRM 系统中可以建立行业与企业产品的关联关系，让销售人员通过客户的行业属性，快速匹配企业中存在关联的产品。

（3）财务信息

在图 3-6 中，财务信息在业务往来和第三方接入两个渠道都可以获取。业务往来中是客户的开票、应收和回款等交易数据，第三方平台通常是客户在市场上公开的营收、利润等数据。结合但不限于这两方面的信息，销售人员可以判断客户的健康状况，进而分析客户的信用、账期是否有风险。在 CRM 系统中，对于信用额度和账期有风险的客户，在发生交易的时候，要能够自动提示销售人员。但严格的信用额度和账期的管理通常是在 ERP 系统中的，这就需要在系统层面通过数据集成的方式来实现风险提示预警。

3. 客户分级管理

通常，企业都会有客户的分类、分级的标准和管理制度，可以将这些标准和管理制度落地到 CRM 系统，通过系统信息化的手段，实现客户差异化管理。

在 CRM 系统中把客户分级指标数字化，定义指标维度、指标项、指标项评估标准、等级标准。需要注意的是，指标项要能够量化或客观评价，系统可以根据各指标项给客户评分，然后将得分与等级对照表对比，自动计算出客户的等级。表 3-2 ～表 3-4 所示为一个客户评级指标规则示例，可供参考。

表 3-2　评估指标项及占比

指标维度	指标项	权重
销售维度	业务贡献	30%
	历史合作年限	20%
财务维度	账期	10%
	信用余额	10%
合作价值	行业发展前景	10%
	客户市场地位	10%
	合作阶段	10%

表 3-3　指标项评估标准

业务贡献（万元）	得分
40000 以上	100
2000 ～ 4000	80
500 ～ 2000	60
0 ～ 500	40

表 3-4　客户等级标准

评分	等级	服务策略说明
> 90	A	专属接口人、专属服务团队、7×24 小时服务
> 80	B	专属接口人、共享服务团队、7×24 小时服务
> 60	C	服务电话、共享服务团队、7×24 小时服务
< 60	D	服务电话、共享服务团队、5×8 小时服务

从上面的评级指标可以看出来，业务贡献、历史合作年限等指标数据都是可以自动从 CRM 系统或者外围系统中获取到的。CRM 系统可以根据客户管理制度要求，定期自动获取指标数据，生成各客户的指标评估流程，推送给该客户的销售负责人。除了自动获取的数据，销售负责人还可以补充其他维度的数据，CRM 系统应自动计算出客户的级别。当客户级别有变化时，系统及时通知到销售负责人及相关领导，确保相关人员获取最新的客户评级信息，进而更新对应的服务策略。

在服务策略上，企业可以对服务人员、投入费用、销售激励、产品报价、客户授信等方面制订差异化的安排。例如，安排相应职级的销售跟进战略和重点客户，其他的客户统一走渠道管理等。这些策略可以条目化到 CRM 系统中，根据客户的级别自动关联对应策略，给销售人员提供参考。

4. 客户分析

客户分析是销售的日常工作之一，目的是通过分析来了解客户的情况，从而制订合理的销售策略。不同行业的企业，客户分析的方式存在一定的差异。ToC 的互联网企业，分析对象更多的是个人，通常利用大数据分析技术生成用户画像，然后针对用户特点进行精准营销。ToB 的企业，要对客户的经营情况、往来交易情况、客户联系人层面提取对销售过程有帮助的数据进行综合分析。

利用 CRM 系统，可以有效地帮助销售人员快速获取真实客观的数据，以报表、图标等直观的方式进行分析工作。系统要提供常见的图标分析支持，并且能否方便导出数据，让销售人员能够基于其他 BI 工具进行各维度的自助分析。

⊃ 3.2.3　商机管理

商机是指没有被满足的市场需求，商机表现为需求的产生与满足的方式在时间、地点、成本、数量、对象上的不平衡状态。商机管理就是企业通过一系列的工作来满足客户需求，达成交易的过程。商机可能来自线索的转化，也可能跳过线索阶段，直接由销售或代理商报备。有些企业也把商机称为销售项目，但本质上的工作都是客户需求得到满足的过程。

商机跟进过程中，涉及企业内部多个角色的相互配合，其中常见的角色有销售部、市场部和服务部的人员。其中，销售人员是商机跟进过程中的主导角色，负责跟进客户需求，协调内部资源来配合客户的需求满足过程。市场部人员了解行业和自己企业的产品，跟进过程中负责对满足客户的产品或服务进行讲解，与客户沟通行业情况等内容。服务人员包含售前和售后，负责跟进客户的问题答疑、项目导入验证等工作。

通常，商机跟进过程较长，为了方便组织和跟进过程中的工作，企业会将跟进过程划分为不同的阶段，不同的企业阶段划分会存在差异。如图 3-7 所示，公司就将商机管理阶段分为了商机评估、客户项目验证、项目导入和关闭阶段，每个阶段各角色需要完成商机报备、组建团队、识别决策链、竞争分析、客户需求应答、问题风险跟进、产品报价、客户验证等活动。

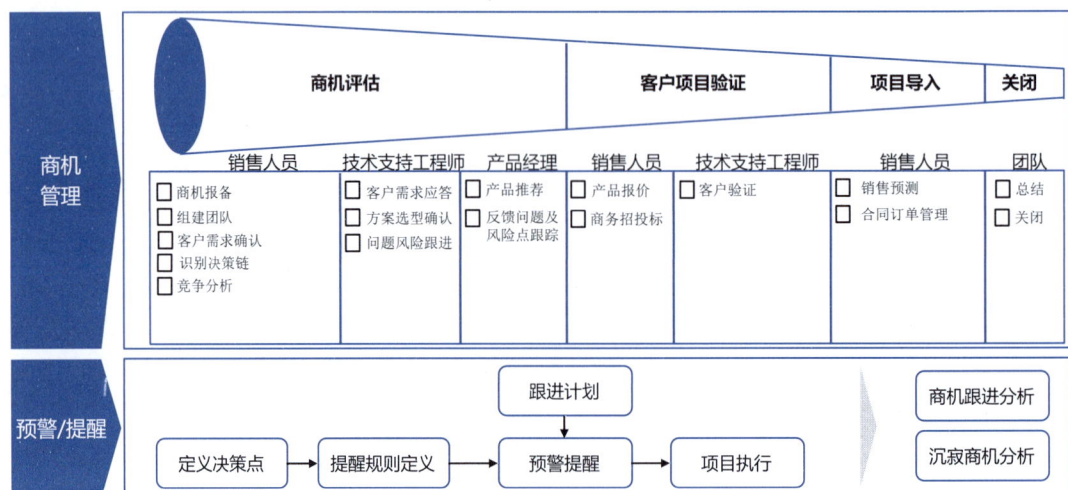

图 3-7　商机管理过程

商机管理的过程，实际上就是对销售项目的管理过程。成熟的 CRM 系统应该具备如下关键特性：

- 提供灵活的商机阶段配置能力，允许企业按照自己的需要定义商机的管理阶段。
- 将商机管理的各阶段对应角色及需要完成的任务固化下来。一旦商机创建，系统将自动创建对应阶段及其任务，让整个跟进过程可见，方便各角色协同工作。
- 灵活的任务管理方式，如复杂任务以流程方式来跟进，简单任务只需要责任人自行管理。
- 在当前阶段的所有任务完成的情况下，商机自动进入下一个阶段。

下面仅针对商机管理中的部分重点工作内容展开说明，以及如何在 CRM 中承载。

1. 商机报备

商机报备指的是商机从线索转化或者直接被创建的过程。有些企业中，商机报备人有优先跟进商机的权利，所以，报备在一定程度上决定了商机的归属。当报备人和固定的分工存在差异时怎么办呢？通常情况下，企业需要建立固定的报备流程，通过流程规则和领导分配来决定商机的归属。图 3-8 所示为商机报备流程示例。

参考图 3-8，在 CRM 流程中定义规则（如客户类型、商机规模、所属行业等），根据销售人员分工，将商机自动流转到销售人员，如果商机中缺少必要的判断信息，则由销售主管手工分派。

商机报备流程

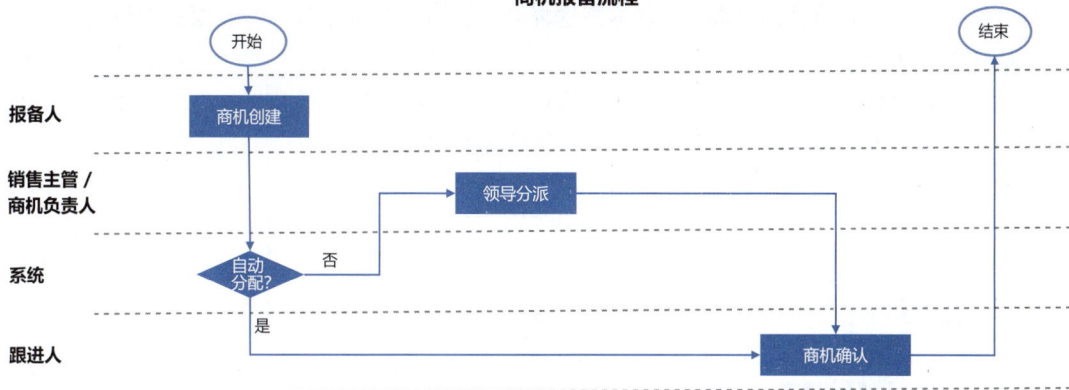

图 3-8　商机报备流程示例

2. 组建团队

销售人员接到商机后，就需要着手组建销售团队。与研发项目组建团队类似，销售人员只要在 CRM 系统中将对应的销售、市场、服务等部门的相关同事加入团队中，相关人员就能收到通知。CRM 系统需要严格控制商机权限，只有被销售负责人加入到了商机的团队中，才能查阅该商机内容。

3. 识别决策链

前面章节中进过，基于客户管理要识别出客户的决策链。商机建立并分配到销售人员后，CRM 系统要将客户的决策链自动同步到商机上，方便销售团队建立基于该商机的决策链。商机的决策链上，需要提供比客户管理中的决策链更强的能力，要能基于商机决策链标记每个客户联系人在当前商机中的工作内容，方便销售制订对应的沟通策略。

4. 竞争分析

知己知彼方能百战不殆。在每个商机的跟进过程中，销售团队都需要尽可能地了解竞争对手。竞争分析不仅是销售人员的工作，产品、市场、服务团队都应该参与进来，从各领域出发分析在商机中的优劣势。

CRM 系统提供了竞争分析的模块。团队成员可以把收集到的竞争对手和竞品导入系统中，并和商机关联起来。然后各领域人员在商机中补充优劣势信息，根据分析情况制订相应的谈判策略。竞争对手的信息应该作为销售主数据在 CRM 系统中逐渐积累，做好分类管理，方便在其他商机上遇到时，能快速调取相关信息，关联到商机上。

5. 客户需求应答

在与客户的沟通交流中，销售团队需要记录、整理客户提出的需求内容。这些需求内容可以记录到 CRM 系统中，让整个团队都可以快速查阅到。客户的需求可能会涉及多个方面，如产品软硬件、服务配套等内容，可以在 CRM 系统中将不同的需求转化为该商机的条目化任务，然后根据团队分工，逐条把任务分派给对应的部门和人员。

在需求跟进过程中，对应客户的解决方案往往需要硬件、软件、工具及配套资料才能满足，所以，CRM 系统还需要具备文档、资料的管理能力。

6. 客户验证

相对其他任务来说，客户验证往往是最复杂、最耗时的任务。很多企业的做法是将"客户验证"作为一个服务项目来跟进——从客户送样开始到客户验证结束，需要服务人员甚至研发人员持续投入和跟进遗留问题。

体现在 CRM 系统内部的，客户验证的项目管理活动往往以流程和任务的方式体现。下面仅针对送样流程进行简单说明。图 3-9 所示为送样流程示例。

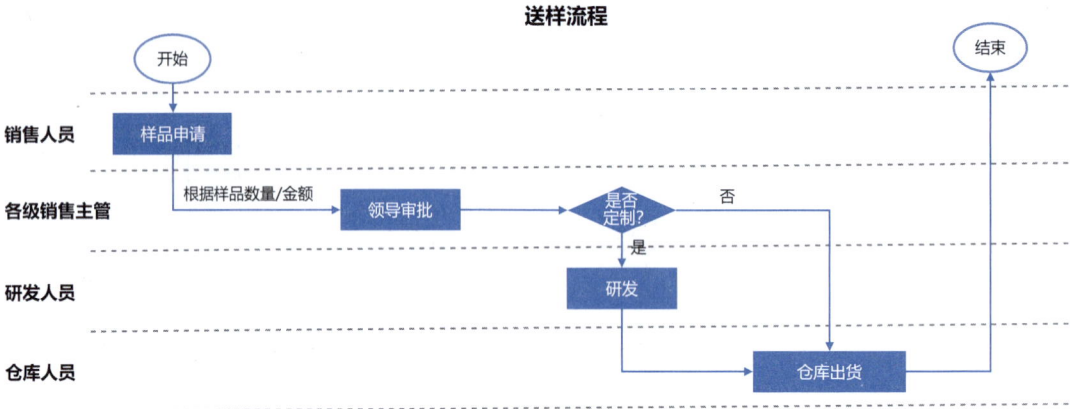

图 3-9　送样流程示例

在送样流程设计中，需要关注如下 3 个要素：

- 根据申请的样品数量或金额进行不同层级的审批。
- 样品的成本需要记入销售部门的费用中，否则，会影响物料的实际成本。
- 送样流程要与 ERP 系统对接，流程审批后可自动在 ERP 系统生成免费销售订单、费用自动归集到销售部门等。

7. 产品报价

一般来说，报价是在客户需求澄清并完成客户验证后的步骤。当然，客户在商机沟通初期也可能要销售提供产品目录价。企业通常会有一套完整的价格管理制度，来确定产品如何定价、如何报价，以及不同级别客户和商机类型的价格策略等。图 3-10 所示为定价和报价流程示例。

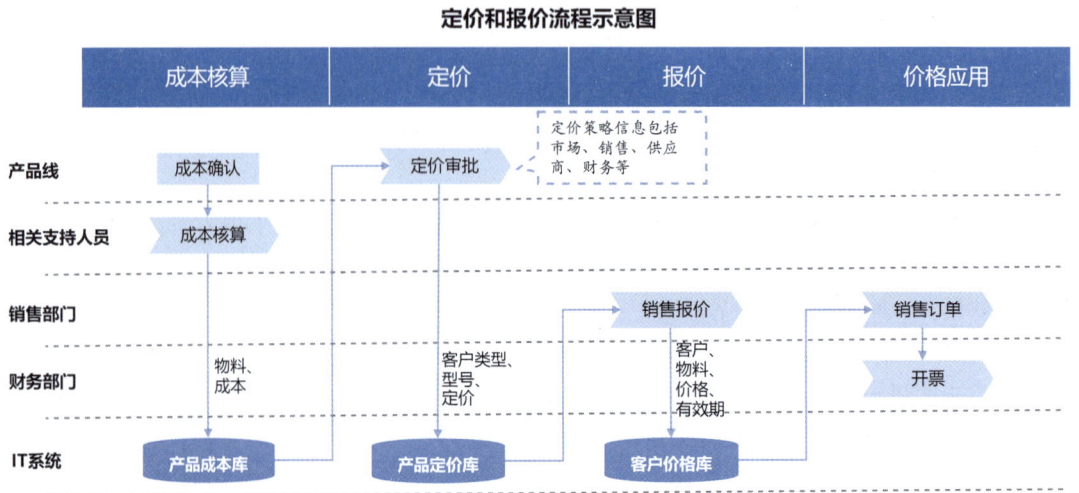

图 3-10　定价和报价流程示例

定价管理往往是产品线来负责的，可以根据成本、产品竞争力、目标市场、客户级别及销量等因素设置阶梯定价，且定价要随着市场的变化不定期刷新。报价是销售部门的活动，流程的设计通常是基于定价逻辑来确认审批步骤，从而形成图 3-11 所示的产品成本、定价和客户价格数据库。

产品成本库				
料号	Q1	Q2	Q3	Q4
01	0.5	0.4	0.4	0.4

产品定价库		
料号	客户类别	<1M	>1M
01	A	0.6	0.5
04	B	0.65	0.6

客户价格库				
料号	客户	价格	开始日期	截止日期
01	XX	0.55	2023-7-1	2023-10-1
01	YY	0.7	2023-7-1	2023-10-1

图 3-11　产品成本、定价和客户价格数据库

本节仅展开产品报价审批流程。从经验上看，报价审批流程通常承载在专业的 BPM 或 OA 系统中，CRM 系统通常只用来发起和记录报价结果。这是因为报价审批流程业务逻辑比较复杂，审批判断众多，而且可能需要多个系统集成，而大部分 CRM 系统在流程方面不如 BPM 和 OA 系统灵活。图 3-12 所示为报价审批流程示例。

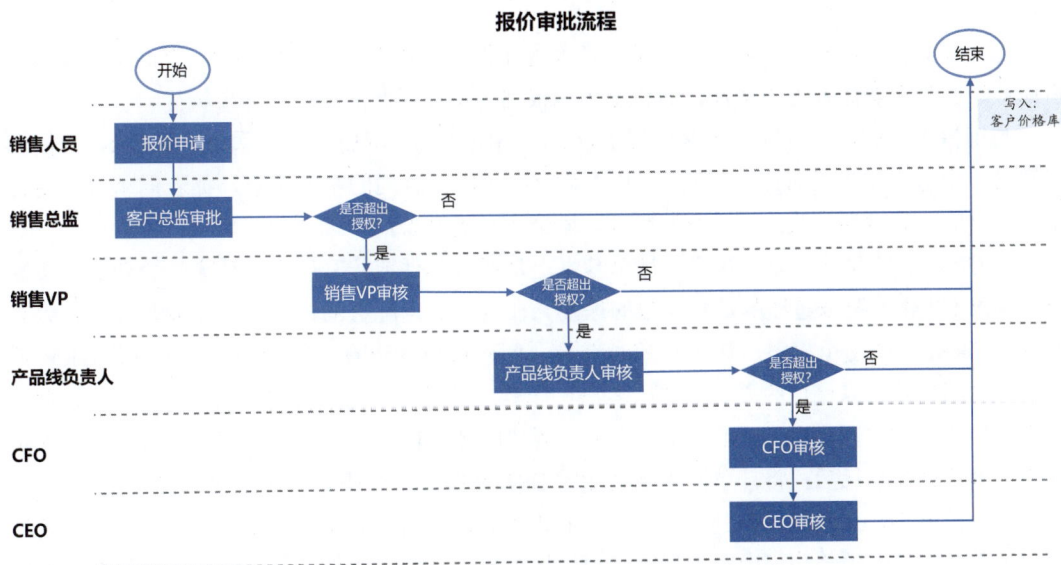

图 3-12　报价审批流程示例

流程中涉及的角色名称及职责如表 3-5 所示。

表 3-5　报价审批流程中的角色名称及职责

角色名称	职责
客户经理 / 销售	负责根据客户信息、公司产品信息拟定初步价格，提出报价申请
客户总监	负责审核客户经理提交报价的合理性及真实性
销售 VP	对低于客户总监授权价的产品报价进行审批

角色名称	职责
产品线负责人	对低于销售 VP 授权价的产品报价进行审批
CFO	对低于产品线授权价的产品报价进行审批
CEO	对低于产品线授权价的产品报价进行审批

本节不再赘述具体的流程说明。除了流程设计，涉及数据处理的还有如下两个方面：

- 产品报价经过流程审批之后，将客户价格自动写入 ERP 系统中，按照客户和产品物料的维度生成价格主数据，供后续销售订单使用。
- CRM 系统中需要记录每次报价的结果数据，并且这个报价数据不仅要关联到商机，还要关联到客户。

基于上述数据，销售人员就可以**基于客户来分析——不同产品在同一客户项目上的价格变化趋势**，实际出货情况与报价时的需求预测对比等，也可以基于产品来分析——**相同产品在不同客户项目上的总体情况，如销量、毛利等**。通过这些分析数据可以用来帮助产品线和销售团队制订后续的产品定价与报价策略。

8. 合同订单管理

这里我们把合同和订单放在一块讲，是因为在很多企业中，合同是针对某个商机或类似商机而签订的具有法律效力的文件，而订单则是根据客户需要，依照合同分步执行。

与销售报价类似，合同（包含框架协议）通常也会在外围更专业的系统（如 OA、合同管理系统）中进行审批及细致化管理。CRM 系统主要承载合同的基本信息，如合同编号、签订单位、金额、有效期、联系人和合同附件。本节不再展开合同管理的相关事项。

在 CRM 系统建立之前，客户的订单基本上是通过邮件或传真的方式传递给企业的，实际上，通过 CRM 系统传递订单是更高效的途径。在客户愿意配合的情况下，企业可以直接为客户开通 CRM 系统使用权限，让客户随时登录，创建订单并查看订单状态。也可以将 CRM 系统的订单相关功能以接口的方式开放给客户，让客户可以在自己公司的采购系统上发起，并通过系统集成的方式同步到 CRM 系统中。客户创建的订单自动流转给企业销售人员，销售人员补充并确认订单信息后，将订单同步到企业的 ERP 系统中，生成企业内部的销售订单。

一般情况下，从商机报备到签订合同，商机管理基本就结束了。订单交付是一个持续的过程，通常会转移给销售部门中负责运营交付的团队跟进。需要强调的是，上面的过程是商机跟进顺利的情况，系统也要兼顾丢单的场景。不管企业在 CRM 系统中定义几个商机跟进阶段，每个阶段都需要能够直接跳转到商机关闭（赢单或丢单），并针对商机进行总结。

⟳ 3.2.4 运营管理

前面章节中讲到的营销、客户、商机管理是针对企业外部的工作，而本节的内容更多的是针对企业销售部门内的管理工作，但两者并非割裂的。良好的内部管理机制，才能产生好的业绩，才能为客户提供更好的服务。图 3-13 所示为销售运营管理需要重点关注的三要素——目标管理、预测管理和绩效考核。本节仅展开目标管理和绩效考核说明，关于销售预测管理，会放到 3.4 节展开介绍。

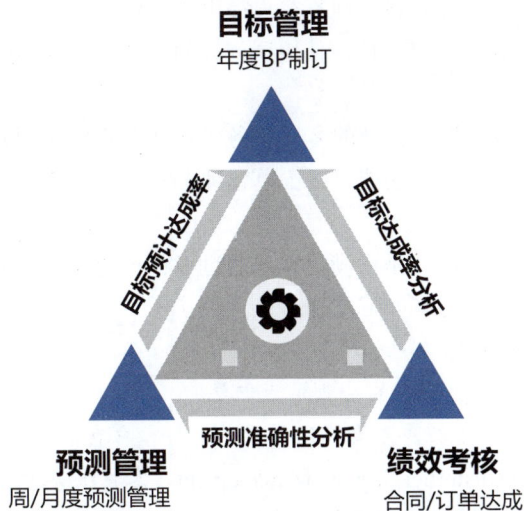

图 3-13 运营管理关注的三要素

1. 目标管理

销售目标要根据企业的管理方式来制订，通常是从公司的年度 BP（Business Plan，经营计划）进行分解。所以，对于 CRM 系统来说，主要关注如下几个要素：

- 要与企业预算管理系统集成，将 BP 按照销售组织架构逐层分解到团队或个人。
- 要支持团队或个人编制，然后按组织架构往上卷积到整个销售部门。
- 要支持将 Excel 中的目标数据导入 CRM 系统，以更符合使用习惯。
- 要针对销售目标进行数据横向对比、纵向卷积，提升编制效率。

目标编制之后，CRM 系统可以定期提醒团队成员检查目标达成情况，基于各团队的检查结果，系统自动汇总整体达成情况。另外，系统可以设置目标差距百分比或具体数值，低于标准的情况需要给出原因分析、对应措施及后续改进办法。

2. 绩效考核

通常，企业的绩效考核是由人力资源部门制订统一的规则，在人力资源管理系统中进行的，这里讲的绩效考核只针对销售部门的年度 BP 目标和销售预测的达成情况展开讨论。

无论企业采用 KPI 还是 OKR 的方式进行团队绩效考核，销售团队的绩效内容都有一部分量化指标，如上面讲的销售目标。另外，拓展客户的数量、客户拜访频率等都可能会成为销售人员的考核维度。在这方面，CRM 系统能够做到的是自动抓取系统业务过程中积累的数据，如目标管理中的**整体目标达成情况**、**新客户的订单数**、**新产品的销售额**、**商机转换率**等，客户管理中的**新增客户数量**、**客户拜访记录**等，销售预测管理中的预测准确率等，按照企业定义的管理规则，自动统计相关数据结果，并同步给 HR 管理系统，作为销售人员绩效考核的量化指标。

➲ 3.2.5 服务管理

在销售过程中，服务团队起着至关重要的作用。当产品性能与竞争对手相当，甚至不在同一水平时，优质的服务可能成为取胜的关键因素。正如前面提到的，每个商机的销售团队中，需要有专职的服务成员，在售前和售中回复客户提出的问题或疑问。

售后服务更加普遍，在产品交付后，使用疑问、问题故障、反馈抱怨等售后问题也需要有售后服务流程来支撑。

成熟的 CRM 系统一般会提供标准的客户服务模块或子系统。通常，服务管理模块 / 子系统允许客户从多种渠道接入，系统功能包括工单管理、案例管理及服务运营分析等模块。

1. 多渠道支持的 AI 客服

多渠道支持的客户服务系统，是指满足客户通过多种沟通渠道反馈问题和需求，从而提升客户体验和满意度。常见的渠道有如下几种：

- 电子邮件是最常见的支持方式。
- 电话（呼叫中心）对于 ToC 的企业尤为重要。
- 可以通过移动 App、小程序或者官网等渠道，与客户直接对话。
- 通过 CRM/CSM（Customer Service Management，客户服务管理）系统提交工单。
- 提供自助服务门户，客户直接查找相关资料，或咨询 AI 助理，由 AI 尝试解决。

本节仅对工单、即时消息及 AI 助理做一些简要说明。

移动互联网时代，客户反馈问题和需求的途径越来越多，这也导致了传统的渠道（如邮件、电话）使用场景越来越少，取而代之的是即时消息。显而易见，客户使用即时消息反馈问题，反馈的效率大大提升，企业响应和受理也会更加及时。那么，应该用什么样的平台连接客户和企业呢？常见的方式有如下几种：

- 客户使用企业内部的聊天软件，这种情况下，一般都是企业更有主导权，而客户相对弱势。
- 企业满足客户的要求，使用客户的聊天软件，因为客户群体多，这也会让企业的服务人员使用多个软件平台。
- 客户通过第三方平台的消息反馈，比如在官网或 CRM 系统上开发一个聊天窗口，将消息传递到企业内部的聊天软件。

在满足客户诉求和兼顾效率的情况下，如果企业服务人员必须使用多个聊天软件，建议集成其他聊天消息 API，尽量让服务人员可以在同一聊天软件界面及时收到多个渠道反馈的问题和需求。

实际上，自从 GPT-3.5 版本发布以来，我们已经迈入全面 AI 时代。AI 的应用场景越来越广泛，如生成营销文案、宣传图片、AI 助理、AI 编写代码等。

在服务管理领域，知识库作为服务人员处理客户问题的重要资源，包含产品资料、案例和工单等信息。基于这个知识库的数据基础，服务人员可以自行查找并在即时消息平台上回复给客户。更进一步，可以尝试使用 AI 助理与客户直接对话。

目前，AI 助理通常使用 RAG（Retrieval-Augmented Generation，检索增强生成）技术，市场上许多开发平台已集成了多种大模型和 RAG 技术，因此本节不再详细讨论 RAG 方案。需要注意的是，由于工单信息通常存在访问权限限制，因此，当 AI 助理为客户提供服务时，输出的信息需严格遵循权限规定，仅提供客户可访问的工单信息。

AI 助理可以发布到 CRM 系统，也可以集成到官网、移动 App 等第三方入口，方便客户在多个渠道都能运用 AI 能力。

2. 工单管理

工单受理的流程并不复杂，但工单处理过程中仍需要考虑一些关键要素，进而逐步改进产品质量、提升客户体验和满意度，主要有如下几点：

- **工单分配**：当客户/内部服务人员提出问题时，系统可以根据优先级和类型自动分配给合适的服务人员。
- **工单跟踪**：在整个流程中，每个环节都需要通过邮件或即时消息自动同步给客户，以便他们了解问题的解决状态。
- **产品升级**：若问题属于产品缺陷或新需求，则自动转换为产品内部问题/需求。
- **案例总结**：当工单关闭时，需要对这类问题形成知识库，以便后续快速为客户提供服务。

3. 案例管理

当工单受理完毕，对于遇到的新问题，需要服务人员总结出解决方案，也就是案例。客户服务案例通常以结构化信息或者文字方式保存在 CRM 系统中，包括对客户问题的背景描述、采取的具体解决措施和最终结果的总结。在案例管理方面，主要有如下几点：

- **案例记录与分类**：记录的每个客户服务案例，都需要详细分类（按照产品型号、问题类型、影响程度等）和标记关键字，便于后续快速查询和分析。
- **知识库关联**：服务案例可以直接关联知识库条目，服务人员在处理问题时可以迅速查找相关解决方案；同时，案例也会成为知识库的一类数据，后续供客户自助检索。
- **智能推荐**：基于现有的案例库和知识库，系统可以为服务人员推荐最合适的解决方案，减少重复录入。这需要借助关键字匹配、大模型、RAG 的能力。

4. 服务运营

工单和案例都是对客户使用的，服务运营则是企业在内部管理需要而设计的。在服务运营管理方面，主要有如下几点：

- **SLA**：企业针对不同的事件制订不同的 SLA 标准，同时对每个事件的响应及解决事件进行统计分析。
- **工时管理**：针对每个工单所需的工时进行统计，或者单独提供工时填报界面，统计每个项目的投入与产出。
- **客户满意度**：可以定期在系统发起客户满意度调查，或者每个工单都能由客户评分，自动统计满意度得分。

⊃ 3.2.6 渠道管理

企业发展到一定规模时，逐渐会有合作伙伴参与到企业的商业过程中。合理地使用合作伙伴的资源，发展渠道销售，对企业的发展有很大帮助。在合作过程中，企业需要建立一套管理制度，来有效支撑渠道管理。必要的情况下，还需对合作伙伴赋能。

可以在 CRM 系统上建立合作伙伴门户，通过系统让合作伙伴参与到企业的整个商业过程：从线索录入、客户报备到后续订单管理与执行。要在 CRM 系统上支撑上述功能，需要关注的几个要素如下：

- 灵活的权限管理，让合作伙伴只能看到公开的产品资料、属于合作伙伴的专属信息、参与的客户与相关订单等。

- 如果 CRM 系统无法满足权限管理要求，建议搭建单独的 PRM（Partner Relationship Management，合作伙伴关系管理）系统，再与 CRM 系统集成。
- 合作伙伴赋能，可以通过 CRM 或 PRM 系统，提供产品培训视频、产品资料、在线课堂等。
- 除了统一的产品信息、资料和价格，也允许合作伙伴在 PRM 系统上提交报价流程。
- 在 PRM 系统上支持实现流程化的订单管理，由合作伙伴提交订单，销售团队审核通过后并执行。
- 渠道的库存也如订单管理一样，在 PRM 系统上实现渠道的库存实时管理，当然，这需要渠道的 ERP 系统与企业的 PRM 系统实时对接。

⭢ 3.2.7 系统集成

CRM 系统作为企业销售业务领域的办公平台，不可避免地需要使用其他领域的数据或共享数据给其他领域的应用系统。如果仅把 CRM 系统作为一个独立系统使用，这些交叉领域的数据交互就需要靠人工来完成，这样不仅效率低，还容易出现数据错误。所以，企业在搭建或引入 CRM 系统的时候，系统的集成能力是需要重点考察的能力之一。

针对一般企业的通用业务场景，本节中把常见的集成做一下汇总说明，图 3-14 所示为 CRM 系统与外部系统间的集成架构示例图。

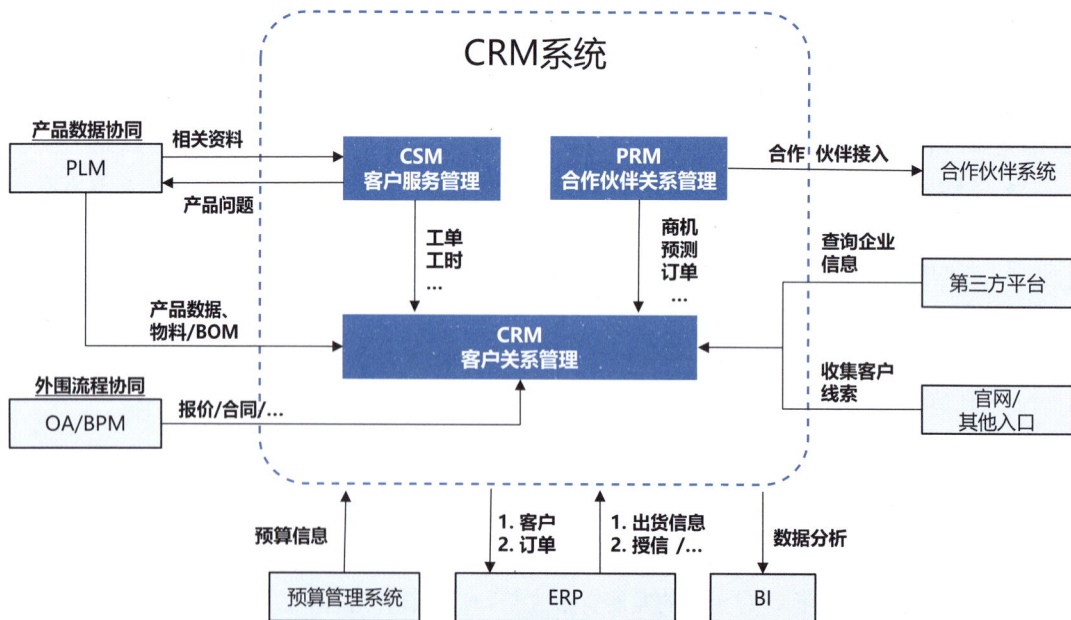

图 3-14　CRM 系统与外部系统间的集成架构示例图

CRM 系统是常见的客户关系管理系统，而 CSM 系统和 PRM 系统是前面提到的服务管理和合作伙伴管理系统，当它们作为单独的系统存在时，需要集成到 CRM 系统中。数据集成大致分为如下几类：

- **PLM**：将产品相关的资料传递到 CSM 系统中，同时 CSM 受理的客户问题若属于产品问题，则同步给 PLM 系统去跟进。
- **OA/BPM**：主要是流程协同，如报价流程、合同流程、营销活动申请流程等。
- **预算管理系统**：在销售项目周期内，涉及费用相关的流程（如营销活动流程）则需要进行预算校验。
- **ERP**：CRM 需要将客户主数据、销售订单同步给 ERP 系统，同时，客户授信情况、出货状态需要同步给 CRM 系统。
- **BI**：如 CRM 系统自带的数据分析受限，可以集成到企业内部的 BI 平台。
- **合作伙伴系统**：当合作伙伴的系统需要对接时，可集成 PRM 系统，提升双方的工作效率。
- **第三方平台**：查询核验客户相关信息，需要对接第三方平台。
- **官网/其他入口**：是指市场营销的渠道入口，获取客户信息和相关线索。

当然，每家企业的业务和 IT 建设各异，但无论哪个商业软件、包括多少系统功能、与哪些系统集成等，都是从支撑公司长远发展、满足业务诉求、解决业务问题为出发点，规划和建设相应的 IT 系统。

3.3　PLM

在开始讲 PLM 之前，我们简单介绍一下 IPD 管理体系。在研发型企业中，IPD 不是一个陌生的概念，国人了解这个概念大部分是通过华为的业务管理变革开始的。1998 年，华为邀请 IBM 启动 IPD 管理变革，并在过去的 20 多年取得巨大成功。管理体系包括流程、组织及 IT 系统 3 个部门。图 3-15 所示为 IPD 管理体系。IPD 管理体系包括 IPD 流程（在第 2 章中有介绍，图中虚线部分是调用了 DSTE 流程），以及配套的组织（团队、管理机制）和 IT 系统。

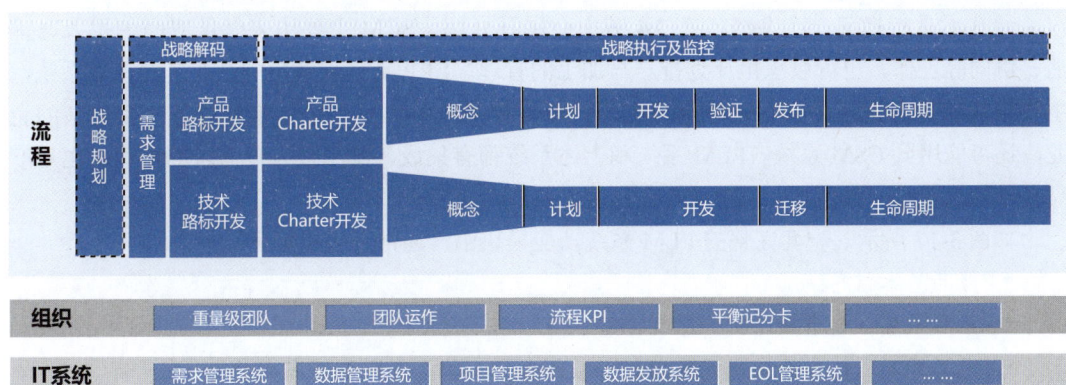

图 3-15　IPD 管理体系

IPD 和 PLM 是什么关系？在本章节中，PLM 不是特指一个系统，它可以是多个系统的集合，是可以承载 IPD 变革落地的载体。但并不是企业引入了一套 PLM 系统，就可以很好地执行 IPD 流程。相反，企业如果执行能力强，可以通过多个系统来配合完成 IPD 管理的落地，在华为内部是数十个甚至上百个系统一起来承载 IPD 落地的。

普遍认为，PLM 系统就是 PDM（Product Data Management，产品数据管理）系统。企业在产品研发过程中产生的各种图纸、软件、物料、技术文档等，统称为产品数据。在没有数据管理系统之前，这些产品数据散落在各研发人员计算机或服务器上，需要使用或交付给下游生产或客户的时候，难以快速获取准确资料，不能确保所有资料的配套关系。企业也无法通过持续的研发知识积累，提升研发水平和效率。PDM 系统的出现，帮助企业解决了研发数据管理的问题，并且随着研发管理模式和理念的进步，研发数据管理逐渐扩展到了产品研发的整个生命周期的范围，形成了今天大家所认知的 PLM 系统。

一个 PLM 系统或者一整套 PLM 系统集合，应该涵盖从产品概念、研发、制造、配置、维护、服务到退市的整个生命周期。图 3-16 所示为 PLM 与外部系统间的集成关系。

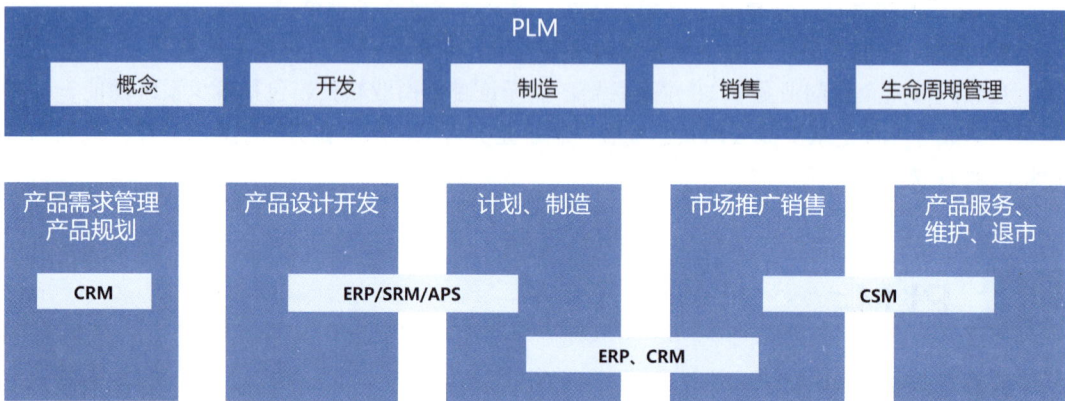

图 3-16　PLM 与外部系统间的集成关系图

其中 CRM 系统主要管理的是销售端的业务，在第 3.2 节中介绍过，主要包括销售机会、订单和销售工作的过程管理。除这些功能外，CRM 系统还可以承载客户需求的输入，并将其转化成产品研发的需求。SCM（Supply Chain Management，供应链管理）系统是供应链管理系统，通常不是特指某一个系统，在 3.4 节中会展开介绍。SCM 主要用来做供应商的引入、评估、协同等工作，也可以承担计划排产与加工的管理。ERP 是大家熟知的企业资源计划系统，主要管理的业务是订单执行、库存、出货、收付款等业务。对于售后服务业务比较复杂的企业，还可能用到 CSM 系统。PLM 系统和上述系统都有集成，既承接客户需求的输入，也是产品基础信息的唯一数据源，同时还是产品生产制造所需数据的输入。

如图 3-17 所示，一套完整的 PLM 系统功能模块中，通常会包括如下功能：

- 产品基本信息。
- 产品规划、技术规划。
- 产品开发、技术开发（开发工作一般是在专业的工具或线下完成的）。
- 产品数据管理。
- 变更管理。
- 生命周期管理。
- 项目管理。
- 质量管理。

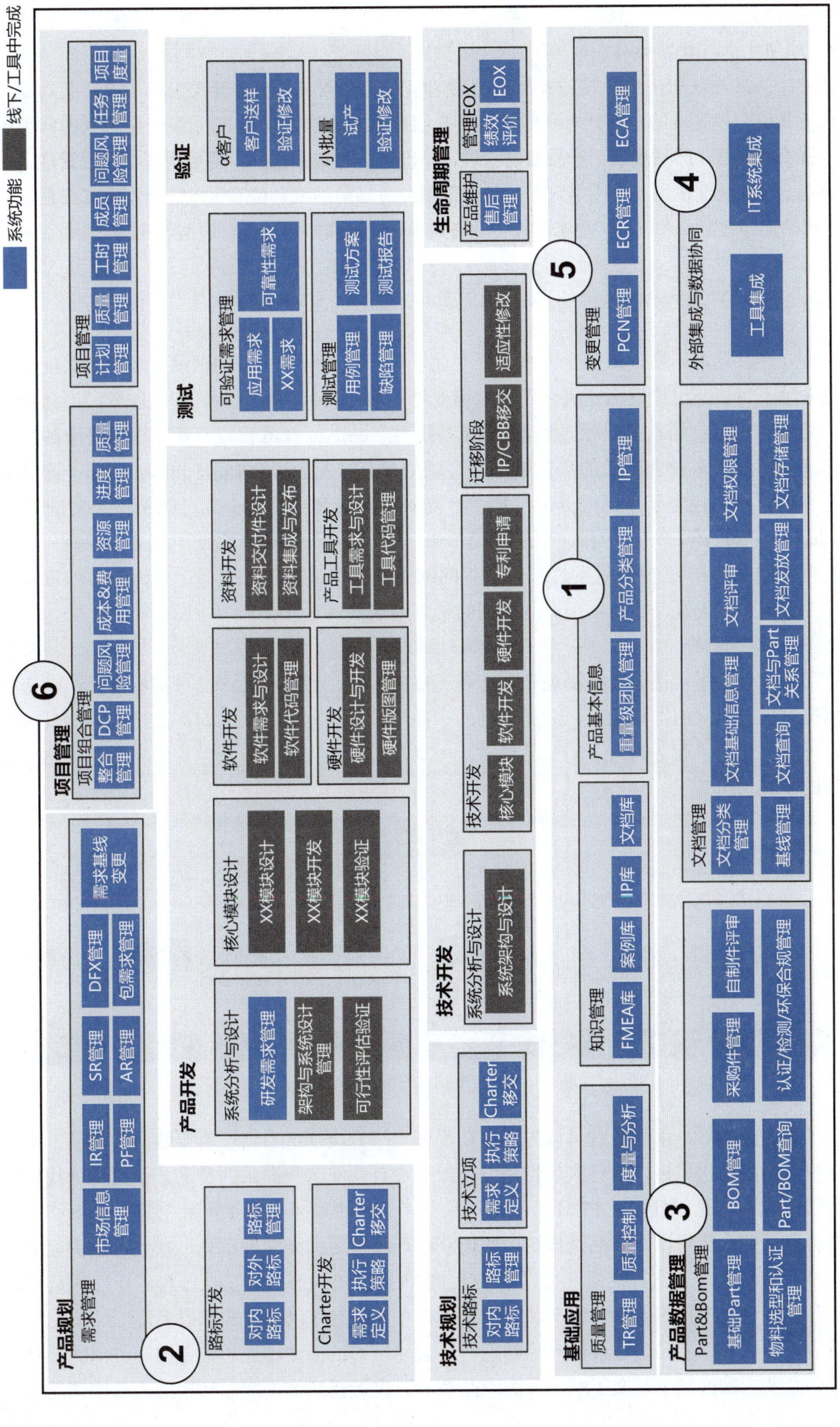

图 3-17 PLM 系统功能模块

- 知识管理。
- 外部集成与数据协同。

其中，产品开发和技术开发的大部分活动通常是在专业工具（如开发工具、设计工具、代码管理工具等）中完成的，因此，我们将重点介绍在研发管理活动与 IT 系统密切关联的六大模块：**产品基本信息、产品规划、产品数据管理、外部集成与数据协同、变更管理、项目管理**。这些模块并不需要全部在第一阶段引入，而是要根据业务当前的成熟度和需求迫切程度来评估，以求所选产品能够适配重点业务。至于非核心业务，可以通过实施定制或自研系统来满足。

⊃ 3.3.1　产品基本信息

当企业产品逐渐丰富，依靠个人来或某个团队进行线下维护企业的产品目录及相关配套信息会越来越不可取，出错概率变大，工作效率变低。如何规范产品规划、产品创建和产品数据使用，都将会是企业面临的问题。基于 PLM 系统对产品进行规范管理，就可以很好地解决这个问题。为了实现对企业产品的高效管理，可以搭建 PBI（Product Basic Information，产品基本信息）模块。它包含了产品的分类结构、产品对应的管理团队的分层分级及产品对应的 IP（Intellectual Property，知识产权）信息。简单讲，我们需要在 PLM 系统中建立 3 棵树——产品分类树、团队树和 IP 树，研发过程中产生的部件、图纸、文档、流程、代码库、项目等都将和这 3 棵树进行关联，从而实现产品数据的端到端追溯。

1. 产品分类管理

产品分类是为了解决企业产品庞杂、管理无序的现状，参考行业产品分类标准并结合企业实际情况，搭建起来的结构清晰，分类明确的产品结构树。为了让大家对产品结构树有具体的印象，可以类比电子商务网站上的商品导航，如京东就把在它们平台上销售的家电做了结构分类，如图 3-18 所示。

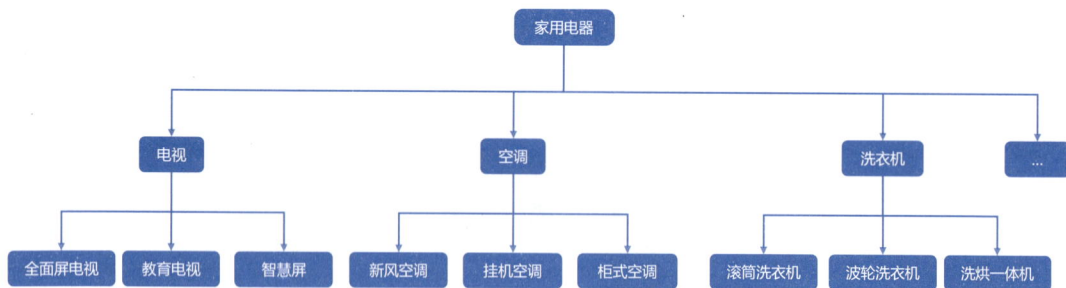

图 3-18　家电结构分类示例图

有了这些分类后，消费者就可以方便地在平台上按分类筛选出自己需要购买的商品。企业有了这样的产品结构树后，销售人员想知道公司有没有匹配客户需求的产品，不用到处找研发或其他团队收集信息，直接在 PLM 系统的产品分类管理中就可以查询产品信息，了解产品特性及资料。采购人员可以在产品结构树中快速获取产品引用的外购件信息，找到可选供应商信息。生产人员对生产工艺有疑问，可以直接上 PLM 系统找到产品的工艺资料。研发人员可以基于产品结构树快速找到之前类似产品的研发资料，重用组件以提升开发效率。

读者可能会说，要搭建这样的产品结构树，只要用 Office 文档或思维导图等类似的工具就可以了，企业内部的员工想要了解公司的产品情况，直接找到维护产品结构的人员申请阅读即可，没有必要在 PLM 系统中搭建这么一棵树。事实上，如果深入到实际业务的场景中就会发现，我们要的东西远不是一份文档能解决的。其中涉及产品数据权限的管理，如何根据团队的变化、产品密级的变化实现动态赋权，如何打通产品规划到立项、研发到量产、生产到销售的业务协同过程。要满足这些业务场景，需要一个灵活的系统角色来组织串联，而产品分类结构树就是这个角色。

如何为企业搭建一棵产品结构树？对于不同的行业会有不同的最佳实践，但有些通用的原则是可以供大家借鉴的。首先，产品分类一定要结合企业业务的实际情况。综合考虑企业各领域的认知、内部环境和外部影响等因素，不要照搬所谓的成功标杆企业，否则，就会出现"橘生淮南则为橘，生于淮北则为枳"的尴尬结果。在这个模块的建设过程中，重点需考虑如下两点：

- 企业有没有对各数据对应的责任人及其职责定义清楚，否则就会使得系统成为摆设，而数据仍然散落在每个员工的手里。
- 产品分类要具备可扩展性。随着企业发展而发生变化，在产品分类方案中不能限制分类品类和的层级，而是根据企业需要，通过灵活配置就可以直接使用。

常见的产品分为如下 4 层结构：产品线→产品族→产品系列→产品，如图 3-19 所示。

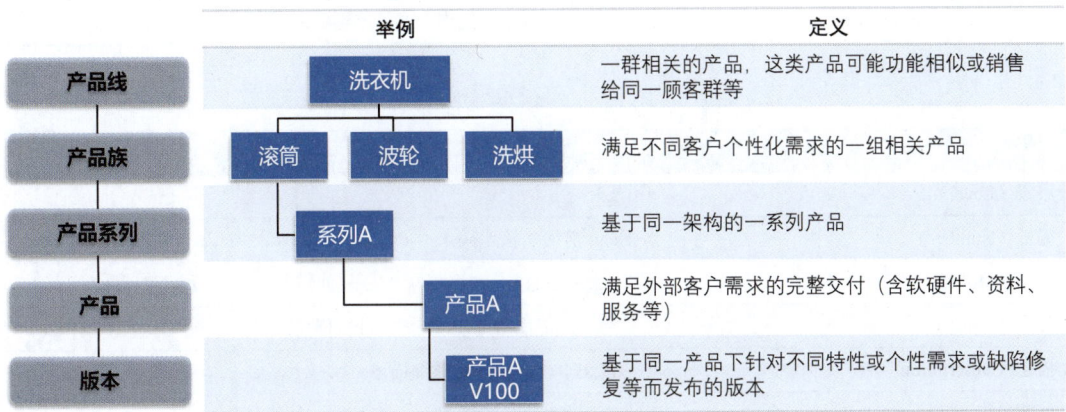

图 3-19　产品分类图

这个结构既要体现企业当下产品的基本情况，又要考虑发展后的可扩展能力。为了确保产品划分清晰，布局合理，企业应该综合市场和企业内部各领域情况，建立一套规范的管理流程数据标准，确定如何进行产品规划，并将流程电子化落地到 PLM 系统中，与产品结构管理关联，实现业务流程与产品数据的无缝衔接。其中，产品线、产品族和产品系列是对产品的不同层级的分类，本质上是一样的数据，在落地方案上可以采用同样的数据模型。产品是企业具体交付给终端客户端内容，向上衔接产品分类，向下关联 Part（零部件）、BOM（Bill of Material，物料清单）、图文档和变更等产品数据，需要有单独的数据模型。

表 3-6 所示为产品分类数据模型，这个模型是用来灵活定义公司产品分类树层级的。例如，企业可以根据自己的业务需要，设定"产品线→产品系列→产品"3 个层级。在设定好产品分类树的层级后，需要针对每个分类定义单独的数据模型，表 3-7 所示为产品数据模型。确定数据模型后，企业还需要考虑数据如何进入系统、什么时候进入系统、谁来产生这些数据等一系列问题。推荐的方案是，可以结合企业的实际运作情况，建立产品分类创建流程、产品分类维护流程、产品创建流程、产品维护流程、产品生命周期变更流程，通过流程来定义数据维

护的角色和审批流程。产品数据一旦在系统中生成，将作为企业产品数据的唯一源头，在后续的研发、制造、销售、服务等业务环境中被调用，确保产品基础语言全流程保持一致。

表 3-6　产品分类数据模型

字段信息	示例说明
层级（Level）	e.g. L2，可根据上级层级自动生成
编号（Number）	e.g. 一般可自定义前缀，如"自 F"代表产品族
名称（Name）	e.g. 产品族
上级（Parent）	e.g. 产品线
下级（Children）	e.g. 产品系列
创建人（Created By）	一般为创建流程的申请人
创建时间（Created Time）	创建时自动生成
更新人（Updated By）	一般为维护流程的申请人
更新时间（Updated Time）	更新时自动生成
关联流程（Relation Process）	e.g. 产品族创建流程、产品族维护流程

表 3-7　产品数据模型

字段信息	示例说明
层级（Level）	L4
编号（Number）	e.g. 前缀 + 流水码
型号（Model）	e.g. YX3118
名称（Name）	为了内部使用方便，给产品起的别名
描述（Description）	富文本，提供产品详细描述
外部名称（External Name）	在很多场景下会需要区分产品内、外部名称
来源（Source）	自研 / 外购 / 合作
创建人（Created By）	一般为创建流程的申请人
创建时间（Created Time）	创建时自动生成
更新人（Updated By）	一般为维护流程的申请人
更新时间（Updated Time）	更新时自动生成
生命周期（Lifecycle）	按企业的产品阶段定义，如 Planning-Developing-Production-GA
状态（Status）	e.g. 有效（Active）；停用（Inactive）；作废（Obsolete）
产品分类（Product Category）	e.g. 产品线 - 产品族 - 产品系列
所属团队（Org）	对应到产品的负责团队，在团队中按企业的具体分工定义角色
产品版本（Product Version）	当产品有新特性或重大变更时，是升级产品版本，还是生成新的产品。产品的迭代会对客户产生影响，所以，制订此类规则，既要考虑内部的管理机制，还需要考虑市场的接受情况
关联项目（Relation Project）	记录产品研发过程中的项目信息
关联流程（Relation Process）	产品创建、维护、变更等相关流程记录

2. 团队管理

在 IPD 的管理体系中，需要打通企业的行政组织架构，形成跨部门的矩阵式产品管理团队。每个团队都有明确的使命、角色和职责，它们通过灵活、有效的沟通，确保相关的所有部门都参与进来，相互协作，并在产品开发的各个阶段提供功能部门的贡献和输入，我们把这样的团队称为重量级团队。

重量级团队按照具体的分工，产生了很多具体的角色，企业可以参考 IPD 的标准来定义这些角色，规定每个角色的职责及管理方法。但我们更建议根据自身的实际情况来组建自己的重量级团队，在行业案例中出现最多的团队有 IPMT、SPDT 和 PDT（也可以根据自身企业规模只设定 IPMT 和 PDT），以下是普遍认可的团队职责的说明。

- IPMT（Integrated Product Management Team，集成产品管理团队）代表公司的决策层，是一个高层管理者组成的跨部门团队，代表公司制订产品发展规划、对产品开发项目进行投资决策、培育市场管理和产品开发流程，并挑选合适的人选来保证整个过程的有效落实。
- SPDT（Super Product Development Team，超级产品开发团队）是负责一个独立产业的经营团队，直接面向外部独立的细分市场，对本产业内的端到端经营损益和客户满意度负责。简单来说，SPDT 不再是一个跨部门的产品开发团队，而是一个独立运营的团队，专注于特定市场的产品开发和经营管理。
- PDT（Product Development Team，产品开发团队）是产品开发的具体实施团队，也是一个由各职能部门代表组成的跨部门团队，在项目开始时成立，产品上市或项目取消时解散。产品开发团队对客户需求进行汇总和分析，并通过分解反映在具体的设计当中。产品开发团队对产品的市场成功和财务成功负责。

各重量级团队中会定义具体的角色，如在 PDT 团队中，需要负责产品开发的开发代表、负责生产评估的制造代表、负责成本控制的财经代表、硬件工程师、软件工程师等。企业需要定义这些团队、角色及成员的维护规则，并形成标准化的流程，确保重量级团队能够及时并准确地进入系统中，参与各项业务活动。例如，在产品分类数据管理规则中，企业可以确定哪个层级的产品分类需要哪个层级的重量级团队审核，在产品结构分类相关流程中固化各团队角色的职责，通过业务流程驱动各角色参与到产品分类结构管理的工作中。表 3-8 所示为重量级团队维护规则。

表 3-8　重量级团队维护规则

类型	维护规则
创建重量级团队	IPMT 决议需要新建一个重量级团队时，形成纪要，会后由 IPMT 执行秘书或 SPDT 执行秘书，根据 IPMT 决议纪要，创建新建重量级团队电子流
维护重量级团队	① 当某团队信息（名称、上级团队等）需要修改维护或停用时，可上报 IPMT 议题，通过决议后形成纪要； ② 由 IPMT 执行秘书或 SPDT 执行秘书，根据 IPMT 决议纪要，创建维护重量级团队电子流
维护团队角色	只有团队 IPMT 执行秘书或 SPDT 执行秘书有权利根据相关会议纪要维护团队成员信息，无须电子流，保存时需抄送该团队负责人

通常，为了产品数据的完整性及更有效的权限管理，需要在 PLM 系统中设计一个"团队

管理"模块，将产品对应的重量级团队以灵活的方式展示出来。建议通过树形结构展示，并提供搜索能力，让用户能够快速索引到某个重量级团队，通过该团队可以关联到具体产品，并获取产品关联的数据资料。另外，产品数据是企业的核心资产，在系统方案层面需要充分考虑数据安全的管控。例如，产品分类树可以全员开放，所有人都可以查询到产品，但只有在这个产品团队中的成员才能查阅该产品关联的 Part、BOM 和图文档资料，其他人如果需要查阅，需在系统上申请。另一种更为灵活的方法是，根据产品的生命周期进行相关数据的开放范围的控制，例如：

- 产品生命周期为计划阶段，完全不开放。
- 产品进入开发阶段，对 PDT 成员开放。
- 产品量产后，对销售和市场人员开放。

最终采用哪种控制方式，取决于系统的灵活性和企业的安全要求。

3. IP 管理

IP 是 Intellectual Property 的缩写，即知识产权，在大型科技公司的研发管理中扮演着非常关键的角色，这也通常是产品竞争力的关键因素。对于产品开发来说，IP 即结构化组件，既可以来自企业内部，也可以从外部购买。同时，企业可以通过不同的 IP 进行组合，形成企业内部的 CBB（Common Building Block，公用基础模块）或技术平台，从而大幅提高产品的交付效率。

对于 PLM 系统来说，管理 IP 信息和管理产品信息类似，IP 可以分级分类，也可以与产品进行关联。通过产品，不仅可以看到产品自有的物料、BOM 和图文档，还可以看到关联的团队、研发项目及使用的 IP 等信息。图 3-20 所示为产品与团队、项目、IP 的关系示意图。

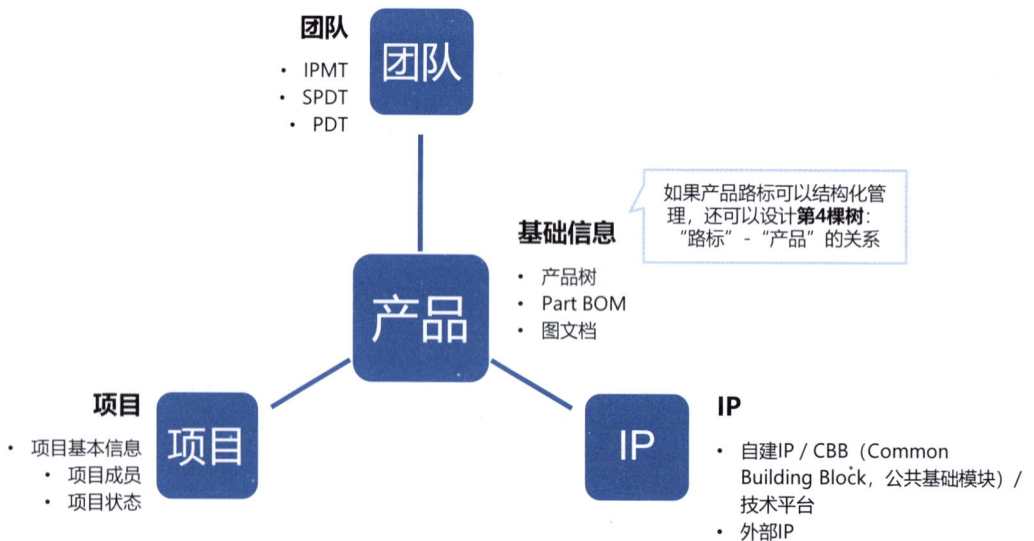

图 3-20 产品与团队、项目、IP 的关系示意图

⮑ 3.3.2 产品规划

市面上专门做产品规划的商业软件并不多，毕竟产品规划的工作大部分都是在市场团队

对市场需求分析的基础上，加上多次调研、分析、讨论的基础上形成的，呈现的方式大多都是 PPT 材料。如果要承载产品规划的活动，就需要将产品规划步骤进行分解：

第一步是产品需求管理，系统需要承载从市场或者销售团队传递过来的客户需求。第二步是基于产品需求，进行产品路标开发，最终形成产品路标材料。

1. 产品需求管理

大部分软件产品的开发，都可以通过敏捷开发的 Backlog 来管理需求，但对于制造业的产品来说，需求管理往往要复杂得多，一方面是客户需求的复杂度，另一方面是需求实现需要多个团队协同。

所以，对大型产品来说，提供给 PDT 团队一个更完整、更高效的平台是非常有必要的。需求结构化管理正是如此，下面以一个通用的需求分层模型来举例，如图 3-21 所示。

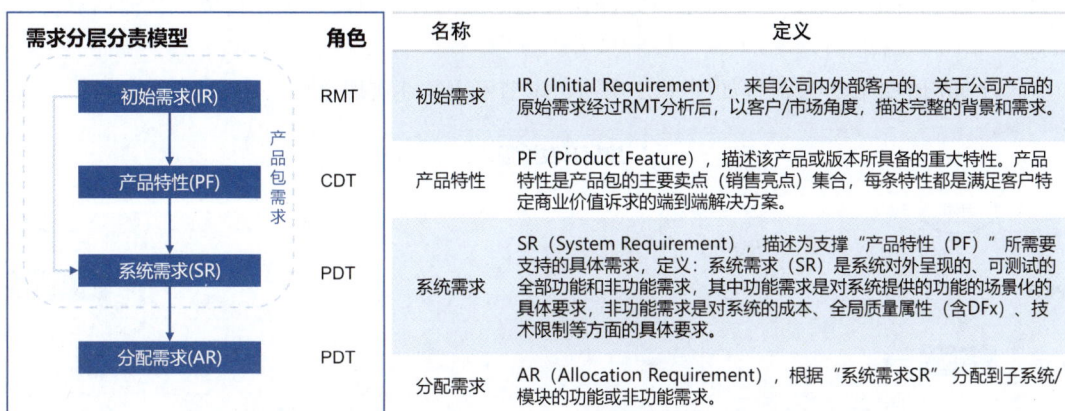

名称	定义
初始需求	IR（Initial Requirement），来自公司内外部客户的、关于公司产品的原始需求经过RMT分析后，以客户/市场角度，描述完整的背景和需求。
产品特性	PF（Product Feature），描述该产品或版本所具备的重大特性。产品特性是产品包的主要卖点（销售亮点）集合，每条特性都是满足客户特定商业价值诉求的端到端解决方案。
系统需求	SR（System Requirement），描述为支撑"产品特性（PF）"所需要支持的具体需求，定义：系统需求（SR）是系统对外呈现的、可测试的全部功能和非功能需求，其中功能需求是对系统提供的功能的场景化的具体要求，非功能需求是对系统的成本、全局质量属性（含DFx）、技术限制等方面的具体要求。
分配需求	AR（Allocation Requirement），根据"系统需求SR"分配到子系统/模块的功能或非功能需求。

需求分层分责模型 / 角色：初始需求(IR) RMT、产品特性(PF) CDT、系统需求(SR) PDT、分配需求(AR) PDT（产品包需求）

图 3-21　需求分层模型图

图 3-21 是将 IR（Initial Requirement，初始需求）逐步分解到 AR（Allocation Requirement，分配需求）的过程，在需求管理系统中，通常是通过自建系统或者基于 PLM 系统来实施。一个通用需求模型如表 3-9 所示。

表 3-9　通用需求模型

字段信息	示例说明
编号（Number）	e.g. 一般可自定义，可用流水码
类型（Category）	e.g. 从 IR/PF/SR/AR 选择，如 SR
名称（Name）	e.g. ××× 模块 ××× 需求
上级（Parent）	e.g. 从 IR 中选择某一条，如 ××× 客户的 ××× 诉求
下级（Children）	e.g. 分解出 AR，如修改 ××× 参数
创建人（Created By）	一般为创建流程的申请人
创建时间（Created Time）	创建时自动生成
更新人（Updated By）	一般为维护流程的申请人
更新时间（Updated Time）	更新时自动生成
关联对象（Relation Object）	e.g. 从 PF 中选择某一条

IR、SR 和 AR 属于需求上下级关系；PF 与 IR、SR 属于关联关系，可以通过关联对象来表达。具体的实现细节在此不详细介绍，各企业可以根据自己的管理方式来实施。

2. 产品路标管理

企业要保持良好的市场竞争力，需要不断优化现有产品，规划更具竞争力的新产品。基于已经搭建好的产品架构，产品管理团队的一个重要职责就是进行产品路标规划。完整的产品路标是研发团队开展工作的方向指引，也是企业未来营收的基础输入。

在 PLM 系统的产品管理模块中，要能够区分现有产品和规划中的产品。通常情况下，规划中的产品往往是企业的机密信息，过早暴露产品路标可能会让企业失去市场先机。所以，PLM 系统要研发控制产品路标的数据权限，只有被赋予权限的产品团队才能查看、使用这些机密信息。对于有权限的产品管理团队，系统要提供完整的产品优化、衍生过程视图，通过与现有产品和 IP 的关联，便于产品管理团队评估产品的技术风险、成本构成，从而估算营收目标。

一个通用的路标开发流程如图 3-22 所示，本节不再赘述实现过程。

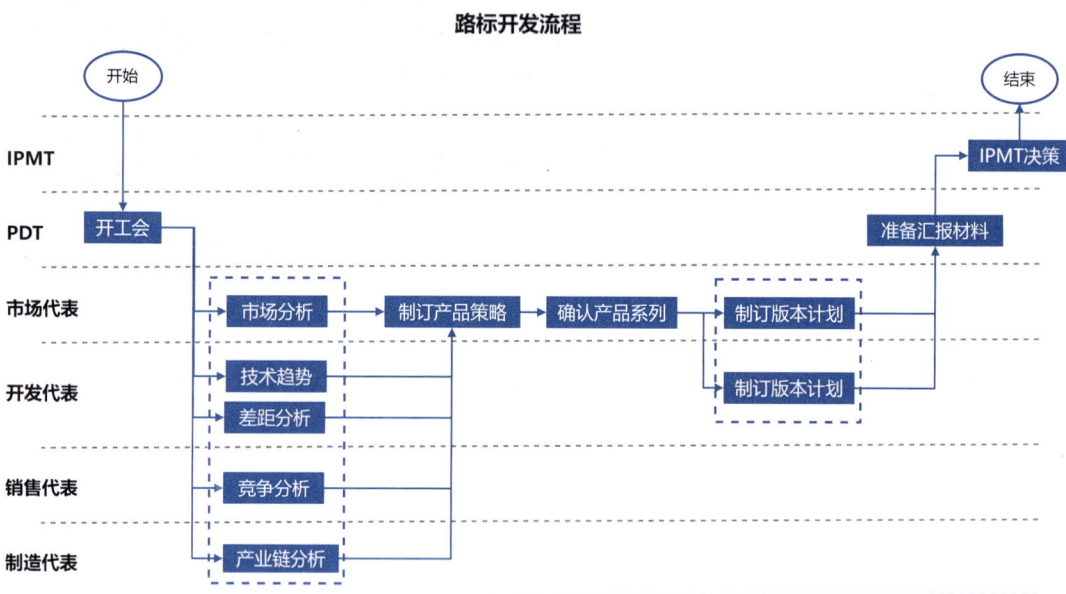

图 3-22　路标开发流程

⊃ 3.3.3　产品数据管理

Part（中文为零部件）是企业产品的核心组成，是构成 BOM 的基础单元。无论企业产品复杂还是简单，都是由一个个小组件构成的，所以，Part 是研发端的重点交付物。当前市场分工逐渐细化，很少企业会自主研发所有零部件，部分非核心的零部件是从其他供应商处外购的，所以根据来源，会将企业的 Part 分为自制件和采购件。自制件通过企业研发项目产生，最终交付给生产端制造出来。采购件通常通过器件选型流程导入，结合企业核心自制件组装成成品交付给市场。这些流程我们稍后再详细展开。

Part 作为一个核心业务对象，需要承载研发、制造、销售等领域的信息，这些基础信息将在 PLM、ERP 及 CRM 系统中产生和使用。有些企业会把 PLM 系统中管理的业务对象泛称为 Item，所以，当我们看到 Item 时，需要根据具体场景判断它是 Part、文档或其他对象。Part 可以是企业经营活动相关的成品、半成品、在制品、原材料、软件、服务等，包括编码、型号、描述、计量单位、项目模板、状态等属性。图 3-23 所示为手机的 Part 组成的 BOM 示例，其中每个 Part 还可以向下分解为更小的 Part。

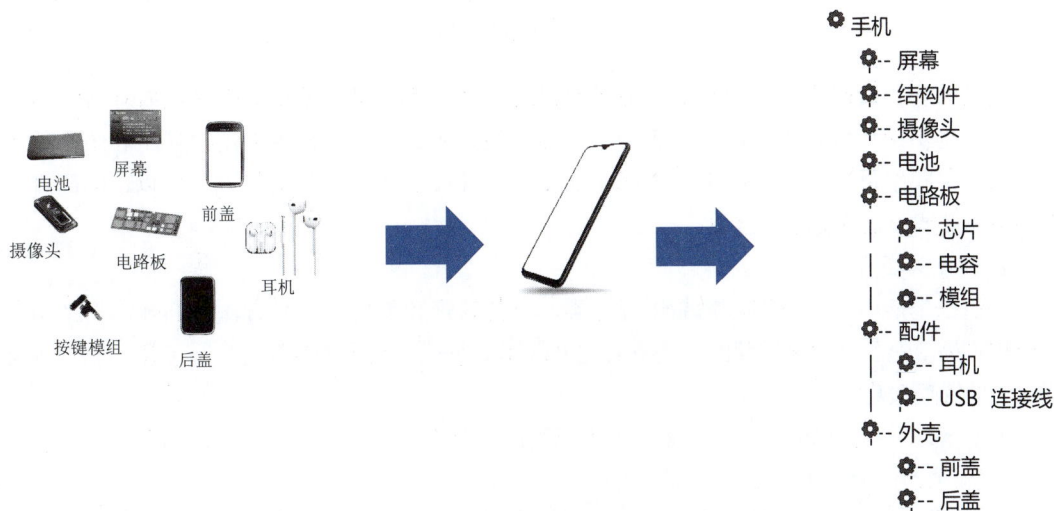

图 3-23　手机 BOM 示例

产品在研发阶段需要遵循该领域的相关标准及规范，产品研发过程中输出的产品需求、产品设计方案、交付的用户手册等资料，通常以 Office 文档、PDF、图片等格式承载，称为产品文档。在产品设计过程中，研发工程师需要借助 MCAD（Mechanical Computer-Aided Design，机械计算机辅助设计）或 ECAD（Electronic Computer-Aided Design，电子计算机辅助设计）工具（统称为 CAX 工具）来实现产品的结构设计、工艺仿真、制造仿真等工作，这些设计软件产生的图纸也是产品的重要组成部分，虽然它不直接交付给用户，却是产品设计、制造过程必不可少的指导资料。这里要讲的图文档管理就包含以上图纸和文档。

在大多数情况下，企业实施 PLM 系统的一个原始诉求就是把企业所有的图文档管理起来。其实早期的 PDM 或 PLM 系统的主要功能就是管理图文档，现在已经发展为以 Part 为核心进行产品数据管理，从业务角度强化了 Part 管理及 BOM 管理，因此，图文档仅作为零件关联对象之一。

下面对 Part、BOM、图文档 3 个模块及其相互关系展开介绍。

1. Part 编码

Part 编码是 Part 在系统和业务上的唯一标识，通常又被称为物料编码。通过 Part 编码可以在系统中快速索引 Part 的分类、版本、功能及关联流程、库存等相关信息。为了方便使用，Part 编码需要制订编码规则，通过系统规范来约束每个编码产生，让用户可以通过 Part 编码快速识别重点信息及关联关系。Part 编码在企业中应用广泛，且可能长期使用，所以，要充分考虑编码的扩展能力，避免企业业务扩展和规模的编码导致需要修订编码规则的情况出现。因为一旦需要修改编码规则，对历史数据、库存、在制品都需要同步调整，还可能对客户造成影响，任务艰巨且风险较大。

常见的编码规则是带有企业自己的业务含义的，可以由多位字母和数字构成，可以用分类编码＋流水码的方式生成，如图 3-24 所示。

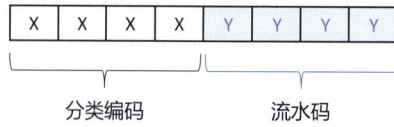

图 3-24　编码规则

这里的分类编码需要根据企业的业务来进行具体分类。虽然希望 Part 编码有业务含义，但编码中也不应该包含太多信息，否则，可能出现编码过长，反而影响用户使用和未来的扩展。当数字和字母混用的情况下，会存在 0 和 o、1 和 l 等不易辨认的情况，所以，编码规则中要考虑过滤掉这些数字和字母。

2. Part 分类

人们在生活中总是习惯对物品进行分类，方便管理和使用，这套方法对 Part 同样适用。企业按照员工熟悉或业界推荐的分类方式把 Part 做好分类，会方便快速检索、复用和制订各类别对应的管理策略。

Part 分类的方法有很多，可以参考如下原则进行分类：

- 按使用目的分类。
- 按产品和物料相似的生产过程分类。
- 按原材料分类。
- 按来源、制造工艺、用途分类。

企业可以按需采用多种分类方案，将最重要的分类方案体现在 Part 编码中，其他的分类体现在 Part 的属性上。图 3-25 所示为某企业的 Part 分类。

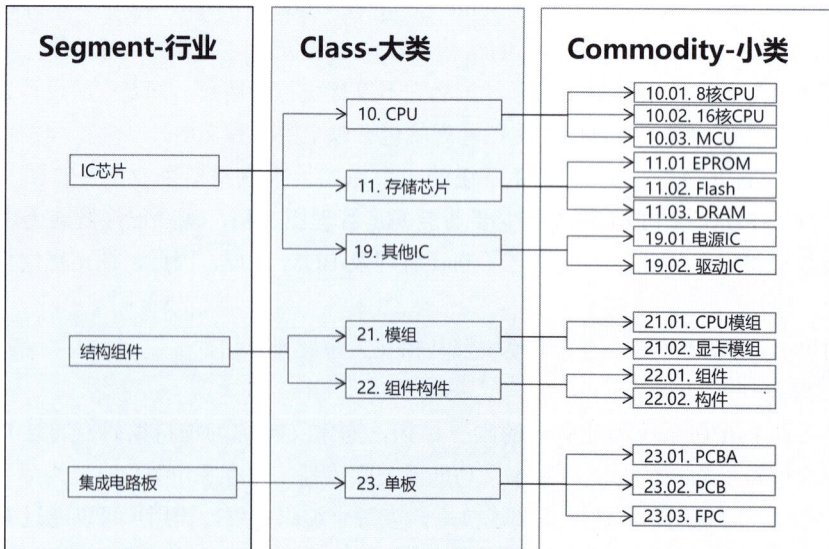

图 3-25　Part 分类示例

Part 的每个分类都有其独特的一套属性集合，我们称之为分类属性。PLM 系统通常提供了强大的分类属性管理能力，允许企业按照分类灵活定义各类 Part 分类的属性模板，当用户在申请 Part 时选择对应的分类，系统就能自动带出需要填写的分类属性集合。通过系统自动化的能力，可以将重要的分类属性自动合成 Part 的描述信息或名称，确保数据的规范性。图 3-26 所示为 Part 分类的属性示例。

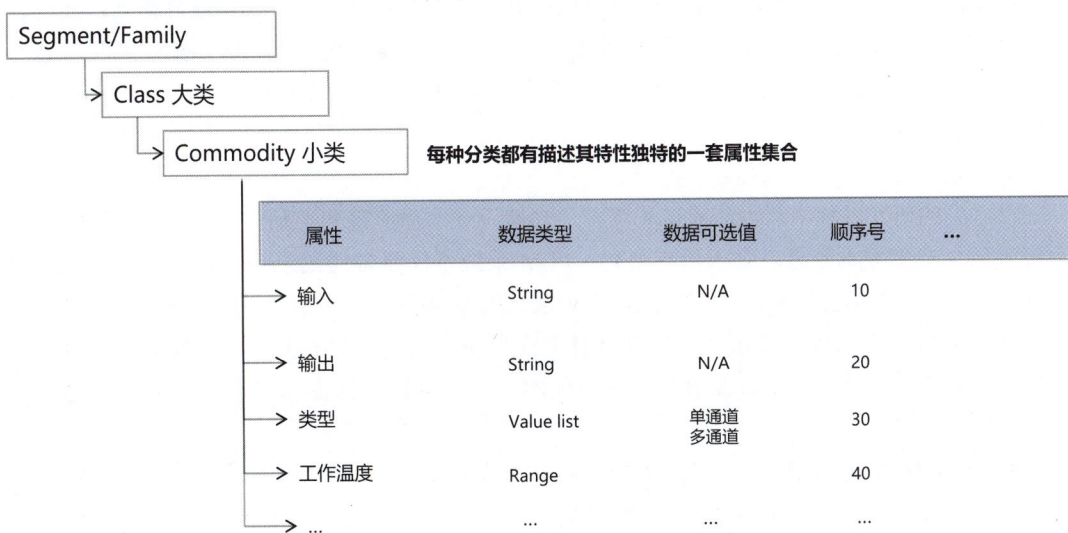

图 3-26　Part 分类的属性示例

3. Part 生命周期

与人类一样，Part 也会经历从产生到消亡的完整生命周期。可以用一系列状态的串联来记录它的生命周期过程。图 3-27 所示为 Part 生命周期示例，其中每个节点是生命周期的一个阶段，每个阶段有一个状态，随着产品逐渐成熟，并结合各种流程触发条件，Part 会从一个阶段过渡到另一个阶段，完成生命周期状态的转变。表 3-10 所示为 Part 状态的含义及触发条件。

图 3-27　Part 生命周期示例

表 3-10　Par 状态的含义及触发条件

状态	业务含义	何时更改	触发条件
开发	在开发过程中	创建时的默认状态	NA
试产	在试产状态下	在小批量试产时更改	EDCP 流程评审完成
量产	在量产状态下	正式量产时更改	ADCP 流程评审完成
停止销售	在停止销售状态下	EOL 评审决议	EOL 流程评审完成
停止生产	在停止生产状态	EOL 评审决议	EOL 流程评审完成
停止服务	在停止服务状态下	EOL 评审决议	EOL 流程评审完成
不可使用	暂停开发，不能使用	EOL 评审决议	EOL 流程评审完成

不同类别的 Part 的生命周期会有差别，例如，采购 Part 对于企业来说就不存在"开发"阶段，而应该为这类 Part 增加一个"选型"阶段。如果企业需要做精细化的生命周期管理，可以针对不同类别的 Part 来设置各自的生命周期。

Part 有了生命周期管理后，企业就可以根据 Part 的生命周期状态，在供应链计划、采购、制造及销售等业务过程进行控制。例如，处于"选型"的 Part 不允许进行大批量采购，处于"开发"状态的 Part 不允许用于量产工单，产品结构中有处于"停止销售"状态的 Part 则不允许下达销售订单等。

4. Part 版本

在产品的研发过程中，为应对市场需求、功能设计、供应链和产品策略等各方面的因素，不可避免会产生版本变更。对于所有变化，PLM 系统不仅要自动记录，而且要能够方便追溯变更过程及变更前后的差异。为了满足以上诉求，PLM 系统引入了版本管理的概念。

常见的版本采用"字母版本＋数字版本"的格式来记录 PLM 业务对象版本。其中"字母版本"称为大版本，"数字版本"称为小版本。企业可以根据需要，定义大小版本的变化规则。

- **数字版本（小版本）变更机制**：Part 创建后获得第一个版本（A.1）。在 A 版本未发布前，也就是 A 版本还未达到量产状态时，修改一次仅升一个小版本，如 A.1 → A.2 → A.3。
- **字母版本（大版本）变更机制**：A 版本经过流程发布之后，也就是 A 版本处于量产或量产后的状态，发生变更引起 Part 变化，大版本由 A 升级为 B，即 A → B → C。

通常，小版本的变化称为版本升级，大版本的变化称为版本修订。小版本的变化一般不会对产品产生实际的影响，大版本的变化意味着产品功能特性有显著的差异。如果不加区别地记录所有版本变化，如在 Part 发布后，为了降低成本而采取规模较大的重新设计是升级大版本，而只是修改一些描述信息也当作升级大版本，就无法显著体现变更大小的差异了。所以，企业应该结合 PLM 系统版本变化的能力，定义符合自己的版本变化的业务含义，从而达到企业管控要求。

例如，处于"开发"阶段的任何变化都使用小版本来承载，一旦进入"量产"状态，再做改动就进行修订，用大版本来跟踪。如图 3-28 所示，"开发"阶段从 A.1 开始，根据研发过程变化情况，可能会升级到 A.n，而一旦发布生产，A.n 的状态就变成"量产"状态，不再基于 A.n 作修改了。同时系统基于 A.n 修订生成新的大版本 B.1，后续所有变化都在 B 版本上进行跟踪。这样，A 版本可以用来正常进行生产销售，B 版本可以继续进行研发。A、B 版本拥有独立的生命周期状态，互不影响。

企业在产品已经量产后进行 Part 变更需要非常慎重，因为已经量产的 Part 有些已经产线上，有些已经变成了半成品或成品存放在仓库中，有些已经销售给了客户。如何处理不同状态下的 Part，需要企业拉通各业务领域给出变更影响评估和对应的变更措施，来降低企业经营风险。

5. Part 替代

企业为了降低采购成本，减少对单个供应商的依赖，通常会从多家供应商采购同类型的零部件，这些零部件可以在全部产品或部分产品中与 BOM 中的 Part 互换使用。我们把这种可互换使用的关系称为替代。有些企业也存在自制件的替代关系，例如，同一个自制件 Part 在多家工厂生产，由于不同工厂的生产工艺存在微小差异，企业为了安全起见，会创建不同的 Part 来跟进生产过程，这些 Part 之间就存在替代关系。这种替代关系很难靠人管理，因此，需要通过 PLM 系统来记录和管理。

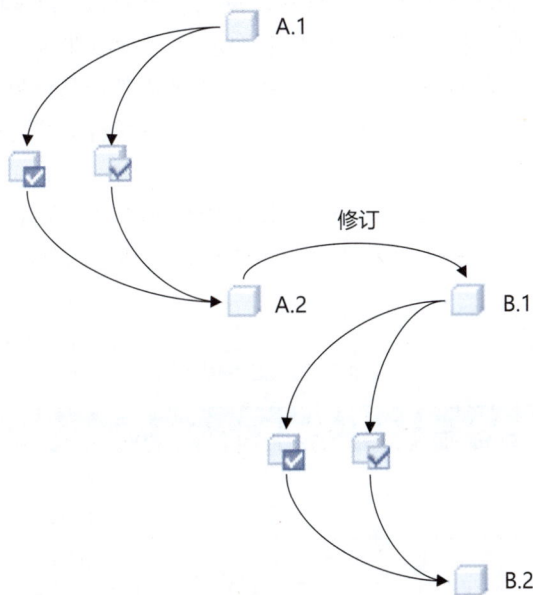

图 3-28　Part 版本升级示例

不同供应商生产的同一类零部件，在性能上一般会存在微小差异。要判断这些零部件是否可以替代，需要专业的工程师验证。这个过程可以在企业的器件选型流程中完成。如果差异很小，对企业产品的影响可以忽略不计，那么这些零部件称为全局替代；而有些零部件只能企业产品性能存在可接受的情况下替换使用，称为特定替代。有些人把零部件可以在多少产品中被使用来区分全局替代还是特定替代，这个理解是有误的。零部件能够被企业多个产品使用还是只能在单个产品上使用，只能体现零部件的通用性，决定了它是通用件还是专用件，与替代没关系。

在系统功能上，要能够定义通用替代和特定替代两种关系，允许研发工程师去维护 Part 之间的替代关系，记录替代的具体要求。这些信息下发到 ERP 端后，将对计划排产提供非常大的帮助。当生产端在 ERP 中安排生产计划或下达生产订单发现 Part 库存不足时，能够快速追溯是否有可用的全局替代件可用、是否有特定替代件库存、特定替代件在当前情况下是否能够替代使用。综上所述，有效地引入和管理替代件，有利于企业控制采购成本和控制生产。

6. 图文档分类管理

研发企业的图文档纷繁庞杂，通过 PLM 系统，将庞杂分散的图文档集中保存在文件服务器中，用户根据 PLM 系统权限管理器所赋予的权限通过 PLM 系统界面访问，保证图文档在整个企业范围内安全共享，并且不受地域限制。具体优点体现如下：

- 多领域专业设计人员依托于同一个 PLM 平台，能够彼此了解和利用整个项目团队最新设计结果，并行设计，避免出现设计冲突和重复设计。
- 研发、生产、采购、计划等所有与项目有关的成员，能够实时了解到最新的设计意图和原材料选型，提出各自领域的意见。

- 可以将部分数据授权给客户、供应商和合作伙伴，远程登录查看所需要的最新的图文档，参与到整个设计研发过程中。

如果只是笼统地把企业所有图文档都归档到 PLM 系统中，非常不利于查找使用，容易沦为食之无味弃之可惜的企业资产鸡肋。PLM 系统提供分类和属性定义能力，根据企业实际需要分大、小类，且为每类图文档定义详细的属性，便于保存和按照不同条件搜索。产品数据管理部门可以为企业制订《产品资料分类规则》，统一企业内部产品资料分类。为了确保规则被规范执行，可以把具体的规则落地到 PLM 系统中，通过系统自动校验检入到系统中的图文档是否符合分类规则。

为了直观识别文档分类，可以建立分类和图文档编码的对应关系，即每个图文档的编码由分类编码和固定位数的流水码组成。因此，用户通过文档编码就能分辨出图文档的类型，如表 3-11 所示。

表 3-11　图文档编码示例

大类编码	大类名称	小类编码	小类名称	流水码
01	文档	01	需求类资料	
		02	方案类资料	
02	图档	01	结构类图纸	
		02	装配类图纸	
		...	...	...

PLM 系统不仅管理图文档本身，与 Part 管理类似，PLM 系统还记录零件与图文档、图文档与零件之间的关系，因此，很容易追溯某个零件对应的模型、图样或者原理图、电路图，以及设计规范等图文档，同样也很容易反向追溯某个模型或者图样所对应的零件。以此类推，系统将自动记录图文档与项目、产品等相关事物之间的关系。

同时，PLM 系统会自动记录图文档版本（如 A.1、A.2 等）、生命周期状态（如正在工作、正在审阅或发布等），伴随预先定义好的业务流程（如新产品设计开发流程或产品图样审批流程）进行自动、有序地变化，并保存以往所有历史版本和记录。即使同一个人，对不同版本、状态和阶段的图文档的权限也有所不同，如设计师对设计阶段图样有权修改，但是对量产阶段的图样则无权修改，必须修改时要另外启动设计变更流程。

存放在系统中的图文档具有唯一性和有效性，并且兼具易获得性、可追溯性和可比较性，为图文档重用创造了关键性的必要条件。图文档重用本质上是设计重用和知识重用，通过重用可显著加快市场响应速度，提高产品质量和可靠性，帮助企业以批量生产的效率和成本满足大量个性化需求，从而实现将技术优势转化为产品优势，提高市场竞争力的目的。

7. 图文档与 Part 关系

如前文所述，当前 PLM 中的产品数据管理，更多的是倾向以 Part 为核心。但除了 Part 外，完整的产品数据还包含图纸、设计文档、软件、工具、手册、规范、协议等。除标准的图文档外，还可以把其他需要管理的产品文档或工具作为另外一类 Part 来管理，并作为产品 BOM 的一部分，以便在查询产品 BOM 时，可以快速查看完整的产品数据视图。当然，也可以简化管理，文档不作为 Part 管理，也不属于 BOM 直接结构的一部分，而是通过与 Part 建立对应的关联关系，如"参考"关系和"描述"关系。

"参考"关系： 一旦与 Part 建立关系，始终关联 Part 最新版本，直到这种关系被移除。

"描述"关系： 一旦与 Part 建立关系，始终关联对方的当前版本，关系不随着版本升级而变动，直到这种关系被移除。

8. BOM 管理

传统意义上的 BOM 是指有父零件及子零件所组成的关系树，它是将产品信息化的最重要的基础数据。BOM 的结构不是只有产品研发团队才关注，生产部门、销售部门、财务部门都需要它作为基础输入。BOM 在业务场景中应用广泛，实际应用中的 BOM 已经包含了标准 Part 之外的很多配套资料，如软件、测试工具、用户手册、包装资料等。理想情况下，企业可以通过一个产品 BOM，实现对产品资料的完整配套关系管理。为了方便各领域使用，适配各领域的应用场景，产品 BOM 需要进行相应转换，从设计 BOM 转换为生产 BOM，再转换为销售 BOM 等。

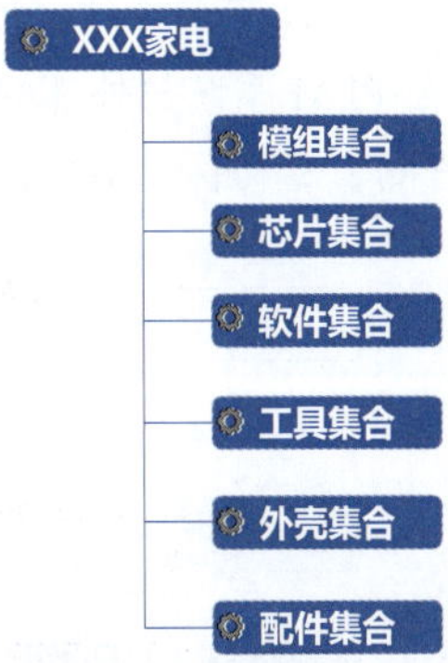

根据产品不同，BOM 结构的复杂度差异很大。我们很难想象一架飞机的 BOM 有多庞大，但只要做好合理的划分，就可以化整为零，进行分散设计然后整合。所以，如何拆分即如何设计 BOM 结构，需要结合多方面的因素考量。以图 3-29 所示的某家用电器产品举例，产品工程师从交付结构上可以把 BOM 结构概括为各领域的集合。

如图 3-30 所示，将"模组集合"继续细化，然后逐层细化到各领域的内部结构，直到整个产品 BOM 结构设计完成。

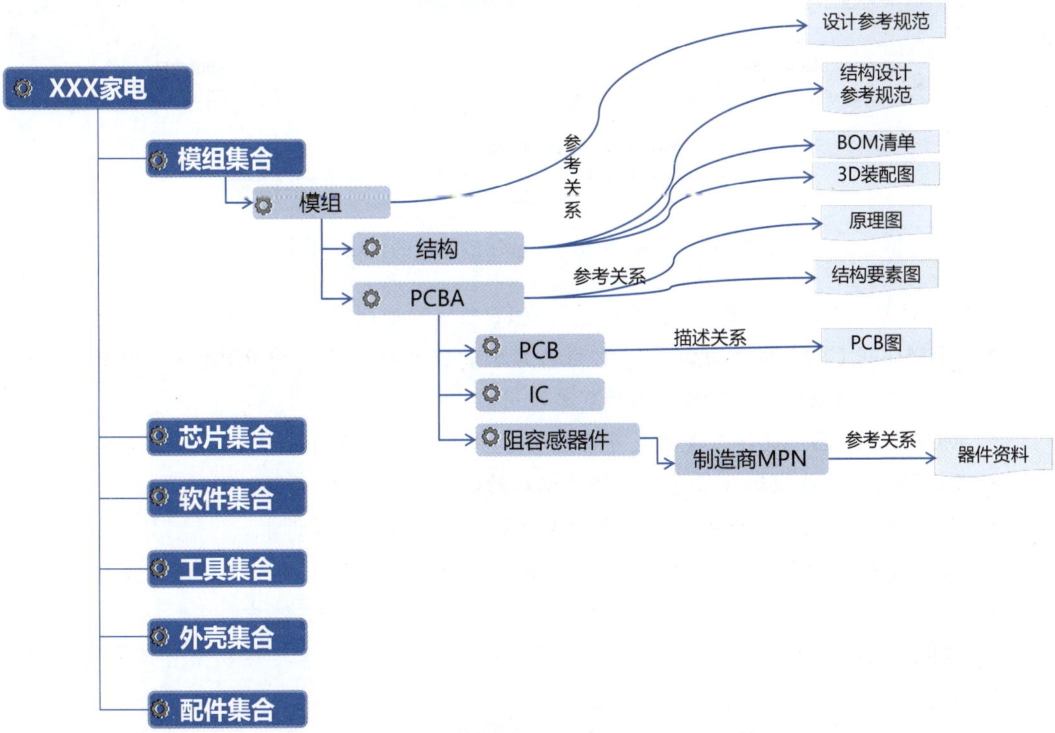

图 3-29　某家用电器产品的 BOM 结构

图 3-30　某家用电器的 BOM 细化图

在实际工作中，BOM 的实现过程是自下而上的。还以上面的家用电器产品为例，硬件工程师先整体设计后，再针对模组展开，整合结构、PCBA 等多个子 BOM，进而形成一个完整模组。然后与芯片集合、软件集合、工具集合整合为完整产品。其中，每个 Part 的设计调整都可能影响整个产品的方案和进度，所以，BOM 的发布及变更是一个复杂的过程，需要考虑它对整个结构的影响。

⊃ 3.3.4 外部集成与数据协同

一个完整的 PLM 系统，支撑着从市场需求到产品量产发布的整个运作流程，图 3-31 所示为 PLM 系统与外部领域系统的集成示例图。通常情况，在 PLM 系统内部，除了传统的 PDM 系统，还有需求管理、项目管理和相关专业领域系统（如工程管理系统，负责产品试制验证等）。PLM 系统与外部的集成关系和数据协同，除了常见的 ERP、CRM、OA 等系统集成，还有官网、专利管理系统、资料外发平台、专业设计工具等。

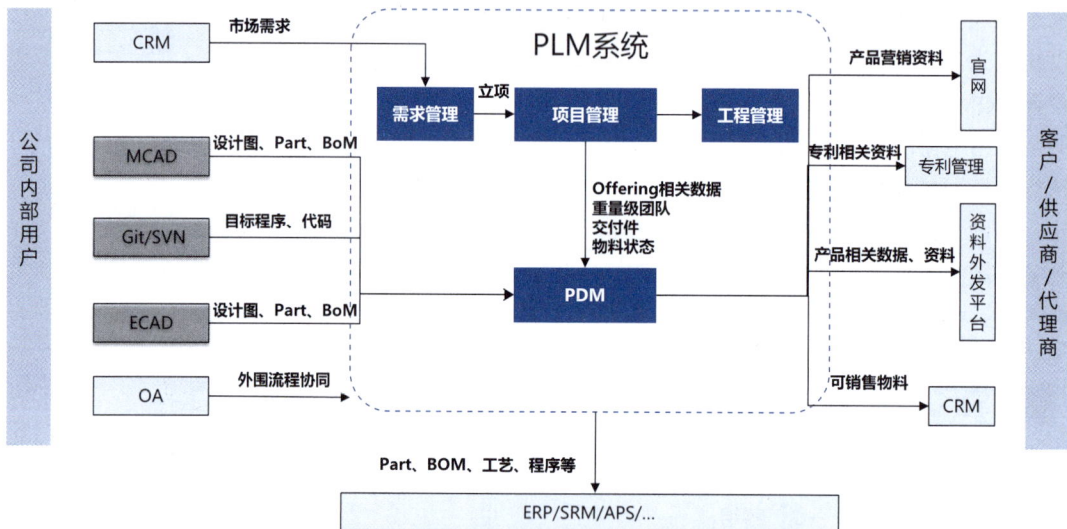

图 3-31　PLM 系统与外部领域系统的集成示例图

从图 3-31 中可以看出，PLM 系统与工具或 IT 系统的数据集成大致分为如下几类：

- **CRM**：将 CRM 的市场需求同步到"需求管理系统"中，将 PDM 中的可销售物料 / BOM 传入 CRM，供销售预测和下单使用。
- **MCAD/ECAD**：设计工具集成可以自动对接 PDM 系统的 Part 数据。
- **Git/SVN**：软件代码或程序，可将验证后的数据传入 PDM 系统。
- **OA**：可使用 OA 系统满足产品生命周期管理中的各类评审诉求。
- **ERP/SRM/APS**：将生产相关数据（Part、BOM、程序等）传入供应链相关系统。
- **专利管理**：将产品开发过程中的专利相关资料同步到专利系统中。
- **官网 / 资料外发平台**：需要对供应商、客户外发资料 / 工具发放至官网和资料外发平台。

下面仅针对 PLM 与工具、资料外发平台的集成展开说明。

1. 工具集成

设计师通常在 MCAD 或 ECAD 等工具中进行三维模型、工程图、原理图、布线图、设计规范和试验规范等图文档的创建和编辑（即设计），完成后保存或检入 PLM 系统，将 PLM 系统与工具进行集成，可以形成单一的设计与数据管理环境，使得设计师不仅能够在设计过程中直接访问 PLM 系统获取相关资料，而且能够进行自助式的图文档提交、启动审批流程和归档等操作。以 MCAD 集成环境为例，工作区是 MCAD 软件与 PLM 系统集成的一个重要枢纽，设计师可以在 MCAD 软件中直接保存到 PLM 系统工作区。

在这种集成环境下，设计师对 3D 模型的设计和装配全部是在工作区中完成的，可以将 PLM 系统中的模型添加到工作区进行装配，也可以将新建的模型保存到工作区进行装配，提高大型复杂装配的灵活性和速度。在工作区中检入 3D 模型，PLM 系统自动建立和装配结构相同的 EBOM 结构，同时对装配体的任何修改（如增加或减少零件），EBOM 会一同更新。每次的更改检入，系统都会生成对应数据的版本记录，方便工程师追溯整个设计过程。

2. IT 系统集成——资料外发平台

企业运营过程会逐渐积累大量的文档资料，如产品宣传资料、产品需求、产品设计方案、工艺说明、质量标准、产品手册等。有些是项目过程资料，有些是生产资料，有些是产品销售的配套资料，那么，哪些资料能够对外发布？能发布给哪些群体？通过什么途径发布？

要解决这个问题，除了上文中讲到的要规范企业的文档管理，还要建立企业"资料外发平台"，统一资料出口，引入流程机制，规范外发过程，并通过系统控制允许外发资料的获取途径和用户群体。这个资料外发的平台，可以作为 PLM 系统的一部分，也可以单独建设。这里从系统建设、资料发布、外部获取 3 个方面展开外发平台应该注意的问题和功能要求。

从系统建设的角度来说，资料外发平台需要管理的资料应该是来自企业各个系统和领域的，之所以放在 PLM 章节中进行介绍，是因为大部分资料是和产品相关的。所以，作为企业资料的统一外发出口，推荐的方式是和 PLM 系统解耦，单独建立资料外发平台，通过系统集成的方式，打通资料外发平台与 PLM 系统及企业内部其他系统的数据交互。这样既保持了资料外发平台的灵活性，又明确了资料外发系统作为资料公共外发统一平台的定位，该系统功能的关键点如下：

- 资料外发平台可以参考企业产品分类结构，建立资料存放的结构，方便查阅检索。
- 在单个产品目录中，可以按领域划分子目录，如研发、销售、生产等，这样方便系统通过领域控制资料的操作权限，避免资料跨领域传播、误用。
- 提供便捷的全文检索能力，通过全局的模糊搜索功能，允许用户通过关键字搜索文档条目和概要信息。
- 每个文档都需要权限管控，对于没有权限的用户，可以选择发起查阅申请，审批通过后才可以查阅。

从资料发布的角度来说，因为资料外发平台的资料都来源于企业内部系统，为了保证外发资料的规范性和准确性，资料外发平台设计为不允许普通用户直接在系统中上传资料，而是需要通过系统集成或流程申请的方式上传资料。对于有来源系统的资料，如研发项目过程中产生的资料，可以通过项目管理系统中的同行评审流程自动对接资料外发平台，同行评审过程中针对需要外发的资料，增加资料外发评审环节，确保达到交付标准的文档资料外发过程是经过领域专家确认的。系统自动集成完成资料由业务系统到资料外发平台，避免过程中人为操作对文档质量造成影响。另外，有些资料文档可能没有来源系统，是通过企业线下的方式产生的，针对这部分资料，可以在资料外发平台建立文档评审流程，根据领域组织专家评审，明确文档的责任主体，评审通过的资料文档就可以自动归档到资料外发平台对应的管理路径下。

最后，从资料获取的角度来说，归档到资料外发平台的文档资料，只是说明达到了外发标准，但什么时候外发？谁来外发？外发给谁？为了解决这些问题，要建立一个资料外发流程，通过流程固化和控制整个过程。归档到资料外发平台的文档资料，都有对应的责任人，在资料外发系统中，允许资料责任基于文档资料启动资料外发流程，在流程中需要明确外发对象、外发原因等必要信息。该流程会自动流转到文档资料所属的领域负责人处审批。

因为资料外发系统中涉及的资料比较多、外部用户多，使用场景也非常复杂，所以，在设计该功能时，通常会考虑如下几个要素：

- 外部的合作伙伴会收到资料外发系统发出的资料下载地址，同时内部流程发起人也会收到一封不带链接的通知邮件，并告知资料已经成功外发。
- 邮件中的下载链接地址，可以限定在一段时间周期内有效。
- 系统需要记录合作伙伴在系统中的操作记录，如下载时间、下载次数、系统停留时间等，方便后续进行统计分析。
- 对于企业内部使用加密软件的情况，虽然文档在企业内部是加密状态，但外发系统需要自动解密。

⊃ 3.3.5 变更管理

变更在研发型企业中是司空见惯的事情，也是让企业和工程师最为头痛的工作之一。市场需求范围要变更，产品有缺陷了要变更，供应关系调整了要变更，生产工艺升级了要变更，如图 3-32 所示，自产品启动开发至生命周期结束，变更始终贯穿其中，有需求变更、产品设计方案变更，还有因为项目计划带来的变更等。变更之所以让企业头痛，是因为变更往往会产生一系列的成本，如变更后的在制、在途和库存商品的处理。工程师头痛是因为变更涉及业务领域多，影响范围往往较大，一不小心就会造成二次事故。

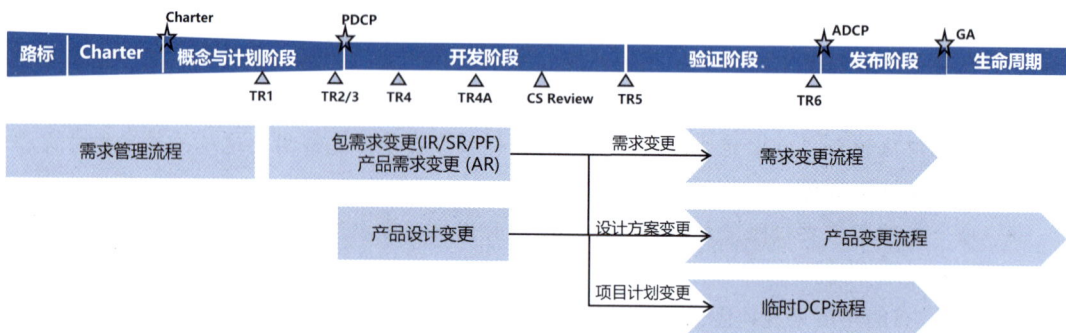

图 3-32　变更贯穿整个产品开发和生命周期管理阶段

常见的项目需求变更与计划变更不在此处展开，本节仅聚焦因设计方案变更带来的"产品变更流程"。

1. 为什么需要管理变更

企业发生工程变更行为时需要多个部门的共同协作，需要从设计、制造、生产、销售、采购、产品研发和管理等角度出发，全面制订工程变更计划和流程。结合工程变更场景，可将引发产品变更的具体原因总结如下：

- 用户需求的变化是最直接的工程变更管理原因。
- 产品设计方案不满足产品定义时，需要对产品功能、性能、可靠性等方面进行改善。
- 当产品采购环节出现问题、相关法律法规出现变更时，也要进行工程变更管理。

在实际的工程变更实例中，导致出现工程变更管理的原因多种多样，需要工程变更管理人员具体分析，合理应对。

2. 企业变更管理存在的问题

企业实施工程变更管理需要结合自身产品和团队的具体情况，将各种场景下变更需要考虑的因素逐渐固化下来，形成企业的知识资产。大多数企业在实施工程变更管理时，存在的主要问题如下：

- **没有健全的变更管理制度**：员工在遇到具体场景时，没有对应的处理标准可参考，不知道是否应该发起变更，怎么发起并组织变更过程。
- **没有固化的线上流程**：出现变更问题时员工凭自己的经验处理，忽视变更管理制度要求，无法实现变更过程规范管理。
- **变更数据没有完整关联**：当发生变更时，不知道应该变更哪些内容，变更完成后无法通过数据关系完整追溯变更过程。

3. PLM 系统中的变更管理流程

工程管理变更应该有一项完整可以参考的变更管理制度，有了线下制度后，PLM 系统通过强大的流程能力，将制度固化到系统平台。PLM 系统中的工程变更管理基于系统中完整的数据关系管理和强大的流程引擎，实现工程变更数据和流程的闭环管理。

（1）变更请求流程，关注变更影响分析

如果需要设计变更，产品工程师可直接在 PLM 系统中创建变更任务。在整个变更流程中，最重要也是最难的环节，就是变更影响分析。如果变更影响分析不完整，可能遗漏变更关联业务的处理，导致最后变更失败。因此，企业在接收到变更请求流程之后，要根据变更要求理清所涉及 Part 间的关系，变更数据清单中 Part 涉及研发、计划、采购、生产、仓储、销售及财务均有熟悉业务的代表参与变更分析，分析范围包括但不限于研发设计是否有影响、原材料是否涉及、是否要停止生产投料、是否有在制品、是否有关联库存、是否有发出商品、是否影响应收应付款项等。

以上这些分析过程，涉及大量的数据，如果靠人来关联、核对，不仅效率低，还容易遗漏，不同部门间的协同配合本身就是非常大的挑战。依托于 PLM 系统强大的数据关系追溯能力，工程师便于通过涉及变更的 Part，追溯到关联 BOM、文档、工艺、供应商等关键信息。通过 PLM 与 ERP 系统的集成能力，迅速追溯到生产订单、库存数据、销售订单、发出商品及产品的标准成本。通过对这些关联数据的追溯分析，企业能清楚变更的影响范围及成本。此外，虽然有流程支撑变更过程，但非常多的细节还是需要线下的讨论分析。因此，在变更请求中允许添加相关附件，即变更评审意见和会议纪要等线下内容要能关联并归档到流程中，相关人员要一起会签所有请求文件，确认变更请求可执行。

（2）变更通告流程，关注变更执行

在完成变更请求流程后可进行变更通告，并安排工程变更管理项目的负责人，在 PLM 系统中创建变更通告，制订变更计划。

变更计划的具体操作如下：将变更请求中所有确定受变更影响的内容制订为一项一项的具体任务，给出任务的具体处理措施，并明确任务责任人，最终确保变更通告流程完善后可审批实施。PLM 系统作为自动化管理系统，会将变更通告自动发放至相关部门并帮助相关负责人制订具体的变更实施计划。当接收到变更通告和具体的实施计划后，各责任人根据计划完成领域内的变更工作，并完成相应的线上会签确认，至此，整个变更工作就全部完成了。

（3）变更管理中的数据管理，关注数据的准确性

前面讲到，企业在变更过程中，可以通过主要变更的 Part 来追溯它关联的 BOM、图文档、生产工艺等内容，这些数据关系是在产品研发过程中逐渐建立起来的。企业在产品数据管理过程中，遇到的典型困难是线下作业和线上操作分离，工程师完成了线下工作后，还需要再做一次相应的线上操作，才能建立数据的关联。

要有效解决 PLM 系统中的数据质量问题，首先应避免工程师重复劳动。建议通过 PLM 系统的流程能力，将工程师的线下工作线上化，通过系统规则将产品数据建立完整关系。例如，利用 PLM 系统与图纸设计工具的集成能力，工程师在设计工具中完成设计的图纸后，可以直接提交触发 PLM 系统中的图纸审核流程，在相关专家审核通过后，系统自动将图纸归档到对应产品目录下，并自动生成对应的 BOM 结构。另外，企业需要根据自己产品情况，合理设置数据对象间的关系，当某个数据变更时，由 PLM 系统自动校验数据之间影响，并提醒相应人员去核查。

⊃ 3.3.6　项目管理

产品研发的过程一般以项目形式进行。企业决定要进行某个产品的研发，通常会正式立项（对应 IPD 中的 Charter DCP），从各职能部门抽调资源组建项目团队（对应 IPD 的 PDT 团队），并根据产品需求制订项目计划，直至产品发布。这个过程涵盖企业研发部门的主要工作内容，包括产品需求、资源团队、工作计划、项目质量、问题风险、成本预算和项目交付件等内容。

那么，如何保障项目工作有序开展，各职能部门拉通，并使资源得到合理利用，是所有研发企业需要思考的内容。项目不只是研发工作推进的组织形式，也是企业研发资产沉淀的过程。无论项目规模大小，单纯依靠项目经理的个人能力来管理项目就非常困难，如果再按照 IPD 的流程要求项目经理执行更是难上加难，所以，一个好的项目管理工具也是 IPD 能够有效落地的条件之一。

1. 项目管理系统的困局

项目管理工具与 ERP 系统不同。每个公司的 ERP 系统都是作业工具，研发作业活动并不是在项目管理工具上，这是区别于作业工具的。实际上，业界常见的项目管理软件大部分属于任务管理工具，如 Jira。但在这里提的项目管理软件，是能够符合很多制造业的研发管理，并且可以支撑公司的 IPD 变革的工具。

很显然，各公司的管理要求不同，实施的 IPD 流程也不统一，所以，企业的 PLM 系统实施基本上都是特指 PDM 模块，而真正支撑项目管理的工具可能是多个工具的组合，例如，Jira 或 Project 负责项目跟进，SVN 或 Git 负责管理代码，再使用共享目录或网盘存放项目交付件。

本节不再赘述项目管理概念和常见的管理工具，而是要特别强调，如果要做好 IPD 变革

落地，哪些工具或者模块是必须考虑到的。

2. 项目资源管理

项目的资源管理工作在项目准备阶段就在开展了，项目需要什么样的资源、企业有哪些资源、资源是否在项目阶段可用，这些以前完全在线下管理的工作，项目管理工具可以提供帮助。

首先，企业在项目管理系统中建立人力资源库，并对人力资源进行分类，如软件开发工程师、硬件工程师、测试工程师、开发代表、财经代表等，然后 PDT 经理从人力资源库中选择需要的人力加入项目。当然，这些人力角色可以对接 HR 系统，由 HR 系统维护对应的岗位和级别，在项目管理过程中可以直接应用。

在项目管理系统中，公司可以根据项目类型定义好项目模板，并在模板中规定各类项目需要哪些角色，这些角色和项目人力资源池是对应起来的。当 PDT 经理启动某个具体项目时，在项目的资源管理模块中会列出这个项目需要的所有角色，并可以查看每个角色在人力资源池中的空闲资源。图 3-33 所示为项目团队中的角色、成员和可用资源对应关系示例图。

		名称	成员	操作
1		FAE		可用资源
2		∨ PDT经理		
3		PDT经理		可用资源
4		∨ PDT代表		
5		市场代表		可用资源
6		开发代表		可用资源
7		制造代表		可用资源
8		采购供应代表		可用资源
9		服务代表		可用资源
10		财经代表		可用资源
11		PQA		可用资源

图 3-33　项目团队中的角色、成员和可用资源对应关系示例图

在人力资源池中，可以基于每个资源查看各个人力以往的项目经历，包括参与项目、参与时间段，以及项目表现评价等信息。部门经理也可以基于部门维度，在人力资源池中查看自己部门的员工投入项目情况、剩余资源情况等。

人力资源投入到具体项目后，就会按角色分配需求分析、开发、测试等工作，每项工作都会有预估投入时间。基于项目团队成员和时间维度，系统就可以自动统计每个成员的工时（当然，也有公司是通过工时系统按天或周填报自己的工时），从而绘制出如图 3-34 所示的人力资源计划。

用户	8M-W1							8M-W2							8M-W3							8M-W4						
	1	2	3	4	5	6	7	8	9	10	11	12	13	14	15	16	17	18	19	20	21	22	23	24	25	26	27	28
	MO	TU	WE	TH	FR	SA	SU	MO	TU	WE	TH	FR	SA	SU	MO	TU	WE	TH	FR	SA	SU	MO	TU	WE	TH	FR	SA	SU
user01	8	4	6	8	7			8	4	6	8	7				4	6	8	7			8	4	6		7		
user02	4		8	5	6				4	8		6			4	4	8	5	6			4	4	8	5	6		
user03	8	4	6	8	7			8		6	8	7			4	8	6	8	7				4	6	8	7		
user04	4	4		5	6			4	8			6			4	8		5	6			4	8		5	6		
user05	8	4	6	8	7			4		6		7			8	4	6	8	7			8	4		8	7		
user06	4		8	5	6			4	4		5	6			4		8	5	6			4	4	8	5	6		
user07	8	4	6	8				8	4	6	8	7			8	4	6	8	7			8		6	8	7		

图 3-34　人力资源计划示例图

同样，对于每个项目成员而言，系统也可以提供个人工作计划安排和完成情况，生成个人工作计划日历和实际完成日历，便于他们进行自我管理。

另外，工时系统的填报结果必须在项目中应用。每个研发项目最大的投入往往都是人力费用，那么**工时数据必须与财务系统对接**，统计每个项目的人力投入、各项费用与项目立项时的预算进行对比分析，以便提前让 IPMT 决策团队了解实际情况，并决策继续投入或终止项目。

3. 项目里程碑、流程、交付件

项目管理过程中，把关键阶段定义为里程碑点。每个里程碑点需要完成哪些工作、需要在什么时间完成，这样一系列的里程碑点组成完整的项目里程碑。关于项目里程碑点管理的几个关键因素如下：

- 需要将关键决策点设置为里程碑，参考 IPD 中的决策评审点（DCP）和技术评审点（TR），可根据项目类型裁剪合并，设置必要的里程碑。
- 每个里程碑的交付件及相关约束条件，很多企业的 IPD 执行不到位，很多时候是流程与流程之间的约束条件无法落地，如前面的选型流程没有结束，不可启动该供应商的采购订单与付款。
- 由流程来驱动里程碑状态，如设置 TR 评审流程和 DCP 决策流程来驱动。
- 里程碑具备基线管理功能，并可以针对里程碑变更与实际达成情况对比与分析改进。

图 3-35 所示为某企业 DCP 和 TR 里程碑示例。

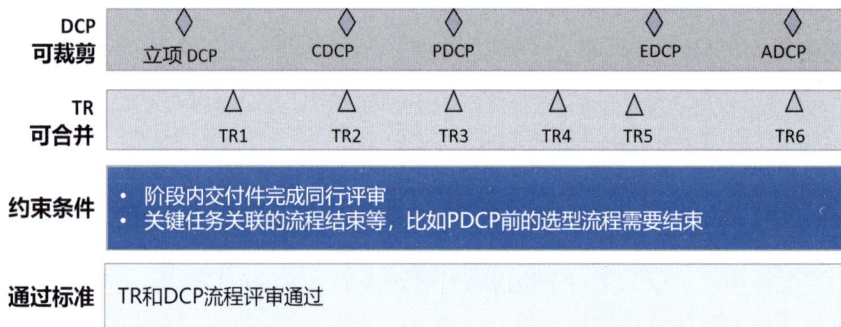

图 3-35　DCP 和 TR 里程碑示例

通用的做法是，里程碑点关联对应的评审流程，当该评审流程通过后，里程碑就自动进入下一个阶段。因为各项目的规模和难度不同，所以，系统允许对标准的里程碑进行增减，形成符合该项目要求的里程碑。对于每个里程碑的评审流程，又需要上传必要的交付件清单，从而将 IPD 的管理要求落到实处。

里程碑的计划完成时间，也是可以根据项目需要进行计划变更的，系统支持里程碑的多版本管理及实际完成时间的对比，并支持查看每个里程碑关联的**关键流程、变更记录、交付件**，如表 3-12 所示。

表 3-12　里程碑的相关数据和流程

名称	基线计划 V0	V1（2021/5）	V2（2021/6）	实际	详情
Charter	2021-04-30	2021-04-30	2021-04-30	2021-05-10	View
TR2/3	2021-06-30	2021-07-15	2021-07-31	2021-08-02	View

名称	基线计划 V0	V1（2021/5）	V2（2021/6）	实际	详情
PDCP	2021-07-31	2021-08-31	2021-09-30	2021-08-25	View
TR5	2021-10-08	2021-10-08	2021-11-19	2021-12-06	View
XXX	2021-12-31	2021-12-31	2021-12-31		View

4. 会议纪要

会议纪要本身不属于项目管理过程中的专属模块，但在整个企业的流程架构中，IPD 流程架构中包含的决策流程非常多，而决策过程大部分都是在会议中完成的（也有部分流程是在会签电子流中完成的）。那么，**会议形成的结论和遗留事项，与交付件和管控流程一样，也是项目过程中非常重要的内容。**

会议纪要的管理，不局限于某专业工具或系统自带的一个模块，而是可以将会议纪要的结论与遗留事项同步到项目管理工具中，PDT 经理和项目成员都可以很清晰地看到每个会议的结论，以及和自己相关的遗留事项。表 3-13 所示为会议纪要示例。

表 3-13　会议纪要示例

主题	遗留事项	责任人	截止日期	进展	状态
TR3 评审会议	事项 1：××	User01	2021-05-30	已处理，详见 PPT 报告	Closed
	事项 2：××	User02	2021-06-15	已解决并测试通过	Closed
	事项 3：××	User03	2021-06-30	开发中	Doing

5. AI 项目助理

相对于 3.2.5 节介绍的 AI 智能客服，AI 项目助理则是更高阶的应用。AI 项目助理是专门为研发项目管理而设计的智能协作 Agent，它深度融合了流程标准化、知识管理及预测分析能力，通过以下维度重构研发协作模式，驱动项目执行效率与决策质量的全面提升：

- **流程标准化与智能提醒**：将企业内部标准化的项目管理活动和流程全面数字化、固化到系统中，基于里程碑自动触发任务提醒，并推送任务关联的文档模板及操作指南（如测试用例编写规范、评审 Checklist），还可以实时监控任务完成度，预警延期风险等。
- **基于知识图谱的智能检索**：利用 RAG 技术能够对项目交付件构建知识图谱，团队成员可通过自然语言的交互方式向它提出问题，并快速检索所需内容。例如，当我们咨询"产品的规格参数有哪些"时，它提供准确且上下文相关的答案，而不需要去查找资料或咨询其他成员，从而提升了团队协作效率。
- **数据分析统计**：它还可以结合团队成员的任务完成情况生成实时的项目状态报告，识别项目过程中的关键活动和瓶颈，供项目管理人员快速响应和决策，从而将研发项目管理过程进一步智能化和精益化。

此外，随着 AI 技术的发展，AI 项目助理的能力范围还可以不断扩展，例如实现跨部门、多项目的协作优化，为企业打造全生命周期的智能项目管理体系，为研发效率和创新力带来新的突破。

华为成长为科技巨头，得力于华为变革的成功。很多人熟悉华为的变革，往往是从 IPD 开始的。其实，在 1998 年华为引入 IBM 的 IPD 咨询时，也启动了 ISC 的变革，图 3-36 所示为华为变革历程。任正非先生说："集成供应链（ISC）解决了，公司的管理问题基本上就全部解决了。"这也说明供应链管理是复杂度最高的管理，也是最容易成为公司发展瓶颈的一环。

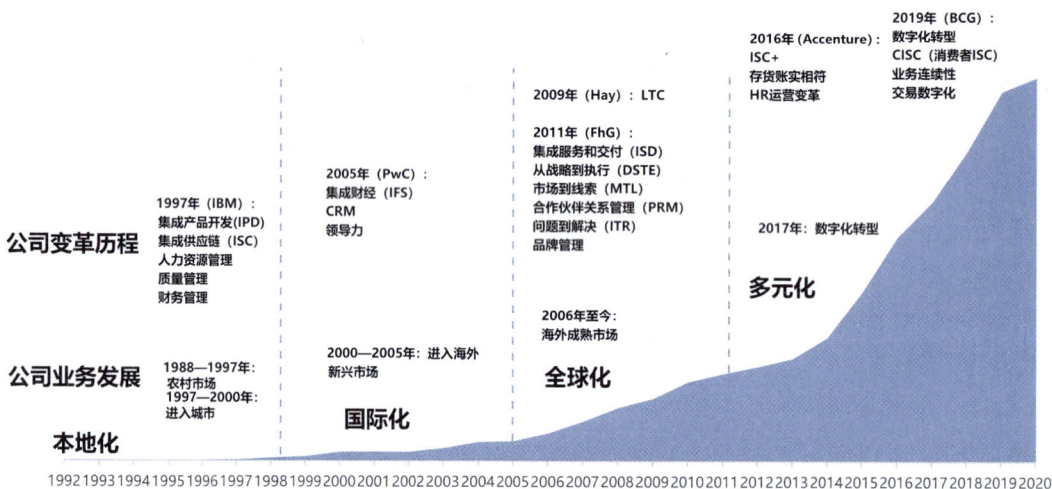

图 3-36　华为变革历程

所以，与 IPD 变革相比，ISC 的挑战要大得多，主要体现在如下几个方面：

- **涉及的部门很多**：既包括公司内部的销售、市场、采购、制造、物流、客户服务和财务等部门，还包括企业外部的客户和供应商。

- **业务流程非常长**：从销售预测（或订单），到生产计划、物料计划，然后到采购管理和生产制造，最后环节是仓储管理和物流管理，这个流程链条比一般的业务流程都要长。

- **数据管理非常复杂**：供应链的数据最多，关系最复杂，而且涉及的业务规则非常多，不仅包括生产的 Part、BOM、工艺等信息，还有销售预测数据、主计划、供应商数据、生产数据、成品和半成品库存等，还包括客户的特殊需求，如出货管控规则等。

- **供应链的风险巨大**：供应链的数据很多时候是不可逆的，进入加工环节产生半成品或成品，一旦不能销售，会形成呆滞库存，给企业带来巨大的经营压力。

正因如此，华为 ISC 虽然和 IPD 变革同年启动，但推广和完善却需要更久的时间。

- 1999 年之前，只有 Oracle ERP 和一些自研的系统及流程。
- 1999—2003 年，只包括常用的供应链相关流程和 APS 系统。
- 2005—2007 年，为了海外拓展，开展了全球供应链建设，将 IT 系统推广到海外。
- 2008 年，启动打通整个供应链和交付，建立海外多功能中心。
- 2011 年，为了支持多产业发展，升级供应链和采购的流程及相关 IT 系统，支撑不同业务线的运作。

因为华为业务范围广，产品生产和交付链条长，所以，支撑华为业务的系统往往是几个大系统加外围几十个小系统共同完成的。如图 3-37 所示，一个完整的集成供应链包括需求管理、计划管理、采购管理、供应商协同和库存管理等业务模块。

- **需求管理**：主要是客户订单及销售预测管理。
- **计划管理**：主要分为公司战略计划、产销协同计划（主计划）、运营控制计划（排产计划和监控与执行），但在计划管理中有很多公司运营层面的建设，如呆滞计提报废、安全库存管理等。
- **采购管理**：主要是供应商管理、采购策略与执行、采购流程建设。
- **供应商协同**：主要是公司与供应商之间的订单与生产协同。
- **库存管理**：主要是公司的收发货、盘点、调拨和出货管控等。

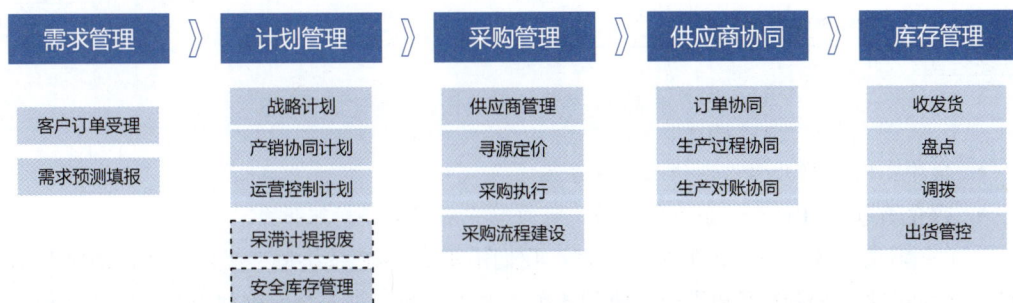

需求管理	计划管理	采购管理	供应商协同	库存管理
客户订单受理	战略计划	供应商管理	订单协同	收发货
需求预测填报	产销协同计划	寻源定价	生产过程协同	盘点
	运营控制计划	采购执行	生产对账协同	调拨
	呆滞计提报废	采购流程建设		出货管控
	安全库存管理			

图 3-37　集成供应链业务模块示例图

在介绍上面的业务模块前，先对供应链管理系统的整体应用架构进行简要说明。

⊃ 3.4.1　供应链管理系统应用架构

一个供应链的完整流程，从客户需求开始，到最终向客户交付。如图 3-38 所示，ERP 系统仍然是供应链的核心系统。除了在 ERP 系统管理进销存，一套完整的运作体系离不开公司内部各领域的协同。对于采购和委外加工部分，外部供应商协同也是供应链运作顺畅的关键所在。

图 3-38 所示的供应链系统仅代表比较通用的应用架构，除了核心的 ERP 系统外，还有 APS、成本管理系统、SRM 和 WMS（Warehouse Management System，仓库管理系统），仅供大家参考。由图 3-38 可以看出，ERP 系统与外围系统的数据集成大致分为如下几类：

- **CRM**：销售预测数据传入 APS 中；销售订单传入 ERP 中；ERP 发货数据回传给 CRM。
- **OA/BPM**：外部的流程审批后，将相关的数据（如财务数据、供应商数据、客户数据等）传入 ERP 系统中。
- **HR**：将组织架构和人事数据传入 ERP 中，供财务管理使用。
- **PLM**：将 PLM 中的生产相关数据（Part、BOM、程序等）、项目、工时等信息传入 ERP。

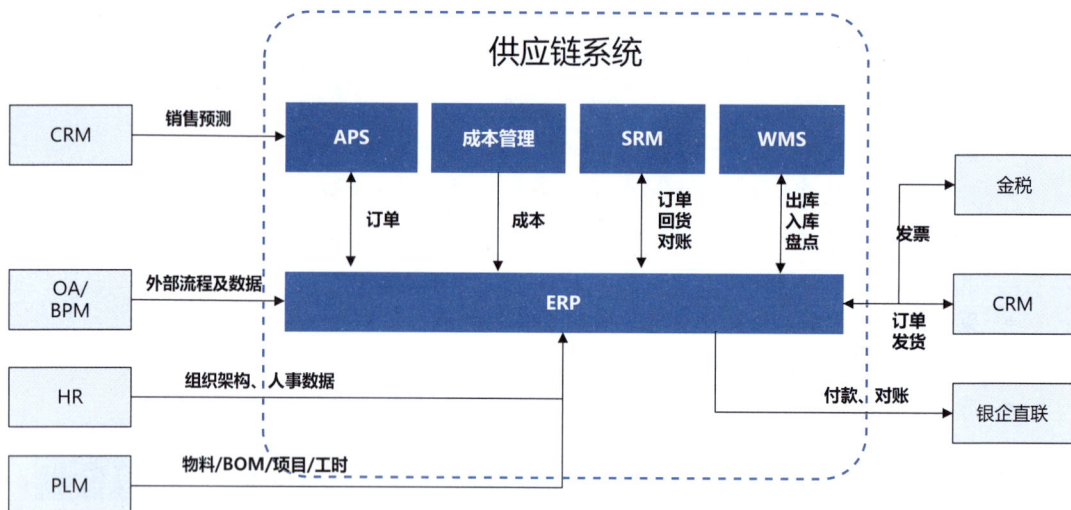

图 3-38 供应链系统与外部领域系统的集成示例图

- **金税**：ERP 将开票信息传入金税系统。
- **银企直联**：ERP 与银企直联对接，可自动完成付款、对账信息。

为了突出供应链管理系统的关键方案，我们不再对 ERP 系统每个模块赘述，而是从**需求管理、计划管理、采购管理和供应商协同** 4 个方面去展开，对于仓库管理中的收发货流程、研发领域的项目工时及费用管理等流程则不再赘述。

◌ 3.4.2 需求管理

客户的需求往往来自多个方面，一方面是客户直接下单，企业面向订单生产，还有一些是来自渠道，小客户通过代理商下单，这部分订单和客户订单类似；而大部分交期较长的企业，都是来自销售预测，通过销售与客户的沟通，提前预测未来的订单份额和数量。

1. 客户订单

对于长期合作的客户，一般企业与客户之间签订的销售协议是实现客户对企业待售货物的一种请求，同时也是企业对客户的一种销售承诺。不管是来自大客户的订单，还是小客户通过渠道或代理商下单的订单，建议将订单通过企业的 CRM 系统直接下单，并且由企业的 CS（Custon Service，客服）团队统一答交。

客户订单录入的方式通常有如下两种：

- 通过 CRM 系统，由客户、代理商，甚至是销售部门的客服人员录入客户订单，然后经由销售内部相关人员审核后即可受理。
- 若没有 CRM 系统，一般由 CS 手动在 ERP 系统下单。

订单相关字段示例如表 3-14 所示。

对于上述订单中的每个物料的答交，则是对应到 ERP 系统中的发货计划。在 CRM 系统答交时，需要 CRM 系统将每个物料的答交计划自动同步至 ERP 系统中，以便仓库人员及时收到。

表 3-14　订单相关字段示例

字段	说明
客户	企业的直接客户，数据来自 CRM 或者 MDM（主数据）系统
代理商	通过哪个代理商出货，数据来自 CRM 或者 MDM 系统
终端客户	实际上使用该产品的终端客户，如手机厂、家电厂等，一般来自 MDM
备注	

型号（PLM）	物料代码（PLM）	需求数量	单价	说明
型号 A	一个型号可能对应多个物料			

2. 销售预测管理原则

销售预测是根据以往的销售情况、客户沟通确认或协议承诺，以及使用系统内部内置或用户自定义的销售预测模型获得的对未来销售情况的预测。对于交期较长的产品，销售预测才是客户需求的核心。就如"牛鞭效应"一样，一旦销售预测偏差较大，将会给公司的整体运营带来巨大的风险。

如何管理好销售预测，是做好供应链的第一步。了解对销售预测产生影响的各种因素是非常重要的，一般来讲，在进行销售预测时，需要结合市场需求、经济形势、竞争分析、产品定位、历史需求数据等因素，提前判断客户需求。整体上管理原则如下：

- 由销售人员按照客户例行填报未来的销售预测数据，至少要提供 LT（Lead Time，提前期）周期内的需求，如果 LT 是 4 个月，那么预测数据建议要在 6 个月以上，甚至 12 个月。
- 每月或每周定期刷新预测数据，也可以根据实际需求情况随时更新预测数据。
- 如果企业有产品线或者市场代表的情况，可以按照产品填报需求预测。

3. 销售预测系统实现

对于销售预测管理系统，通常包括如下 3 个模块：

（1）销售预测制订

销售预测的制订与企业的产品特性和客户需求有关。一般来说，针对每个已经赢单的销售项目，客户的产品生命周期都会在一年以上，那么销售预测的制订，除了根据客户项目的总需求及本公司的份额占比，还需要考虑客户产品的历史销售情况、未来的销售趋势、当前产品产能情况等。

表 3-15 所示为销售预测填报表单示例。对于预测信息较多的情况，可以考虑在系统中嵌入"在线 Excel"控件填报。

表 3-15　销售预测填报表单示例

字段	含义	字段	含义
公司项目	公司项目代号或名字	销售人员	
所属产品及产品线	产品型号、系列、编码及产品线相关信息	产品生命周期阶段	早、中、晚期
客户项目	客户项目的代号	公司产品型号	
客户预测销量	参考客户预测、历史销售情况及当前环境下的综合因素	份额占比	计算预测总量

字 段	含 义	字 段	含 义
N 月预测出货	对当月出货数的预测，需手动填写	N 月实际出货	当月实际出货数，可自动获取
N+1 月预测出货	对下月出货数的预测，需手动填写	N+1 月实际出货	下月实际出货数，可自动获取
……	……	……	……
N+12 月预测出货	对此后第 12 个月出货数的预测，需手动填写	N+12 月实际出货	此后第 12 个月实际出货数，可自动获取

（2）销售预测刷新

针对未来的销售预测，并依据当月的出货情况及客户产品的生命周期阶段，销售需要定期刷新销售预测数量。频率可以参考公司产品的出货情况，半月或 1 个月皆可（下面以 1 个月为例）。

销售预测刷新在 IT 系统实现层面，实际上就是每个月定期填报预测的过程。需要在系统实施层面关注的要素如下：

- 针对已经存在的销售预测信息，最新版的预测数据波动超出一定范围，则需要业务提供理由说明，如客户需求变化、份额变化、公司新产品替代等。
- 每次填报的预测信息，都需要记录到每个月份的不同版本，以供未来的销售预测趋势、预测准确度、实际出货率分析等。
- 随着 AI 的应用普及，未来 AI 可以根据历史数据分析及公司管理要求，针对性提出一些刷新建议。

（3）销售预测度量

任何人对未来几个月甚至 1 年的判断总会有偏差，系统需要结合系统内部数据，为公司管理层、供应链、销售团队提供必要的数据度量及决策辅助。

预测数据波动的原因，可能是涉及销售个人、某个项目、某个客户、某个产品、整个销售团队、所有客户、市场环境等因素。所以，在诸多的预测版本中，需要考虑针对如下维度去度量分析：

- 单个项目的预测趋势。
- 单个产品（或系列、产品线）的预测趋势。
- 某客户的整体预测趋势。
- 公司整体销售预测趋势。
- 销售预测与出货对比。

图 3-39 所示为销售预测度量参考示例，横轴为年月，纵轴为出货量。

4. AI 预测

销售预测本质上是销售人员对未来市场需求的一种估计和推测。然而，由于市场的波动性和不确定性，预测结果与实际需求之间不可避免地存在着偏差。因此，许多企业提出希望通过工具辅助人类进行预测，甚至希望让工具完全代替人进行预测。这在技术层面是否可行？

目前，不少销售预测管理系统和供应链系统已经具备了 AI 预测的模块，但在实际企业落地中却并不常见。主要的原因在于，每家企业的行业特性、数据积累与质量、客户属性以及市场定位均存在较大差异，导致 AI 预测难以直接移植到企业内部的具体场景中。我们即便将 AI 预测引入到企业内，大多数情况下，AI 的角色依然是作为辅助工具，而非完全替代人工决策。

预测与实际出货

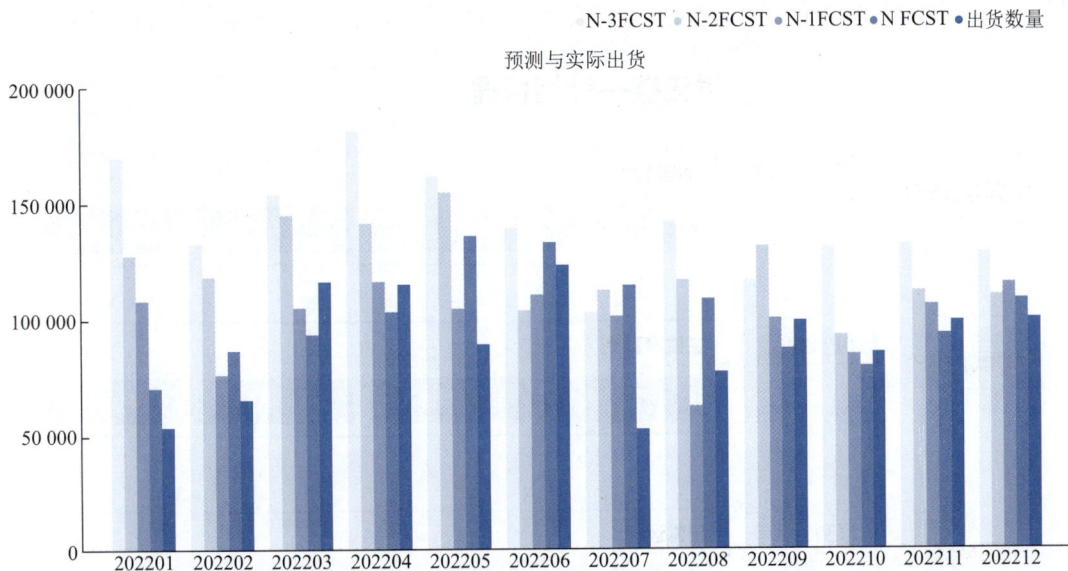

图 3-39　销售预测度量参考示例

因此，在应用 AI 预测之前，我们需要重点关注如下两个方面：

- **数据积累与治理**：持续积累高质量、完整的数据，并对内部现存的数据进行深度治理和清洗，以确保其准确性和一致性。
- **生态协作与共创**：与 AI 技术相关的厂商保持紧密合作，共同探索适配企业实际场景的定制化 AI 预测解决方案。

值得注意的是，目前的 AI 大模型并不适合直接用于预测和决策场景。对于 AI 预测的应用，更为现实的做法是结合传统机器学习的算法模型，将企业内部的高质量、多维度的数据用于训练，以构建适配业务需求的预测能力，AI 预测才能在企业内部真正落地并创造价值。以上内容将在 4.3.6 节阐述，在此不作展开。

➲ 3.4.3　计划管理

几乎每个企业都会上 ERP 系统，ERP 的全称是 Enterprise Resource Planning，说的也是企业资源计划管理。发展至今，ERP 系统已经不仅仅是企业的资源计划，也包括供应链、销售、财务等多个模块。

一个完整的供应链计划管理体系应有 3 个层次，从上至下分别是"战略计划""产销协同"和"日常运营"。3 个层次分别对应了长、中、短 3 个计划周期。"战略计划"如同企业战略规划，属于企业战略解码中的一部分，是对供应链部分的战略规划。"产销协同"是公司供应链中的年度运营过程中最核心的部分，也经常被称为"主生产计划"（Master Production Schedule，MPS 或主计划）。"日常运营"则为供应链工作中的"执行计划"，具体到每天的生产计划安排。图 3-40 所示为计划管理的 3 个层次示意图。

1. 战略计划

战略计划，通常是覆盖供应链的未来 3 ～ 5 年，甚至到 10 年的规划，目的是规划公司未来一定时间内在供应链上的投入和产出，简而言之，就是供应链的长期产能规划。战略计划的核心在于为供应链"明确方向"——产能规划、战略合作的供应商规划、工厂布局和人力布局等。

供应链—计划管理

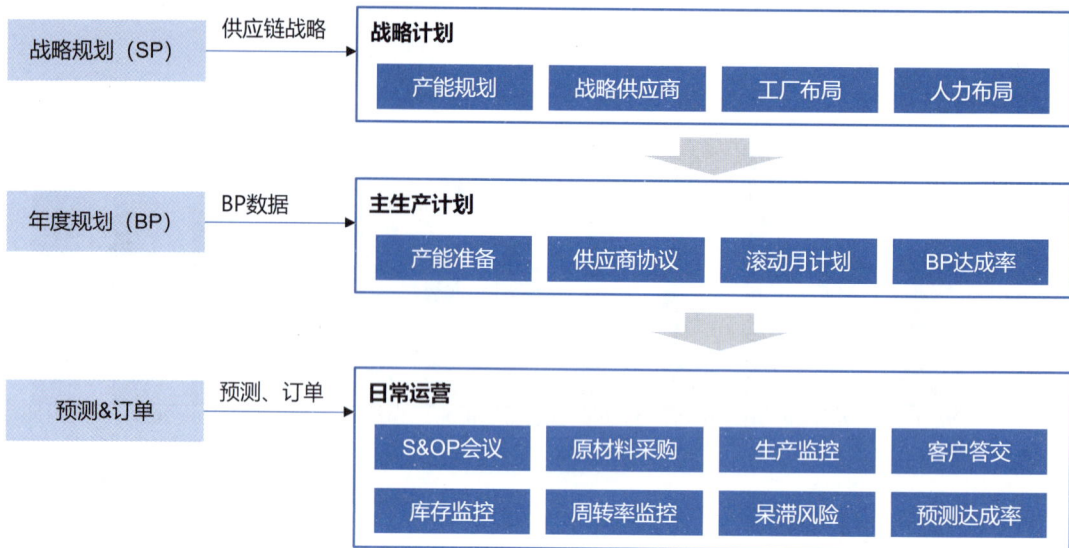

图 3-40 计划管理的 3 个层次

对于委外加工的企业，往往需要提前与关键供应商签订战略合作协议，尤其在产能紧张的情况下，合作协议更是保障供应的基础。长期的战略合作协议，都是伴随着公司 SP（Strategy Plan，战略规划）制订的。如果公司缺少 SP 制订机制，供应链团队则需要结合公司过往一定时间段的业绩和行业景气度来评估，向公司管理层提出战略合作的建议，通过管理层决策来确认未来合作协议。

无论对于自有工厂，还是委外生产，产能的规划都需要有明确的具体路径，产能的落实往往要考虑如下几点：

- **产能规划**：规划未来几年的产能需求对应的扩产节奏，需要明确扩产计划和需求。
- **战略供应商**：对于核心部件需要委外加工的企业，还需要考虑战略合作供应商的产能规划，以及相应的产能验证审核、商务合作及协议签订等相关工作。
- **工厂布局**：综合评估价格、产能、技术能力、地理位置、可持续发展能力，以及应对复杂国际政治经济环境等方面，确定合理的供应商布局。
- **人力布局**：对于长期的供应规划，需要有相应的供应链人员匹配，那么对应的人力需求，甚至是否要通过数字化工具提高运营效率，都需要提前规划。

针对每个不同行业的特性及宏观环境的影响，在产能、市场环境或者公司经营等方面面对更多不确定性时，需要灵活考虑再决策。

上述关键事项，主要是关键任务的分派和处理，涉及相应的数字化建设，以及对日常运营的影响相对较小的部分，本节不再单独对上述事项进行详细阐述。

2. 产销协同计划（主计划）

产销协同计划，即协调供应链、销售和产品线部门一起制订 S&OP（Sales and Operation Planning，产销计划）会议机制，形成最终的一致性计划，以平衡需求与供应，提高企业的运营效率和交付能力。

产销协同计划通常在年初制订，覆盖未来 12 个月，定期在每月的 S&OP 会议上刷新。一般来说，一个完整的产销协同计划，大概的业务流程如图 3-41 所示。

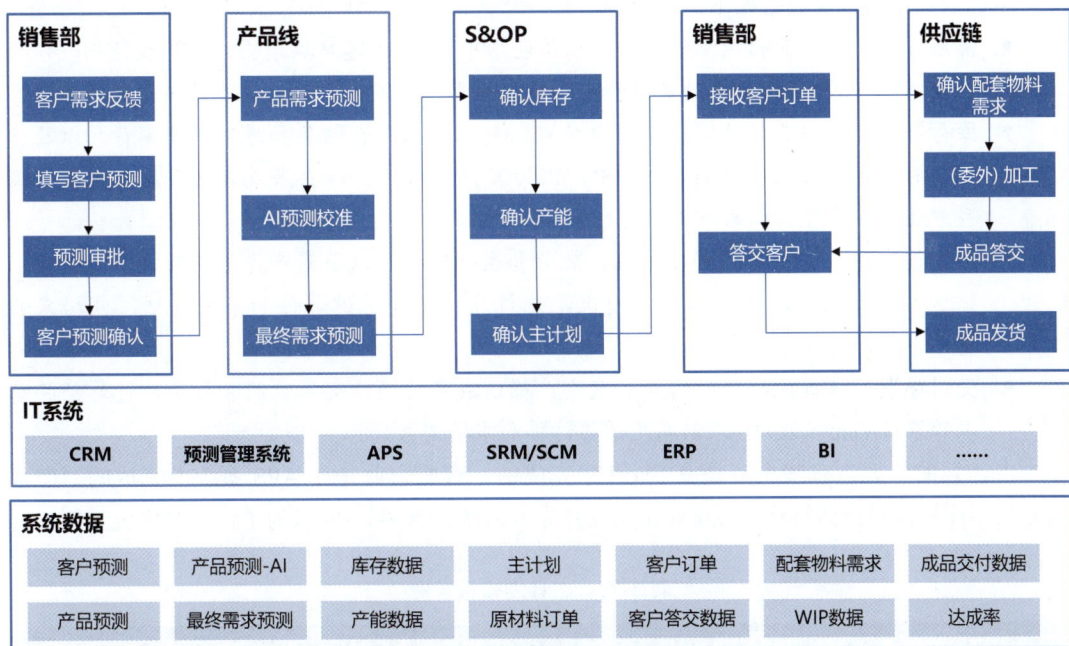

图 3-41　产销协同流程图

不同公司的产销协同流程虽然各异，但大部分公司都会涉及的组织（部门）包括销售部（销售经理、销售总监、销售 VP、CS 等）、产品线（市场代表）、供应链（生产计划人员）3个部门。以上述流程为例，各个组织和角色的职责如表 3-16 所示。

表 3-16　产销协同流程中的角色及职责说明

组织	角色	职责说明
销售部	销售经理	每月初填报自己所负责的客户需求（从当月至未来 12 个月）
	销售总监	审核团队的销售经理填报数据
	销售 VP	审核公司的需求预测数据
	CS	接收客户订单、答交
产品线	市场代表	确认并调整该产品线的需求预测
供应链	生产计划人员	组织 S&OP 会议，提供库存及产能情况，由 S&OP 审核下单数据

大家可以看到，流程图和角色中除了公司相关部门角色外，AI 也是流程中的一环。AI 是对已有数据进行分析和判断，并对未来做出预测。常见的 AI 预测算法有 ARIMA、神经网络、随机森林和 XGBoost 等，不同的企业，不同的数据质量和规模，需要依靠不同的算法甚至多种算法的融合计算，本节将不再展开介绍具体的预测方案。

供应链中的主计划是连接企业年度 BP 和日常运营的关键环节，也是整个 S&OP 关注的核心内容。主计划的目的是确保企业资源（如原材料、人力、生产能力）的合理配置，以满足市场需求，最终实现高效率、低成本和满足客户服务水平的目标。

主计划包括的主要数据如下：

- **需求预测**：在企业的预测管理中，应该包括年度 BP、客户端预测、产品线预测，以及结合 AI 预测并确认出来的最终预测。后续的需求预测，将统一以"最终预测"为准。
- **库存数量**：由供应链检视当前库存状况，包括成品、在制品和原材料的库存，以及目标库存水平（即安全库存）。其中，因为客户需求的特殊要求或者库存质量问题，库存中还需要体现实际的可用库存数量。
- **原材料需求**：首先明确哪些产品、数量和生产安排，以平衡产能与市场需求。然后依据这些产品的库存和需求预测情况，制订原材料和关键部件的采购计划，包括采购量、下单时间点等。
- **交付情况**：依据原材料的需求和交期，确认成品的预计交货时间和数量，计算产品需求的累计 Gap（缺口），以满足销售订单和市场需求。

主计划的管理，有些企业是在 Excel 中完成的，有些企业是在 APS 系统中完成的，但大部分生产计划人员仍然喜欢通过 Excel 完成并导入系统。表 3-17 所示为主计划的模板示例。

表 3-17　主计划模板示例

需求预测		月份	月份	月份	月份	月份
最终需求	总计					
	产品 1					
	产品 2					
	产品 N					
关键物料需求分解	物料 1					
	物料 2					
	物料 3					
	物料 N					
产能	物料 1					
	物料 2					
	物料 3					
	物料 N					
下单需求 （结合产能和加工周期）	物料 1					
	物料 2					
	物料 3					
	物料 N					
预计交付	总计					
	产品 1					
	产品 2					
	产品 N					

需求预测		月份	月份	月份	月份	月份
累计 Gap	总计					
	产品 1					
	产品 2					
	产品 N					

上述模板基于最终需求预测分解到每个产品需求及关键物料需求，同时将每个关键物料的产能做约束，在此基础上，综合 LT（提前期）的情况，然后计算下单需求和预计交付。根据交付与需求的比较，计算累计库存 Gap，即持续计算当前需求至未来的累计需求和累计交付情况。

不同的企业有不同的主计划计算方式，复杂企业或许通过 ERP 或者 APS 系统来计算物料需求，但整体的管理思路类似，需要制订主计划，然后开始排产、监控与执行，也就是运营控制计划。

3. 运营控制计划（排产计划、监控与执行）

运营控制计划，通常覆盖未来数周（取决于产品需求的特点，某些产品甚至会采用小时、分钟等更为细小的时间管理单位），主要以满足客户实际订单需求，并对运行过程进行控制为目标，内容包括订单履行、生产控制、库存控制、效率控制、质量控制等。运营控制计划的核心在于"执行力"，通过实际运营控制满足客户的实际需求，并同时达成产销计划目标。

通常的管理方式，一般是每月更新当月的日排产和答交管理。实际上，为了保障交付的稳定性，很多企业会排最近两个月的日答交，甚至到第三个月的周答交，从而满足对客户的两个月的平稳交付。

在企业中，成品答交是对客户的承诺，默认情况下都是必须达成的。为此，生产计划部门必须监控日常的运营活动，列出各个关键工序的排产计划表，并通过看板监控每日实际生产投料情况。在每个季度甚至每个月都需要评估企业的整体运营情况，包括交付的达成率、销售预测的达成率、库存周转率，还有预警风险库存等。排产计划流程示例如图 3-42 所示。

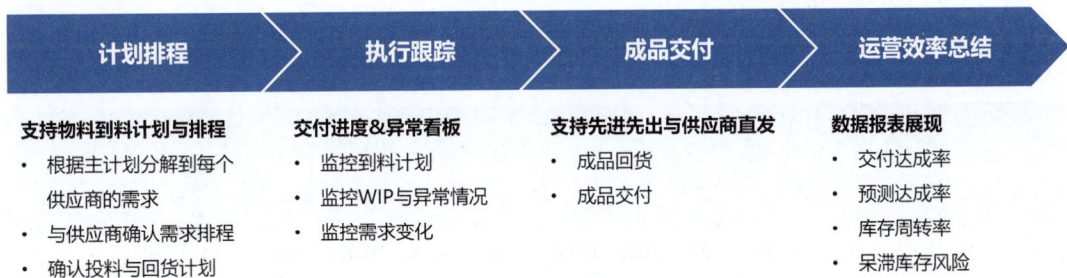

图 3-42　排产计划流程示例

在整个排产计划流程中，需要涉及的核心数据表有 3 个：排产计划表、成品答交表和日常监控看板。

排产计划表：排产计划表一般包括投产计划和产出计划，一般情况下，投产计划加上 CT（Cycle Time，生产周期）就是产出计划。表 3-18 所示为排产计划表示例。上一道工序的投产时间增加该工序的 CT 后，一般就是下一个工序的投产时间。

表 3-18　排产计划表示例

产品线	产品信息	成品编码	物料编码	核心工序	供应商	供应商编码	CT（天）	5月1日	5月2日	5月3日	5月4日	5月5日	……	总数
A	A1	A1-00-0001	A1-01-0001	P1	S1	S1-01	2	10K	10K	10K	10K	10K	10K	
A	A1	A1-00-0001	A1-01-0002	P2	S2	S2-01	2		10K	10K	10K	10K		
A	A1	A1-00-0001	A1-01-0003	P3	S3	S3-01	1			10K	10K	10K		

注：K 代表 1000。

根据表 3-18，可通过系统自行监控每道工序的到料情况，并根据投料情况自行下单投料，一旦没有足够的库存，可及时预警生产计划人员。例如，A1-01-02 编码的库存在足够的情况下，应自动给 S2 供应商下单投料，这样的好处如下：**一方面，可以监控每道工序（对应不同的 Part）的进展；另一方面，可自行下单给供应商。**

成品答交表：成品答交表一般包括供应链对销售部门的答交和销售部门对客户的答交。以供应部门的答交为例，一般情况下，供应的答交通常是针对公司内部产品的汇总答交，即将公司所有客户对该产品的需求汇总后，统一答交。表 3-19 所示为成品答交表示例。

表 3-19　成品答交表示例

产品信息			成品需求				成品答交			
产品线	产品信息	物料编码	5月	6月	7月	8月	5月	6月	7月	8月
A	A1	A1-00-0001	10K	20K	10K	10K	10K	22K	8K	10K
A	A1	A1-00-0002	20K	20K	20K	20K	10K	30K	30K	10K

注：K 代表 1000。

日常监控看板：看板是为了及时预警生产的风险，对于每个企业不同的生产复杂度，看板设置的维度和颗粒度会有不同。为了风险能被及时发现，一般会包括关键工序的投产、上线、产出的结果等，同时还需要考虑关键物料的到料情况和消耗情况。

表 3-20 所示为日常监控看板示例。

表 3-20　日常监控看板示例

产品线	产品信息	物料编码	成品需求				已交付	在途	成品	已投料	预计 GAP			
			5月	6月	7月	8月					5月	6月	7月	8月
A	A1	A1-00-0001	100K	100K	100K	100K	10K	300K	200K	50K	−20K	0	0	0
A	A1	A1-00-0002	100K	100K	100K	100K	3K	300K	200K	150K	0	0	0	0
A	A1	A1-00-0003	100K	100K	100K	100K	3K	300K	200K	150K	0	0	0	0

注：K 代表 1000。

基于上述 3 个核心数据表，如何衡量供应的交付和需求的波动情况？常规做法中，供应部门或者销售部门需要按月或者按季度对交付达成率、需求达成率、库存周转率和风险库存的分析及处理等方面进行统计分析。

另外，IT 系统也可以针对如下几个指标进行事后统计分析，并定期提醒相关人员关注。

- **交付达成率**：根据供应的成品答交与实际成品交付进行统计分析，用于分析供应部门的交付是否如期完成。通常，交付达成率要达到 95% 甚至 100% 以上。超过 100% 的情况，说明答交数量超出计划——满足了客户的部分新增需求。
- **需求波动率**：对销售的需求预测准确性进行管理。通常来说，需求波动率越低，公司的运营情况越良好，风险库存越低。
- **库存周转率**：通常是与风险库存分析一起进行的。因为在一个企业的产品类别较多时，很难去分析每个产品的库存周转率，建议以每个产品线或每个产品系列为维度进行分析。
- **风险库存报表**：针对每个产品甚至每个物料监控库存的状态。在一些企业中，风险库存的预警、计提和处理，需要每个月进行例行分析和审视，进而影响产品线和销售的绩效考核。

通常情况下，生产计划和监控的工作都会在 APS 系统中完成，系统可以依据计划进行监控和及时预警，当出现产出不达预期的情况时，计划人员可以快速介入处理。

⊃ 3.4.4　采购管理

采购管理是指在企业内部系统地规划、组织、指导和控制采购活动的过程，其主要目的是在合适的时间以合理的成本获取合适质量的商品或服务，以满足企业的运营需求。

采购管理作为企业运营中不可或缺的一部分，涉及采购需求管理、供应商寻源及管理、招投标、订单管理及供应商的协同合作等方面。有效的采购管理不仅能降低成本，还能提高企业的生产效率和市场竞争力。

一个完整的采购管理系统，往往是在 SRM 系统中体现的，图 3-43 所示为 SRM 系统的功能模块示例。

内部集成	供应商管理	寻源定价	采购执行	供应商协同	外部连接
ERP	准入资质审核	询价竞价	需求&计划	订单/答交协同	征信平台
PDM	全面资料管理	招投标	采购订单	生产WIP协同	第三方商城
WMS	绩效考核评估	单一供应商	收发货	收货/发货协同	电子签章/签名
OA	供应商等级管理	配额管理	对账结算	对账/盘点协同	供应商系统
MDM	非生产采购流程	成本管理	供应商物料库存		其他

图 3-43　SRM 系统的功能模块示例

有些 SRM 系统模块可能更加丰富，如包括商城、成本追溯、合同管理等模块，但对于企业而言，最重要的还是对业务的支撑，无论是在 SRM 还是其他系统中，对业务的效率提升和流程的高效运作是首位的。所以，考虑到每家企业对 SRM 系统的需求不同，我们仅针对通用的模块重点介绍招投标、采购订单和非生产采购流程。

1. 招投标

招投标是现代商业活动中一种常见的供应商选择和项目委托方式，通过公开、公平的竞争环境，确保项目的透明度和经济效益。对于大型设备、软件、服务类等项目，有效的招投标管理对于控制成本、提高效率和保证质量都至关重要。图 3-44 所示为常见的招投标流程。

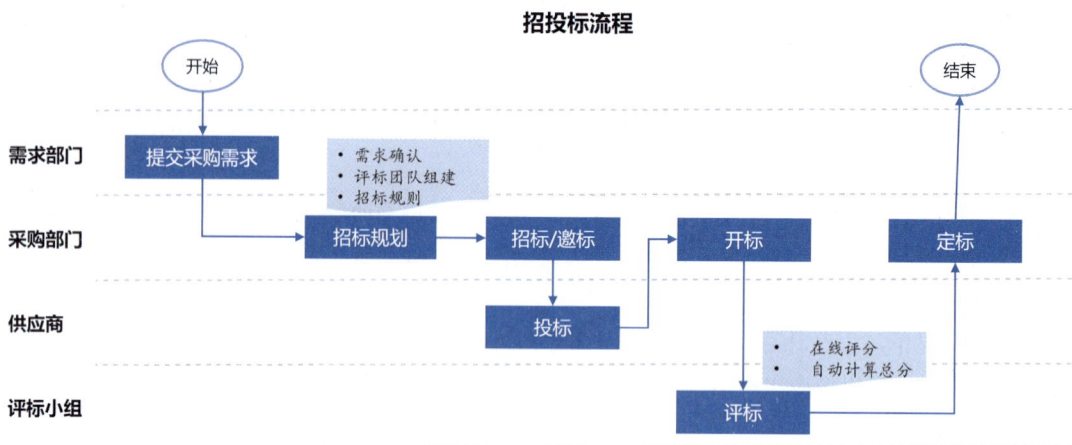

图 3-44 招投标流程

招投标过程通常始于详细的需求确认，包括项目的目标、预算、时间框架，以及技术和质量要求。这些信息将被整理成招标文件，对潜在的投标者明确项目的具体需求。招标文件的清晰性和全面性是成功招标的关键，因为它直接影响投标者的理解和响应质量。

表 3-21 所示为 SRM 系统中的标书相关信息示例。

表 3-21 SRM 系统中的标书相关信息示例

字段	含义	字段	含义
公司		项目名称	
项目说明		采购人员	
招标方式	公开招标 / 邀标	投标类型	在线 / 邮寄
评分方法	综合评分 / 商务优先 / 技术优先	项目交付地点	
项目需求	一般为附件	项目交付日期	
投标截止时间		开标时间	
开标地点		投标内容	由供应商上传，分为技术标和商务标

为了保证评审的公平性和透明性，在接收投标书后，业主方或招标机构会设立一个评标委员会，由专家（通常是业务部门及该领域的技术专家）和相关利益方（如采购、财务、审计部门等）组成，负责审查并评估投标文件。

评标过程需要细致入微地分析每个投标者的提案，评估标准通常包括价格、技术能力、经验、资源能力和相关经验等。现代招投标过程中，越来越多地采用了电子招投标系统，通过技术手段提高处理效率，降低错误率并增强信息的安全性。

越来越多的企业会在招标启动时设置评估打分表，由专家和采购背靠背打分评估，并在加权平均后确认最高得分。

评标一般来说分为技术标和商务标评分，商务标一般通过评估报价和供应商规模来打分，而技术标往往由多个维度的评分项组成，如表 3-22 所示。在 SRM 系统中，需要将每个评分项做成结构化数据，每个评分项需要有"分类""评分项""评分标准""满分""得分"及"得分说明"。

表 3-22　技术标评分标准示例

分类	评分项	评分标准	满分	得分	得分说明
技术	技术方案	能够完全理解业务需求并给满足需求的技术方案得 10 分 无法支持的需求点，每少 1 点少 1 分	10		
技术	硬件配置	完全满足需求得 10 分 关键硬件需求不满足，不得分，其余配置每少一点扣 1 分	10		
人员能力	工程师能力评估	高级工程师（超过 8 年）至少 1 人，中级工程师（超过 5 年）至少 2 人。每少 1 人少 1 分	10		
项目经验	是否有超过 ×× 万元规模的类似项目经验	3 个项目经验得 10 分，每少 1 个扣 4 分	10		
公司能力	公司员工总数、当地支持人员的规模	……	20		

2. 采购订单（PO）

采购订单的英文是 Purchase Order，简称 PO。在制造行业中，采购订单管理是确保生产效率和供应链稳定性的关键环节。有效的采购订单管理不仅能保证生产线的顺畅运转，还能优化库存水平，减少资本占用，提高整体运营效率。常见的采购订单主要有如下 3 个节点：

① 采购订单下达。

采购订单管理的第一步是建立一个有效的系统来创建、跟踪和管理采购订单。这一系统应能集成供应商数据、产品规格、订单历史和支付信息等，确保信息的准确性与可访问性。在许多现代企业中，采购订单系统多数在 ERP 系统中创建，并在 SRM 系统中发放给供应商。

② 订单执行与监督。

订单下达后，持续的跟踪管理是很有必要的。这包括跟踪订单状态、验证供应商的答交，并确保对应的产出计划。在订单执行过程中出现的异常，都应立即报告，必要时要采取纠正措施，如修改订单、重新安排生产计划或更换供应商。

③ 采购订单验收。

订单验收是采购订单执行的最关键环节，要确保所购买的原材料或加工的产品符合规定的标准和质量要求。供应商通常需要在 SRM 系统中发起 ASN（Advance Shipment Notice，预发货通知），在货物到达时，进行初步检查以确认实物数量和包装的完整性，并与送货单信息完全一致。

实物与信息确认无误后，需要及时更新库存和订单状态。通常的做法是将 SRM 系统与 ERP 系统集成，在 ASN 流程确认验收环节，会自动将库存信息、订单状态更新至 ERP 系统中。

综上，系统化的采购订单管理对于实现生产效率和成本控制至关重要。通常做法如下：

- 由 ERP 系统承载着订单、库存、对账等多个关联的数据。
- 订单（含加工单）在 APS 系统中管理，根据生产计划自动创建订单。
- SRM 系统作为与供应商的协同系统，实时传递订单状态和发货数据。

3. 非生产采购流程

非生产采购流程是相对生产采购来说的，指与公司产品非直接相关的采购，包括行政办公、IT 资产、软件、专业服务类、低值易耗品等相关采购。对于非生产采购活动，一般也会分为 4 个过程，如图 3-45 所示。

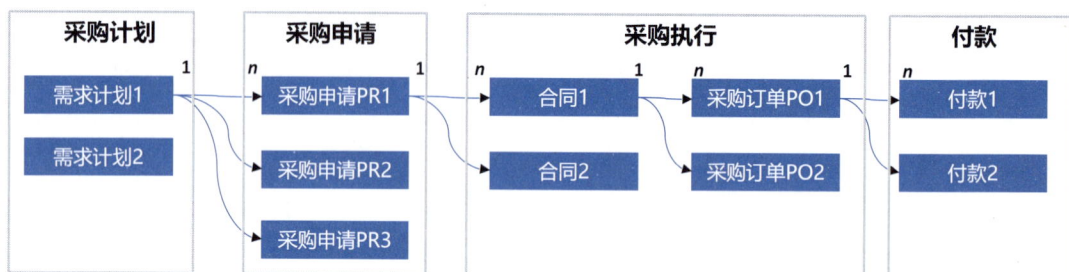

图 3-45 非生产采购过程

（1）采购计划

一般来说，业务部门每年都会有不定期的采购需求，而不同部门之间可能会采购相同的东西，为了更好地配合业务部门的采购时间点，通常，采购部门都会与业务部门针对全年的采购需求，一起讨论确认出采购计划，并确认后续的采购安排。

在企业内部，如果采购的品类较多，涉及的需求部门也比较多，建议设置"产品目录"库。产品目录库的存放位置，一般来说，可以在 SRM 系统中设置。如果公司没有 SRM 系统，可以在 OA、ERP 或自研系统中管理。表 3-23 所示为产品目录库示例。

表 3-23 产品目录库示例

字段	含义	字段	含义
产品名称		产品代码	
品牌		型号	
规格		单位	
预算范围		采购到位时间	

如果用户没有找到对应的产品信息或需要更新相关信息，需要设计一个"产品目录"维护流程，由用户或者采购发起，更新表 3-23 中的信息，在此不再展开论述。

（2）采购申请

采购申请是公司采购管理中的关键流程，用于正式提出和审批采购需求。对于企业规模不太大的公司，可能没有设置"采购计划"活动，但采购申请则不同，这是每个企业都需要的，用来审核采购需求的合理性、是否有预算及衡量采购团队的绩效等。

采购申请表单中需要包括详细的采购内容，如表 3-24 所示。

表 3-24　采购申请表单示例

字段	含义	字段	含义
申请人		申请部门	
申请理由			
预算总金额		币种	

详细采购明细

行	名称	参数配置	待选供应商	项目	单位	数量	预算	说明
1								
2								
3								

在审批流程设置中，一般会根据类别、金额等设置权签规则，表 3-25 所示为权签表示例。

表 3-25　权签表示例

类别	金额	审批人	说明
资产	＜ 10 万元	三级部门主管	
资产	＜ 50 万元	二级部门主管、项目负责人	
资产	＜ 100 万元	一级部门主管、产品线负责人	
......			

财务在采购申请流程的角色是审核财务风险，一般考虑是否有预算、是否超预算或者该项目是否有预算，对于大金额的采购，还会考虑现金流风险等。

待全部审核完成后，PR 流程结束，后续则由采购部门进入采购执行阶段。采购执行与前面介绍的采购订单（PO）类似，本节不再展开。

◯ 3.4.5　供应商协同

从广义上来说，供应商协同包括企业与供应商之间的所有交互与协作，如信息实时分享、业务数据传递、实物收发货、对账盘点等，从而实现供应与生产的高度配合，提高企业与供应商的作业效率。大部分 SRM 系统都支持信息协同，因此，如何针对实物协同，是本节的重点，我们将从订单协同、生产过程协同和生产对账协同 3 个方面分别展开介绍。

1. 订单协同

订单协同是指在供应链管理中，企业与供应商之间通过共享信息和协调行动，并且将订单中的实物流与信息流匹配，以提高订单处理效率的过程。其主要目的是确保订单在接收、处理、运输和交付等各个环节顺畅进行，从而优化整个供应链运作效率。

图 3-46 所示为订单协同示例。

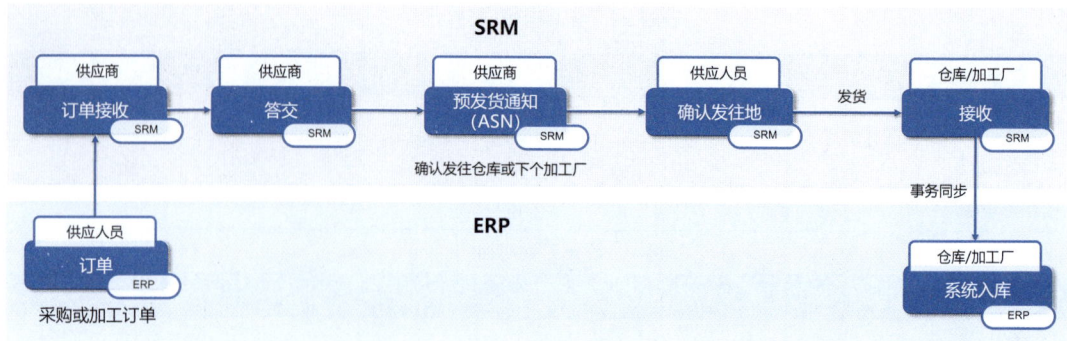

图 3-46　订单协同示例

在订单协同流程中，涉及公司内部、多个供应商，甚至还可能和物流公司都有若干次的协同。在上述流程中，与供应商相关的主要节点如下：

（1）订单接收

供应商接收来自企业的订单信息是供应链协同的首要环节。企业通过供应商管理系统将采购订单发送给供应商。订单中包括物料、数量、交货日期、价格等详细信息。这些信息构成了供应商生产和交货的基础。

在 ERP 系统内，企业可以创建并发送采购订单。这些订单数据通过 SRM 系统或其他方式，如 EDI（Electronic Data Interchange，电子数据交换）系统、FTP 等，再传输到供应商的系统中。此时，需要注意的事项如下：

- ERP 订单按照与供应商协定的格式，传递到协同系统中，如 SRM、EDI、FTP。
- SRM 系统需提供相关接口，如 HTTP 的 REST 接口或 FTP 接口。
- 供应商的系统可对接 SRM 系统自动处理，避免人工处理不及时或人工处理导致的数据错误问题等。

通过上述多个系统的集成，将订单接收流程完全自动化，从而减少了人工输入带来的错误率，并加快了数据处理速度。

（2）答交

供应商在接收到订单后，需要确认是否能够按时按量交货，这个过程被称为答交。针对每个订单条目，供应商需要响应交货时间、数量及可能的任何变更。这个环节对优化生产计划和物流安排至关重要。通常有两种做法，一种是按照订单答交，这需要在每个订单上进行答交操作；另一种情况就是多笔订单对应的是同一个产品物料，可以按照物料答交，保证在总数上与整体订单基本一致。

供应商答交在 SRM 中的设计要素，一般考虑如下几点：

- 允许供应商在 SRM 系统按照订单直接进行答交。
- 允许供应商自己的系统对接 SRM 系统，供应商在自己系统上答交后，自动传递到 SRM 系统上。
- 如果企业需要按天的维度来答交，则系统需要支持 Excel 导入、在线 Excel 编辑功能，以方便供应商配合执行。
- 对于答交无法按时交付的，系统需要及时告警，并通过 SRM 系统通知双方人员，促使双方及时沟通与调整交货计划。

- 需要存储所有的答交记录，以便企业对供应商的履行情况进行跟踪和分析，通过数据分析功能，帮助企业评估履行率和响应速度。

（3）预发货通知（ASN）

在订单确认和生产完成后，供应商需提前通知企业即将发货的信息，这一过程通过 ASN 实现。ASN 包含对应的订单信息，发货的详细信息，如发货数量、预计到达时间、运单信息等。这使得企业能够提前做好接货准备，优化仓储和物流配置。需要注意的是，这些物流可能是发往企业的仓库，也可能是发往下游加工厂，或者是直发客户，这依赖于当时企业的生产计划安排。

在 SRM 系统中实施 ASN 模块，通常要考虑如下几个关键要素：

- ASN 中的每行发货信息，必须关联订单行（订单中的某一行，下同），且包括良品数量、不良品数及相关的条码信息等。
- 具备数据验证和处理能力，例如，每个订单行的情况与 ASN 的发货情况校验、发货数量必须小于未回货的订单数量、供应商上传的条码信息与 ASN 中的数量一致等。
- 信息与实物必须一致，SRM 系统允许供应商通过自有系统自动创建 ASN 和条码信息，也支持供应商使用企业的 PDA 设备，通过扫码并自动创建 ASN 流程。
- ASN 流程经过企业供应链人员确认后，其相关信息将自动更新到系统中。此时，ERP/WMS 系统中的收货单、库存、订单状态、库存状态、条码状态等将自动更新，以减少人工干预，提高工作效率。

2. 生产过程协同

生产过程协同是指在生产过程中，企业内部不同部门和供应商生产环节通过信息共享和协同，以优化生产流程、提高协作效率和应对各种风险和问题的过程。它确保生产计划、物料准备、实际生产和质量控制等各个环节紧密配合，从而实现交付目标。

图 3-47 所示为生产过程协同示例。

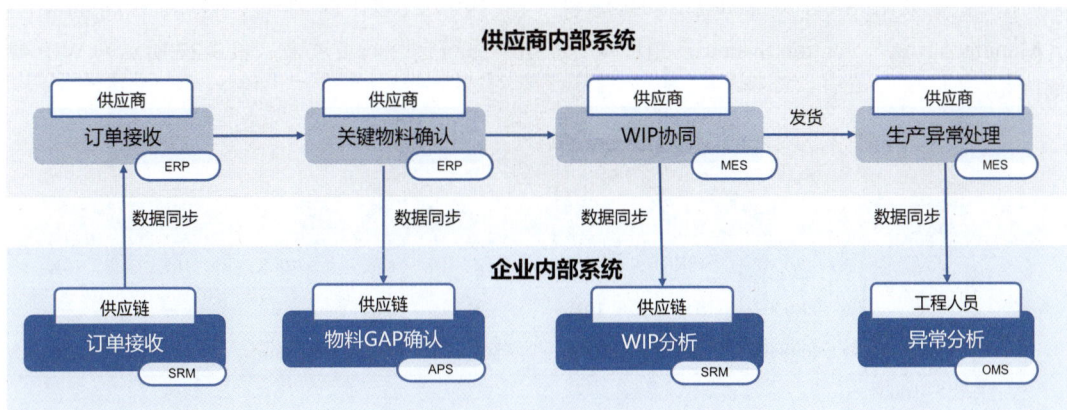

图 3-47 生产过程协同示例

生产过程协同流程与订单协同类似，也会涉及公司内部多个部门与供应商之间的若干次协同。在上述流程中，"订单接收"节点已经在上面展开过，下面将重点介绍如下 3 个节点：

（1）关键物料确认

在启动生产前，需要确保生产所需的关键物料库存。一般来说，对于委外加工的场景，除了客户提供的原材料，供应商还需要配套购买一些关键物料，而这些关键物料往往是专用物料，并且有一定的保质期等约束。对于关键物料确认，并不仅仅是在启动生产时确认，还需要共享关键物料的库存状态和需求信息，确保关键物料按时到位。

业务协同的过程，通常是实时监控关键物料的库存水平，并且匹配客户定期发送的预测数据，及时发现库存过期风险或缺料风险，以避免因物料短缺导致的生产停滞。在 SRM 系统中，需要开发数据同步接口，由供应商的 ERP 系统同步关键物料的库存信息，一般格式如表3-26 所示。

表 3-26　关键物料数据同步示例

关键物料信息			库存状态			
供应商物料编码	产品编码	物料说明	类型	入库时间	有效期	说明
×××01	A1-00-0001	专用胶水	在途	NA	NA	还未入库，需要估算有效期
×××01	A1-00-0001	专用胶水	未使用	2022/1/1	2022/7/1	
×××01	A1-00-0001	专用胶水	已开封	2022/1/1	2022/4/1	
×××01	A1-00-0001	专用胶水	已过期	2022/1/1	2022/3/1	过期

考虑到会有多个产品使用同一关键物料，也存在一个产品使用多个关键物料的情况，这就需要及时更新维护其中的关联关系，从而分析出关键物料的库存风险。

（2）WIP 协同

WIP 是 Work In Process 的缩写，中文是"在制品"的意思。WIP 是对生产中各个阶段的物料状态进行监控和管理。通过掌握在制品的状态，企业和供应商可以更好地协调生产进度，确保关键生产节点的顺利进行。WIP 数据需要尽可能实时共享，至少需要保障能够每天共享，帮助供应链人员了解每个生产环节的进度，及时调整生产计划和资源分配。

一般需要在 SRM 或 EDI 系统中提供一个接口或者 FTP 地址，由供应商的 MES（Manufacturing Execution System，制造执行系统）系统定时同步过来，表 3-27 所示为 WIP 数据同步示例。

表 3-27　WIP 数据同步示例

供应商	产品型号	物料编码	站点 1	站点 2	站点 3	站点 4	站点 5	站点 6	当日出货
××	A1	A1-00-0001	10K	—	5K	10K	100K	10K	10K
××	A1	A1-00-0002	1K	10K	30K	2K	—	—	—
××	A1	A1-00-0003	200K	100K	50K	100K	300K	300K	300K

注：K 代表 1000。

（3）生产异常处理

在生产过程中，应及时发现和处理生产过程中出现的异常情况，如设备出现故障、质量问题或结果偏差过大等。出现任何异常，都需要供应商实时记录，并与公司工程、质量人员分析生产异常，以改进生产流程和预防类似问题的再发生。

在 OMS（Operation Management System，运营管理系统）中设计一个"异常处理"流程，

由供应商发起，并由公司工程或质量相关人员来处理。对于审批流程的设计，可根据公司组织和业务需求来设计，在此不再展开。表 3-28 所示为异常处理流程表单示例。

表 3-28 异常处理流程表单示例

字段	含义	字段	含义
供应商		所在工厂	
产品		型号 / 物料	
所在工序		异常批次	
当前处理方式		处理说明	
问题详述			
问题建议			
相关附件			

3. 生产对账协同

生产对账协同是指在供应链管理和财务管理中，企业与其供应商定期核对交易往来账目，以确保双方在生产数量、单价、良率损失等方面记录一致，并及时处理实物、账务的差异的一种协同过程。这个过程旨在提高双方的协同效率，并保证数据的准确性、及时性和透明性，从而建立并保持良好的合作关系。

图 3-48 所示为生产对账协同示例，在整个流程中，主要涉及两个部分：生产对账和发票协同。

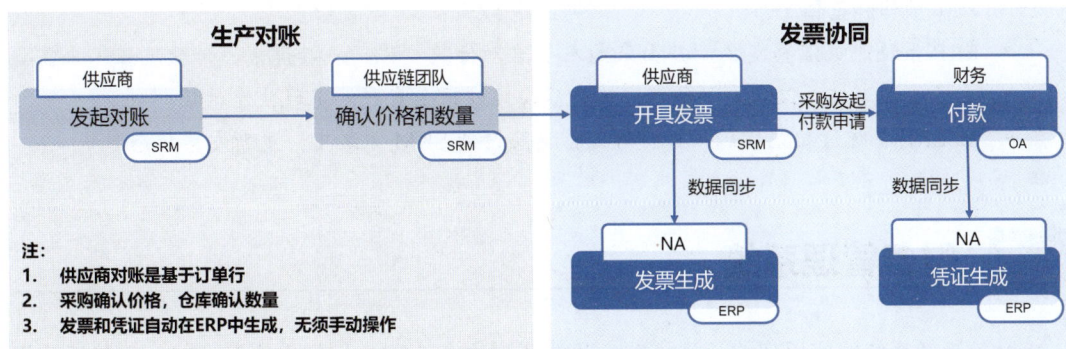

图 3-48 生产对账协同示例

（1）生产对账

生产对账是指供应商和企业（通常是采购人员）在一个协议期内（通常是一个月），通过对订单的每个细节进行核对，确保双方的记录和理解一致。这个过程通常由供应商发起申请，涉及对生产数量、单价、良品率、损失、异常情况等多个方面，再由采购来核对。

在 SRM 系统中设计"生产加工对账"流程，该流程包括"发起对账"和"确认价格和数量"两个节点。需要注意的是，流程中需要关联相关的订单、ASN，并且由系统内置的单价自动来计算金额，也就是自动对账功能。另外，考虑到有一些异常数据和不确定的金额，应支持供应商手动增加相关的金额（可以增加，也可以扣减），一般格式如表 3-29 所示。

表 3-29 生产加工对账表单示例

字段	含义	字段	含义
供应商		申请人	
对账总金额		币种	
异常金额		币种	
异常金额说明			

自动对账明细

行	订单	物料	单价	已回良品	已回不良品	ASN 链接	总金额	说明
1								
2								
3								

（2）发票协同

当与供应商对账完毕后，由供应商向企业开具发票，并上传至 SRM 系统。然后由企业采购人员发起付款，财务审核发票后进行付款。一般在设计发票模块时，需要考虑如下几个要素：

- SRM 系统中可集中管理供应商发票，方便供应商和采购人员查看。
- 利用 OCR 和 AI 技术，自动识别发票信息，并匹配 ERP 系统中的订单和入库单，减少人工操作和差错。
- ERP 系统能够汇总发票，并由采购人员启动付款流程。一般说来，付款流程不再需要更多主管审核，仅需要财务部门确认后，经过银企直联，实现快速付款。
- 当 ERP 系统付款完毕后，再将付款信息反馈到 SRM 系统中，更新发票状态。

3.5 财务管理系统

财务管理系统的应用架构设计，首先从业务架构和流程中识别出应用功能，再基于应用功能需求去设计应用功能架构，分解为应用功能清单，并考虑如何用 IT 系统的功能模块来承载，最终实现财务业务落地。图 3-49 所示为财务管理系统功能模块。

图 3-49 中涉及的财务模块较多，我们将财务管理系统中常用的 4 个功能模块"**会计管理**""**预算管理**""**资金管理**"和"**税务管理**"分别展开介绍。常见的共享管理系统，是在组织和规则统一的基础上，集成了外围系统和财务系统的多个模块，会放在本章的最后一节展开。

值得注意的是，一个完整的财务管理系统，不仅仅需要上述 4 个模块，还需要集成多个业务系统（如图 3-49 所示，常见的 OA、PLM、SRM、CRM 等系统都会集成到财务管理系统中），实现企业财务数据的自动化处理和精确管理，确保财务数据的及时性和准确性，从而实现真正的"业财一体化"。

决策系统　经营决策系统/数据分析平台

相关流程
采购：采购申请　采购下单　采购对账
销售：销售订单　销售对账
运营：差旅申请　其他发票
资产：资产入库　减值报废
人力：薪酬绩效

财务管控：预算管理　合同管理

财务共享：付款申请　电子影像系统　收款确认　电子档案系统　报销申请　……

会计管理：合并报表　总账　资产　应收　应付　成本　费用

资金管理：资金预测　资金调拨　银企直连

执行系统

发票池：销项发票　进项发票
纳税计算　纳税计算　退税计算
税务管理

外围系统　服务总线（ESB）
OA　PLM　SRM　CRM　HR　……

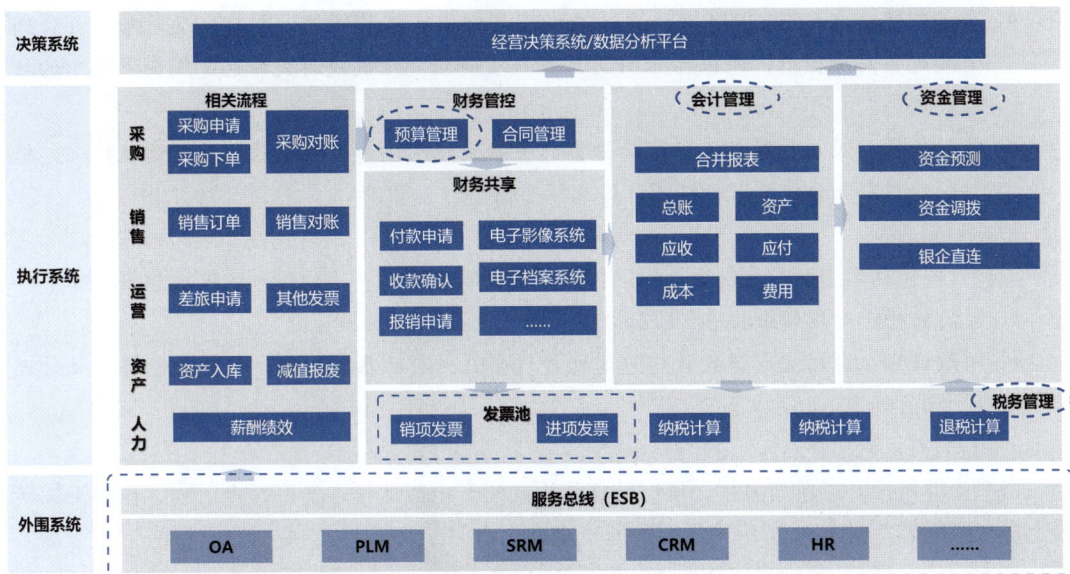

图 3-49　财务管理系统功能模块

⊃ 3.5.1　会计管理

会计管理是 ERP 系统中财务管理模块的重要组成部分，也是很多企业上线 ERP 实现业财一体化的数据基础。因为每个 ERP 都具备会计管理功能，故本节只阐述部分关键点，而不再详述流程图及其说明。

1. 总账管理

总账管理包括凭证录入管理流程、凭证冲销管理流程、员工借款管理流程、费用报销管理流程、会计月结管理流程、会计年结管理流程等。

总账管理中的注意事项如下：

- **凭证处理**：真正实现业财一体化的核心在于凭证的自动化处理。自动化生成凭证的关键在于每个与财务相关的业务流程，都需要集成 ERP，自动产生或冲销凭证。
- **结账处理**：一个企业的财务管理水平，月结和年结的天数是一个重要的衡量标准。一个企业的月结速度，理论上应该在 3 ～ 5 天，年结应该控制在 15 ～ 20 天。实现快速结账的前提，除了入账截止时间需要严格控制，还需要考虑各种费用的计提，如工资计提、返利费用计提等，这些计提费用如果不能自动化，也会影响结账的时间。
- **财务报表生成**：对于单个实体而言，除了三大财务报表（资产负债表、利润表、现金流量表）可以自动化生成，部分企业的管理报表也会提供管报的部分数据，如项目相关数据、产品线经营数据等。管报的数据依赖于公司主数据的一致性，如统一的项目数据、产品数据、物料数据、组织架构数据等。

2. 应收管理

应收管理包括销售手工发票流程、收款及清账管理流程。应收管理中的注意事项如下：

- **客户信用管理**：通过对客户级别和信用设置客户授信额度，并由系统定期提供客户信用额度给销售团队，以便及时了解客户的信用状况和潜在风险。

- **自动对账**：在 ERP/CRM 系统内，根据销售订单的执行情况，发起自动对账，并由销售和财务再次核对，确保对账的及时性和准确性。应收款的数据也是现金流预测的核心数据。
- **账龄分析**：对应收账款进行账龄分类，帮助管理者快速了解应收账款的回收情况，根据账龄识别和分析，进行坏账计提或坏账核销。

3. 应付管理

应付管理包括供应商发票处理流程、付款及清账管理流程。应付管理中的注意事项如下：

- **账龄分析**：对应付账款进行账龄分类，帮助企业合理安排资金。
- **付款计划**：自动生成付款计划，这也是现金流预测的基础数据，使企业能够有效管理现金流。

4. 资产管理

资产管理包括资产新增流程、资产转移流程、资产报废流程、资产盘点流程、在建工程转固定资产流程等。图 3-50 所示为资产管理功能模块示例。

图 3-50　资产管理功能模块示例

做好公司资产管理离不开专业工具，就如同供应链部门做好仓库管理离不开 WMS 系统一样。建设资产管理系统时，通常需要考虑如下几个关键要素：

- **专业的资产管理系统**：ERP 系统中的资产管理功能通常不会对所有用户开放，专用的资产管理系统可对接 ERP 系统，实现资产的查询、新增、转移、报废等流程。
- **自动盘点**：一般的企业管理规定中，都会要求定期盘点（如每季度），但实际上通过人工的盘点，效率低下且无法保证准确性，RFID（Radio Frequency Identification，射频识别）盘点是资产管理系统中的必备功能。
- **自动折旧**：根据不同资产类别设置相应的自动折旧方法是资产管理的基础功能，无论是在 ERP 中，还是专业的资产管理系统中，都是必不可少的功能。

- **自动生成财务凭证**：资产入库或价值变化，都需要自动更新资产账面价值和累计折旧。
- **自动计提呆滞风险库存**：在资产管理中，对于公司的原材料、半成品和成品库存，当符合公司规定的计提规则时（如按照库龄、移动速度等），应按照物料编码的维度，自动计提风险库存。

5. 成本管理

成本管理是对企业生产和经营过程中发生的各种成本的分析和控制，主要包括物料标准成本估算流程、成本会计月结管理流程、标准成本和实际成本对比分析流程等。

在成本管理中，都是围绕标准成本和实际成本来管理的。标准成本是根据料、工、费估算而成，在月结时需要进行差异处理，一部分划入成本中心，而一部分计入成本。标准成本和实际成本计算逻辑如图 3-51 所示。

以成本会计月结管理流程为例，介绍其对应的应用系统设计。图 3-52 所示为成本会计月结管理流程。

6. 费用管理

公司日常运营产生的费用，除了包括员工的报销、供应商付款等活动，还有一些费用是公司公共费用，如行政办公费、水电费等，那么就需要设计费用分摊分配流程。

以费用分摊分配流程为例，介绍其对应的应用系统设计。图 3-53 所示为成本中心费用分摊分配流程。

7. 合并报表管理

合并报表是指将母公司及其子公司等受控实体的财务报表整合为一套财务报表，以反映整个集团的资产负债表、利润表和现金流量表。图 3-54 所示为合并报表示意图。

在合并报表时，有如下 3 个重要的前提：

- **会计政策的一致性**：使用统一的集团科目表，确保所有合并实体使用一致的会计政策（如收入确认、存货计价、折旧方式等）。
- **会计期间的一致性**：合并报表的日期应与母公司和子公司的财务报表会计期间一致。
- **明确的外币折算**：对于使用不同记账币种的公司，需要使用平均汇率、期末汇率或发生时汇率进行折算。

此处仅举例最关键的几个抵销项，仅供参考：

- **内部往来现金流量（借款）抵销**：在集团内部的公司之间，相互提供的贷款和借款在合并时需要进行抵销处理。
- **内部关联订单（销售 & 采购）抵销**：内部销售收入与相应的采购成本需要抵销，以避免在合并报表中重复计算收入和成本。同理，公司内部的应收账款和应付账款也应相互抵销。
- **内部期末存货未实现收益（未销售）抵销**：如果存在未实现的内部销售利润（如子公司向母公司出售产品但未对外销售），这些利润需要在合并报表中抵销。
- **内部投资合并抵销**：母公司在子公司中的股权和相对应的持股权益需要抵销。任何因股权投资而产生的溢价也需要相应调整。

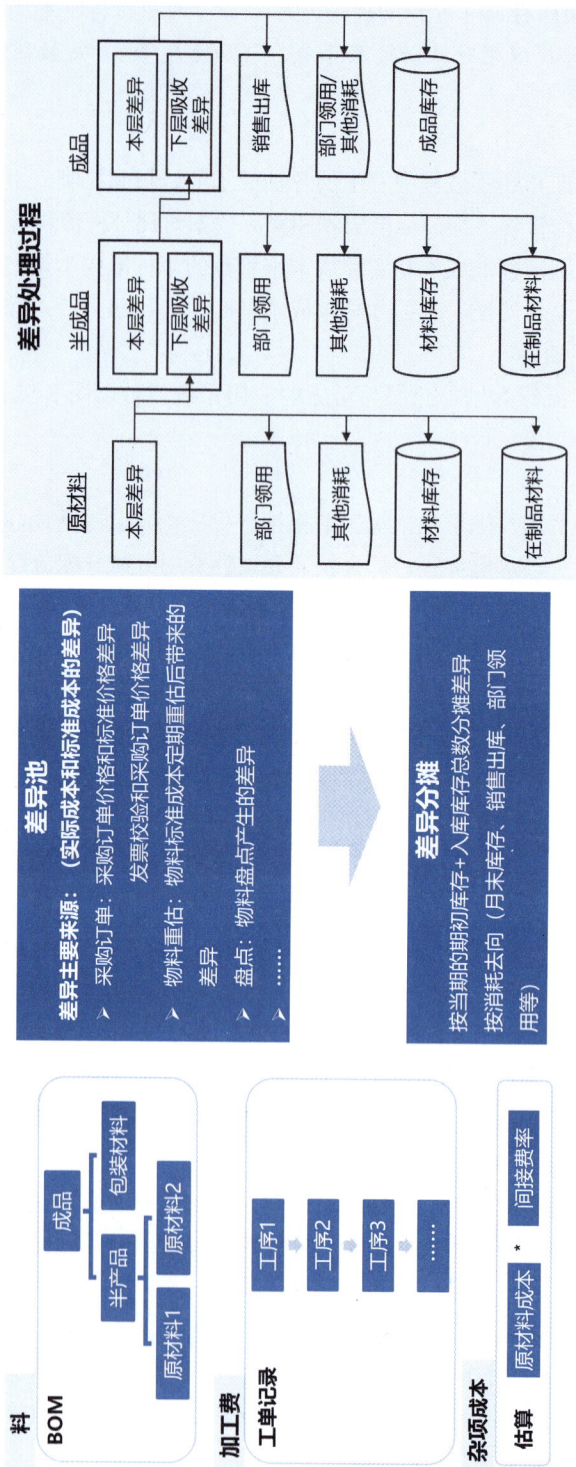

图 3-51 标准成本和实际成本计算逻辑

成本会计月结管理流程

财务部	备注
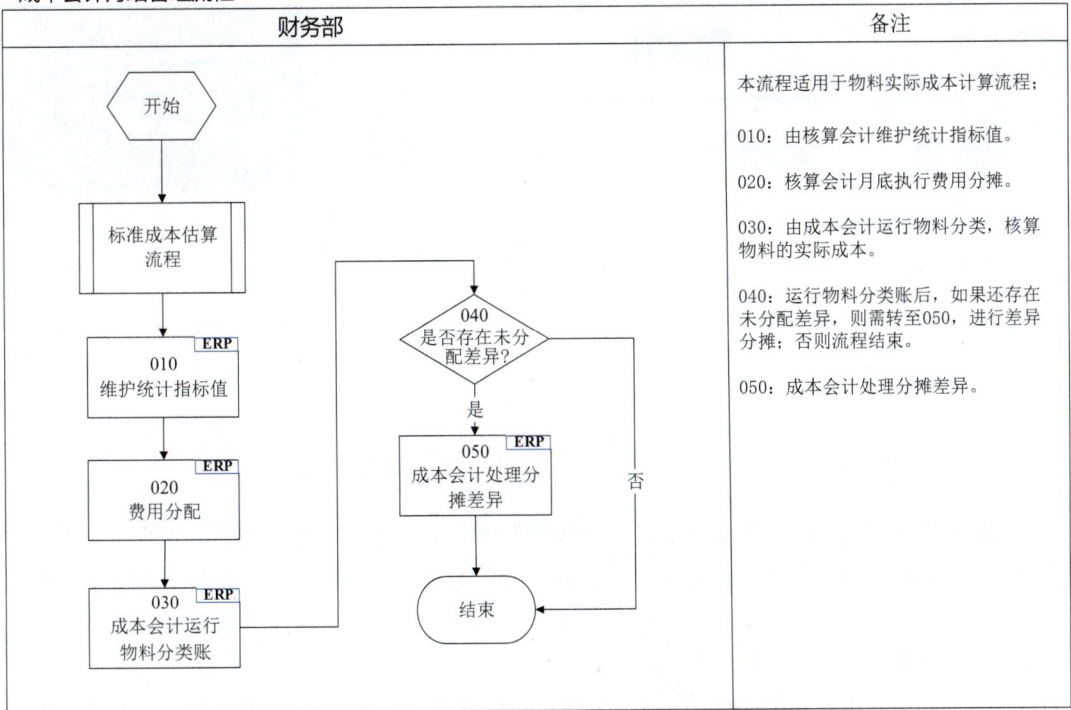	本流程适用于物料实际成本计算流程； 010：由核算会计维护统计指标值。 020：核算会计月底执行费用分摊。 030：由成本会计运行物料分类，核算物料的实际成本。 040：运行物料分类账后，如果还存在未分配差异，则需转至050，进行差异分配；否则流程结束。 050：成本会计处理分摊差异。

图 3-52　成本会计月结管理流程

成本中心费用分摊分配流程

财务部	备注
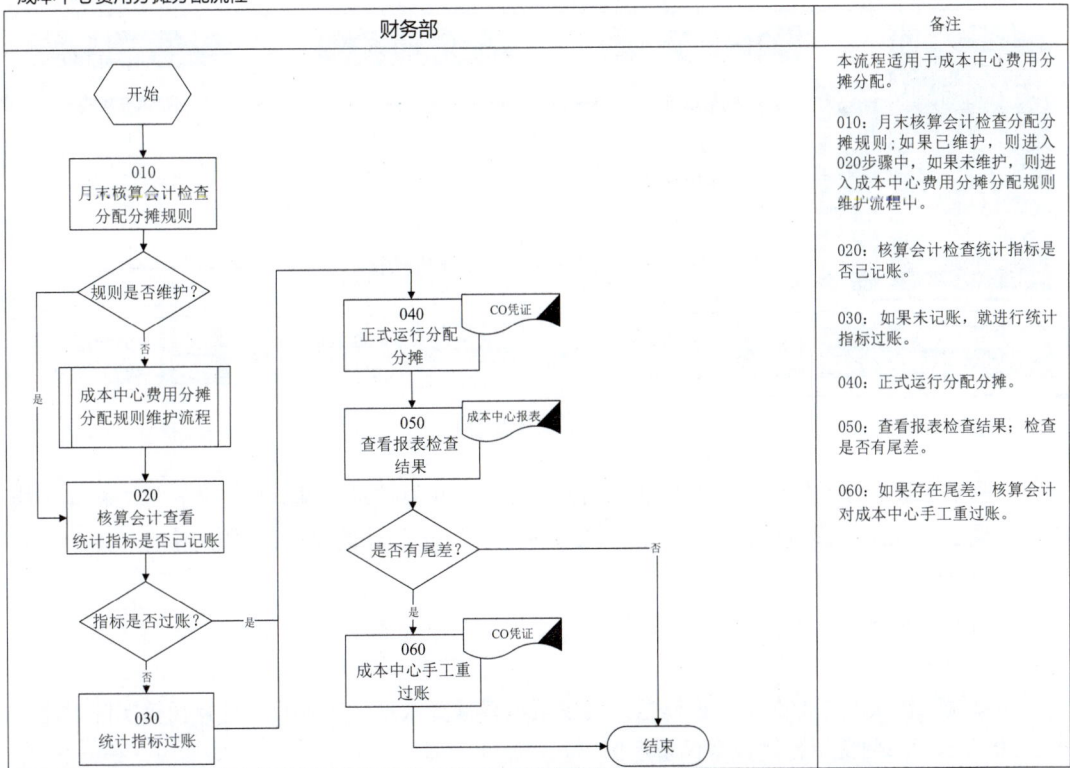	本流程适用于成本中心费用分摊分配。 010：月末核算会计检查分配分摊规则；如果已维护，则进入020步骤中，如果未维护，则进入成本中心费用分摊分配规则维护流程中。 020：核算会计检查统计指标是否已记账。 030：如果未记账，就进行统计指标过账。 040：正式运行分配分摊。 050：查看报表检查结果；检查是否有尾差。 060：如果存在尾差，核算会计对成本中心手工重过账。

图 3-53　成本中心费用分摊分配流程

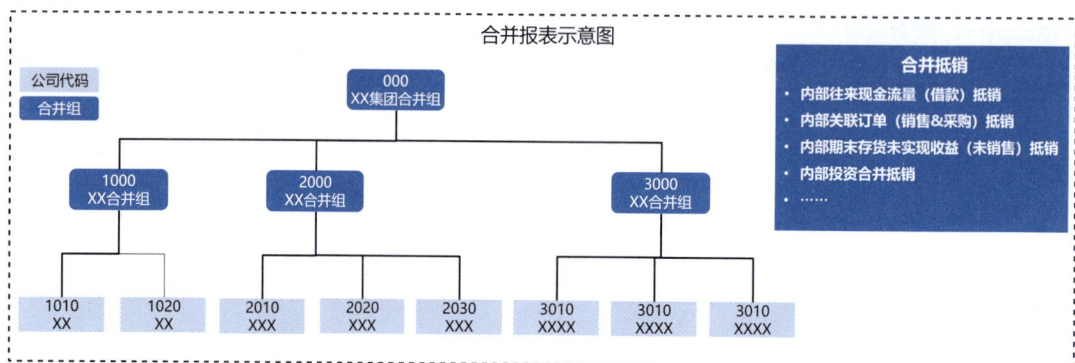

图 3-54 合并报表示意图

⊃ 3.5.2 预算管理

当前谈及预算管理时，通常指的是全面预算管理。全面预算管理系统以企业的发展战略为导向，充分考虑现有业务和未来需求，制订整体与详细的预算方案。它将全面预算作为核心，上承企业战略目标，下控资源和业务活动，强化预算执行的监控，从而提高企业在战略落地、资源配置和业务管控等方面的管理能力。

全面预算管理体系如图 3-55 所示，共分为 3 个阶段：事前（编制预算）、事中（控制预算执行及刷新预算）、事后（分析预算执行情况）。

预算管理体系框架

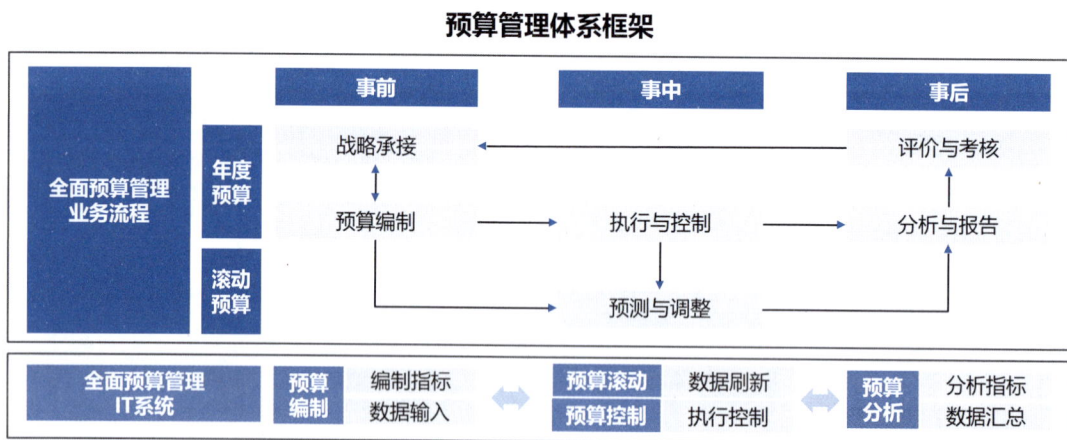

图 3-55 预算管理体系

在整个预算管理系统中，主要功能包括预算编制、预算滚动、预算控制及预算分析 4 个模块，实现了企业从经营目标预算、执行、滚动刷新到分析闭环的管理。图 3-56 所示为预算管理系统功能图。

下面展开介绍系统功能需求及其实现。

1. 预算编制

预算编制模块的关键在于数据模型，用模型承载预算数据、实际数，进行预算实际对比。表 3-30 所示为部门费用预算数据模型示例。

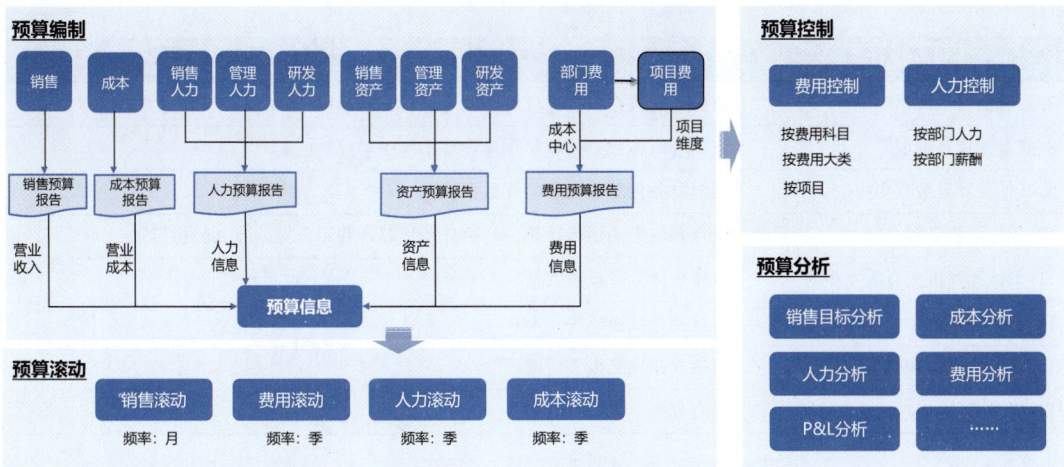

图 3-56 预算管理系统功能图

表 3-30 部门费用预算数据模型示例

维度	描述	承载的数据
ENTITY	预算组织	存放预算组织
ACCOUNT	科目	存放预算科目：收入、成本、费用科目等
CATEGORY	版本	此维度存放版本：如 0 为实际执行，预算版本从 1 开始递增
AMOUNT	金额	金额
CURRENCY	币种	存放币种
TYPE	类别	如 0（产品）、1（项目）、2（物料）
ALLOCATION	归属	具体归属哪个产品、项目、物料
DESC	说明	说明信息
RESERVED_1	预留	预留 1
RESERVED_2	预留	预留 2
DATETIME	时间	存放创建时间

在大部分企业的预算编制过程中，需要涉及 14 个流程步骤，如表 3-31 所示。

表 3-31 预算编制步骤

步骤名称	描述
1. 维护预算期间及版本	启动全面预算编制流程，开启预算期间及版本进行数据导入
2. 维护部门费用，按产品线分摊	将部门费用按照特定比例分摊至产品线
3. 维护未来新的产品物料代码	维护未来可能研发出来的新的产品代码
4. 采购价格及 BOM 抽取	从 SAP 系统中抽取采购单价及 BOM 等信息
5. 薪资数据抽取及计算	从 HR 系统中获取薪资标准数据并根据业务部门填报的人员信息计算人资费用
6. 折旧及摊销计算	抽取从 ERP 系统中运行的模拟折旧与根据投资预算表中的投资计算的新增资产折旧汇总折旧费用

步骤名称	描述
7. 业务数据抽取	业务部门数据填报完成后抽取至预算管理系统中
8. 成本计算及抽取	将生产成本数据抽取至预算管理系统中
9. 其他预算表数据填报	其他财务预算及资金预算数据填报
10. 执行逻辑计算	执行系统中的逻辑计算，包括外币折算、费用分摊、收入转换等
11. 单体预算报表查看及核对	检核单体预算报表数据
12. 合并抵消	运行合并抵消程序
13. 合并预算报表查看及核对	检核合并预算报表数据
14. 提交审核	提交审核

图 3-57 所示为年度业务目标预算编制流程示例。图 3-58 所示为部门费用预算编制流程示例。图 3-59 所示为部门人力预算编制流程示例。

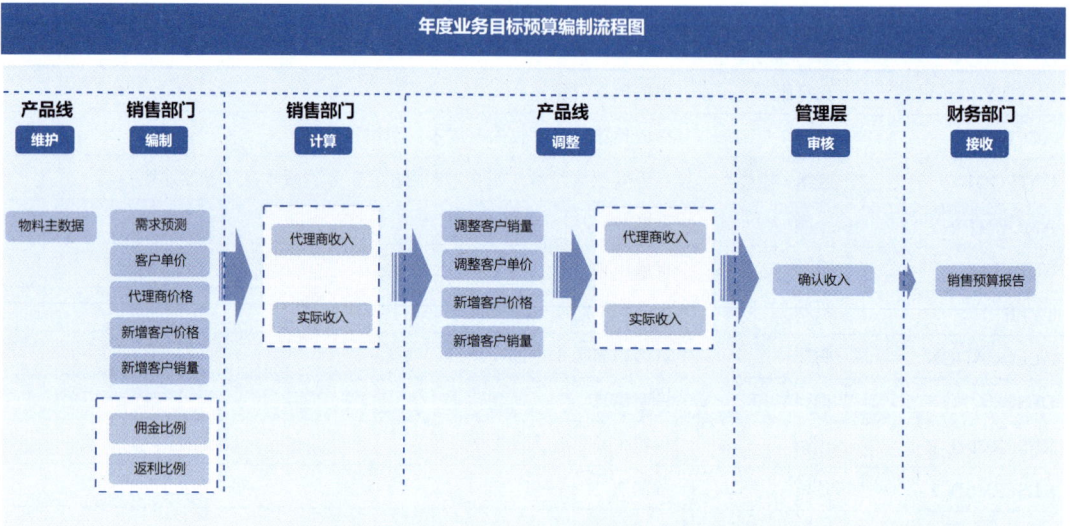

年度业务目标预算编制流程图

图 3-57 年度业务目标预算编制流程示例

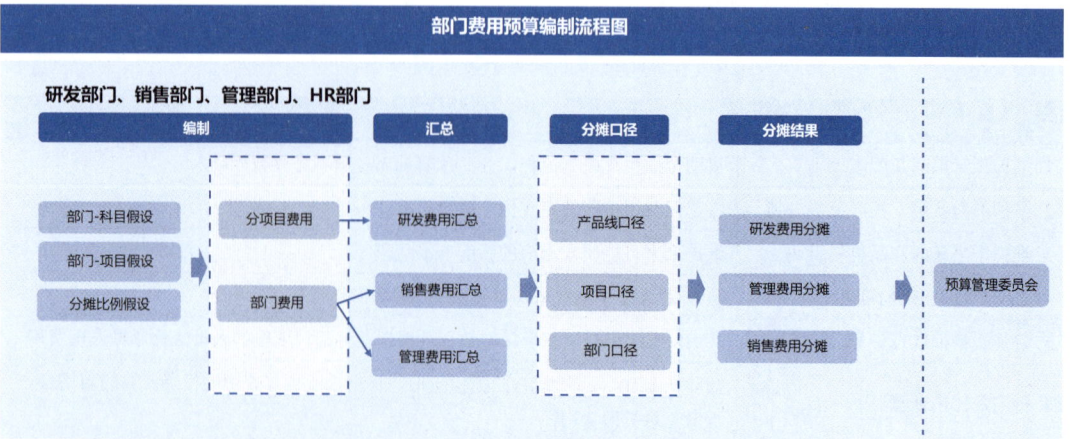

部门费用预算编制流程图

图 3-58 部门费用预算编制流程示例

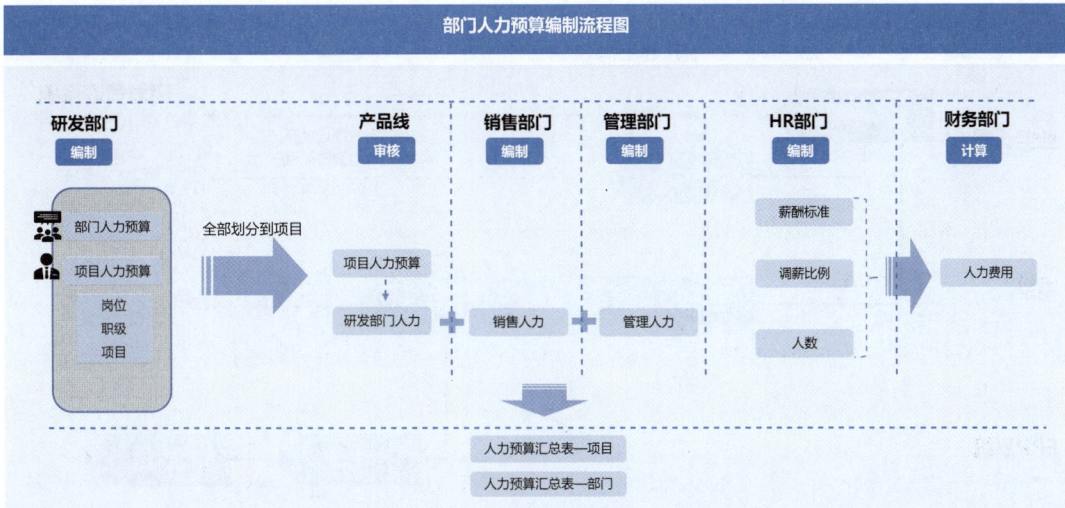

图 3-59　部门人力预算编制流程示例

2. 预算滚动

预算滚动是随着年度预算的执行，基于企业运营过程中的风险及其他因素进行评估，定期滚动调整年度后续预算。系统实现逻辑是基于年度预算模型，根据企业实际情况，可以按季度、月度进行可配置化的滚动更新预算编制。年度和滚动分别对应不同预算数据的不同版本。

预算滚动的数据模型、填报表单与年度预算编制相同。预算滚动是在年度预算编制数据的基础上进行调整，且只能调整后续未发生的预算，如图 3-60 所示。

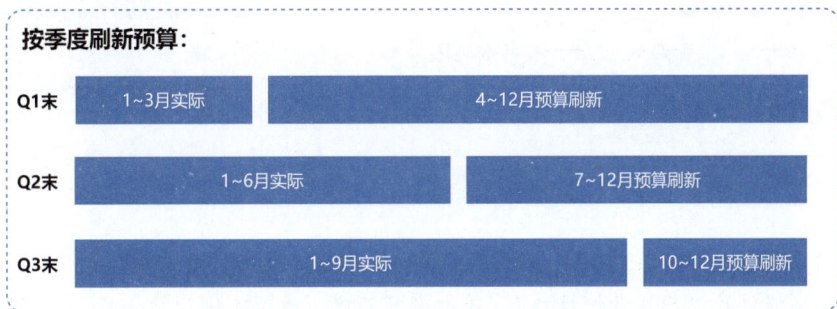

图 3-60　季度刷新预算示例

3. 预算控制

基于对业务及预算执行情况的监控，进行预算与实际执行对比（简称"预实对比"），当距离预算目标有可能发生较大偏差或实际费用可能发生超出预算费用风险时，系统需要进行预警和控制。预算控制主要针对成本、费用进行管控。

图 3-61 所示为预算校验流程图。

因为企业管理要求和费用类型不同，所以，公司会设置不同形式的管控方式。对于一些管理严格的公司，当部门费用超出预算时会强制卡控，而对于很多企业来说，考虑到工作效率和管理的灵活性，则仅给出预警。图 3-62 所示为预算卡控及追加流程图。

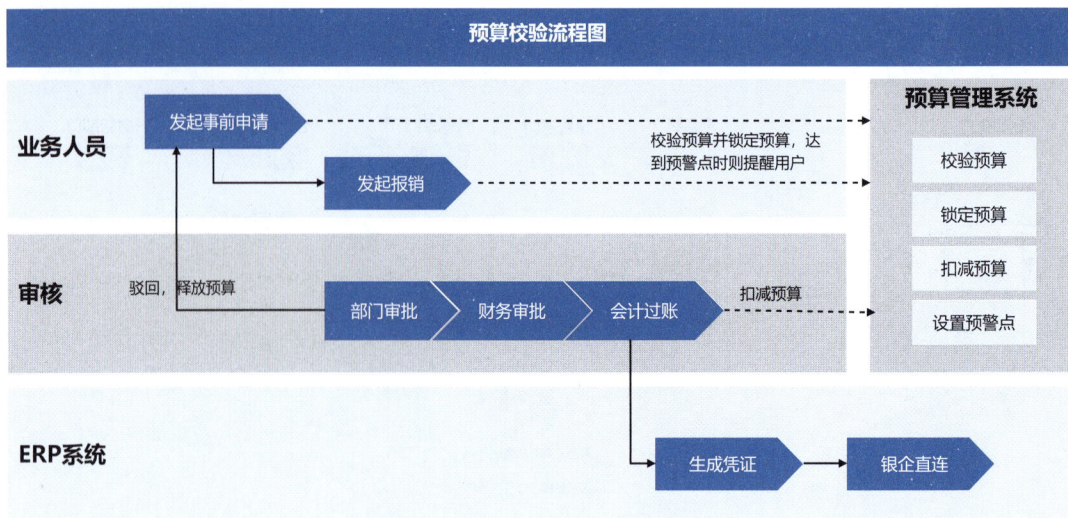

图 3-61　预算校验流程图

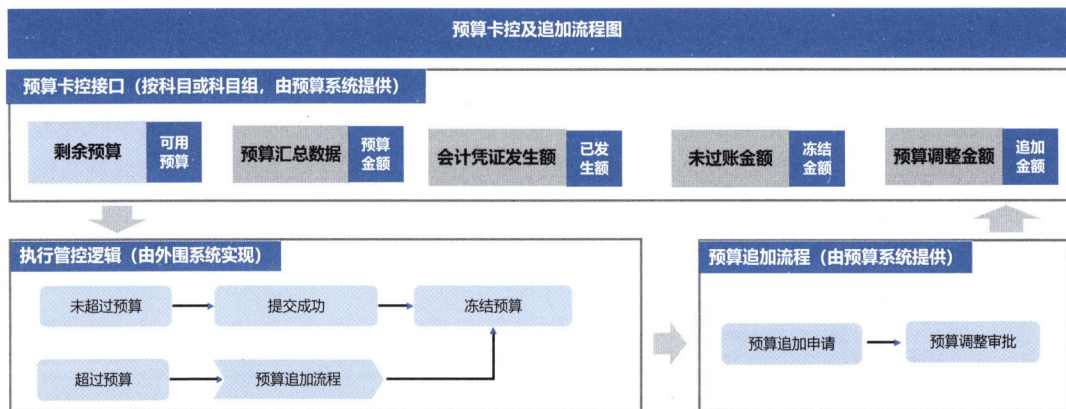

图 3-62　预算卡控及追加流程图

- 外围系统（如 OA 系统）发起费用报销申请流程，按行科目汇总金额，并调用预算管理系统提供的"预算卡控接口"，获取预算额度，最后冻结预算金额。
- 预算管理系统中需要存储年度（1—12 月）预算总金额、已发生金额、冻结金额和追加金额、剩余预算信息。
- 针对不同科目可配置强管控和弱管控（如仅告警）。
- 对于强管控的情况，需要提供"预算追加流程"，可供业务部门及时追加预算。

4. 预算分析

预算管理系统可提供不同版本的预算数据，而 ERP 系统可提供相应的实际执行数据。分析系统可抓取预算系统中的预算数据和 ERP 系统中的业务实际发生数据，设计预算分析可视化报表。

图 3-63 所示为针对整个产品线的 P&L（损益）报表提供的预实分析对比图。类似损益表，也可以根据公司需要，设置部门的费用预实分析表、项目的费用预实分析表等。

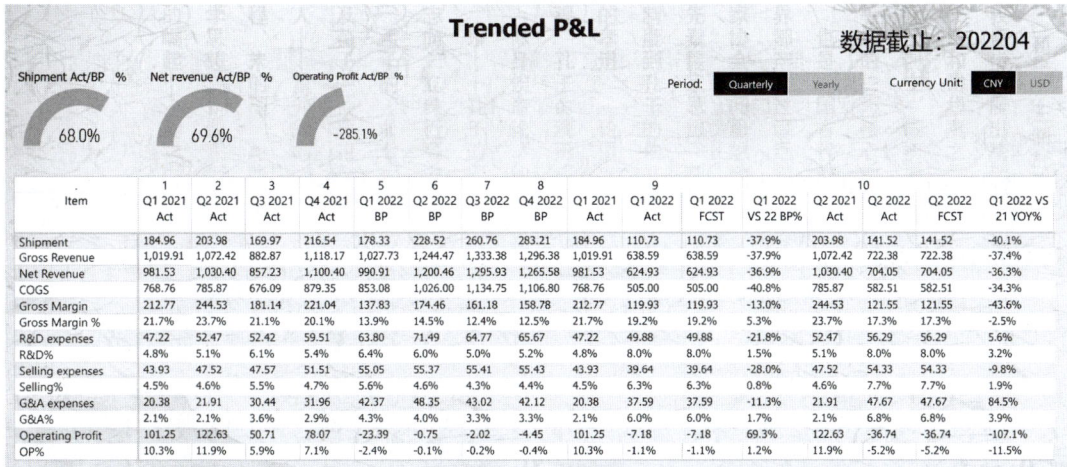

Trended P&L

数据截止：202204

Item	1 Q1 2021 Act	2 Q2 2021 Act	3 Q3 2021 Act	4 Q4 2021 Act	5 Q1 2022 BP	6 Q2 2022 BP	7 Q3 2022 BP	8 Q4 2022 BP	Q1 2021 Act	9 Q1 2022 Act	Q1 2022 FCST	Q1 2022 VS 22 BP%	Q2 2021 Act	10 Q2 2022 Act	Q2 2022 FCST	Q1 2022 VS 21 YOY%
Shipment	184.96	203.98	169.97	216.54	178.33	228.52	260.76	283.21	184.96	110.73	110.73	-37.9%	203.98	141.52	141.52	-40.1%
Gross Revenue	1,019.91	1,072.42	882.87	1,118.17	1,027.73	1,244.47	1,333.38	1,296.38	1,019.91	638.59	638.59	-37.9%	1,072.42	722.38	722.38	-37.4%
Net Revenue	981.53	1,030.40	857.23	1,100.40	990.91	1,200.46	1,295.93	1,265.58	981.53	624.93	624.93	-36.9%	1,030.40	704.05	704.05	-36.3%
COGS	768.76	785.87	676.09	879.35	853.08	1,026.00	1,134.75	1,106.80	768.76	505.00	505.00	-34.3%	785.87	582.51	582.51	-34.3%
Gross Margin	212.77	244.53	181.14	221.04	137.83	174.46	161.18	158.78	212.77	119.93	119.93	-13.0%	244.53	121.55	121.55	-43.6%
Gross Margin %	21.7%	23.7%	21.1%	20.1%	13.9%	14.5%	12.4%	12.5%	21.7%	19.2%	19.2%	5.3%	23.7%	17.3%	17.3%	-2.5%
R&D expenses	47.22	52.47	52.42	59.51	63.80	71.49	64.77	65.67	47.22	49.88	49.88	-21.8%	52.47	56.29	56.29	5.6%
R&D%	4.8%	5.1%	6.1%	5.4%	6.4%	6.0%	5.0%	5.2%	4.8%	8.0%	8.0%	1.5%	5.1%	8.0%	8.0%	3.2%
Selling expenses	43.93	47.52	47.57	51.51	55.05	55.37	55.41	55.43	43.93	39.64	39.64	-28.0%	47.52	54.33	54.33	-9.8%
Selling%	4.5%	4.6%	5.5%	4.7%	5.6%	4.6%	4.3%	4.4%	4.5%	6.3%	6.3%	0.8%	4.6%	7.7%	7.7%	1.9%
G&A expenses	20.38	21.91	30.44	31.96	42.37	48.35	43.02	42.12	20.38	37.59	37.59	-11.3%	21.91	47.67	47.67	84.5%
G&A%	2.1%	2.1%	3.6%	2.9%	4.3%	4.0%	3.3%	3.3%	2.1%	6.0%	6.0%	1.7%	2.1%	6.8%	6.8%	3.9%
Operating Profit	101.25	122.63	50.71	78.07	-23.39	-0.75	-2.02	-4.45	101.25	-7.18	-7.18	69.3%	122.63	-36.74	-36.74	-107.1%
OP%	10.3%	11.9%	5.9%	7.1%	-2.4%	-0.1%	-0.1%	-0.4%	10.3%	-1.1%	-1.1%	1.2%	11.9%	-5.2%	-5.2%	-11.5%

图 3-63　针对整个产品线的 P&L（损益）报表提供的预实分析对比图

⊃ 3.5.3　资金管理

资金管理模块是 ERP 系统中的关键模块，负责监控和管理企业的现金流和资金状况，确保企业资金的有效使用及财务的健康。在很多专业的资金管理系统中，功能包括资金预测、资金调度、银企直联、现金管理和投融资等。

本节仅针对资金管理最关键的 3 个模块——现金流预测、资金调拨和银企直联简述实现方案。

1. 现金流预测

现金流预测是财务风险管控中最重要的一环。基于付款计划和预计收款，自动生成现金流预测报表，帮助企业管理层了解未来的资金需求和流动性。

图 3-64 所示为现金流预测示意图，对于应付而言，公司内部除了采购付款，还有内部运营费用（如人力费用、办公费用等），在系统实施层面，需要考虑的应付凭证也需要考虑这些费用，这样才能使得现金流预测是基本可信的。

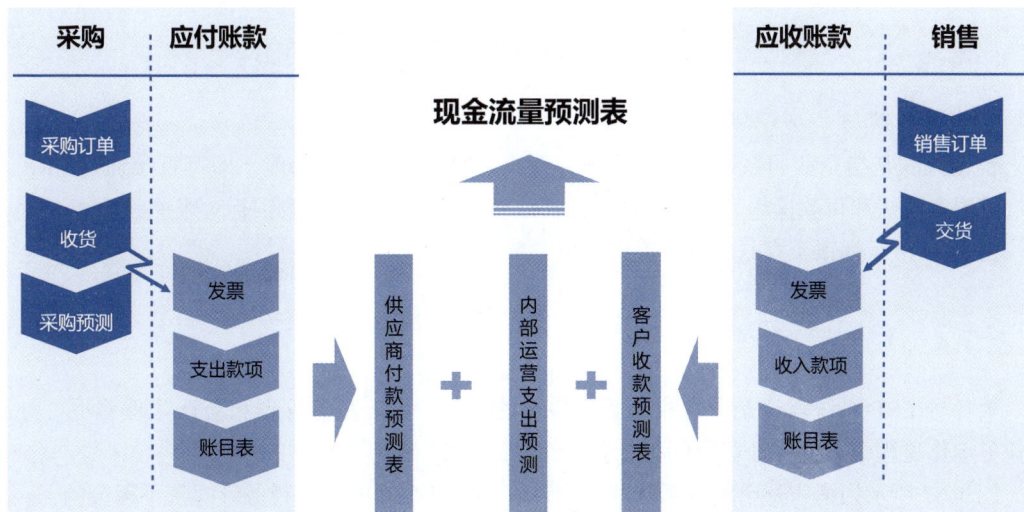

图 3-64　现金流预测示意图

2. 资金调拨

资金调拨主要是企业根据资金需求和余额情况，进行资金的合理调度和周转，确保企业的资金流动性。对于现金比较充裕的企业，不同银行在不同时点的理财收益不同，企业也会进行调拨资金。

图 3-65 所示为内部资金调拨流程图。

图 3-65　内部资金调拨流程图

3. 银企直联

银企直联是指企业的系统直接集成银行系统，提供在线支付功能，即可直接通过 ERP 系统进行银行转账和付款操作。同时，也支持在线查询银行余额、下载银行对账单等功能。

图 3-66 所示为银企直联的支付流程示例。

➲ 3.5.4　税务管理

大部分 ERP 系统默认是没有税务管理模块的。实际上，税务管理和会计管理密不可分，在业务运作过程中，税务管理会伴随着会计管理而发生。

图 3-67 所示为销售开票流程示例，其中，有如下几个功能是和税务管理密不可分的。

- **发票类别**：公司根据自己产品的类型和税务要求，合规开具相应类别的发票，同时缴纳相应的增值税。

- **金税系统对接**：因为数电发票的推广，金税系统会直接与税务局系统集成，报税的工作会相应减少。

- **发票查询**：在 ERP 内部，设计进项和销项发票的发票池，自动生成增值税申报表。

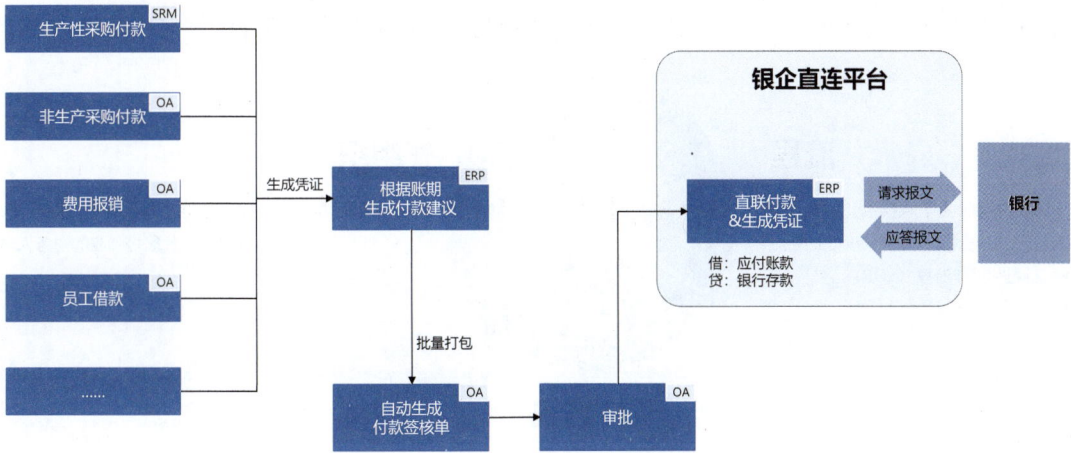

图 3-66　银企直联的支付流程示例

销售开票流程

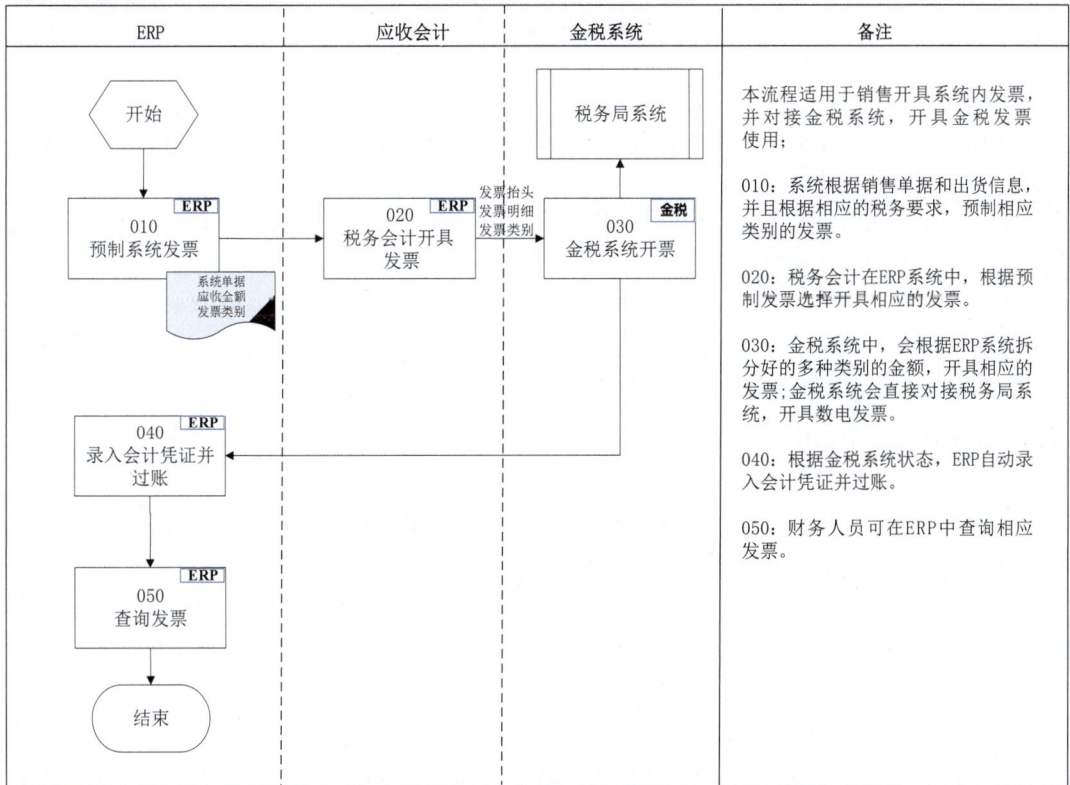

图 3-67　销售开票流程示例

⬩ 3.5.5 如何建设财务共享中心

众所周知，财务共享中心是对重复性、业务量大、容易标准化的财务作业流程而设立的，也是现代企业优化财务管理和降本增效的一项重要策略。如图 3-68 所示，财务共享中心建设和其他体系建设类似，它不仅是一项复杂的系统性工程，而且需要从流程、组织、IT 系统 3个方面进行考虑和实施，确保财务共享中心能够顺利运作并实现其预期目标。

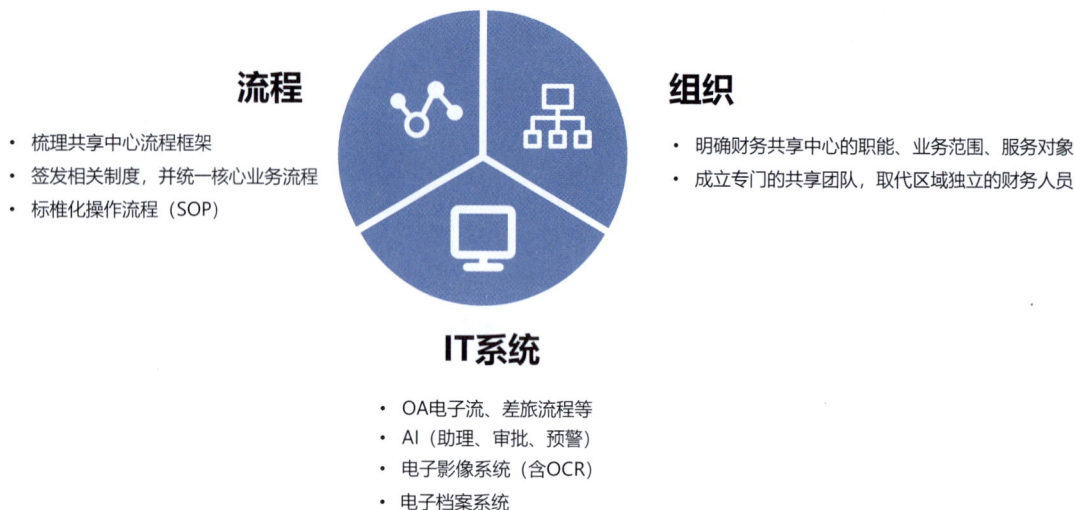

流程
- 梳理共享中心流程框架
- 签发相关制度，并统一核心业务流程
- 标准化操作流程（SOP）

组织
- 明确财务共享中心的职能、业务范围、服务对象
- 成立专门的共享团队，取代区域独立的财务人员

IT系统
- OA电子流、差旅流程等
- AI（助理、审批、预警）
- 电子影像系统（含OCR）
- 电子档案系统

图 3-68　财务共享中心建设

1. 组织

在构建财务共享中心的过程中，对现有组织的变革是其中一个核心环节，涉及对现有财务组织结构的调整和优化。

首先，企业需成立一个专门的共享团队，创造一个集中化、标准化的财务处理环境，取代以往每个区域独立运作的财务团队。

其次，需要明确财务共享中心的职能、业务范围、服务对象。例如，第一期的财务共享是否仅限于对公付款和差旅报销，第二期再考虑固定资产管理、资金结算和税务缴纳等。清晰地界定业务范围，帮助避免职能模糊、职权交叉的情况，提高运行效率。当然，对于区域分散的企业，需要识别当前的服务对象，包括企业内部的哪些部门、哪些子公司和区域等。

2. 流程

在财务共享中心中，统一的规则和流程至关重要。梳理财务流程框架，规范并签发相关制度，统一核心的业务流程规则，确保所有操作都在统一标准下进行。

为确保各项操作的一致性和高效性，需要针对每个共享场景制定标准化操作流程（SOP）。这些 SOP 应详细记录每一步操作的具体要求、责任人及相关工具的使用说明。

3. IT 系统

IT 系统是财务共享中心运营的支柱。除了引入 ERP 系统，还需要借助外围系统落地相应的流程规则，在常见的共享中心的系统中，有差旅系统、OA 电子流、电子档案系统和带有OCR 的电子影像系统等。当然，这些系统除了自身的流程设计，还需要考虑与 ERP、预算管理系统系统集成，流程在满足业务规则的前提下实现自动化。

随着 AI 技术的成熟，AI 在企业内部的应用场景越来越多，在财务共享中的应用场景举例如下：

- **智能客服**：财务共享 AI 助理，可以解答员工常见财务相关问题（如报销政策、流程状态、发票查询等），提供 7×24 小时支持服务，提高财务共享服务满意度。
- **自动报销审批**：员工只需要拍照上传，利用 AI 或 OCR 技术扫描、识别、提取发票关键信息（如发票号码、金额、税率等）并校验，由 AI 对员工的报销单据核验和审批，包括票据的合法性检查（如重复报销、限额超标、预算校验等）和规则匹配，并自动审批。
- **预算预警**：AI 实时监测预算执行情况，针对预算执行偏差大于企业规则时，自动预警相关部门责任人，并针对偏差并提供数据及优化建议。

通过在组织、规则和系统这 3 个方面的统一和支持，企业可以有效地建设和管理其财务共享中心，最终实现财务运营的高效性、准确性和成本效益。

3.6 人力资源管理系统

人才是企业的核心资源，因此，人力资源管理在企业管理中占据着至关重要的地位。人力资源管理涵盖招聘、培训、绩效、薪酬等多个方面，确保企业能够合理调配和使用人力资源，实现组织目标。在这个信息化、数字化的时代，仅仅把人员信息和组织架构管理清楚，已经难以满足企业的需求。因此，构建一个科学、高效的人力资源管理应用架构显得尤为重要。

⊃ 3.6.1 人力资源管理整体架构

在构建人力资源管理领域的整体应用架构时，需要明确其目标与原则：

- 首先，以提高人力资源管理的效率和效果为目标，通过优化业务流程、提升数据质量等方式，为企业创造更大的价值。
- 其次，注重用户体验和交互设计。一个易于使用、界面友好的系统可以提升用户的满意度和人力资源管理的效果。
- 最后，HR 系统有别与其他的 IT 系统，任何 HR 系统都需要确保合法性和合规性，有效保护员工信息和企业数据的安全。

图 3-69 所示为 HR 管理系统应用功能模块（注：外包管理并非每个企业标准化模块，故用灰色表示）。

⊃ 3.6.2 人力资源管理模块集成图

在建设企业人力资源管理系统时，因为应用模块比较多，可以将上述业务划分为基础信息、薪酬激励与福利、流程、论坛、绩效管理、继任发展、招聘管理和培训管理几个子系统，各子系统之间的集成关系如图 3-70 所示。

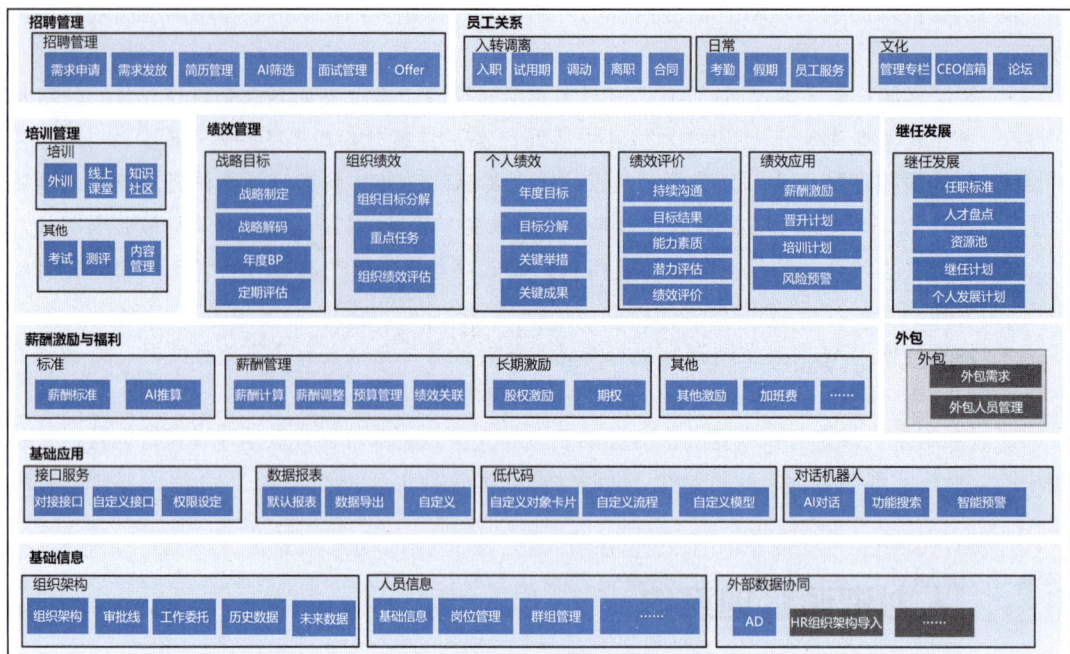

图 3-69　HR 管理系统功能模块

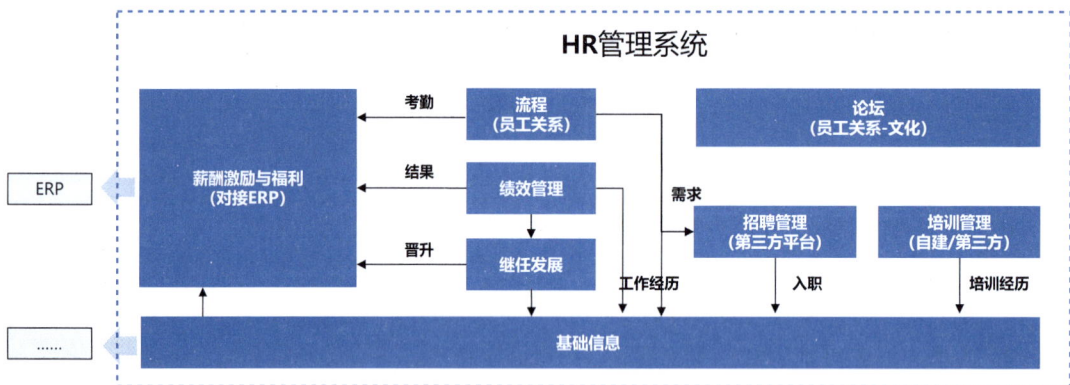

图 3-70　HR 系统与外部领域系统的集成示例图

　　其中，基础信息是承载 HR 数据的核心平台，也是 HR 数据的唯一源头。它除了承担基础的人事信息和组织架构，还汇集了其他 HR 子系统的工作经历、考核、任职等多方面的业务数据。薪酬模块涉及财务与付款，需要对接 ERP 系统及银企直联。

3.6.3　建议实施步骤和注意事项

　　考虑到人力资源模块功能，以及模块之间的集成关系并不复杂，可以根据公司的管理要求，分阶段建设。图 3-71 所示为 HR 系统实施步骤示例图，每个实施阶段以相应的数字标识，仅供参考。

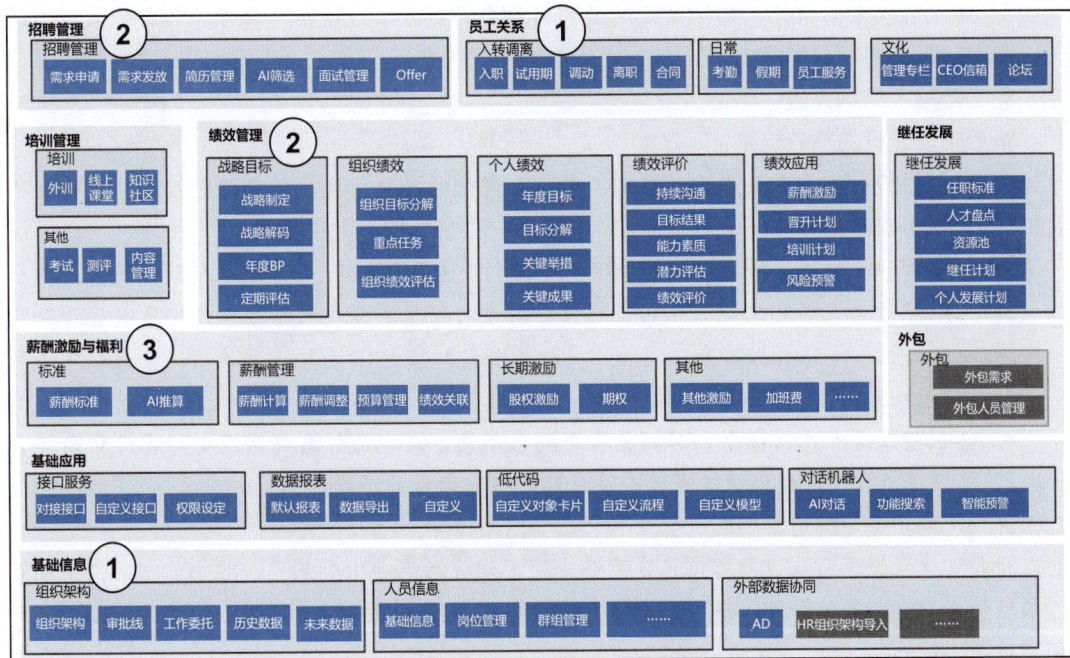

图 3-71　HR 系统实施步骤示例图

第一阶段：HR 基础信息管理及相关流程

在这个阶段的系统建设中，应注意以下几点：

- **员工信息管理**：通过外部系统和流程持续更新员工信息。在员工入职前、入职后及其职业发展过程中，确保数据的实时更新。
- **数据接口**：提供丰富的 API 和数据接口，支持外部系统进行全量或增量的员工信息查询。
- **变动管理**：对于已确定的变动，允许在系统中提前设置修改，并设定生效日期。
- **组织架构**：支持企业灵活设定和调整组织架构，满足员工兼岗、多条汇报线等特殊需求。
- **人员能力匹配**：提供能力与岗位需求的匹配功能，帮助企业精准定位适合某岗位的员工，从而提升人力资源利用效率。人员能力模型有多个维度，除了业务技能，还可以根据企业的管理颗粒度，如将人的能力模型在 IT 系统中划分为协作能力、目标导向、自我管理等维度。
- **隐私合规**：人力资源系统中存放着比较敏感的个人信息，在隐私合规方面，根据每个区域、国家的要求不同，所有人力资源管理的数据，需要与法务部门确认合规性。

第二阶段：绩效管理与招聘管理

在这一阶段，主要注意以下两点：

- **招聘管理**：人力需求申请流程通过后，直接将需求发布到第三方招聘管理系统，从而实现职位信息的跨平台发布与管理。同时，利用 AI 技术自动筛选并匹配候选人简历，再将简历同步给业务部门和 HR 人员，大幅提升招聘效率。
- **绩效管理**：结合公司管理要求选择绩效评估模型（如 OKR、KPI 或 360°反馈），自建或引入专业系统，确保绩效结果的同步更新，方便后续在任职管理和薪酬激励中的应用。

第三阶段：培训系统、薪酬管理与任职管理

最后阶段建设的重点包括：

- **培训系统**：涵盖课程建设、培训、学习和考试的功能模块，并考虑对接第三方内容平台以丰富课程资源。
- **薪酬管理**：如果包括海外薪酬管理，建议利用专业的 Payroll 系统进行薪酬计算，这样可以应对政策的变化及海外的合规性。对于自研薪酬模块的场景，做好系统设计和模块独立性，方便数据排查。同时，发放薪酬需对接 ERP 系统，并使用银企直联完成薪资支付。
- **任职管理**：考虑到每个公司的标准与要求不同，可以通过自建系统支持晋升申请、资格评定流程，并提供员工自助查看任职标准和记录的功能。

补充说明：

企业文化建设通常通过社区或论坛系统支持，建议考虑使用外购系统或 OA 自带论坛功能以增加员工互动。外包管理因缺乏通用性，建议自建系统以满足特定需求，如外包人员的进场和离场管理功能。

3.7 统一 Portal

为什么还要在应用架构中写统一 Portal 呢？实际上，如果 IT 部门已经建设了上述多业务领域的系统，甚至一个领域还有多个系统，对于用户而言，如何能够快速找到对应的系统，的确是一个很复杂的问题。

通常办公的入口有两个，一个是计算机端（PC 端），另一个是移动端。那么，可以针对这两个终端入口，打造一个统一的应用集成平台，但不能做成一个应用市场或者不同系统的链接集合，而是应该考虑根据用户的不同习惯，设计不同的用户视图。

⊃ 3.7.1 PC 端

在构建统一 Portal 时，PC 端作为主要的办公设备，其重要性不言而喻。为确保用户在 PC 端的体验一致且高效，需要考虑以下几个方面。

- **统一办公平台**：企业常见的做法是，选择国内一款非常流行的 IM（Instant Messager，即时通信）工具，如企业微信、钉钉、飞书等，再集成公司各业务系统，形成统一办公平台。
- **用户视图设计**：根据不同用户的角色和工作习惯，设计个性化的用户视图。例如，管理层可能更关注数据汇总报表，而普通员工则需要快捷方式来访问日常使用的业务系统。
- **操作便捷性**：Portal 的界面设计需要简单直观，用户操作路径尽可能短。通过导航栏、搜索功能、书签等方式，帮助用户快速找到所需的系统和功能。一般来说，用户常用的功能如果不多，可以考虑平铺在页面中间部分。但如果用户需要的功能较多，需要根据业务领域，切换不同的 Tab 页找到对应的操作。

- **系统 UI 一致性**：所有系统均需采用 SSO（Single Sign On，单点登录），界面风格建议也保持一致，如布局一致、配色一致、控件一致、字体和图标一致、交互体验一致等。系统 UI 的一致性能够极大地提升用户的操作体验和满意度。

⊃ 3.7.2　移动端

移动端的办公场景，是每个企业 IT 必须面对的需求。如何提供移动端办公的灵活性和便捷性？

- **集成到 IM 工具**：将移动办公的功能集成到 IM 工具中，可以大幅降低用户的学习成本。例如，将公司 Portal 的移动端界面嵌入 IM 工具，用户可以直接在聊天软件内访问所需的业务系统。
- **自适应布局的设计**：由于移动设备的屏幕尺寸和操作方式不同于 PC 端，所有的界面设计应采用自适应布局的设计原则，确保无论在哪种设备上使用，用户体验都能保持一致和流畅。通常来说，如果 PC 端页面元素过多或过于复杂，需要单独考虑设计移动端界面，仅保留核心信息和审批界面即可。
- **推送通知和实时更新**：移动办公的一个显著优势在于可以随时随地接收更新。通过推送通知功能，用户可以即时了解任务进展、审批请求和系统消息，卡片式的推送有助于让领导快速了解任务，提高公司整体的决策和响应的速度。

AI 时代已经到来，我们需要认真思考如何将 IM 作为 AI 交互的入口，并进一步利用 AI 实现智能化检索。传统的搜索功能通常基于关键字匹配，仅限于查找系统功能或数据。而 AI 则不同，它能够理解用户意图，通过大模型和 RAG 技术，快速匹配系统功能模块、数据和文档内容，为用户提供精准、快捷的功能入口、检索结果及相关文档链接，这里不作详细展开。

第4章　数据架构管理

数据架构也称信息架构，在信息化高度发达的今天，信息基本都是通过信息技术手段将业务流中的信息通过数据进行传递。数据架构需要从业务架构识别数据化的业务对象，在数据架构中明确数据逻辑关系，建立数据模型。为了对数据架构和数据进行有效管理，数据治理工作越来越受到企业的高度关注，我们往往需要通过建立数据治理体系进行系统的、规范性的管理。

数据架构是企业架构中最独特的一个架构，因为数据是由企业的业务活动产生的，每个业务活动都与企业的业务特性密切相关，所以，数据架构与业务架构、应用架构、技术架构不同，它们都可以参考业界通用的架构内容展开，而数据架构只能介绍数据架构的管理体系和应用参考示例，每个企业的数据应用场景需根据企业需要自行设计。

本章将介绍数据治理体系、数据架构建设、数据应用和数据管理的 IT 系统，并且在本章的最后，提供一些总结和建议供大家参考。

4.1　数据治理体系

数据治理的目的是确保企业数据的质量、可用性、可集成性、安全性和易用性。数据是公司的重要资产，组织必须从中获取业务价值，最大程度地降低风险并寻求方法进一步开发和利用数据，而这一切就是数据治理需要完成的工作。为达成这些目的，需要构建一套系统化的机制对数据进行治理，即为数据治理体系。

数据治理体系不是形象工程，而是可以切实为企业提高竞争力提供驱动力的。它的驱动力体现在能提升业务敏捷性——通过企业的数据模型，对数据进行合理组织、展示和利用，让业务人员能够快速获取全面的数据，从而获得更敏锐、更广泛的业务洞察。另外，众多的案例证明，通过数据治理可以使企业实现更精细化和自动化的运营，降低企业运营成本或提高运营效率。

数据在业务中产生，由 IT 系统承载。有些数据是 IT 系统自动产生的，有些是人工输入到系统的。企业规模越大，业务越复杂，企业 IT 系统也就越多。系统越多，使用系统的人越多，必然导致数据来源越杂，数据进入系统后，经过在系统间的共享、调用、再加工，数据的数量、复杂性成几何倍数增加。

如果没有一个科学的数据治理体系来规范人、系统、接口、标准等，数据必然杂乱无章，用户会对数据产生恐惧，怀疑数据的可信度，这样数据不仅无法产生价值，反而会降低效率、增加风险。

数据治理体系应运而生，目的就是让数据贡献者、数据管理者、数据使用者都按照一套标准化的规范来执行。因为数据来源于业务，业务覆盖整个企业，所以，数据治理体系需要各业务领域、业务部门充分参与。同时，需要数据管理部门统筹管理，组织制订数据管理制度规范、数据规范、相关流程，需要建立配套的数据治理组织，需要 IT 部门确保 IT 系统遵从规范，需要业务部门在业务系统使用中遵从规范。图 4-1 所示为数据治理体系示例。

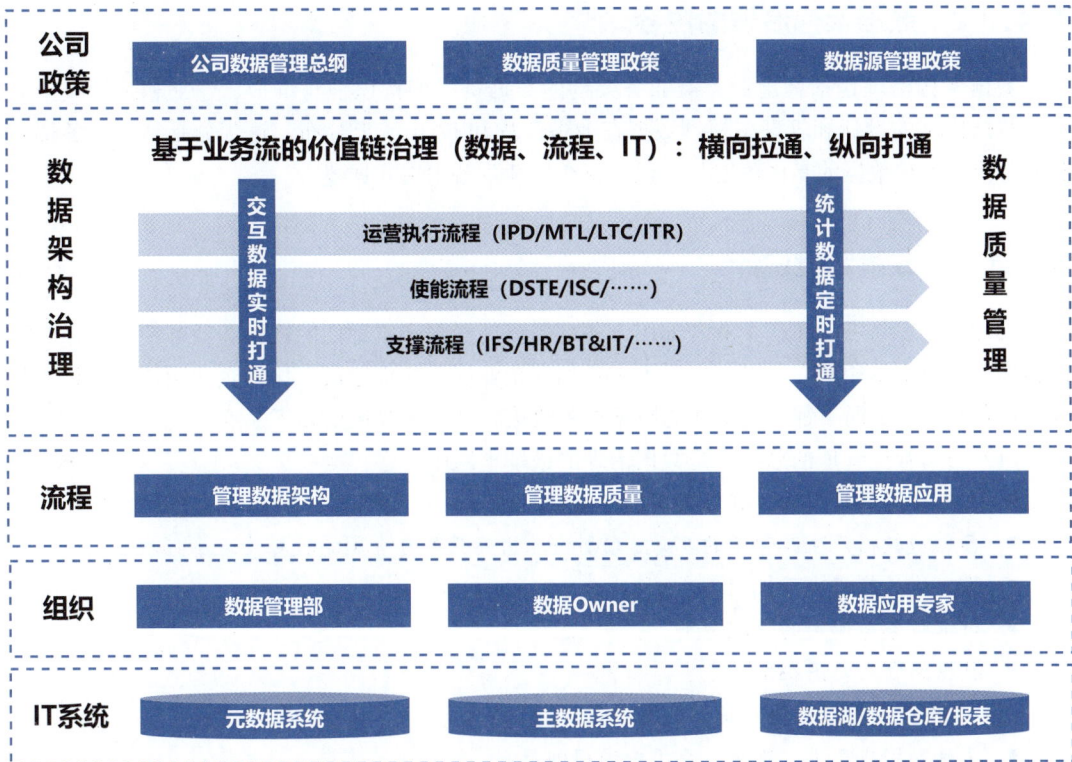

图 4-1　数据治理体系示例

⊃ 4.1.1　基于业务流的综合治理

数据来源于业务，再服务于业务。数据治理的核心就在于针对核心价值流程，抓住业务流的信息价值链，将数据结合流程、IT 系统进行综合治理。在数据业务层面实现纵横打通，在数据质量方面实现数据清洁有效。

横向拉通是需要将每个端到端的核心价值流程，如 IPD、LTC 等，在一个流程中实现各阶段数据的前后打通。前面环节产生的数据能共享和利用到后面环节，后面环节的数据结果能反馈到前面环节，实现流程的闭环反馈。对整个流程链条数据进行统计分析，便可以发现流程问题，从而不断提升核心价值流程的运营效率，也就能抓住影响企业效率的主要矛盾，对企业绩效的提升起到立竿见影的效果。

纵向打通是指多个核心价值流程直接的数据共享、数据综合利用。数据共享包括主数据的跨流程应用，例如，IPD 集成产开发流程产生的产品主数据、物料主数据、LTC 流程的客户主数据关联到 ISC 集成供应链流程。数据综合利用，比如公司经营分析的利润分析，需要用到 ISC 的出货交付数据、成本数据，还需要财务全面预算流程的预算数据，以及 IPD 流程的产品主数据、LTC 流程的客户主数据等，方可实现收入利润的预实分析、同比分析、按客户的收入毛利分析、按产品线的收入、单价、成本、毛利、利润分析，以及按部门的费用预实分析等。

另外，关于数据质量，要确保各业务系统的主数据、元数据、交易数据没有冗余、没有错漏，且数据间逻辑清晰。

⊃ 4.1.2　数据架构治理的内容

数据架构治理包括基于业务类业务架构的数据资产架构识别与维护、建立和维护数据标准、数据模型的设计和管理、梳理数据在业务流程和 IT 系统上分布。这部分是基于业务架构和业务流程治理数据的具体落地与实现，将在后续章节中展开详述。

⊃ 4.1.3　政策制度设计

因为数据参与者分布在企业各部门，各部门可能受限于本部门的视野和业务便利性，对数据管理的要求不尽相同，所以，实现不了数据在企业层面的价值最大化。企业应该基于整体要求设计和发布自上而下都必须遵守的数据相关政策制度，主要包括如下 3 点：

（1）公司数据管理的总纲，是数据治理的最基本原则

- 发布公司数据架构、数据架构管理规则。
- 各领域数据产生和管理的职责、Owner，明确业务负责制的数据管理责任机制。
- 跨领域的数据决策机制。
- 数据服务与使用的管理原则。
- 数据问责及奖惩机制。

（2）数据质量管理规范，确保数据质量

- 明确数据在产生、维护、使用中的规则。
- 明确数据本身和过程中的质量要求，如何确保数据真实可靠。
- 明确数据质量管理的 Owner 和职责，将数据质量要求融合到实际业务流程中。

（3）数据源管理机制

- 关键数据源需由公司的数据管理专业团队（或委员会）认证和发布，明确数据源所在系统、数据结构、相关 Owner 等信息。
- 除了专业组织认证，通常情况下，数据的产生和管理的系统被视为数据源头，数据的维护与管理组织则作为数据责任部门。
- 数据源只能在认证的管理系统中新增、修改和共享，其他系统只能使用，而不允许修改。

⊃ 4.1.4　流程与组织设计

数据治理及数据治理体系是一个复杂的、涉及面广的系统工程，企业需要根据政策制度，结合数据架构，合理设计和建立数据管理流程，并且为数据管理流程配置权责对应的数据管理组织。

数据管理流程，是对数据如何收集、存储、维护、共享及权限管理、数据安全和隐私保护的规则制度。一般来说，数据管理属于公司支撑流程，图 4-2 就是按照大部分公司的做法，放在管理 BT&IT 流程下面。

数据管理组织和流程管理组织一样，分为两部分：一部分是数据的责任人，即业务部门；另一部分是数据管理部，和流程管理部类似，属于制订数据规范、支撑业务部门、提升数据质量的团队。

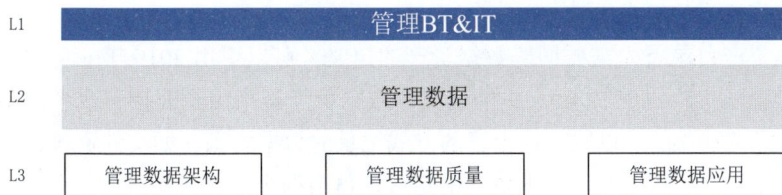

L1	管理BT&IT		
L2	管理数据		
L3	管理数据架构	管理数据质量	管理数据应用

图 4-2　数据管理的流程架构

⊃ 4.1.5　IT 系统承载

　　IT 系统承载一般包括两部分：一是 IT 系统对数据治理工作本身的系统承载与支撑，如主数据管理系统、元数据管理系统、主数据与业务系统的集成等；二是 IT 系统基于数据应用的要求，根据业务要求，搭建数据分析平台，如数据湖、数据仓库和数据报表平台等。后面章节也会详细展开介绍。

4.2　数据架构建设

　　数据架构的构建需要有对应的方法论，以便形成对业务运作数据进行系统性的、清晰的、有效的管理。参照在数据治理走在前列的业界标杆企业，数据架构是指以结构化的方式描述在业务运作和管理决策中所需要的各类信息及其管辖的一套整体组件规范，包括数据资产目录、数据标准、数据模型和数据分布 4 个组件，如图 4-3 所示。

图 4-3　数据架构的 4 个组件

⊃ 4.2.1　数据资产目录

　　梳理和构建数据资产目录的目的是按业务视角对企业中具有业务价值的数据进行分层分级梳理，体现出数据的与业务的逻辑关系，形成数据资产目录，为业务部门和数据管理部门理解数据关系并进行数据治理降低难度。

1. 数据资产目录的梳理方法

梳理数据资产目录首先需要明确数据资产的定义。可以引用 2019 年 6 月中国信通院发布的《数据资产管理实践白皮书4.0》中的定义：数据资产是指由企业拥有或者控制的，能够为企业带来未来经济利益的，以物理或电子的方式记录的数据资源，如文件资料、电子数据等。

为了更便于识别，可以参考数据资产的定义，再根据企业业务特点总结企业自身的数据资产性质。可参考如下：

- **有价值**：数据要能直接或间接给企业带来价值和效益，价值不能局限于金钱价值，还可以包括品牌、信誉、社会影响力等无形价值。
- **能管控**：对于企业内部数据，以及外部数据，如第三方数据、上下游企业的相关的数据、市场数据，都需要有可靠的管控措施。
- **有记录**：除了电子方式的数据，一般容易忽略物料记录方式，如纸质表单。还需要注意，如果有些数据还没有通过电子或物料的形式记录下来，但确实满足其他特征的，需要识别进来并要增加措施将其通过电子或物料形式记录下来。
- **需识别**：并非所有数据都要识别，首先不满足上述特征的不应该被识别，其次可以抓主要矛盾，重点识别重要程度高、使用频次高的。

数据资产目录的梳理方法包括如下 4 个。

（1）数据盘点

数据盘点要从实际的业务出发，按照业务领域及其流程架构来盘点不容易遗漏，覆盖核心业务流程、一般业务流程（包括各业务系统的流程、OA 电子流、线下流程）。根据每个流程中的输入物与输出物来识别产生的数据实体，描述每个实体中的维度属性及实体间的关系，实现业务与数据的衔接。

数据盘点工作一般包括明确业务范围、收集相关数据资料、制订数据资产盘点模板、制订数据资产盘点工作计划、开展数据资产盘点、数据资产清单的评审确认。

（2）构建目录体系框架

构建目录体系框架时可参考业务流程架构，如果企业还没有建立流程架构，可以按企业业务板块，形成数据资产架构的最上层——主题域分组，如研发或 IPD 主题域、LTC 主题域、人力资源主题域。

再从流程或业务流中识别和归纳数据主题域的下一层——主题域。主题域一般是在业务流程中，按阶段点或按业务领域，如 LTC 领域，可以分为市场营销、商机管理、交付管理、代理商管理主题域等。

再下一层是具体的业务对象，承载业务运作和管理业务的重要信息，是业务领域涉及的重要的事、物、人，如客户基本信息、报价单、产品数据。

业务对象下一层是对业务对象进行描述的数据项，一般称为数据实体，如报价信息、机会点信息、合同信息。一般每个信息包括两个数据项表头信息（出货单表头）和内容信息（明细行），反映数据信息实体的最小粒度。

最下层是数据属性，用来描述数据项的维度信息、属性信息和数据特征信息，是反映数据管理的最小粒度。图 4-4 所示为数据目录的分层结构。

（3）定义数据维度和属性

定义数据维度和属性，一方面是定义和完善数据项缺失的维度和属性，即数据本身的字段；另一方面是为了方便对数据内容进行理解，对数据从管理的维度增加维度和属性，如管理归属部门、来源业务系统、所处数据架构层次、数据安全等级、数据质量评级等。

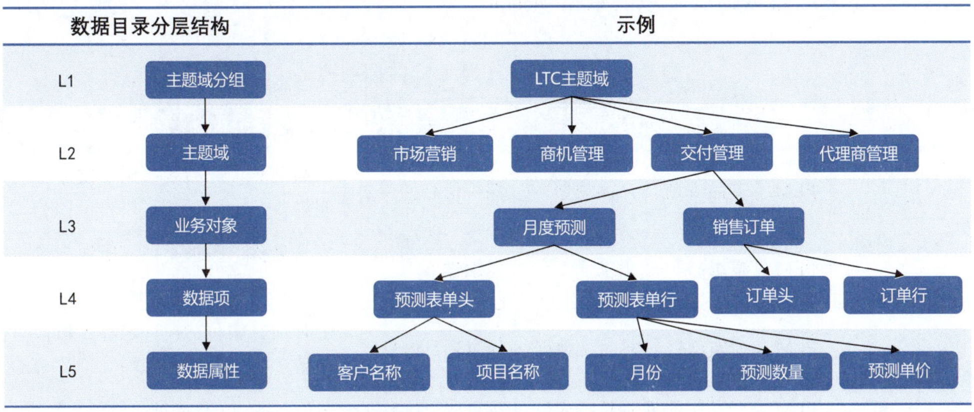

图 4-4　数据目录的分层结构

（4）形成数据资产目录、数据字典

用自定义的数据资产目录模板，将数据按照层级结构汇总，检查和完善数据属性，经过评审确认形成企业数据资产目录。一旦有新的业务流程、新的业务系统、新的流程表单，以及涉及数据的变更时，需要及时更新数据资产目录。

数据资产目录是数据管理层面的输出，需要进一步将数据资产在应用系统或数据平台管理落地，再结合数据结构、表结构、数据存储的物理层级，形成数据字典。数据资产目录主要面向业务人员和数据管理人员，而数据字典一般面向数据管理人员和 IT 开发人员。

2. 企业数据资产目录实例

企业在梳理数据资产目录时，可以按照流程架构或业务领域梳理，从而形成企业的数据资产目录。图 4-5 所示为一个企业按照 L1 的流程架构，输出的业务数据主题域。

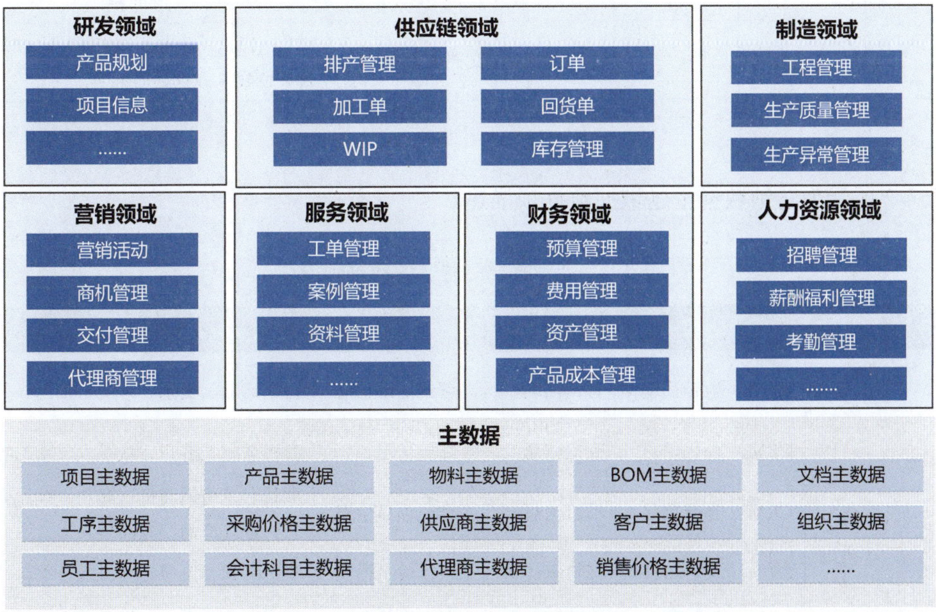

图 4-5　业务数据主题域示例

下面以常见的研发数据主题域和营销数据主题域为例，对每个数据项展开介绍。

（1）研发数据主题域

表 4-1 所示为研发数据主题域的数据项描述。

表 4-1 研发数据主题域的数据项描述

主题域	数据域	系统	业务对象	数据项	数据项描述	属性（关键字段）
研发 IPD	产品规划	PLM	产品规划	产品规划	路标信息	产品名称、产品线、预计发布时间、说明等
		PLM	需求	需求	需求详情	需求名称、需求类别、所属产品、反馈人、需求受理、状态等
	项目信息	PLM	研发项目	项目主数据	研发项目信息	工时项目编号、项目名称、项目模板、产品系列、项目类型等
		PLM	研发项目	项目组成员	项目成员信息	角色名称、所属领域、成员名称等
		PLM	研发项目	里程碑	项目里程碑信息	阶段、里程碑名称、计划完成时间等
		PLM	研发项目	工时信息	研发项目工时	工时项目编号、姓名、所属团队、工作量等
		PLM	研发项目	研发进度	基于里程碑的计划 & 实际进度	任务名称、计划开始时间、计划完成时间、实际完成时间等
		预算系统	研发项目	项目预算	项目的详细预算	预算类别、预算费用、预算执行等
	研发主数据	PDM	产品	产品主数据	产品主数据	编号、类型、产品信息、名称、所属分类、所属重量级团队、关联项目等
		PDM	物料	物料主数据	物料详情	编号、类型、产品信息、名称、所属分类等
		PDM	BOM	BOM 主数据	BOM 结构	部件类型、产品型号、供应商、物料号、物料名称、数量等
		PDM	文档	文档主数据	文档主数据	文档名称、版本、文档类型、所属项目、创建人、创建时间等

（2）营销数据主题域

表 4-2 所示为营销数据主题域的数据项描述。

表 4-2 营销数据主题域的数据项描述

主题域	数据域	系统	业务对象	数据项	数据项描述	属性（关键字段）
营销领域 MTL LTC	营销活动	CRM	营销活动	营销活动	营销活动信息	营销活动、类别、时间、费用、效果等
	商机管理	CRM	商机信息	商机信息	商机信息	商机名称、客户、联系人、状态等
		CRM	客户项目	项目信息	客户项目信息	项目名、所属商机、客户、联系人、状态、意向产品、竞品信息等
		CRM	项目验证	项目组成员	项目成员信息	角色名称、所属领域、成员名称等
		CRM	项目验证	决策链	客户决策链	客户、联系人、上级联系人、角色等

主题域	数据域	系统	业务对象	数据项	数据项描述	属性（关键字段）
营销领域 MTL LTC	商机管理	CSM	项目验证	问题	项目问题	问题名称、责任人、计划开始时间、计划完成时间、实际完成时间等
		CRM	项目验证	合同	客户合同信息	合同标题、编号、客户、量产时间等
	交付管理	CRM	销售预测	销售预测	预测信息	项目、产品型号、编码、月份、预测量等
		CRM	订单管理	销售订单	订单信息	客户、产品型号、编码、币种、订单量、订单行、已交付数量等
		ERP	交货单	交货单	交货单信息	交货单号、送达方、计划发货日期、交货类型等
		ERP	交货单	交货行	交货单明细	交货单号、实际发货日期、交货行、交货数量
	代理商管理	PRM	发货单	销售发货单	发货单信息	订单号、代理商、客户、物料编码、币种等
		PRM	发货单	发货行	发货单明细	订单号、发货行、出货日期、出货数量等
		PRM	服务费	服务费	每个订单费用	订单号、发货行、币种、折扣、服务费等
	营销主数据	CRM	客户	客户主数据	客户信息	客户名称、编号、级别、账期、授信等
		CRM	价格	销售价格主数据	销售单价	客户名称、产品型号、编码、价格、有效期等
		CRM	代理商	代理商主数据	代理商信息	代理商名称、编号、级别、账期等

其他主题域可以参考上述资产目录整理，本节不再展开。

⊃ 4.2.2　数据标准

1. 什么是数据标准

数据标准的定义可以引用 2019 年 6 月中国信通院发布的《数据资产管理实践白皮书 4.0》：数据标准是指保障数据的内外部使用和交换的一致性和准确性的规范性约束，通常可分为基础类数据标准和指标类数据标准。

基础类数据标准一般包括参考数据和主数据标准、逻辑数据模型标准、物理数据模型标准、元数据标准、公共代码和编码标准等。

指标类数据标准一般分为基础指标标准和计算指标（又称组合指标）标准。基础指标一般不含维度信息，且具有特定业务和经济含义，计算指标通常由两个以上基础指标计算得出。

通常数据的视角有如下 3 个维度：

- **业务视角**：统一语言，明确每个属性的名称、用途、业务规则等。
- **技术视角**：IT 实施标准，如字段名、数据类型、长度、数值约束等。
- **管理视角**：明确责任主体，如规则制订主体、数据维护主体、数据运营主体。

数据标准可分别按照上述维度约定。

2. 如何管理数据标准

数据标准管理是企业数据治理体系中数据源管理机制的重要组成。

数据标准管理的目标是通过统一的数据标准制订和发布，结合制度约束、系统控制等手段，实现企业数据的完整性、有效性、一致性、规范性，推动数据的共享开放，构建统一的数据资产地图，为数据资产管理活动提供参考依据。管理对象是数据标准的制订和实施，一般有如下关键活动：

- 理解数据标准化需求。
- 构建数据标准体系、规范、术语。
- 规划制订数据标准化的实施路线和方案。
- 制订数据标准管理办法和实施流程要求。
- 建设数据标准管理工具，推动数据标准的执行落地。
- 评估数据标准化工作的开展情况。

⊃ 4.2.3 数据模型

1. 什么是数据模型

数据模型是对现实世界数据特征的抽象描述形式，用于描述一组数据的概念和定义，一般根据应用层次的不同，有概念模型、逻辑模型、物理模型3类。本节关注其中的逻辑模型，即根据业务流程、业务场景，反映信息对象之间的关联关系。

逻辑数据模型要能准确地描述数据间的业务逻辑关系，或根据数据应用和分析的需要对相关数据进行逻辑建模。逻辑数据模型是数据平台IT化实施输入，通常落地为数据表结构。所以，在建设IT系统时需要参考逻辑模型设计，而且数据平台建设时也需要和IT业务系统保持一致，这样才能保证数据在各个系统中流转顺畅。

2. 如何管理数据模型

数据模型管理是指在信息系统设计时，参考业务模型，使用标准化用语、用词等数据要素来设计企业数据模型，并在信息系统建设和运行维护过程中，严格按照数据模型管理制度，审核和管理新增和维护的数据模型。

数据模型的标准化管理和统一管控，有利于指导企业数据整合，提高信息系统数据质量。数据模型管理包括对数据模型的设计、数据模型和数据标准词典的同步、数据模型审核发布、数据模型差异对比、版本管理等。数据模型管理的关键活动如下：

- 定义和分析企业数据应用的需求，包括业务运作需求、数据分析和决策需求。
- 设计标准化数据模型，遵循数据设计规范。
- 制订数据模型管理办法和实施流程要求。
- 建设数据模型管理工具，统一管理数据模型的新增和维护。

数据模型是数据资产管理的基础，一个完整、可扩展、稳定的数据模型对于数据资产管理的成功起着重要的作用。通过数据模型管理可以清楚地表达企业内部各种业务主体之间的数据相关性，使不同部门的业务人员、应用开发人员和系统管理人员获得关于企业内部业务数据的统一的抽象视图。

➲ 4.2.4 数据分布

数据分布是结合业务流程架构和应用架构，通过数据分布视图，明确数据在流程架构及其IT系统的产生源头，以及数据在流程和系统间的交互关系。通过数据分布组件，将数据资产目录这种静态的数据定义加上业务数据流转信息，给数据资产赋予了生命和业务价值，也增加了数据落地承载系统及其交互集成关系，为信息架构和数据资产通过IT工具落地规划出清晰的蓝图。

通过数据分布视图可以使数据模型更好地被业务理解，进一步从业务运作和落地实施的视角，表达企业内部各种业务主体之间的数据相关性，使不同部门的业务人员、应用开发人员和系统管理人员获得关于企业内部业务数据的统一的具象视图。

数据分布组件的核心如下：

- **数据源**：从流程和IT系统两个维度定义某个数据的源头。
- **数据流**：能清晰地定义和描述数据在流程架构和IT系统间的数据交互、输入/输出流向。
- **背景基础**：以流程架构和应用架构为背景基础，加上数据资产分布、交互、流向，即形成了数据分布蓝图。

数据分布组件的构建方法不仅能用于企业信息架构，还可以用于某个业务流程内部及对应IT系统内部功能模块间的数据分布规划。

图4-6所示为某企业数据分布组件设计示例图，这是在应用架构的基础上，对数字资产进行梳理，并将核心的数据资产标记在对应的应用系统上。

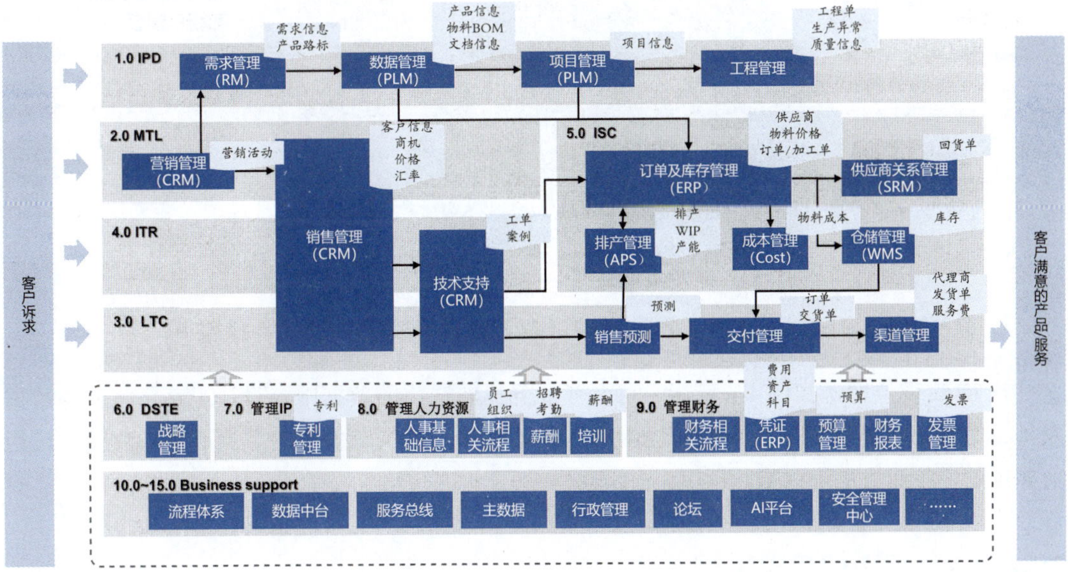

图4-6 数据分布组件设计示例图

4.3　数据应用

4.3.1　数据应用概述

数据架构及其数据只有对企业产生价值才能证明数据架构的建设、数据的治理是成功的。数据如何产生价值？可以参考 DIKW 体系，即关于数据（Data）、信息（Information）、知识（Knowledge）及智慧（Wisdom）的体系。数据是信息的原始素材，经过加工处理形成有逻辑有意义的信息，再提炼信息之间的联系成为知识，知识的积累形成能进行业务洞察和业务决策的智慧。如此一来，数据就在信息、知识、智慧层面对不同层级带来不同程度的价值。数据应用是指在这些层面进行信息呈现、规律分析、辅助决策及智能决策。如图 4-7 所示，通过右侧的数据查询、报表、可视化图表、机器学习、数据洞察、ChatBI 等应用方式，基本上能覆盖绝大部分企业的应用场景，最大程度实现数据价值。

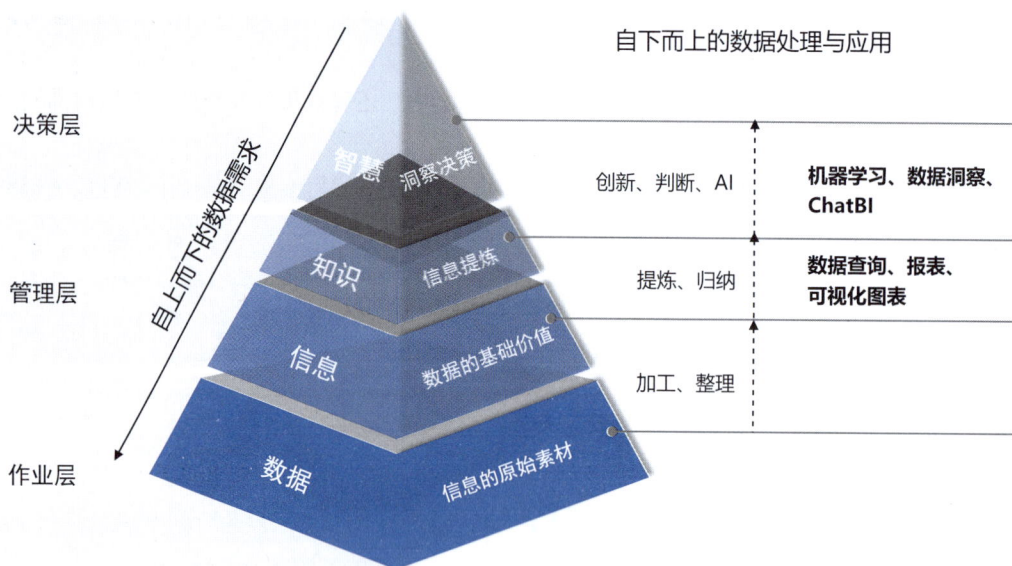

图 4-7　数据价值体系以及常见数据应用场景

在 IT 实现层面，如图 4-8 所示，可参考业界比较通用的数据中台设计思路，将业务数据及外部数据汇总至数据中台系统，经中台加工处理后，提供有价值的数据服务，供前台应用（如报表、各业务系统、AI）调用。

4.3.2　报表的思路设计

报表的设计不是简单的数据、表格、图表的堆砌，重点在于从业务使用场景出发，通过报表高光呈现业务本质。业务本质可以是业务管控的关键点、变化趋势、风险和问题等。报表设计的关键点是如何通过报表让数据说话，正如图 4-9 所示，首先基于业务本质进行报表需求挖掘，然后根据业务需求形成报表设计需求。

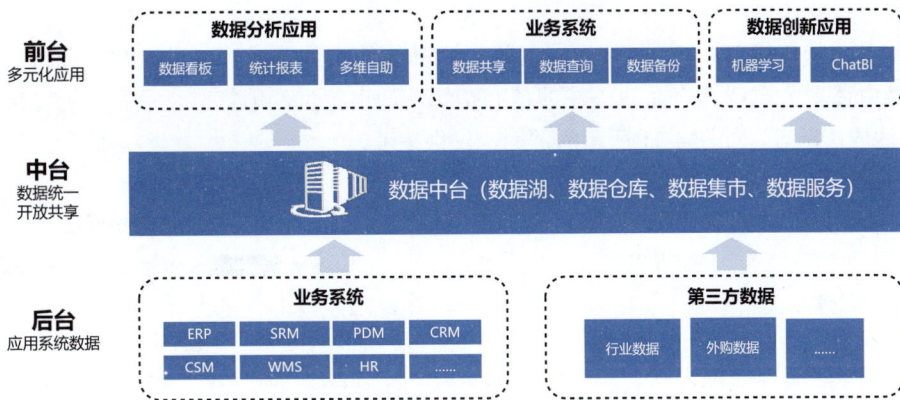

图 4-8　数据中台设计思路

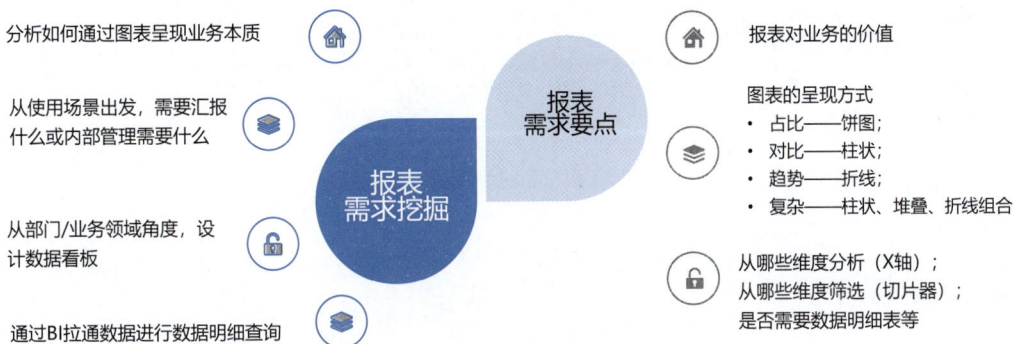

图 4-9　报表设计的关键点

下面介绍两个业务报表思路设计的实例。

1. 考勤数据分析报表

公司管理层提出通过考勤报表反映考勤所要关注的业务本质如下：

- 个人或部门绩效不住时，要通过工作时长看是否全力以赴。
- 通过考勤异常的横向对比，从工作积极性的视角对团队或员工进行排序对比。

图 4-10 所示为考勤数据分析报表的设计思路。

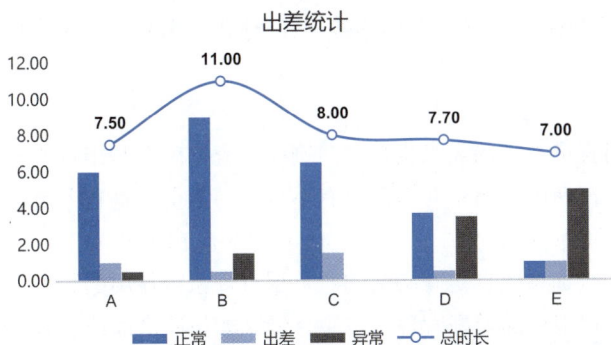

图 4-10　考勤数据分析报表设计思路

2. 产品线经营报表

根据公司的年度 BP 和预算情况，对每个产品线的实际达成情况进行对比分析。通常来说，报表内体现公司或者产品线关注的核心指标，如出货量、销售额、毛利、销管研各类费用、BP 达成情况等，如图 4-11 所示的示例，仅供参考。

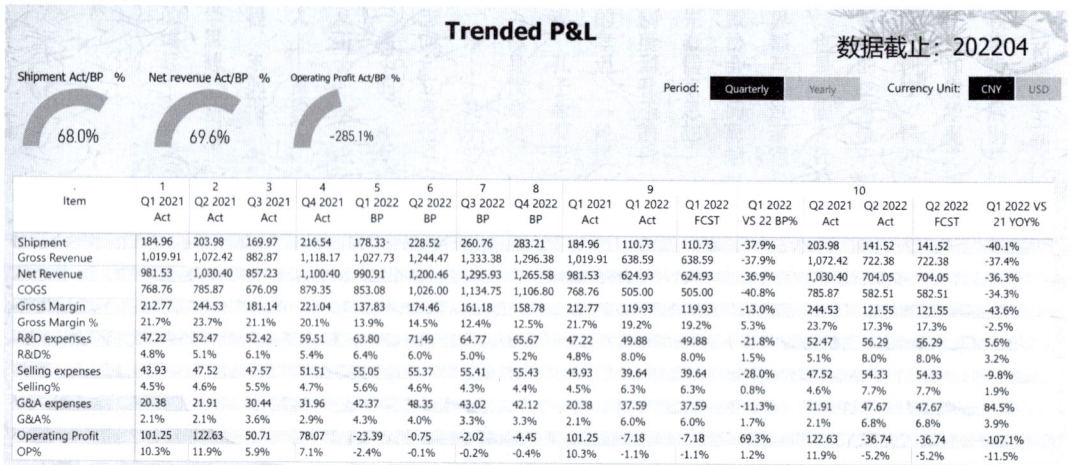

Trended P&L

数据截止：202204

Shipment Act/BP % **68.0%** Net revenue Act/BP % **69.6%** Operating Profit Act/BP % **-285.1%**

Period: Quarterly | Yearly Currency Unit: CNY | USD

Item	1 Q1 2021 Act	2 Q2 2021 Act	3 Q3 2021 Act	4 Q4 2021 Act	5 Q1 2022 BP	6 Q2 2022 BP	7 Q3 2022 BP	8 Q4 2022 BP	Q1 2021 Act	Q1 2022 Act	9 Q1 2022 FCST	Q1 2022 VS 22 BP%	Q2 2021 Act	Q2 2022 Act	10 Q2 2022 FCST	Q1 2022 VS 21 YOY%
Shipment	184.96	203.98	169.97	216.54	178.33	228.52	260.76	283.21	184.96	110.73	110.73	-37.9%	203.98	141.52	141.52	-40.1%
Gross Revenue	1,019.91	1,072.42	882.87	1,118.17	1,027.73	1,244.47	1,333.38	1,296.38	1,019.91	638.59	638.59	-37.9%	1,072.42	722.38	722.38	-37.4%
Net Revenue	981.53	1,030.40	857.23	1,100.40	990.91	1,200.46	1,295.93	1,265.58	981.53	624.93	624.93	-36.9%	1,030.40	704.05	704.05	-36.3%
COGS	768.76	785.87	676.09	879.35	853.08	1,026.00	1,134.75	1,106.80	768.76	505.00	505.00	-40.8%	785.87	582.51	582.51	-34.3%
Gross Margin	212.77	244.53	181.14	221.04	137.83	174.46	161.18	158.78	212.77	119.93	119.93	-13.0%	244.53	121.55	121.55	-43.6%
Gross Margin %	21.7%	23.7%	21.1%	20.1%	13.9%	14.5%	12.4%	12.5%	21.7%	19.2%	19.2%	-5.3%	23.7%	17.3%	17.3%	-2.5%
R&D expenses	47.22	52.47	52.42	59.51	63.80	71.49	64.77	65.67	47.22	49.88	49.88	-21.8%	52.47	56.29	56.29	5.6%
R&D%	4.8%	5.1%	6.1%	5.4%	6.4%	6.0%	5.0%	5.2%	4.8%	8.0%	8.0%	1.5%	5.1%	8.0%	8.0%	3.2%
Selling expenses	43.93	47.52	47.57	51.51	55.05	55.37	55.41	55.43	43.93	39.64	39.64	-28.0%	47.52	54.33	54.33	-9.8%
Selling%	4.5%	4.6%	5.5%	4.7%	5.6%	4.6%	4.3%	4.4%	4.5%	6.3%	6.3%	0.8%	4.6%	7.7%	7.7%	1.9%
G&A expenses	20.38	21.91	30.44	31.96	42.37	48.35	43.02	42.12	20.38	37.59	37.59	-11.3%	21.91	47.67	47.67	84.5%
G&A%	2.1%	2.1%	3.6%	2.9%	4.3%	4.0%	3.3%	3.3%	2.1%	6.0%	6.0%	1.7%	2.1%	6.8%	6.8%	3.9%
Operating Profit	101.25	122.63	50.71	78.07	-23.39	-0.75	-2.02	-4.45	101.25	-7.18	-7.18	69.3%	122.63	-36.74	-36.74	-107.1%
OP%	10.3%	11.9%	5.9%	7.1%	-2.4%	-0.1%	-0.2%	-0.4%	10.3%	-1.1%	-1.1%	1.2%	11.9%	-5.2%	-5.2%	-11.5%

图 4-11　产品线经营报表示例

⊃ 4.3.3　数据共享

数据共享通常是指系统之间的数据共享，而且系统集成也是每个企业司空见惯的做法。但本节之所以单独提出，这是有别于常见的系统集成做法，而是基于数据架构的梳理与整合，在数据中台的报表基础上，另外提供数据共享服务（给各应用系统使用）和数据查询入口（给相关的业务人员使用）。

1. 数据共享

当公司建设了多个系统时，数据共享的场景会变得频繁且复杂。如果每个系统都向外部开放多种接口，开发工作量不仅会增大，还可能对被调用系统的性能造成影响。通常的做法是，在数据中台或者专门的数据查询平台上提供丰富的查询接口和消息服务。例如，涉及产品、物料和 BOM 信息的查询系统比较多，可以将上述数据从 PDM 系统同步至 MDM（Main Data Management，主数据管理）系统，或者在数据中台提供专门的接口供 ERP、CRM、APS 等系统使用。

2. 数据查询

除了数据在各系统中共享，业务部门查询数据的需求也很多。例如，查询库存和出货数据的场景，大部分是供应链和销售客服人员在使用。但企业内部也有不少部门人员（销售人员、供应链主管、产品线相关人等）也需要了解库存情况，而这些人员可能没有 ERP 账号，或对 ERP 系统不熟悉。因此，提供专门的数据查询系统也是有必要的。数据查询系统使用的数据仍然是数据中台的基础数据，但需要在数据权限层面做好管理，除了行级（如按照产品线、客户等维度）的权限管控，还要考虑列级（如出货价格只能给销售人员查看）的权限，确保数据安全性与合规性。

➲ 4.3.4 数据的 AI 应用场景

数据不仅在报表、共享方面具有巨大的价值，还在人工智能应用中发挥着关键作用。通过利用 AI 技术，可以挖掘数据中隐藏的风险或价值，提供便捷易用的入口，支持企业的战略决策，提高运营效率。下面将介绍两种数据在 AI 应用中的具体场景：对话式报表、预测与决策。

1. 对话式报表

对话式报表（以下简称 ChatBI）是 AI 与 BI（Business Intelligence，商业智能）的融合，为用户提供了一种交互式的数据查询和分析方式。传统的报表系统通常需要用户具备一定的数据分析技能，而 ChatBI 通过自然语言处理（NLP）技术使数据查询和分析变得更为简单直接。用户只需在自然语言界面中输入问题，系统便能快速生成相关报表和可视化数据。

这种人性化的操作方式可以大大降低企业员工使用 BI 工具的门槛，让业务人员无须借助 IT 部门的帮助即可自主获取所需数据。这不仅提高了工作效率，还促进了数据应用的普及与深度化使用。例如，销售经理可以通过 ChatBI 快速查询某个季度的销售数据，并即时获取可视化分析，快速了解销售业绩，做出相应决策。

目前，ChatBI 在简单数据报表生成和可视化展示方面已有非常成熟的应用案例，业界已有很多厂商提供了相关技术和解决方案。对于常见的 ChatBI 实现方案——NL2SQL（Natural Language to SQL，自然语言转换为 SQL），是通过对用户问题的理解，转换为 SQL 语句，但这依赖于事先让 LLM 理解目前系统的数据库设计与字段说明。对于 ChatBI 的建设，建议大家从易到难，逐步让用户适应这种模式，再提出更多需求，然后逐步优化 ChatBI 系统。另外，对比 Chat BI 来说，数据关系复杂、应用要求严谨，所以，如何让 LLM 理解复杂数据表之间的关系及 NL2SQL 的精准度仍然是 ChatBI 最大的挑战。

2. 预测与决策

在预测与决策领域，AI 凭借其强大的计算能力和学习算法，能够从历史数据中学习和识别模式，为未来的发展趋势做出预测。这一能力在需求预测中尤为显著。通过对过往销售数据、历史预测数据、产品竞争力和外部环境的分析，AI 可以帮助企业预测未来的产品需求，从而优化库存管理和生产计划。

常见的预测算法有回归、时间序列（ARIMA）、机器学习（神经网络、随机森林、XGBoost）等。通过对数据的收集与整理，然后选择不同的预测算法或融合多种算法，输出对未来的预测数据，如图 4-12 所示的需求预测算法设计示例图，仅供参考。

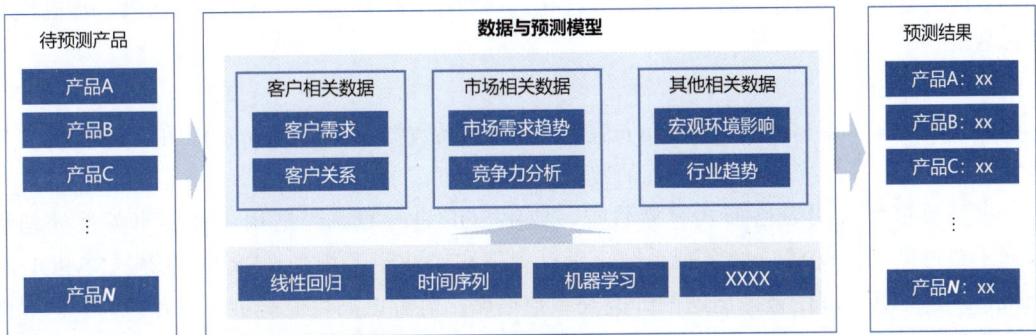

图 4-12　需求预测算法设计示例图

当然，企业对数据的应用不仅限于需求预测。在原材料价格、产品开发进度、产品定价等多个领域，AI 也能为公司提供决策辅助。这将帮助决策者更精准地判断市场变化和潜在风险，从而不断提升竞争优化，并推动业务持续增长。

4.4　数据管理的 IT 系统

数据管理涉及的系统和应用管理系统最大的区别如下：数据管理需要融合多种技术平台，如数据湖和数据仓库、数据库、大数据产品等，也需要相应的数据管理系统，如主数据管理系统、元数据管理系统和报表平台等。

当然，如果需要将数据与 AI 平台对接，还需要搭建 AI 开发平台，通过 AI 开发平台对接这些数据，提供 ChatBI 或者数据训练及分析功能。

⊃ 4.4.1　数据管理技术

本节将详细探讨支持数据管理的各类核心技术，包括数据湖和数据仓库、数据库技术、大数据技术、数据集成与 ETL（抽取、转换、加载），以及数据加密与安全技术。这些技术共同构成了企业数据管理的基础，确保数据在收集、存储、处理和分析过程中具备高效性、安全性和一致性。系统性了解这些数据管理技术，企业能够有效应对多源数据的复杂性，提升数据处理效率，确保数据在整个生命周期内的安全可控，从而为业务决策提供更准确、更及时的数据支持。这将赋能企业在数字化转型过程中不断提升数据资产的管理和利用水平。

1. 数据湖和数据仓库

数据湖和数据仓库是数据存储与管理中的两种主要技术，各有其独特的应用场景。

数据湖（Data Lake）是一种能够存储结构化、半结构化和非结构化数据的大规模存储库，通常用于存储来自不同数据源的原始数据。数据湖支持灵活的数据处理和分析，能够满足机器学习、人工智能和大数据分析的需求。

数据仓库（Data Warehouse）侧重于存储经过处理、清洗和结构化的数据，通常用于报表和 BI 分析。数据仓库具备高效的查询性能和强大的数据处理能力，适用于业务运营中的关键决策支持。

尽管数据湖和数据仓库都有助于数据管理，但它们的核心区别在于数据组织方式和处理目标。数据湖更注重数据存储的灵活性和多样化，而数据仓库则追求数据的高一致性、准确性和查询效率。

2. 数据库技术

关系数据库（如 MySQL 和 PostgreSQL）和非关系数据库（如 MongoDB 和 Cassandra）是两大类数据库管理系统，适用于不同的数据存储和管理需求。

关系数据库采用表格形式存储数据，使用 SQL 进行查询，适用于需要事务性处理和数据一致性的应用场景，如金融系统、库存管理和企业资源规划（ERP）系统。MySQL 和 PostgreSQL 是其中应用最为广泛的开源关系数据库，前者以高性能著称，后者则因其扩展性和复杂查询支持而备受青睐。

非关系数据库更适合处理海量数据和高并发读写场景。例如，MongoDB 以灵活的文档存储结构，可以高效管理半结构化和非结构化数据，适用于内容管理系统、社交媒体应用等。Cassandra 则是面向高可用性和大规模分布式存储的列族式数据库，适用于实时大数据处理和物联网（IoT）应用。在选择数据库技术时，需要根据具体应用场景、数据结构和性能要求进行综合考量。

3. 大数据技术

大数据处理框架（如 Hadoop 和 Spark）是当前大数据分析和处理领域的核心技术。

Hadoop 是一个开源的分布式计算框架，主要通过其核心组件 HDFS（Hadoop Distributed File System）和 MapReduce 来实现大规模数据的分布式存储和并行处理。Hadoop 适用于批处理任务，可以处理 TB 级甚至 PB 级的数据量，因此被广泛应用于日志分析、数据仓库、机器学习等领域。

Spark 是一个快速通用的分布式数据处理引擎，具有比 Hadoop 更高的处理速度和灵活性。Spark 支持内存计算、流处理和复杂的迭代算法，能够在数据分析、实时数据处理和大数据挖掘中表现出色。

无论是 Hadoop 还是 Spark，都在大数据技术栈中扮演了重要角色，各自具备不同的优势，企业应根据具体需求进行选型和应用。

4. 数据集成与 ETL（抽取、转换、加载）

数据集成是将不同来源的数据整合到一个统一视图中的过程，而 ETL（抽取、转换、加载）技术则是实现这一过程的常见做法。ETL 首先从各种数据源（如数据库、文件系统、API 等）中抽取数据，这是确保数据完整性和一致性的起点。接下来，数据经过转换阶段，其中包括数据清洗、规范化、聚合等步骤，以满足目标系统的格式和业务需求。最后，经过转换的清洗数据会加载到目标存储系统，如数据仓库或数据湖中。ETL 技术确保了不同数据源的无缝集成和数据质量的提升，支持跨系统的数据分析和业务决策。

5. 数据脱敏

数据脱敏技术是为了保护敏感数据而常用的手段。实际上，在企业内部，如薪资信息、客户信息、成本、价格等数据非常敏感，在后台存储这类数据时，如果不脱敏存储，会带来非常大的数据泄露风险。通常，加密后的数据，在前台加载时，还需要再解密展示给有权限的业务人员。

对于这类数据的加密，最常见的是 IT 人员设计一套对称加密算法，或者使用常见的 AES 加密算法。非对称加密（如 RSA 算法）适用于文件的加密或者数字签名，如对机密的二进制文档进行加密。

⊃ 4.4.2 数据管理系统

数据管理系统是现今企业增强决策支持、优化运营效率和确保数据合规性的重要工具。这些系统包括从数据存储和管理、数据治理与质量管理、元数据管理、主数据管理，到数据分析与 BI 等各个环节。通过利用全面的数据管理系统，企业可以实现从数据收集、存储、清洗到高效分析的完整数据生命周期管理。数据管理系统不仅解决了数据的存储和访问问题，还通过规范化和标准化的流程提升了数据的质量和一致性，确保了数据驱动决策的准确性和及时性。

下面将详细介绍这些系统的具体功能及其在数据管理中的应用。

1. 数据分析与 BI 平台

数据分析与 BI 平台是企业实现数据驱动决策的关键工具，包括报表生成工具、数据可视化工具、数据挖掘和机器学习平台等。业界的 BI 公司，都会提供可视化的报表工具，帮助企业快速创建直观的数据仪表盘和图表。BI 工具的应用已经非常成熟，在此不再展开赘述。

2. 元数据管理系统

元数据管理系统用于管理数据的描述信息，即数据的"数据"，它们有助于用户理解和利用数据。数据字典一般用于如下两种数据的管理。

一类是结构化数据，提供关于数据库结构的信息，包括表、字段及其关系的定义，使得数据库用户和管理员能够快速理解和使用数据。

另一类是管理非结构化数据，提供二进制文件的信息，如文件名、文件类型、文件描述信息、文件大小、Owner、版本号、哈希值等。在需要查找相关文件时，可通过元数据系统快速检索。需要检索文件内容时，现在的 RAG 技术可以解决大部分问题。

另外，元数据管理还可以监控数据结构的变化和影响，当上游表结构发生修改时，可实时提醒下游表的相关人，避免问题数据传至下游。

3. 主数据管理系统

主数据管理系统，即 MDM 系统，主要作用是确保企业在不同业务系统中使用一致且为最新数据。MDM 系统通过集成和管理主数据，如客户、产品、供应商信息等，提供一个统一的、可信的视图。

MDM 系统可以集中维护和同步数据，避免了不同系统和数据库中存在重复、冲突和不一致的数据。除了维护和同步数据，MDM 系统通常还具有数据清洗和匹配功能，确保主数据的准确性和完整性。通过实施 MDM 系统，企业能够减少数据冗余，提高数据一致性。

4.5 总结与建议

数据作为新型生产要素，在企业的数字化转型过程中发挥着重要作用。实际上，数据在企业内部能否发挥价值，取决于如下几点。

- **数据能否及时获得**：数据，理论上都存在于 IT 系统中，都是结构化存储的，并且可及时被获取到，这是数据应用的第一前提。如果数据散落在员工的计算机中，或者数据需要经过人工处理才能使用，这时候启动数据中台或者 BI 系统建设，往往是无法推行下去的。

- **数据是否准确**：在数据能够及时获得的基础上，数据的准确性是数据应用的第二大前提。数据不准确的情况，往往是数据源头不清晰、数据不统一、数据存储在多个 IT 系统中导致的，这些都是数据治理的重点。

- **数据为谁服务**：为什么要重点提出数据为谁服务？这是因为数据为业务服务，如果业务诉求并不强烈，或者对数据报表的格式需要经常调整，会导致数据报表成为摆设。因此，我们找到服务的业务部门，并且设计出它们需要的报表，甚至能够支持它们灵活调整报表格式，这样才能将数据的价值发挥出来。

第5章 技术架构管理

企业 IT 技术架构是企业为了满足特定的目标和需求所构建的 IT 技术体系。IT 技术架构是对一系列技术解决方案的结构化描述，由相互关联的技术组件构成，并定义了各组件之间的交互关系，包括网络架构、服务器和存储架构、软件架构等。IT 技术架构的建设如同盖房子打地基，IT 部门在设计技术架构时，需要长远考虑架构的灵活性、稳定性、安全性。

IT 技术架构的核心是匹配业务需求，它需要考虑企业发展、业务需求变化和技术的发展演进，确保 IT 技术架构的平滑升级和长期发展。如果企业 IT 技术架构设计灵活可靠，那么它就可以快速帮助企业实现业务目标，并在市场中获得竞争优势，助力企业高速发展。相反，如果企业 IT 技术架构设计不合理、不稳定、不灵活，企业将会在发展和信息化建设路上遇到坎坷，随之带来的将是业务发展的阻碍、企业生产力和效率的降低，企业在发展中也将付出重大代价。

本章将对技术架构进行概述，然后对技术架构中的 IaaS（Infrastructure as a Service，基础设施即服务）、PaaS（Platform as a Service，平台即服务）分别展开介绍，比较通用的 IT 技术或产品方案，并在本章最后提供一些总结与建议。

5.1 技术架构概论

企业 IT 技术架构大体可以总结为硬件和软件两部分。硬件包含服务器、存储、网络等基础架构设备，统称为 IaaS。软件主要包含运行在硬件之上的系统、环境、应用组件等，主要包含操作系统、虚拟化技术、数据库、中间件、通用开发平台等，统称为 PaaS。

企业 IT 技术每天都在变化：

- 从过去大型机、小型机时代，到今天的 x86 服务器架构时代，硬件架构在变化。
- 从过去物理机时代，到虚拟化和容器架构、云计算时代，企业系统平台在更新。
- 从过去的自建机房和系统，到部分迁移到云平台，企业 IT 观念在与时俱进。
- IT 从传统运维到自动化运维，再到 AI 运维，IT 从业者的技能在不断转变。

IT 行业是当今世界发展最为蓬勃的行业之一，也是一个技术创新很快的行业，这些年，"云计算""大数据""AI"等火热的话题，让很多企业显得很焦虑。许多企业认为，企业应该追赶 IT 潮流，如果不跟随主流技术，信息化建设将会落后，所以，导致企业管理者盲目进行信息化建设和扩张。最后发现业务需求与预期效果不匹配，很多预期的想法无法落地，导致浪费大量人力和财力。**所以，最新的技术，未必最匹配企业的需求，选择合适的技术平台才是最好的。**

区别于公有云的定义，本节对企业内部的 IaaS、PaaS 和 SaaS（Software as a Service，软件即服务）做如下划分，如图 5-1 所示。

IaaS 层主要是基础设施层面，包括数据中心（常称机房）、网络、服务器（含虚拟化和容器）、存储等。PaaS 层主要是给 IT 系统提供开发和运行的平台，如集群、操作系统、数据库等，但本章将基础办公平台划到 PaaS 层，主要是考虑基础办公平台与其他 PaaS 层的工具都是同一 IT 团队维护的。SaaS 层属于应用系统层，公有云系统或企业内本地部署的 IT 系统都在 SaaS 的范围内，可以统称为"应用系统"，详见第 3 章。

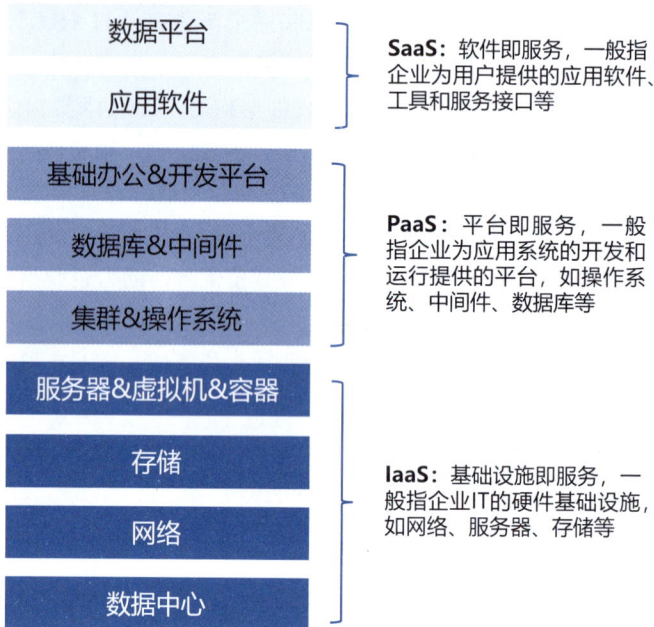

图 5-1　IaaS、PaaS 和 SaaS 的划分

5.2　IaaS

IaaS（Infrastructure as a Service，基础设施即服务）是把 IT 基础设施作为一种服务通过网络对外提供，并根据用户对资源的实际使用量或占用量进行计费的一种服务模式。实际上，在公司内部自建的硬件平台，即私有化的 IaaS 服务，也可以按照此类计费的方式来运作，一方面，可以根据用量做好规划；另一方面，可以在公司内部结算，避免按照"人头均摊"的分摊模式带来的资源浪费问题。

从架构上来看，IaaS 包含数据中心、计算、存储、网络资源等。IaaS 提供商将管理大型数据中心，这些数据中心包含在数据中心之上的各种抽象层所需的物理机器，最终用户可以通过网络使用这些物理机器。

对于使用公有化 IaaS 服务的企业，减少了建立和管理一个数据中心的前期费用，可在几分钟或者几小时内快速交付，使其成为初创企业和中小型企业的首选。另外，IaaS 服务商还有 SLA 承诺，对于没有 IT 专业人员的中小型企业，节省了大量的人力维护成本。

对于私有化 IaaS，企业前期的投资较大，不仅需要有专业的数据中心，采购对应的硬件资源，还需要配置专业的运维人员。私有化 IaaS 的优点是企业能较好地掌控资源使用情况，对于企业内部网络分区和信息安全管理更加容易。所以，对于规模较大或者信息安全要求较高的企业，私有化 IaaS 比较适合。

➔ 5.2.1　数据中心

数据中心是每个公司的核心区域，用于存放公司业务服务器、存储、网络等核心资产。公司数据中心的建设，需从选址、消防、通风、电力、承重、防水、防雷等各方面去评估。重点考虑如下几个方面：

- 数据中心楼层承重、层高、电力、消防要求均需在规划前期纳入建筑设计单位的方案中。
- 需尽量放置在建筑物的中心位置，尽量避免一楼和地下室，以防洪水漫灌。
- 应尽量远离餐厅、厨房等有下水设施的位置。
- 数据中心选址需远离停车场、铁路、地铁、化学仓库、噪声和电磁干扰等场所。

数据中心分为传统数据中心和模块化数据中心。美国标准 TIA-942《数据中心的通信基础设施标准》，根据基础设施的"可用性""稳定性"和"安全性"，可以分为 T1 ~ T4 四个等级。企业需要根据自己的需求，建设相应级别的机房，对于企业内部使用的机房，T2 机房基本可以满足业务需求。

（1）第一级（Tier I，T1）——基本型

T1 数据中心没有冗余设施（可提供 99.67% 的可用性，每年停机时间最多为 28.8 小时），可以接受数据业务的计划性和非计划性中断，只需要提供配电和冷却系统，并且不一定需要 UPS 或发电机，因此这是一个单点系统，容易产生多处单点故障。因为缺少设备冗余，所以，当停电检修和维护，以及出现操作故障或设备自身故障时，均会造成服务中断。

（2）第二级（Tier II，T2）——有组件冗余

T2 数据中心带有冗余设施（可提供 99.75% 的可用性，每年停机时间最多为 22 小时），包括所有 T1 级所有功能，并添加关键组件的冗余。这些关键组件主要包括电力和冷却设备，如 UPS 模块、空调、发电机等。当重要的电力设备或其他组件需要维护时，可以通过这些设备的自动切换来实现服务不中断或短时中断。

（3）第三级（Tier III，T3）——可在线维护

T3 数据中心多路可用，只有一个路径处于运行状态，具有冗余设施，并且可同时维护（可提供 99.98% 的可用性，每年停机时间最多为 1.6 小时）。T3 数据中心包括所有 T1 级和 T2 级功能，并且不需要关闭设备就能更换和维护。T3 级别的数据中心允许支撑系统设备任何计划性的动作而不会导致服务中断。计划性的动作包括规划好的定期维护保养、设备更换或扩容、系统或设备测试等。当出现非计划性动作（如误操作）或者设备自身故障时，导致数据中心中断是可以接受的。

（4）第四级（Tier IV，T4）——完整的容错系统

T4 数据中心具有冗余设备，并且具有容错能力（可提供 99.99% 的可用性，每年停机时间最多为 0.8 小时）。T4 数据中心基础架构构建在 T3 级别之上，为机房的基础架构添加了容错概念。容错要求所有电力设备和冷却组件都是 2N（即双路），如果任何单个电力或冷却组件发生故障，数据中心服务都不会中断。

数据中心对装修材料、温度、湿度、噪声、防火、防雷也有严格的要求，以下为数据中心建设环境部分要求标准：

- **温度、湿度要求**：设备温度为 15～30℃，最佳为 22℃；湿度为 40%～70%，最佳为 55%。
- **尘埃**：大于或等于 0.5μm，粒子数＜18000 粒／升。
- **照明**：机房内在离地面 0.8m 处，照度不应低于 200lx。
- **噪声**：开机时机房内的噪声，在中央控制台处测量应小于 70dB（A）。
- **电磁场干扰**：机房内无线电干扰场强，在频率范围为 0.15～1000MHz 时不大于 120dB。机房内磁场干扰场强不大于 800A/m（相当于 100e），主机房内磁场干扰场强应低于 800A/m。
- **防火等级要求**：A、B 类安全机房相关的其余基本工作房间及辅助房间，其建筑物的耐火等级不应低于 GB 50174—2017《数据中心设计规范》中规定的二级耐火等级。
- **供配电系统**：机房应设专用可靠的供电线路，计算机系统的电源设备应提供稳定可靠的电源，其容量应具有一定的余量。
- **空调系统**：机房应采用专用空调设备，能量方面有一定的余量，空调数量建议应有备份。
- **火灾报警及消防设施要求**：机房应设置火灾报警装置，需要使用气体灭火装置。在机房内、基本工作房间内、活动地板下、吊顶里、主要空调管道中及易燃物附近部位应设置烟、温感探测器。
- **防水**：有暖气装置的机房，在机房地面周围应设排水沟，应注意对暖气管道定期检查和维修。位于用水设备下层的计算机机房，应在吊顶上设防水层，并设置漏水检查装置。
- **防雷击**：计算机机房应符合 GB 50057—2010《建筑物防雷设计规范》中的防雷措施。

按照数据中心的建设方案，可以将数据中心分为传统数据中心和模块化数据中心，两者在机房建设和设备选型上存在差异。

1. 传统数据中心

传统数据中心是按照标准的建设程序，将空调、机柜、UPS 等设施分开建设，先安装空调和铺设送风地板，装修墙体，处理防水，然后安装 UPS、电池、机柜等设备。传统机房通常采用精密空调对机房整体空间制冷或架空地板下送风方式制冷，在没有区分冷热通道的情况下，制冷效率较低。

总体来说，传统机房的优点是能根据用户需求定制各种产品进行组合，缺点是建设周期较长，通常建设周期从几个月到几年不等。企业前期投资较大，需要一次性将硬件环境准备好。

2. 模块化数据中心

模块化数据中心是基于云计算的新一代数据中心部署形式，采用模块化设计理念，极大地降低了机房对基础设施环境的要求。模块化数据中心解决方案的最大特点就是采用模块化设计理念，每个微模块集成了供配电系统、制冷系统和监控系统，从而形成一个独立的小型数据中心。

模块化数据中心的架构是弹性的，用户根据企业发展的阶段按需购买模块进行部署。模块化机柜因为单独对特定的机柜进行制冷，提高了设备的工作效率，从而有效降低了能源消耗。另外，与传统机房相比，模块化数据中心部署时间最快，只需要几周时间，对数据中心环境要求比传统机房较低。

➲ 5.2.2　网络设备

网络是企业 IaaS 中最基础的资源。网络设备通过通信线路（光纤、网线）把企业各种 IT 硬件连接起来，实现相互交互。

企业在网络建设时都需根据自身的需求进行网络规划，首先是 IP 地址规划。在 IP 地址 3 种类型中，分别保留了 3 个区域作为私有地址，其地址范围如下：

- A 类地址范围：10.0.0.0 ～ 10.255.255.255。
- B 类地址范围：172.16.0.0 ～ 172.31.255.555。
- C 类地址范围：192.168.0.0 ～ 192.168.255.255。

企业在进行网段分配时，建议根据业务类型进行网络划分，如服务器地址段、业务地址段、用户终端地址段、哑终端地址段、设备管理地址段等。网络地址规划越清晰、越合理，对企业后续的网络稳定性能和扩展越有利。另外，在进行规划时，最好考虑未来企业扩张和并购的情况，对于新的办公室或并购的企业应有足够的 IP 段预留。**但不管在任何时候，选择 10.0.0.0 ～ 10.255.255.255 网段，对未来的业务扩展都是有巨大益处的。**

在进行网络系统设计时，全面考虑各种因素的影响是十分重要的。一个设计良好的网络，能保证快速稳定运行和适应环境的变化，并便于未来的升级。整体的原则如下：

- **选择合适的产品**：根据公司的规模及未来战略发展，充分考虑网络的整体规划和设计，选择成熟且满足未来需要的网络产品。
- **避免单点故障**：为了保证业务的顺利运行，核心的网络区域必须具有高可靠性，尽量避免系统的单点故障，可采用交换机集群或堆叠技术。
- **合适的网络区域划分**：为满足公司安全要求，需要对公司的网络区域划分红黄绿区及 DMZ 区域，需考虑引入防火墙、IPS、WAF 等网络安全设备。
- **方便管理和维护**：网络的设计中，必须建立一套全面的网络管理和监控软件，实时采集并统计网络信息流量，监视网络运行状态，及时查找并排除故障。
- **关键注意事项**：对于非法环路、广播风暴和 IP 地址冲突等问题，需要在网络设备中提前做好防范措施。

企业的常用网络设备包含交换机、路由器、防火墙、VPN 等。另外，对于 SD-WAN 也是企业网络中常用的技术，本节也会展开说明。

1. 交换机

交换机工作于 OSI 参考模型的第二层，即数据链路层。交换机按照端口类型分为以太网交换机和光交换机。顾名思义，以太网交换机基于以太网传输数据，每个端口都直接与主机相连，以全双工的方式工作。以太网交换机能同时连通许多对端口，使每对相互通信的主机都能像独占通信媒体一样，进行无冲突地传输数据。以太网交换机的速率有 10Gbps、40Gbps、100Gbps 和更高的速率。

光交换机有单模光纤或多模光纤两种，区别于普通交换机，它采用了光纤电缆作为传输介质，速率取决于光模块的选择。光纤传输的优点是速度快、抗干扰能力强。

交换机按功能分类，可分为园区交换机和服务器交换机两种。就园区交换机而言，根据业务类型又可以分为接入交换机、汇聚交换机、核心交换机。图 5-2 所示为传统网络的三层架构图。

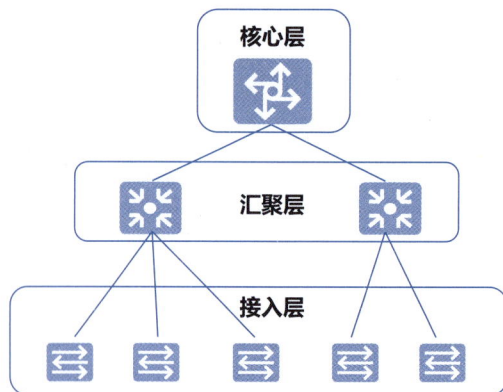

图 5-2 传统网络的三层架构图

接入层交换机直接面向用户，是用户接入公司网络的直接入口。在接入层设计中，我们主张选用性价比高的设备，目前企业通常以千兆（1000M）速率接到用户桌面。对于无线 AP、视频监控有供电等特殊需求的，接入交换机也可以选择支持带 POE 功能的交换机。

汇聚层交换机是多台接入层交换机的汇聚点，通常用于楼层机房，上行是核心交换机，下行是接入层交换。因此，汇聚层交换机与接入层交换机比较，需要更高的性能，也具有实施策略、安全、工作组接入、虚拟局域网（VLAN）之间的路由、源地址或目的地址过滤等多种功能。

核心层是网络主干部分，核心交换机是整个网络性能的保障。核心层交换机的主要目的在于通过高速转发通信，提供快速、可靠的骨干传输结构，因此，核心层交换机应该具有如下特性：可靠性、高效性、冗余性、容错性、可管理性等。因为核心层是网络的枢纽中心，重要性突出，所以，核心层交换机应该拥有更高的带宽、更高的可靠性、更高的性能和吞吐量。企业选择的核心交换机一般为可扩展交换机，根据业务需要选择 10Gbps、40Gbps 或以上速率。另外，对于硬件和端口冗余，网络包转发速率都有较高的要求。

交换机如果按结构分类，可以分为固定端口交换机、模块化交换机。固定端口交换机的端口数量和速率固定，通常为 24 口、48 口，这类交换机不具备扩展性，速率有 1Gbps 到 100Gbps 不等。模块化交换机提供一些标准化插槽，具有较高的灵活性和可扩充性，用户可以根据自己企业的实际情况选购相应类型、速率和数量的模块安装进去。模块化交换机通常作为核心层交换机使用，这有利于企业网络未来的扩容和升级。

2. 路由器

路由器的主要作用是网络路由——连通不同的网络和选择信息传送的线路。目前，业界的三层交换机也具备了网络路由能力，因此，路由器使用的场景逐步被交换机替代。本节主要介绍路由协议和使用场景。

路由协议分为静态路由和动态路由两种，分别用于不同的场景。

静态路由是由网络管理员采用手工方法在路由器中配置而成的，它的好处是网络安全保密性高，不需要频繁交换路由表。网络设备的路由选择，是按照事先定义的策略进行选路，适用于企业网络规模较小的场景。静态路由的缺点是，当出现局部网络故障时，无法进行自动路由选择和网络切换，此时便需要网络管理员人工处理。

动态路由协议通过路由信息的交换生成并维护转发引擎所需的路由表。当网络拓扑架构改变时，动态路由协议可以自动更新路由表，并决定数据传输的最佳路径。动态路由可以自适应网络架构的变化，适应于较大、较复杂的网络环境。但是由于路由器（或三层交换机）之间需要频繁交换路由信息，会占用较多网络带宽和系统资源。常见的动态路由协议有以下两种。

（1）RIP（Routing Information Protocol，路由信息协议）

RIP 是一种分布式的基于距离矢量的路由选择协议，其最大优点就是实现简单和开销较小。RIP 路由协议使用跳数作为唯一的度量值，跳数的最大值为 15，距离为 16 跳的情况则视为不可达。RIP 主要用于规模较小的网络中，如校园网及结构较简单的地区性网络。对于更为复杂的大型网络，一般不推荐使用 RIP。

（2）OSPF（Open Shortest Path First，开放最短路径优先协议）

OSPF 是几乎所有厂商设备都支持的标准路由协议。OSPF 是一种基于链路状态的路由协议，即每个路由设备向同一管理域的其他路由设备发送链路状态的广播信息，包括所有接口信息、所有的量度和设备其他相关信息。使用 OSPF 的路由设备通过收集相关的链路状态信息，并根据一定的算法计算出到每个节点的最短路径。OSPF 的特性如下。

- **适应范围广**：支持大规模网络，最多可支持上百台路由设备。
- **支持掩码**：OSPF 报文中携带掩码信息，所以 OSPF 协议不受自然掩码限制。
- **快速收敛**：在网络的拓扑结构发生变化后自动发送更新报文。
- **避免自环**：由于 OSPF 根据链路状态，使用最短路径树算法计算路由，因此不会生成自环路由。

选择合适的路由协议需要考虑多个因素，并根据网络的具体需求、企业网络的规模和复杂度、安全需求和设备能力等来决定。如下是按网络规模场景对路由协议的选择。

- **小型网络**：可以选择简单的路由协议，如 RIP 或静态路由。
- **中大型网络**：通常需要使用 OSPF 这种更高效且可伸缩的协议，尤其在需要细粒度的路由控制和快速收敛时。

3. 防火墙

防火墙在企业的网络安全中扮演着关键的角色，除了在企业的内网和外网之间构建一道相对隔绝的保护屏障，还可以对企业内部网络的不同区域进行逻辑上的隔离和访问策略控制，用于满足企业不同业务类型数据的安全管理要求。防火墙一般分为软件防火墙和硬件防火墙，为便于内部组网和管理，大部分企业使用的是硬件防火墙。

防火墙按功能分类，可分为传统防火墙和下一代防火墙。传统防火墙的功能主要包括数据包过滤、网络地址转化、VPN 功能、不同网络间的策略互访和安全控制等。传统防火墙只是基于 IP 和端口的 TCP，无法检查网络数据包数据并识别合法的业务应用程序和网络攻击，只能选择接受或拒绝所有流量。下一代防火墙是在传统防火墙的基础上，集成了入侵检测和防护功能，增加了对应用层威胁的防护。基于网络请求中的用户、应用和内容，能够为用户提供有效的应用层安全防护。

4. VPN

VPN（Virtual Private Network，虚拟专用网络）主要有如下两种业务使用场景。

- **广域网之间的互联**，用于企业多个 Office 之间网络互联。
- **员工在远程办公时**，通过 VPN 接入公司网络。

目前市面上常见的 VPN 主要有 MPLS VPN、IPSec VPN、SSL VPN 等。

（1）MPLS VPN

MPLS VPN 指采用 MPLS（多协议标记转换）技术在骨干的宽带 IP 网络上构建企业 IP 专网，实现跨地域、安全、高速、可靠的数据、语音、图像多业务通信，利用 Internet 线路的技术满足了企业专用网的安全、灵活、高效的网络传输要求。

MPLS VPN 的原理如图 5-3 所示，当属于某一 VPN 的用户数据进入 MPLS 主干网时，在 CE（Customer Edge）路由器与 PE（Provider Edge）路由器连接的接口上可以识别出该 CE 路由器属于哪个 VPN，进而到该 VPN 对应的 VRF（Virtual Routing and Forwarding，虚拟路由转发表）中去读取下一跳的标签，并将标签作为内部标签加入标签协议栈。再通过骨干 P（Provider）路由器转发到对应的 PE，最后经 CE 连接到企业的网络。

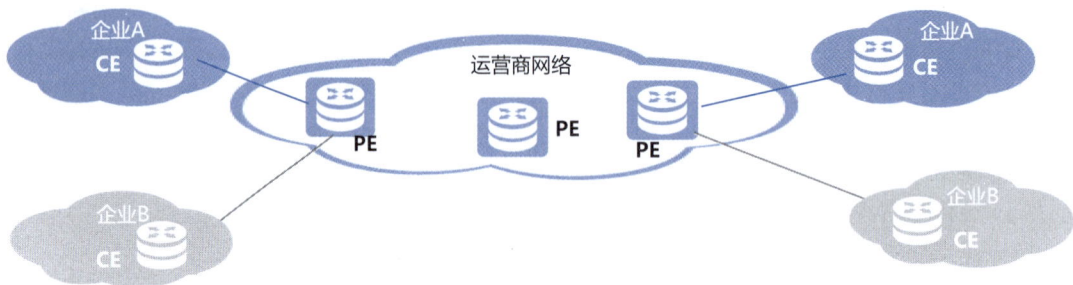

图 5-3　MPLS VPN 的原理

MPLS VPN 的主要特点如下：

- 对重要业务可以实施 QoS（Quality of Service，服务质量）保障。
- 价格较高，施工周期较长。
- 线路涉及中间的节点环节比较多，故障排查比较依赖于运营商。

（2）IPSec VPN

IPSec 的全称是 Internet Protocol Security。IPSec VPN 通常是在两个站点之间，利用 Internet 线路创建隧道——虚拟出一条"专线"，将两个站点连接起来，从而组成一个大的局域网。目前业界常见的防火墙都支持 IPSec VPN 配置，网络管理员可以根据需要自行搭建，因此，IPSec VPN 被很多企业所接受。但是 IPSec VPN 针对用户或用户组的授权访问，实现起来相对烦琐，也无法较好地实现重要业务 QoS 保障。

（3）SSL VPN

SSL VPN 采用的是 SSL 协议，主要用于员工在公司外部时进行移动办公的场景。公司用户可以通过 Web 浏览器或者 SSL VPN 客户端方式，随时随地连接到公司网络。管理员也可以根据不同用户创建不同的角色，控制不同用户的网络权限。目前，大部分企业已经逐步切换到新的安全接入方式——零信任，这会在本书的第 6 章中介绍。

5. SD-WAN

SD-WAN（Software-Defined Wide Area Network，软件定义的广域网），目前已广泛用于企业多个分支机构的相互连接。SD-WAN 和传统 VPN 相比，架构上多了一个控制器。SD-WAN 不再局限于使用哪种线路，而是允许 MPLS VPN、宽带甚至 5G 线路等多种连接类型，将多种 Internet 线路资源整合成一个资源池，同时应用于多个分支机构的互联互通。这样一来，企业用户对 MPLS VPN 专线的依赖性大大降低，用户的带宽利用率提升了，同时网络速度和可靠性也提升了，流量成本也随之下降了。相对于 IPSec VPN 和 MPLS VPN，SD-WAN 有以下特点。

- **集中管控**：SD-WAN 控制层支持按照需求选择相应的网络资源和路径。
- **网络接入无关**：在传统的 MPLS VPN 专线基础上引入 Internet 链路实现混合链路，以智能选路的方式实现多条链路的合理利用。
- **简化部署**：SD-WAN 支持硬件部署和软件部署两种方式，通常只需要几小时即可完成。
- **简化运维**：支持实时监控链路质量，当其中某一条链路出现故障时，可以做相应的警告与自动切换。

有些 SD-WAN 的厂家还支持深度应用识别功能，可以统计每条带宽的时延、每个应用的使用情况等信息，并提供完整的运维报告，这对 IT 运维人员来说，是非常有价值的。

⊃ 5.2.3　存储

存储是承载公司数据的核心设备，其重要性不言而喻。存储的技术名词众多，常见的有DAS、FAS、NAS、SAN、对象存储 OSD、文件存储、分布式存储等，它们是不同的分类维度，放在一起罗列会让大家产生困扰。本节将按连接方式分别介绍 DAS、NAS、SAN 存储，也会对近些年常见的对象存储和分布式存储展开说明，方便读者根据自身企业来选择。

专业存储设备可根据连接的方式分为直连式存储（Direct Attached Storage，DAS）和网络化存储（Fabric Attached Storage，FAS）；网络化存储根据传输协议又分为网络接入存储（Network Attached Storage，NAS）和存储区域网络（Storage Area Network，SAN）。图 5-4 所示为 3 种存储的连接示意图。

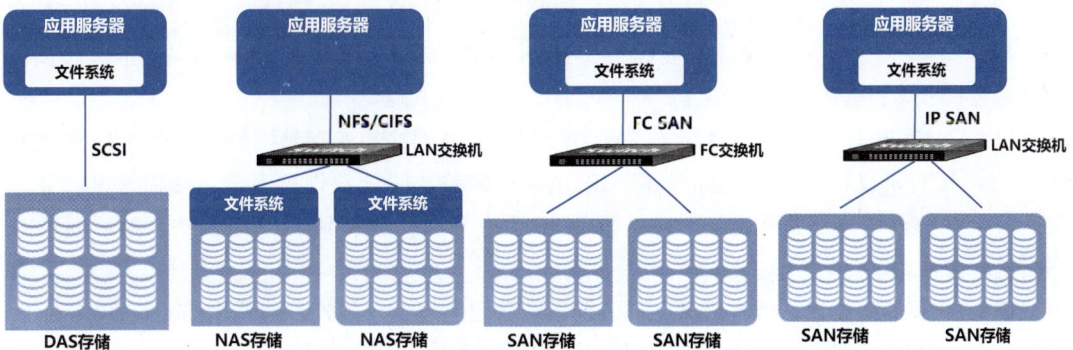

图 5-4　3 种存储的连接示意图

1. DAS 存储

DAS 的全称为 Direct Attached Storage，即直连式存储，顾名思义，存储设备是通过 SCSI线缆或光纤通道直接到服务器的。DAS 是指将存储设备通过 SCSI 线缆或光纤通道直接连接到服务器上。DAS 存储通常由普通的磁盘组成，主要用于大容量低 I/O 的场景，如企业备份场景、文件存储场景等。

DAS 存储的优点是费用较低，性价比较高。但是 DAS 存储也有缺点，如 I/O 小、扩展性一般。目前市场上主流的存储厂商有惠普、联想、戴尔、日立等品牌。

2. NAS 存储

NAS 的全称为 Network Attached Storage，即网络接入存储，存储系统不再通过 I/O 总线附属于某个服务器或者客户机，而是直接通过网络接口与网络直接相连。用户通过网络访问，尤其现在 10Gbps 网络接口普及后，NAS 得到了快速发展。

NAS 本身就能够支持多种协议（如 NFS、CIFS、FTP、HTTP 等），而且能够支持各种操作系统。可以使用浏览器，对 NAS 设备进行直观方便地管理，NAS 存储扩展性也比较好。

NAS 与 DAS、SAN 存储最大的不同点，是它不需要通过特殊线缆与服务器相连，甚至 NAS 设备也无须存放于指定的数据中心。NAS 系统对企业网络环境基本上没有什么特别的要求和限制，可以很方便地在现有的网络环境中添加 NAS 设备。这是因为 NAS 所支持的那些操作系统和网络协议都在已有网络中得到很好的支持，NAS 设备的添加不会引发新的网络支持的问题。

当然，NAS 也有缺点，NAS 存储只能以文件方式访问，因此会在某些情况下严重影响系统效率，如大型数据库就不能使用 NAS。另外，NAS 在备份过程中需要使用网络带宽，建议备份数据时走专用的备份网络。

3. SAN 存储

SAN 的全称是 Storage Area Network，即存储区域网络，按照连接方式，又可以分为 FC SAN 和 IP SAN。

FC SAN 是一种通过光纤交换机、HBA 卡等连接设备将磁盘阵列与相关服务器连接起来的高速存储网络。因为 SAN 采用了光纤通道技术，所以，它具有更高的存储宽带，存储性能明显提高。目前主流传输速率有 8Gbps、16Gbps、32Gbps 甚至更高，因为 SAN 使用的是块存储方式，所以，对数据库、服务器虚拟化等场景有着重要的作用。

FC SAN 也有其缺点，SAN 存储不像 NAS 架构那样简单，加之不同厂商之间有各自的标准，这导致了不同厂商之间的产品存在兼容性等问题。另外，SAN 存储需要采购专业的 FC 交换机和 FC 模块进行连接，导致扩展性不如 NAS 存储灵活。另外，SAN 存储采购成本较高，运维和维护成本也较高。

IP SAN 存储是在 FC SAN 后产生的，IP SAN 以 IP 网络构建存储网络，利用现有的 TCP/IP 网络。相对于以往的网络存储技术，IP SAN 存储解决了开放性、容量、传输速度、兼容性、安全性等问题，在实际工作时，是将 SCSI 命令和数据封装到 TCP/IP 包中，然后通过 IP 网络进行传输。

IP SAN 存储的优点是成本低廉、部署简单、管理难度低。另外，随着 10Gbps、40Gbps 网络的普及，IP SAN 存储已广泛使用。因为基于 IP 网络不再局限于设备所在场地，使得 IP SAN 广泛应用于远程复制和容灾等方面。但是，IP SAN 也有不足的地方，如传输安全性低，因为 IP SAN 使用网络进行传输，所以，容易导致网络带宽被占用的问题。

4. 对象存储

按照存储对象的维度，存储分为块存储、文件存储和对象存储。

- **块存储**：块是指以扇区为基础，一个或连续的扇区组成一个块，又称物理块。DAS、SAN 都属于块存储。
- **文件存储**：文件是指文件系统，单个文件可能由于一个或多个逻辑块组成，且逻辑块之间不是连续分布的，逻辑块大于或等于物理块整数倍。NAS 属于文件存储。

- **对象存储**：对象存储是一种新的网络存储架构，同时兼具 SAN 高速直接访问磁盘特点及 NAS 的分布式共享特点，其核心是将数据通路（数据读或写）和控制通路（元数据）分离。

表 5-1 所示为 3 种存储的对比。

表 5-1 3 种存储的对比

对比项	块存储	文件存储	对象存储
传输单位	块	文件（自带文件系统，有目录结构）	对象（元数据＋数据本身）
传输协议	光纤、iSCSI、SATA 等	NFS、CIFS	HTTP（Restful API）
适用场景	交易数据、高频词更新	文件共享	归档、多媒体文件
推荐场景	数据库、虚拟机	服务器共享、数据备份	网盘、数据备份、替代中低端 NAS
文件修改	即时更新	即时更新	创建新的对象
限制	价格贵、容量限制	容量限制、有性能瓶颈	对高频更新场景受限

对象存储架构由 3 个主要部分组成，如图 5-5 所示。

- **对象存储设备（Object Based Storage Devices，OSD）**：这是对象存储的核心，具有自己的 CPU、内存、网络和磁盘系统。它的主要功能是存储数据，同时，根据数据对象大小优化数据分布。
- **元数据服务器（Metadata Servers，MDS）**：它控制 Client 和 OSD 的交互，还会管理着限额控制、目录和文件的创建与删除，以及访问控制权限。
- **客户端（Clients）**：提供文件系统接口，方便外部访问。

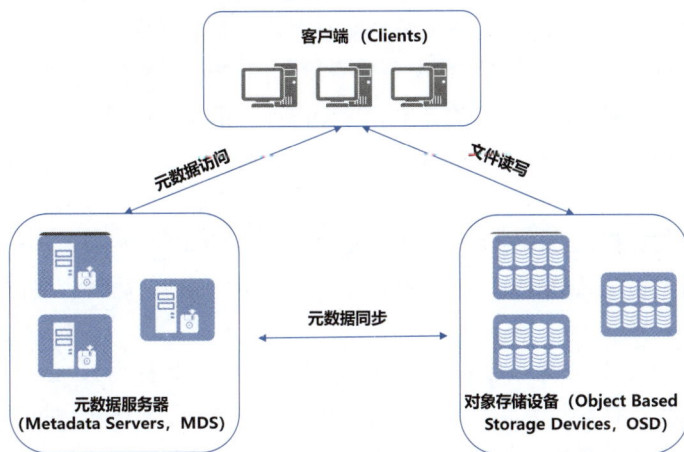

图 5-5 对象存储架构

对象存储适用于以下场景：

- **海量文件存储与备份**：对象存储可以存储海量的数据，如云盘、数据备份等。
- **云原生应用**：与云计算平台的服务进行集成，适用于云原生应用的存储需求。
- **多媒体存储和分发**：存储各种类型的文件，如图片、音视频等，适用于需要存储和分发大量多媒体文件的应用场景。

5. 分布式存储

分布式存储区别于常见的集中式存储——将数据存储在单个节点或集群中，是将数据分散地存储在多个节点中。每个节点承担一部分数据的存储和处理任务，通过网络相互通信和协同工作。

分布式存储的核心是分布式文件系统，如开源的 Ceph 就是常见的分布式文件系统，国内也有一些商用的解决方案。整体来说，分布式存储是利用多台存储服务器分担了存储负荷，通过横向扩展服务器规模从而提高系统存储容量和性能。

业界常见的对象存储（如 Amazon S3）基本上都是分布式存储架构。分布式存储的使用场景与对象存储类似，常用于海量数据的存储，以及对于企业内部有大量文件的存储和分享，如网盘、大量文件和图片的存储、数据备份等。

通常，企业需要根据自己的业务需要，选择合适的存储设备。对于大部分企业来说，如下建议供参考：

- 数据库、虚拟机业务选择 FC SAN 存储。
- 文件存储选择商业的 NAS 设备或者对象存储设备。
- 数据归档和备份可选择 DAS 设备。
- 网盘业务可以根据企业的可用性需求，选择分布式存储或 NAS 存储。

⊃ 5.2.4 服务器虚拟化

如果将每台服务器用于一个特定的任务或者应用程序，将导致多数服务器在运行计算时只被使用了一小部分资源，并不能充分利用服务器的全部资源。如果将很多业务系统部署在一台物理机上，又没有办法独立分配资源和控制各系统的权限。于是虚拟化技术应运而生，管理员可以将多台服务器整合，再为每个业务系统分配出来多个虚拟环境。

服务器虚拟化的本质是一种将物理服务器资源（如 CPU、内存、存储等）池化，再分配给多个虚拟服务器（也称为虚拟机）的技术。每个虚拟机都可以运行一个独立的操作系统和应用程序，就像运行在一台真实的物理服务器上一样。但实际上，这些虚拟机都是共享同物理服务器的硬件资源。

目前，市面上的虚拟化有两种架构，一种是由服务器（CPU、内存）和传统存储设备组成的计算虚拟化，另一种是仅由服务器（CPU、内存、存储）组成的超融合架构。

1. 计算虚拟化

计算虚拟化技术的核心是一个称为"虚拟机监视器"（又称为 Hypervisor）的虚拟化软件。该软件直接运行在物理服务器上，负责管理和分配硬件资源给各个虚拟机。除了虚拟化软件，还需要有物理服务器提供计算资源（CPU、内存），也需要集中式的存储资源——为虚拟机提供存储。虚拟机使用的存储通常是 FC SAN，另外，还需要 FC 交换机配合 SAN 存储来使用。计算虚拟化架构如图 5-6 所示。

计算虚拟化的特点如下：

- 架构成熟、稳定，对于 IT 运维人员来说更容易操作维护。
- 成本较高，虚拟化软件需要商业授权，集中式的 SAN 存储需要 FC 交换机。
- 当物理服务器出现异常时，仅会影响本机器上的虚拟机，因为不涉及数据，所以，虚拟机维护相对简单。

- 备份灵活，虚拟机备份和存储备份可以分开执行，恢复也可单独操作。

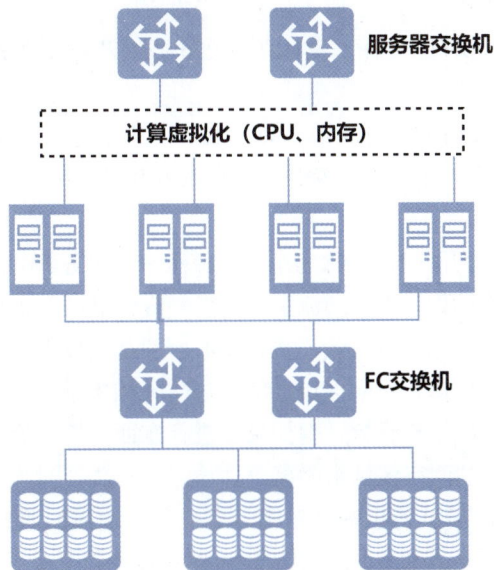

图 5-6　计算虚拟化架构

2. 超融合架构

超融合架构（Hyper Converged Infrastructure）是一个软件定义的 IT 基础架构，它可以虚拟化所有常见的硬件元素。超融合架构至少包括计算虚拟化（Hypervisor）、存储虚拟化（SDS）和网络虚拟化（SDN）。区别于计算虚拟化，超融合架构不再需要集中式存储设备及配套交换机。图 5-7 所示为超融合系统架构。

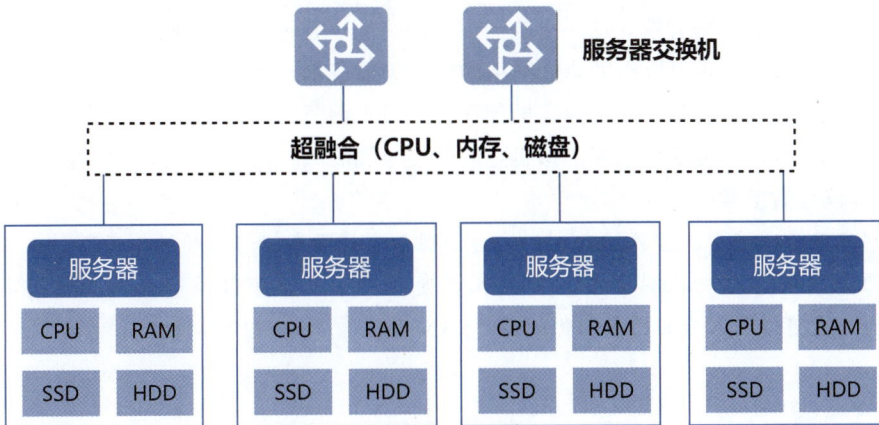

图 5-7　超融合系统架构

若从传统架构向超融合架构过渡，为避免对现有业务系统的影响，通常的做法是增加一套超融合架构，而不是替换原有的服务器或者虚拟化平台，然后逐步将现有的业务系统过渡到超融合架构。

超融合也有缺点，超融合硬件选择会更加严格，与计算虚拟化架构不同，一些超融合系统需要企业将所有硬件和软件一起购买，这也限制了超融合系统在升级或扩展期时的灵活性。另外，超融合对技术运维要求较高，运维人员需要较为全面的技术知识。

超融合架构的特点如下：

- 通常由供应商提供软件和硬件，支持服务更好，但因为架构复杂，对IT人员的技能要求较高。
- 性价比更高，省去了存储设备及配套的交换机，并可灵活扩容。
- 备份需要依靠超融合厂家的配套软件，备份机制相对单一。

3. 虚拟化网络的重要性

通常，将数据中心内部的网络流量称为东西向流量——服务器之间的数据横向流动，而将数据中心内部和用户侧的流量称为南北向流量——服务器与用户之间的数据纵向流动。

因此，为了更好地控制数据安全风险，数据中心一般都需要在网络边界上架设防火墙，将防火墙划分成不同的区域或接口，不同区域之间通过防火墙来进行网络访问策略控制。对于防火墙来说，很容易进行南北向策略设置，但如果要进行东西向管控策略，就需要将服务器区域划分得更为具体，通过不同的网络区域来隔离。

由于我们做了虚拟化，甚至是超融合架构，虚拟化环境内的服务器网络更难以划分，有时甚至要对同一网段内的服务器进行网络隔离。虽然可以通过交换机ACL配置去实现这种需求，但不仅配置比较烦琐，也不利于后期管理和维护。因此，虚拟化网络的出现正是来解决这类问题的。

随着SDN的快速发展和普及，常见的虚拟化平台提供了虚拟化网络和安全管理功能。例如，VMware的NSX就可以对所有的虚拟机进行网络策略管控——在不改变现有网络体系和防火墙策略的情况下，控制不同虚拟机之间的访问。

虚拟化网络不再要求各业务系统必须通过物理网络（即防火墙）进行隔离，只需要用标准化的交换机把整个数据中心连成一张大网，虚拟化软件（或超融合软件）会在虚拟网络层上根据业务需求提供隔离策略管控。这对于数据中心网络的规划和网络管理大大简化，既可以降低网络设备的采购成本，也可以有效降低网络的运营管理成本。

综上所述，在实施虚拟化平台时，即便在初期没有服务器网络隔离的诉求，但仍然建议将虚拟网络一起引入，以便满足未来虚拟机之间的安全隔离和防护。企业内部在引入虚拟化平台时，如下建议可做参考：

- 初期投资比较少，IT人力较少时，建议引入支持服务较好的超融合产品。
- 业务发展速度快，公司对IT的投入力度大，可以根据IT内部的人力情况引入超融合，也可以引入专业的虚拟化软件、SAN存储并配套FC交换机。

⊃ 5.2.5　容器

容器也是一种虚拟化技术，用于打包应用程序及其所有依赖项和配置，以便能够在不同的计算机环境中运行。容器和虚拟机一样，都是为了创造"隔离环境"和提高资源利用率。容器和虚拟机的区别如图5-8所示。虚拟机是"操作系统"级别的资源隔离，而容器本质上是"进程"级别的资源隔离——虚拟机打包了操作系统及应用程序，而容器是在操作系统之上，仅打包应用程序及相关依赖文件。

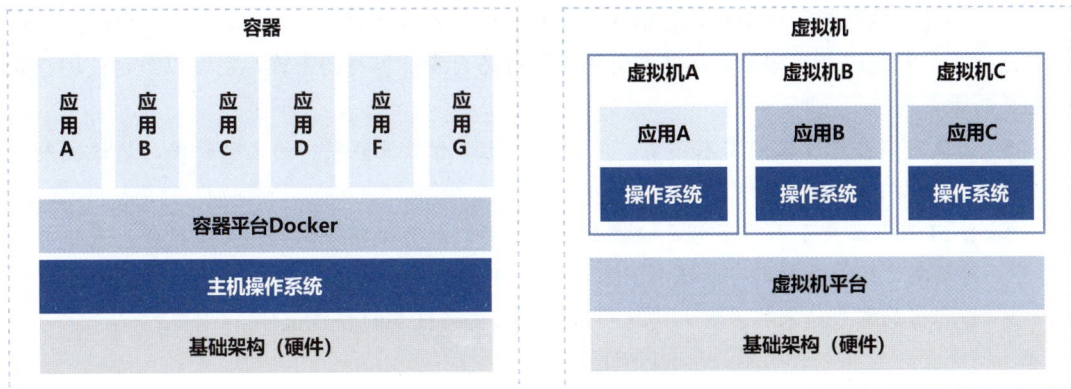

图 5-8　容器和虚拟机的区别

1. 什么是容器

Linux Container（LXC）是 Linux 上第一个大规模使用的容器技术。LXC 基于 Linux 的 Namespaces 和 cgroups 技术，提供了容器化的框架，将进程隔离在一个独立的运行环境中。Docker 是一个开源的应用容器引擎，在 LXC 的基础上逐步演进，将容器镜像的创建、运行和分发变得简单且标准化，这也是目前最流行的容器平台之一。Docker 常用于软件快速打包部署的场景中。开发者打包它们的应用及依赖包到 Docker 容器中，然后发布到任何安装了 Docker 引擎的服务器上，而服务器可以是物理机、虚拟机或者云服务器。

管理 Docker 本身的工作比较烦琐，尤其是在处理复杂的部署和规模较大的容器化应用时，更是需要投入大量的精力——容器的编排、网络配置、资源分配、监控及安全管理等。因此，随着容器技术的普及，容器化管理平台也随之应运而生，主流的容器管理平台包括 Rancher、Kubernetes（K8S）、OpenShift 等，它们提供了一整套自动化工具和功能，极大地简化了 Docker 的管理工作，从而让开发团队能够将更多的精力集中在应用开发和优化本身。

2. 为什么要使用容器

以往 IT 应用系统部署上线，首先需要申请物理机或者虚拟机资源，然后安装操作系统和所需的软件环境，最后部署应用系统。整个部署周期很长，并且可能需要涉及多位 IT 同事共同参与才能完成。Docker 的出现解决了这个问题，使用 Docker 可以不修改应用程序代码，不需要开发人员学习特定环境下的技术，就能够将现有的应用程序部署在容器平台上。现在很多开源软件的部署都是基于容器的方式，确保在任何平台上运行都有一致的环境。

3. 容器和虚拟化最主要的区别

容器和虚拟化主要的区别如下：

- **隔离粒度更细**：虚拟机是基于操作系统的资源隔离，而容器本质上是基于进程的资源隔离。
- **快速部署**：容器可以快速部署和发布，尤其对于大型软件开发团队来说，在持续集成和持续部署实施方面也是极好的选择。
- **安全性和稳定性略差**：容器相对于商用数十年的虚拟软件来说，不具备它们的稳定性。另外，容器如果需要长期保存数据，需要使用外部"数据卷"的方式进行保存，所以，容器对于数据库、生产系统等业务场景不太适合。

综上所述，物理机、虚拟机、容器各有所长，每种方式都有适合自己的业务系统场景。企业在进行架构规划时，需根据具体的业务场景选择适合企业自身的方式，也可以组合使用。如下建议可做参考：

- 企业内部对开源软件需求不多，同时公司也没有微服务架构的大型软件，建议优先考虑虚拟机（自建或云厂商租用）。
- 当 IT 团队需要引入很多开源软件或者工具时，或有微服务架构的大型软件，或公司有持续集成的诉求时，可尝试引入容器＋管理平台（如 K8S）。
- 当容器的需求越来越多时，建议引入有容器支持服务的合作伙伴。

5.3 PaaS

根据前面的 IaaS、PaaS 和 SaaS 的划分，本节陆续展开介绍负载均衡、数据库、基础办公平台、桌面云、自动化运维及通用开发框架。考虑到很多企业的应用系统是部署在独立的应用服务器上，而不是部署到同一个中间件平台上，所以，在此不再针对中间件做说明。

⊃ 5.3.1 负载均衡

因为负载均衡的应用领域很广，考虑到业界的通用性，本节不再对存储、分布式任务调度工具、F5 负载均衡等专业设备和工具展开介绍，仅对应用系统常用的负载均衡软件展开介绍。

1. LVS

LVS（Linux Virtual Server，Linux 虚拟服务器）是一个工作在传输层的负载均衡器，能够基于 TCP 和 UDP 对服务进行负载均衡调度。通过使用 Linux 操作系统和 LVS 提供的负载均衡技术，实现一个高性能、高可用的服务器集群，它具有良好的可靠性、可拓展性和可操作性，从而能够以较低廉的成本价格来提供更好的性能提升。

LVS 抗负载能力强、工作在第四层，仅作分发之用，没有流量的产生，这个特点也决定了它在负载均衡软件中的性能非常出众。LVS 构建的集群系统大致可分为 3 层：前端的负载均衡层、中间的服务器集群层和最底层的共享数据层。

- **负载均衡层**：整个集群对外面的最前端，负责将用户的请求发送到一组服务器上执行，而用户会认为服务是来自一个 IP（虚拟 IP）地址上的。采用 IP 负载均衡技术、基于内容请求分发技术或者两者相结合。
- **服务器集群层**：一组真正执行用户请求的服务器，执行的服务有 Web、Mail、FTP 和 DNS 等。
- **共享数据层**：为服务器集群提供一个共享的存储区，使得集群内服务器拥有相同的内容。共享存储通常是数据库、网络文件系统、分布式文件系统。

LVS 适用于处理大量 TCP/UDP 流量的场景，如 ToC 的应用场景——在应用服务器集群前进行流量分发。LVS 的主要特点如下。

- **高性能**：LVS 工作在 Linux 内核中的内核空间，因此，能够以极高的性能处理大量的并发请求。

- **对七层流量支持有限**：由于 LVS 工作在四层，对于应用层（HTTP/S、SMTP 等）协议的处理，需要深入了解应用层协议的功能。
- **配置复杂**：LVS 的配置相对较复杂，特别是在高级配置和故障转移设置方面，需要专业的知识和经验。

2. Nginx

考虑到 Nginx 比 HAProxy（与 Nginx 类似的一款开源负载均衡软件）的使用人群更广，社区更加活跃，软件功能更强，所以，本节只对 Nginx 进行简单介绍。

Nginx 是一款轻量级的 Web 服务器、反向代理服务器，以及电子邮件的代理服务器，其特点是占用内存少、并发能力强。Nginx 工作在网络的 7 层之上，可以针对 HTTP 应用做一些分流的策略，如针对域名、目录结构和自定义的规则策略等。Nginx 对网络稳定性和性能依赖较小，理论上能 Ping 通就能进行负载功能，相反，LVS 对网络稳定性依赖较大。Nginx 可以通过端口检测到服务器内部的故障，如针对服务器请求后返回的状态码、超时等情况，它会把返回错误的请求重新提交到另一个节点上。

Nginx 配置简单稳定，基本在一个 conf 文件中完成所有配置，稳定性高。对于中小型公司来说，IT 应用系统的负载均衡需求基本都能满足。另外，Nginx 是开源的，相对于一些商用的负载均衡设备，使用 Nginx 性价比更高。

当然，Nginx 在负载均衡方面也有一些局限性，仅支持 HTTP、HTTPS、邮件相关协议等。在企业 IT 应用系统的建设过程中，大部分是 Web 系统，且需要考虑负载均衡，强烈推荐使用 Nginx 来做负载均衡。

⊃ 5.3.2 数据库

通常说的数据库，实际上是指数据库管理系统（Database Management System），它是一种操纵和管理数据库的大型软件，用于建立、使用和维护数据库，简称 DBMS。数据库是数据库管理系统的实例，一个数据库管理系统可以创建多个数据库实例。

业界常见的数据库种类主要有两种：关系型数据库和非关系型数据库。

1. 关系型数据库

对于 IT 从业者来说，关系型数据库是每个 IT 系统都必须使用的，在此不再赘述关系型数据库的概念。常见的关系型数据库有 Oracle、SQL Server、MySQL 和 PostgreSQL。

对于企业内部的 IT 平台而言，搭建一个统一的数据库平台，供所有的 IT 系统共同使用，是比较推荐的方案。例如，根据 IT 系统的需要，可针对 Oracle、MySQL 两种软件搭建两个数据库平台，当某 IT 系统需要单独的数据库实例时，IT 运维人员可以在这个平台上直接分配，不仅节省了数据库安装的时间，最重要的价值如下：

- 数据库平台专人维护，节省每个系统的维护人力。
- 数据库平台可采用集群架构，稳定性更高，而且性能更好。
- 数据库平台有统一的扩容和备份，系统数据的管理得到保障。

2. 非关系型数据库

传统关系型数据库在应对大数据量，如互联网企业的大规模和高并发的 App，已经有些力不从心。因此，市面上出现了针对大规模数据量场景，以卓越的查询性能和应用便捷为目的的数据库产品——NoSQL 数据库。

非关系型数据库主要是指"非关系实体模型"的数据库，也称为 NoSQL 数据库。NoSQL 的原意是"Not only SQL"，因而，NoSQL 的出现是对传统关系型数据库的一个补充。严格上说，非关系型数据库不是一种数据库，而是一种数据存储的解决方案。

非关系型数据库的格式较为灵活，存储的格式可以是 Key-Value 形式，支持文档形式、图片形式等，使用灵活，应用场景广泛，而关系型数据库则只支持基础类型。非关系型数据库访问和处理速度较快，并且不局限于决定的表结构，只需要根据 ID 查询对应的 Value 即可。常见的非关系型数据库有 MongoDB、Redis、HBase 等。

非关系数据库常用于数据中台、大文件存储和分享等场景，企业可以根据自己的业务需要来搭建，在此不再展开。

⊃ 5.3.3　基础办公平台

基础办公平台也就是常见的用户账号、邮箱、会议等常用办公工具，这不仅是公司用户必需的工具，也是大部分 IT 应用系统需要使用或集成的工具。另外，对于办公需要的计算机环境，很多企业使用桌面云办公，将在后面的章节中展开介绍。

1. 用户账号

通常大中型企业内部会部署 AD（Active Direcotry，活动目录）域控来集中管理用户账号，业务系统对接域控认证系统，实现账号集成或 SSO（Single Sign On，单点登录）。在这样的情况下，用户只有一个账号密码，如果在实现了 SSO 后，不仅简化了用户账号管理工作，还提高了用户满意度，减轻了 IT 系统管理员的工作。

一般企业用户域账号，需要定义账号规则，如用户的姓名拼音、姓名首字母 + 工号、英文名加姓氏拼音等规则命名。

域控服务器除了管理用户账号，还可以实现用户桌面集中化管理。如果企业想对用户账号、计算机权限和操作系统功能进行统一管理，可以通过域控组策略方式统一设置。域控组策略分为计算机策略和用户策略。

计算机策略是对执行组策略的计算机生效，例如，对公司员工的计算机统一进行系统设置（网络设置、安全设置、防火墙设置等），就可以通过计算机组策略进行控制。

用户策略是管理员对指定的公司用户进行组策略配置，当用户登录加入域控的计算机时，策略才会生效。如果需要对指定用户的权限进行设置，如用户账号密码复杂度、密码过期时间、网盘映射路径、桌面屏保等，都可以通过用户组策略进行设置。

2. 邮件系统

邮件系统是企业不可或缺的通信软件，IT 部门可采取自建邮箱或租用第三方邮箱两种方案。企业可以根据公司当前的规模情况和发展阶段，选择邮件部署方式。

企业早期阶段，公司规模较小，IT 资源较少，可以选择邮箱租用的方式。这种方式维护成本较低、部署较为快捷，但是不利于信息安全管理。当企业发展到一定程度后，因为用户对邮件功能需求及信息安全的要求增加，大多数企业会考虑自建邮件服务器。不管使用本地自建邮箱还是租用第三方邮箱，邮箱的信息安全主要有如下两个方面：

- 只允许公司计算机接入邮箱，防止不受控计算机访问邮件下载敏感数据。
- 手机接入邮箱时，必须有沙箱能力，不允许邮箱附件落地到手机存储上。

用户在日常使用中，通常对邮件系统会有很多个性化的需求，如创建邮件群组、限制附件大小、限制发件人、邮件防病毒、防垃圾邮件等。这时，专业的邮件系统就能较好地满足企业的使用需求。

目前，企业主流的邮件系统有微软 Exchange、Winmail、Coremail，多数企业通常会考虑域控和 Exchange 结合使用。

3. 会议系统

如今，企业的内外部远程协作越来越成为一种常态，如企业内部和外部远程会议、招聘远程视频面试、公司全球视频会议等场景都需要会议系统支持。会议系统一般都有硬件和软件两种方式，目前主流的视频硬件设备厂商有思科、宝利通、华为等，这些硬件设备适合安装在固定会议室中，会议室的用户通过硬件设备可快速接入会议。视频会议软件，通常是在计算机或移动终端上安装使用。国外常用的视频会议软件有 Zoom、Teams、GoogleMeet，国内常用的视频会议软件有腾讯会议、飞书、钉钉等。

企业可以根据公司员工的实际使用情况来选择产品，对于一般中小型企业，腾讯会议、飞书、钉钉基本能满足需求，尤其在引入了企业微信、飞书、钉钉这类聊天软件后，使用自带的会议尤其方便。但是对于国际化的企业，还需要综合考虑产品在海外的稳定性、合规性、用户习惯等问题，选择合适自己企业的会议软件。

另外，对于已使用视频会议硬件终端的企业，必须考虑硬件和软件结合使用问题，即如何使用现有的硬件设备，直接拨入外部的视频会议。

4. 即时通信

企业内部的沟通，除了使用邮件系统，更多的用户更倾向使用即时通信（Instant Messaging）工具。即时通信工具又称"聊天软件"，包含即时消息发送、即时语音、群消息、远程协助等功能。

企业即时通信软件需要注重用户体验，操作越简单、软件功能越便捷，用户的满意度越高。企业在选型即时通信软件时，可参考表 5-2 中的评估项示例。

表 5-2　即时通信软件评估项示例

分类	评估项	分值
基础功能	聊天、群组功能	5
	多操作系统支持	10
	手机终端支持	5
	支持本地部署或混合部署	10
	远程协助	5
	自带会议盒子，支持软件投屏	10
	与现有硬件设备集成	5
	支持内部电话短号	5
安全	允许计算机接入的条件	5
	支持手机沙箱	5
	安全审计	5

分类	评估项	分值
附加功能	集成手机邮箱功能	5
	在线文档	5
	支持应用系统集成、审批	5
	AI 能力	5
公司能力	业界主流的工具	5
	本地团队支持	5

目前市场上主流的即时通信软件包含微软 Teams、飞书、钉钉、企业微信等，企业可以根据自身的特点及重点关注项来评估选型。

⊃ 5.3.4　桌面云

桌面云又称为 VDI（Virtual Desktop Infrastructure，虚拟桌面基础架构），是指将计算机的终端系统（也称作桌面）进行虚拟化，以达到桌面使用的安全性和灵活性。用户可以通过任何设备，在任何地点、任何时间通过网络访问属于个人的桌面系统。

大部分 IT 从业者接触过 VDI，故本节不再针对 VDI 的技术细节展开介绍，而仅叙述 VDI 的特点及适用场景，供大家参考。

VDI 的主要特点如下：

- **桌面标准化管理**：可统一所有 VDI 的操作系统环境，管理员可快速部署分发。
- **备份和恢复**：企业可以利用专业存储来备份用户数据，当用户办公桌面环境出现问题时，可以快速进行数据恢复。
- **随时随地访问**：在公司网络安全允许的情况下，用户可以随时随地通过任何设备连接到虚拟桌面。
- **安全管控**：通过集中的策略配置、网络安全措施等，确保机密信息只停留在 VDI 内部，从而实现机密信息的严格管控目的。
- **投资较大**：VDI 搭建，除了服务器、存储，还需要购买对应软件授权，对 IT 维护人员的能力要求高。
- **网络要求高**：VDI 云桌面与用户的交互都是通过网络，一旦网络延时高，或者网络带宽不足时，就会出现 VDI 响应卡顿，用户体验将会大大降低。
- **对高清图像、视频、3D 设计支持不佳**：即便采购 GPU 显卡并将虚拟化的显卡分配给 VDI，对 3D 设计的支持仍然不如带显卡的台式机。
- **外设兼容性不如 PC**：通过对外设重定向——将物理的外设变成虚拟外设，映射到服务器上，这样一来就很容易产生兼容性问题，导致 VDI 与外设之间兼容性不好，或者性能较差。

VDI 主要适用于以下场景。

- **呼叫中心员工**：用户都是在同一个环境下工作，没有很多特殊业务需求，VDI 可以快速部署和管理这种环境。

- **教育行业**：学校和大学可以为学生提供统一的虚拟学习环境，方便访问教学软件和资源。
- **企业内部行政、财务、软件开发和测试人员**：因为软件开发测试工作对外设、图形的需求非常少，适合使用 VDI 环境。

⊃ 5.3.5 运维自动化

传统的 IT 运维工作，每一块都是独立的分工，如网络工程师负责网络故障处理，邮件管理员负责账号创建和邮件故障处理，服务器管理员负责虚拟机和操作系统的安装、监控等工作。假设有这样一个场景，用户需申请一台虚拟机，并且需要开通某些网络权限和系统邮件账号，通常步骤如下：

- 用户需要先申请虚拟机，由服务器管理员分配虚拟机并安装操作系统。
- 申请网络权限，找网络工程师开通网络权限。
- 找邮件管理员配置邮箱。

整个过程下来可能需要一天，如果环境复杂，甚至需要几天时间才能完成。这种做法在企业发展的初期，IT 团队规模较小的情况下可以适用。但是当企业服务器、网络设备规模达到几百甚至上千台时，IT 日常管理也逐渐繁杂。所以，需要尽可能实现 IT 运维自动化，将日常工作中的每个环节都通过流程和自动化来完成，最终实现用户只需提交对应需求流程，剩余的都通过自动化来实现。

这里的运维自动化，不仅仅是事务性处理自动化，还包括 IP 地址管理、日志管理、系统监控等配套工具，从而实现 IT 运维效率的提升。本节将介绍如下 7 个常用的运维工具。

1. IP 地址管理工具

在传统运维方式中，IP 地址分配都是靠网络工程师或服务器管理员人工完成的，当用户需要申请 IP 地址时，管理员从 IP 地址管理台账中找一个空闲的 IP 分配给用户。这种方式如果是多人维护，很容易导致 IP 地址管理混乱、IP 地址冲突，从而影响服务器和网络的正常使用。

为了规范 IP 地址使用，IT 需要有一套基础配置关系库来维护 IT 资产基础信息。很多公司会用一套 CMDB 系统或 IP 地址管理系统来维护公司的基础信息配置库。IP 地址管理软件，现在有开源的，也有商业的方案，开源的有 phpIPAM 软件。

单纯一个 IP 地址管理系统，IT 运维团队的使用成本也很高，很容易造成系统维护不及时。推荐的做法是，将 IT 系统与该平台对接，实现 IP 和基础信息的自动化管理。例如，可以考虑将 IP 地址管理平台和企业 OA、BPM 流程对接，实现资源自动申请，以及 IP 地址的动态分配和更新，从而替换传统 Excel 的管理方式。

2. Windows 批量装机软件

对于规模较大的企业，计算机安装系统已经不再是一件困难的事，只要有一个 U 盘或光盘的镜像，就能实现安装。当同时有上百台甚至更多的计算机需要安装系统时，如果还是用 U 盘或光盘，那显然不太现实。除了安装效率不高，当需要在镜像中增加或更新某个软件时，IT 管理员需要将每个 U 盘的镜像重新进行构建，从而加大了 IT 管理员的工作量。

Windows 批量安装软件有很多种，其中微软的 WDS（Windows Deployment Services）

在企业中用得较多。管理员可以在企业内部的 Windows Server 上搭建，通过 WDS 与 MDT（Microsoft Deployment Toolkit），再结合企业 AD 和 DHCP 服务器，即可批量安装 Windows 操作系统。

3. Linux 批量装机软件（PXE + Kickstart）

PXE（Pre-boot Execution Environment）由 Intel 公司开发，支持计算机通过网络从远端服务器下载映像，并支持通过网络启动操作系统。在启动过程中，终端要求服务器分配 IP 地址，再用 TFTP（Trivial File Transfer Protocol）下载一个启动软件包，放入本机内存中执行，从而引导预先安装在服务器中的终端操作系统。

PXE 并不是一种安装方式，而是一种引导方式，进行 PXE 安装的必要条件是安装的计算机中必须包含一个 PXE 支持的网卡——PXE 协议可以使计算机通过网络启动。Kickstart 是配合 PXE 使用的工具，它是一种无人值守的安装方式，其工作原理是在安装过程中记录需要人工干预填写的各种参数，并生成一个名为 ks.cfg 的文件。如果在安装过程中需要填写参数，安装程序首先会去查找 Kickstart 生成的文件，在没有找到合适的参数时，才需要 IT 运维人员干预。因此，Kickstart 文件涵盖安装过程中所有需要填写的参数，那么安装程序会根据 ks.cfg 中的设置完成并重启系统，从而避免了人工干预的过程。

4. 运维监控软件

在日常工作中，IT 需要对维护的硬件设备和业务系统进行监控，以便在出现问题时能及时预警。监控系统是 IT 运维中最核心的系统之一，通过持续监控公司的 IT 设备和应用系统的运行状态，对发生的故障及时预警，IT 运维人员就有机会迅速响应并修复故障，它对于任何规模的企业而言都极具价值。

目前常用的监控软件分为商业和开源两种。常用的开源监控软件有 Nagios、Zabbix、Open-falcon、Cacti 等，商业监控软件有卓豪、Solarwinds、监控易等软件平台。随着对运维监控产品需求的提高，近些年国内又出现了比较火热的智能运维、AI 运维、故障自愈等产品方案。

本节以 Zabbix 为例进行介绍。Zabbix 是一个基于 Web 界面的提供分布式系统监控及网络监控功能的企业级开源运维平台，也是目前国内用户中使用最广泛的监控软件之一。Zabbix 入门容易、上手简单、功能强大并且开源免费，易于管理和配置，能生成比较实用的数据图表。

Zabbix 由两部分构成：Zabbix Server 与可选组件 Zabbix Agent。Agent 主要负责采集数据，并将采集的数据发送到 Zabbix Server。Zabbix Server 不仅可以通过 Agent 收集数据，还可以通过 SNMP、Ping、端口监视等方法，对收集的数据进行汇总，并通过规则触发告警。除此之外，为了扩展监控项，Agent 还支持执行自定义脚本，管理员可以根据自己的实际需求编写脚本，然后添加到监控中。Server 主要负责接收 Agent 发送的监控信息，并进行数据汇总、触发告警等。Zabbix Server 将收集的监控数据存储到 Zabbix Database 中，然后触发告警。Zabbix Database 支持常用的关系型数据库，如 MySQL、PostgreSQL、Oracle 等。

Zabbix 的整体特点如下：

- 支持常见的服务器、存储、操作系统、中间件、数据库、应用系统等基础需求，监控范围基本满足 IT 运维的需求。
- 每类硬件或者应用系统都可以定义监控项，甚至还可以在 Agent 服务上自行编写脚本（如 PowerShell），满足更多监控的场景。

- 支持短信和邮件告警，也可以编写脚本进行微信等其他方式告警。
- Zabbix 是一个分布式的监控系统，支持在每个网络区域内部署一个 Proxy，负责收集当前区域的监控对象的监控数据，对公司的网络架构影响小。

5. Ansible——批量配置和部署工具

Ansible 是一款自动化运维管理框架，是基于 Python 语言开发的，其内部的多个模块可实现批量系统配置、批量程序部署、批量运行命令等功能。Ansible 有如下几个特点：

- 不需要在远程主机上安装 agent，因为它是基于 SSH 或 WinRM 来和远程主机通信的。
- 它提供对 Linux、Windows 和网络设备的无代理支持，且适用于物理机、虚拟机、容器和公有云环境。
- 使用 YAML 语言编写 Playbook，可以实现复杂、批量的配置和管理功能，Playbook 主要包括如下参数：

    Host：指定执行的主机组名称。

    Remote_user：指定远程主机组执行的用户名。

    Vars：指定该 playbook 包含的变量。

    Tasks：要执行的具体任务集合。

    Name：Playbook 的名称。

    Yum：执行该任务所执行的具体的模块。

- Ansible 的商业产品 Tower 还可以实现任务和流程编排，如实现和其他业务系统对接、自动化触发任务等功能。

Ansible 通常用于做一些重复的工作，如自动创建虚拟机、安装软件、批量修改配置文件、批量执行密码修改任务等。

6. 日志平台

一般情况，当 IT 系统出现异常时，IT 管理员需要登录服务器查阅日志。当 IT 部门有几百上千台服务器时，就会导致工作效率极低。为了更好地了解各业务系统的运行状态，企业通常需要搭建统一的日志中心，并将各业务系统的系统日志、应用程序日志和安全日志传送到日志平台。

系统管理员可通过日志平台详细了解服务器软硬件信息、系统运行状况及风险，从而及时采取应对措施。除了管理员主动登录日志平台查询相关日志，还可以通过设置规则，对异常的日志实时发送告警。

目前，常用的日志平台有商业产品方案，如 Splunk、日志易等，也有开源的日志方案，最常见的就是 ELK 日志平台方案。ELK 是由 ElasticSearch、Logstash、Kibana 三大组件构成的一个基于 Web 页面的日志分析工具。

- ElasticSearch 是一个分布式搜索服务器，提供了一个分布式多用户能力的全文搜索引擎、自动发现、索引自动分片、索引副本机制、多数据源等功能。
- Logstash 是日志存储服务器，用于收集日志，并对日志进行过滤、分析和存储。
- Kibana 是一个基于 Web 浏览器的前端展示工具，可以为 ElasticSearch 和 Logstash 提供日志分析情况自定义展示。

当公司的网络设备、服务器、存储和应用系统的总个数超过 100 时，建议搭建 ELK 日志分析平台或引入商业的日志分析平台。

7. 堡垒机

堡垒机实际上不属于运维自动化工具，但为了规范运维和变更操作流程，很多 IT 团队引入了堡垒机进行运维管控和审计。很多企业的做法是每个 IT 管理员手工保存各自负责领域的账号和密码，即很多 IT 人员拥有了多台硬件和应用系统的最高权限。

为了能较好地解决密码托管问题，严格控制对 IT 资源的访问，对运维变更过程可审计，堡垒机可以仅授权少数运维人员进行访问和操作 IT 资源，而且可以记录整个访问过程，让整个操作过程可审计，实现安全监管目的。

堡垒机按角色通常可以分为普通用户、密码管理员、设备管理员、审计管理员、系统管理员。

- **普通用户**：只能访问指定权限的服务器，不能查看密码、添加设备。
- **密码管理员**：可以查看和管理设备密码。
- **设备管理员**：可以添加和管控设备，设置用户权限和分组。
- **审计管理员**：可以对用户的登录和操作进行审计，确保 IT 管理员的操作流程的合规性。
- **系统管理员**：可以管理用户和系统内部的相关配置等。

堡垒机支持统一账户管理策略，能够实现对所有服务器、网络设备、安全设备等账号进行集中管理，完成对账号整个生命周期的监控。支持的身份认证模式包括动态口令、静态密码、硬件 Key 等多种认证方式。因为堡垒机拥有很多系统的管理员账号和密码，所以，建议开启 MFA（Multi-Factor Authentication，多因子认证）。

另外，为了防止 IT 人员直接访问服务器，通常，需要将服务器放在防火墙内部，通过防火墙策略来隔离用户和服务器之间的访问。用户只能通过 Web 的方式登录堡垒机，通过堡垒机再访问指定服务器。值得提醒的是，堡垒机托管的管理员密码需要定期修改或者动态更新，并定期加密备份。

⊃ 5.3.6　通用开发平台

尽管市场上存在成熟的商业软件，如 PLM、CRM、ERP 系统等，这些软件能够满足企业的多种需求，但由于缺乏定制化和灵活性，它们往往无法完全支撑所有业务的诉求。在这种背景下，通用开发平台成了下一个 IT 建设阶段的必备能力。

通用开发平台不仅仅是一个传统意义上的低代码开发平台或一个开源的开发框架，而是提供了一整套灵活、高效的解决方案。通用开发平台涵盖各种应用的开发框架、服务管理框架、数据服务框架，并包括统一认证中心和统一待办中心。通过这些平台框架，可以大大提升了开发效率和系统的可扩展性，以适应企业不断发展和个性化的业务需求。

1. 应用开发框架

应用开发框架是一种在企业 IT 建设过程中，通过技术积累而建立起来，具备通用扩展能力的应用系统开发框架。这个框架使 IT 部门能够根据业务需求，快速搭建出符合业务要求的应用系统。常见的低代码开发平台可被视为一种应用开发框架，在业务逻辑和数据处理不复杂的情况下，不仅满足 IT 部门的开发需求，还大大提高了开发效率。然而，当企业面临复杂的业务场景和数据处理逻辑时，低代码开发平台往往无法满足需求。这时，拥有一整套源码的应用开发框架，更受 IT 部门的青睐。

应用开发框架为开发团队提供了一套预定义的模块和组件，如权限管理、组织架构、工作流、缓存、国际化、建模等，这些都是构建现代化应用系统的通用能力。通过这些预构建的模块，降低了对开发人员的技能要求，使他们能够快速搭建应用系统，减少从零开始的开发时间和经历，同时也确保了应用系统的质量和可靠性。

开发人员能够专注于业务逻辑的实现，而不是底层技术的细节。实现这一框架的技术通常包括如下几项。

- **框架选择**：Spring Boot、Spring Cloud、Django 等，这些框架提供了诸如数据库操作、缓存处理、模型映射等基础功能，使得开发人员能够快速搭建业务应用。
- **前端技术栈**：React、Vue.js、Angular 等现代 JavaScript 框架，为用户提供快速反应的界面，改善用户体验。
- **持续集成 / 持续部署（CI/CD）**：使用 Jenkins、GitLab CI 等工具自动化测试和部署流程，保障代码质量，加速迭代周期。
- **权限与认证**：集成 OAuth 2.0、JWT 等安全标准，保障数据访问安全。
- **标准化控件**：除了 UI 样式的统一，还需要对企业内部常用的控件进行标准化，常用的控件包括人员选择、组织架构选择、时间、下拉框、单选框、复选框、单行输入框、菜单、按钮等。
- 对于成熟、开源的 Java 框架，通常是包括上述特性的，如国内的若依和芋道源码。

一个具备完善功能的应用开发框架虽为企业信息化和数字化转型带来诸多益处，即便是基于成熟的开源 Java 框架，但在实施过程中也面临不少挑战。

- **开发周期长**：应用开发框架的建立不是一蹴而就的事情，而是需要在持续的开发实践和技术探索中逐步完善的过程，需要企业在技术积累、团队能力培养、最佳实践总结等方面投入长期的努力与资源。在初期，可能会面临技术选型的不确定性、框架功能的不完善、控件个性化需求多、开源的框架缺乏文档支持等问题，从而影响开发效率和项目进度。
- **需要长期投入**：应用开发框架的建设和维护，对 IT 团队的规模和综合能力提出了较高的要求。不仅需要有足够的开发人员来承担新系统的开发任务，还需要有经验丰富的架构师来设计框架的整体结构，以及专业的测试人员、运维人员来保障系统的稳定运行。
- **稳定迭代更新**：随着信息技术的快速发展，新技术、新框架层出不穷。如何在保持应用开发框架灵活性和前瞻性的同时，是否要引入新的组件或升级现有的开源框架，还需要保证已有系统的稳定运行和兼容性，这是一个不小的挑战。

对于企业的业务规则复杂、大型商业软件不能灵活定制等情况，建议 IT 部门组建团队，利用开源框架或者购买类似的商业软件，打造适合 IT 内部的应用开发框架——保证开发效率和系统质量的同时，还可以适应复杂多变的业务需求。

2. 服务管理框架

服务管理框架主要解决企业中异构系统的集成与交互问题，规范和管理多个应用系统中的各种服务，确保不同系统之间的集成遵循统一的接口标准，如权限分布式系统中的各个服务能够高效、稳定地运行。

服务管理框架提供了一套中间件服务，通常包括服务注册与发现、API 管理、负载均衡等。这一框架的实现往往依赖如下技术：

- **API 网关**：如 Kong、Zuul 等可以处理跨域请求、监控、限流、鉴权等 API 管理任务，在建设初期，建议只引入某一个 API 网关作为服务总线使用。
- **服务网格技术**：如 Istio、Linkerd 等，它们通过提供服务发现、负载均衡、服务间认证等功能，实现了微服务架构下的服务治理。
- **配置中心**：使用 Consul、etcd 等工具统一管理配置信息，实现配置的集中管理和自动化更新。

随着企业内部的 IT 系统越来越多，服务管理框架通过提供全面的服务治理和管理能力，帮助企业实现异构系统的高效集成与协同运作。这不仅打破了信息孤岛，促进数据和服务的高效共享，还统一了服务的规范性和安全性，从而为企业 IT 架构的优化和业务发展的加速奠定了坚实的基础。

3. 数据服务框架

数据服务框架和服务管理框架类似，是针对公司的整体数据集成而设置的。它可为各类应用系统提供统一、高效的数据访问和处理能力，确保数据的唯一性、完整性和高并发访问的性能。

数据服务框架致力于解决数据的管理、分析和使用问题，帮助企业打破数据孤岛，提高数据利用效率。通过构建统一的数据服务平台，企业能够实现数据的标准化、集成、共享和安全控制，为应用系统提供统一的数据访问接口，保证数据的一致性和准确性。数据服务平台的实现涵盖数据的收集、存储、分析和展示等方面。

- **实时数据处理**：Kafka、RabbitMQ 等消息队列技术支持高吞吐量的数据处理，Flink、Apache Storm 等用于实时数据流的处理，在建设初期，建议只引入某一个消息队列（如 Kafka）作为实时数据集成方案。
- **数据存储技术**：可参考数据架构内容，不再展开。
- **数据可视化**：可参考数据架构内容，不再展开。

除了上述常见的功能，对于数据服务的管理，还需要考虑如下功能。

- **数据同步与集成**：为了提供统一的数据仓库，需要考虑通过 ETL 工具（可通过商用 ETL 工具，或自行开发 SQL、Java、Python 代码实现），实现跨数据库的数据同步功能，保证多个数据库之间的数据一致性。
- **数据安全管理**：划分数据业务分区，设置访问控制策略，确保只有授权用户才能访问敏感数据。对敏感数据进行加密存储和加密传输，提高数据的安全性。

随着企业业务的不断扩展和数据规模的逐步增长，数据服务框架将成为企业在数字化转型过程中不可或缺的基石，尤其是 AI 的出现，必将助力企业在数据驱动的业务决策和创新方面取得新的突破。

4. 统一认证中心

统一认证中心是考虑到公司有多个应用后，如何优化用户登录系统的体验而设置的。统一认证中心提供一个集中式的认证和授权系统，管理用户的身份信息和访问权限，提供 SSO 功能，确保每个系统的安全性，又提高了用户体验，主要功能如下。

- **用户信息管理**：集中管理用户的基本信息，如用户名、邮箱、手机号等，实现用户信息的一致性。密码建议存储到 LDAP 系统中。
- **SSO**：支持常见的单点登录协议，如 OAuth 2、OpenID Connect、SAML 等，实现不同系统间的无缝登录。
- **会话管理**：统一管理用户的登录会话，保证会话的有效性和安全性，如 30 分钟内无请求，则自动登出。
- **日志记录**：记录用户的登录、注销和权限变更等操作日志，提供审计和追踪功能。
- **异常检测**：分析认证日志中的异常行为，发现潜在的安全威胁，及时预警和处理。

5. 统一待办中心

统一待办中心也是考虑企业有多个应用系统之后，如何提供一个集成的工作流管理系统，可集中处理各类待办事项，提高工作效率和信息流转的透明度，主要功能如下：

- **多系统集成**：多个业务系统的工作流都可以推送到待办中心，用户在一个界面处理待办事项，减少系统切换的麻烦。
- **卡片式审批**：以卡片的方式展示待办的标题和摘要信息，用户可直接在卡片上审批，避免打开每个流程页面的麻烦。
- **优先级管理**：可设定任务优先级，用户可在待办中心看到优先级排序。
- **到期提醒**：设置任务到期时间和提醒机制，可自动提醒处理人。
- **多渠道通知**：通过邮件、企业统一通信软件等多种渠道及时通知相关人员，提高任务处理的及时性。
- **任务统计分析**：统计和分析待办处理情况，如任务处理效率、超期任务统计。

通过以上各个功能模块的配合，应用开发平台、服务管理框架、数据服务框架、统一认证中心和统一待办中心可以作为 IT 的基础平台能力，极大地提高企业内部 IT 应用系统的开发效率、稳定性和业务体验的一致性，支撑企业快速交付高质量的应用系统。

5.4　总结与建议

IT 技术架构相当于 IT 架构的基石，是支撑应用架构和数据架构顺利运行的保障。IT 技术架构的稳定性，关系到企业业务的稳定发展、IT 满意度以及交付效率等方方面面。

IT 技术架构中很大一部分工作是 IT 运维工作，IT 运维管理重点就是需要保障业务的连续性、数据的可靠性。对于运维管理来说，IT 部门交付的不仅仅是工具，更是一种服务。对于 IT 运维管理人员来说，要结合企业实际情况选择合适的 IT 工具来搭建 IT 基础架构，并在稳定的基础架构之上，不断提升运维和管理效率，由传统运维向自动化运维转变。

就本章提及的 PaaS 平台，对于 IT 应用架构的建设是起着决定性作用的。因为任何一个 IT 系统的交付与后续运行保障，不管是商业软件，还是自研系统，都依赖于负载均衡、数据库，也需要 IT 系统的监控及运维自动化。对于自研系统，或者与商业软件集成，具备一个完善的应用开发框架，更是系统快速交付的核心。

对于中小型企业来说，技术架构的建设也是逐步推进和完善的，可以借鉴这个实施步骤：
- 企业网络的改造与完善，搭建一个稳定可靠、可支撑公司未来 3 ~ 5 年发展的网络至关重要，其中包括办公网、服务器网络、多个 Office 之间的内网互联（如 SD-WAN）。

- 提供可扩展的服务器、存储及备份系统，可以使用超融合架构，也可以使用传统的计算虚拟化＋传统存储的虚拟化架构。
- 搭建统一的 IT 办公平台，如统一账号管理、邮件、聊天软件和会议平台等，如 AD、Exchange（或者第三方邮件平台）、商用的聊天软件及会议系统等。
- 监控自动化运维平台，这是影响 IT 满意度的关键因素。具备完善的监控工具（如 Zabbix、ELK、Ansible），IT 人员可以第一时间响应，甚至是可以工具自动化修复解决，会大幅提升 IT 满意度。
- IT 应用开发框架，用来补充商业软件所缺失的功能模块，这可以快速满足业务各类诉求、解决数据实时集成和准确性、提高业务满意度的关键。

当然，对于上述的 IT 技术架构建设，还需要考虑公司信息安全要求。在实施上述步骤时，又需要满足公司信息安全管控策略；或者当信息安全提出新的需求时，又需要反过来优化技术架构。接着，我们将展开信息安全管理的章节。

第 6 章　信息安全管理

信息安全的英文为 Information Security，在业界通常有多种定义，ISO 给出的定义如下：为数据处理系统建立和采用的技术和管理上的安全保护，为的是保护计算机硬件、软件、数据不因偶然和恶意的原因而遭到破坏、更改和泄露。SANS Institute 给出的信息安全的定义如下：指在保护打印、电子或任何其他形式的机密、私人和敏感信息或数据免遭未经授权的访问、使用、误用、披露、破坏、修改或中断的过程和方法。

不难看出，信息安全主要工作是围绕数据保护、合理授权、传输安全、制度管理等事项展开的。随着技术的发展，信息安全与网络安全（Cyber Security）经常互换，严格意义上讲，网络安全是信息安全的一个子集。网络安全在企业 IT 内部，更侧重于保护 IT 资产免受通过网络的各种攻击。

对于一家科技公司，公司信息安全的重要性是不言而喻的。一个重要的研发成果，可能因为数据保护不力，从而给公司的产品竞争力带来巨大风险，甚至对整个公司带来的都是致命打击。最可怕的事情不是数据被泄露，而是可能每天都有数据被泄露而用户却浑然不知。

我们可以罗列下企业通常面临的信息安全问题。

- 企业资产管理缺乏系统化，无法对 IT 资产有效管理。
- 敏感数据访问控制权限管理松散或条数众多，难以维护。
- 缺乏信息安全定期宣传，导致企业整体安全意识都不高。
- 企业高层对信息安全不重视、投入少，企业缺乏高水平的安全管理人员。
- 缺少信息安全规范制度，在 IT 系统开发方面缺少安全开发规范。
- 缺少漏洞管理机制和工具，即便发现漏洞，也难以修复和落实。
- 过度依赖信息安全厂商的产品或解决方案，缺少信息安全整体架构思维。
- 信息安全设备众多，各家安全产品难以互相联动，容易形成安全孤岛。
- 对 IT 系统产生的日志缺少采集和过滤能力，信息安全人员难以及时审计。
- 缺乏有效的安全运营机制，如系统性审计、防御、预警和处置等。
- 缺乏信息安全演练和实战。

从上面的问题和现象上分析，不难发现，信息安全的问题不仅仅是技术问题，还涉及多个方面。整体来说，**信息安全管理架构是一个综合的体系架构，不仅是安全相关的技术问题，也不仅是 IT 部门的任务，而是人、管理和技术这三大要素的结合，需要从组织、流程制度体系、技术和运营方面分别建设。**

通过人、管理和技术手段三大要素，结合持续运营，形成一个信息安全体系框架，如图 6-1 所示。

- **组织**：公司应成立信息安全委员会并明确其相关职责，同时，各业务部门需要支持和配合信息安全委员会的工作，已在本书的 1.4 节中体现。
- **管理**：指公司的信息安全相关流程和制度体系，需要根据公司的安全要求和业务部门的日常工作情况，制订公司的信息安全制度及相关流程；同时，公司还需要根据客户需要进行认证，如认证 ISO 27001，这些将会在本章的前 3 节详细展开介绍。

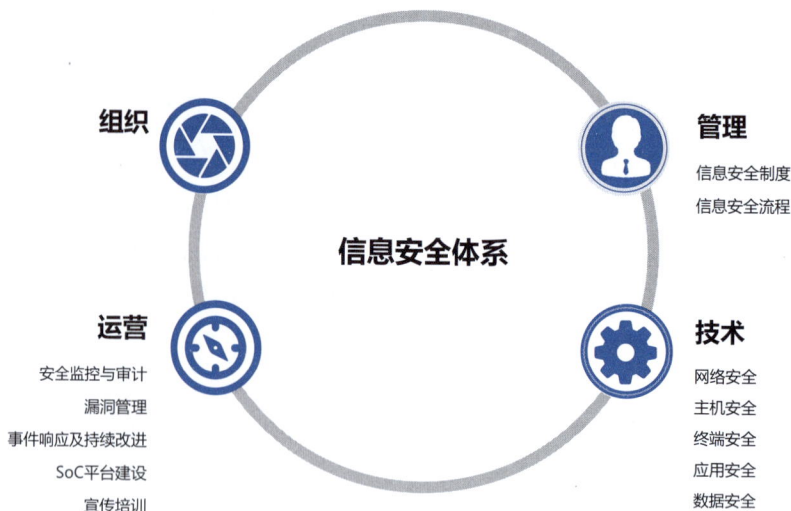

图 6-1 信息安全体系框架

- **技术**：针对公司制度要求，通过技术手段以满足公司信息安全管控或审计要求；本章将会分为终端安全管理、网络安全防护和数据安全防护 3 节分别详述。
- **运营**：任何企业管理方面，建设和运营是密不可分的，信息安全也不例外。除了组织、管理和技术建设，还需要借助安全运营，以保障安全的执行到位和问题的及时解决，从而逐渐优化安全以提升公司的安全保障及工作效率。这些都会在 6.7 节展开介绍。

另外，本章的最后一部分是"信息安全建议与心得"，读者也可以先从本章最后一节开始阅读，然后从中找到感兴趣的内容，使得阅读更有效率。

6.1 信息安全管理原则

在《CISSP 官方学习指南》这部经典的书籍中提到，安全管理的概念与原则是安全策略和解决方案部署中的固有元素，常被简称为信息安全 CIA 三元组：保密性（Confidentiality）、完整性（Integrity）、可用性（Availability）。

⊃ 6.1.1 CIA 三元组

- **保密性**：是 CIA 的第一原则，也是我们最容易联想到的，其具体要求如下：只有具备合理权限的人才能访问数据，这样数据才具备保密性。这就需要数据的存储系统具备能够识别潜在的未授权访问，并阻止其访问。密码、加密、身份验证和渗透测试都是常用的确保保密性的技术。
- **完整性**：要求将数据保持在正确的状态并防止数据被意外或恶意修改，为确保数据完整性，可从多个方面展开，其中包括禁止未授权的用户访问文件、限制用户的文件修改权限、文件校验（如 MD5、SHA256）、文件加密、数据备份、加密传输等。

- **可用性**：意味着网络和计算资源经过合理授权，被准许和不间断地访问。即使在发生网络攻击或系统故障时，信息仍然可用，这就要求 IT 系统要考虑负载均衡、冗余设计、数据备份和容灾等策略来保障数据的可用性。

在实施信息安全管控的过程中有一个安全解决方案框架，名为"AAA 法则"：认证（Authentication）、授权（Authorization）和审计（Accounting）。认证属于事前防御，授权属于事中防御，审计属于事后防御。

⊃ 6.1.2 AAA

AAA 除了认证、授权和审计这 3 个基本元素，还包括可问责性和不可否认性。

- **认证**：认证都依赖于身份标识。用户向系统提供身份，然后由系统启动身份认证和授权的过程。常见的身份标志包括用户名、手机号、邮箱号、硬件 Key、动态验证码等。
- **授权**：指在执行策略中，确定允许用户使用的活动、资源或服务的质量。授权通常发生在身份验证过程。
- **审计**：是由系统跟踪和记录用户的行为及资源使用情况，并由相关团队进行监视、分析和输出报告的过程。
- **可问责性**：是指用户对符合与违反的行为负责。
- **不可否认性**：是指发生事件的主体无法否认自己所发生的行为事件，一方面是需要合规的软件记录相关事件及操作日志，另一方面是可以通过多个维度的数据相互印证。不可否认性是可问责性的基础。

6.2 信息安全管理体系

信息安全管理体系是组织机构单位按照信息安全管理体系相关标准的要求，制订信息安全管理方针和策略，采用风险管理的方法进行信息安全管理计划、实施、评审检查、改进的信息安全管理执行的工作体系。信息安全管理体系是按照 ISO/IEC 27001 标准《信息安全，网络安全和隐私保护 信息安全管理体系要求》的要求进行建立的，ISO/IEC 27001 标准是由 BS7799-2 标准发展而来的。

⊃ 6.2.1 信息安全管理制度和流程

在信息安全管理方面，常说"三分技术，七分管理"。任何技术管控都不可能是完美的，而且技术管控也需要有制度的支撑，所以，信息安全管理制度是非常重要的，也是必不可少的。为了确保全体员工理解并遵照执行，公司需要制订和签发信息安全管理体系文件，并依据信息安全制度的要求，建设对应的信息安全技术方案。在每个安全技术管控范围内，都会有例外的需求，这样就需要配套的信息安全流程来满足这些例外需求。

1. 管理制度

对大部分企业的信息安全管理来说，依据 ISO/IEC 27001:2022 的 4 个主题（即组织、人员、物理和技术）和 15 个安全运营能力域，如图 6-2 所示，制订符合企业管理要求的信息安全管理制度。

图 6-2　ISO/IEC 27001:2022 的 4 个主题和 15 个安全运营能力域

（1）治理：为建立、实施、运行、监视、评审、保持和改进文件化的信息安全管理体系，确定信息安全方针和目标，对信息安全风险进行有效管理，需制订《信息安全管理手册》。

（2）信息安全保障：根据信息安全体系规定和公司实际需求，设置各岗位职责评估和验证数据的安全性，确保信息安全的防御措施能够有效运行，需制订《信息安全组织运作管理规定》。

（3）人力资源安全：为了明确公司全体员工及在公司工作的第三方人员的行为，需制订《人员信息安全管理规定》，确保全体员工和第三方用户了解信息安全威胁和利害关系、员工的职责和义务。

（4）资产管理：虽然资产管理不仅仅是无形资产管理，但大部分公司核心资产是数据，所以，根据信息的敏感性对信息进行分类，明确保护要求、数据等级和分发机制，以确保对资产采取适当的保护，以及存储介质的管理等，需制订《内容信息安全管理规定》。

（5）身份和访问管理：身份管理是指公司的账号及密码的管理，而访问管理则是对身份的授权。对于大部分企业而言，能否统一账号，以及密码的管理规范是首要任务。根据企业需要，制订《身份安全管理规定》，需要包括账号管理、密码的设置策略、保存和使用规范、MFA（Multi-Factor Authentication，多因子验证）、系统授权管理要求等。

（6）安全配置：确保所有设备、操作系统和应用程序的安全配置符合信息安全要求，包括建立标准化配置基线，避免使用默认配置、关闭未使用的功能 / 服务等措施。需制订《信息安全配置管理规定》，包括机房、网络及安全设备、服务器、存储、操作系统、中间件、数据库、操作系统和应用，以及第三方云平台的安全配置规范、安全巡检、日志审计等。

（7）物理安全：物理安全的风险主要来源于自然环境灾害，人员访问控制失效，机房基础设施缺失导致的火灾、漏水、雷击和静电对设备电路的破坏，温湿度失调、设备失窃等安全事件，会影响网络、主机和业务的连续性，甚至导致业务数据丢失等。制订《物理区域信息安全管理规定》，要求访问、接待、操作、记录等流程规范，从而保障信息系统的业务连续性。

（8）威胁和漏洞管理：随着企业的业务越来越复杂，使用的硬件资源和业务系统越来越多，那么，操作系统及应用系统的漏洞风险越来越高，为了加强漏洞处置和风险管理，需要制订《漏洞管理规定》，对漏洞的风险级别进行定义，对漏洞发现和漏洞修复进行规范。

（9）系统和网络安全：为保证公司计算机网络安全和正常运行，确保服务器、操作系统和应用在公司网络内正常运行，为公司提供安全可靠的网络环境，由公司 IT 部门负责公司网络管理，需制订《网络信息安全管理制度》。

（10）应用安全：保障应用程序从设计到开发、测试和部署整个生命周期的安全性，包括 Web 安全开发规范、源代码审计、Web 安全测试、用户登录及权限管理等，需制订相应的《应用系统安全管理制度》。

（11）供应商关系管理：企业与供应商、合作伙伴之间的系统和数据集成无法避免，那么管理与第三方供应商、外包商和合作伙伴之间的安全风险，确保他们的服务不会对企业的安全构成威胁，包括供应商安全要求和风险评估，建议制订《供应商信息安全管理规定》。

（12）信息保护：信息基本都分布在企业的存储设备和用户终端上，对企业存储设备和用户终端的数据均需实施防护，尤其是敏感数据在整个存储、传输及处理环境中都必须受到保护。故公司需要对数据的备份和防泄露制订《数据防护管理规定》，并严格要求员工遵守终端的操作规范，制订《终端信息安全管理规定》。

（13）信息安全事件管理：为保障公司信息安全应急响应机制，规范信息安全突发事件的应急响应工作，保障公司信息安全，为加强公司信息安全事件的调查处理，规范信息安全事件处理流程、申诉流程和信息安全奖惩要求，最大限度地减少信息安全事件造成的损失，需制订《信息安全奖惩管理规定》或《信息安全事件管理规定》。

（14）连续性：建立 BCP（Business Continuity Plan，业务连续性计划）和 DRP（Disaster Recovery Planning，灾难恢复计划），确保重要功能在中断情况下能够持续运行或者迅速恢复。这需要 IT 基础架构及应用系统的配合，制订《业务连续性管理手册》。

（15）法律和合规：确保各项制度和安全策略遵守当地各项法律、法规和行业标准，并由公司法务及律师评估，只有在确保符合当地法律法规的前提下，方可签发与实施。

另外，每家企业的管理要求不同，可针对不同领域再增加针对性的管理要求，如《人员外部驻场安全管理规定》《信息安全审计调查管理规定》等。

2. 相关流程

因为信息安全制度要求及技术策略管控，当用户有新的权限或资源需求时，需要设定信息安全相关流程，由用户根据业务需要提交申请。以下为信息安全流程设计示例，仅供参考。

（1）人员管理：需要结合 HR 相关的入职、离职流程，对人员的权限进行管理，如默认开通账号、权限或禁用一些资源等，因为有一些公共账号或系统账号的需求，可单独制订"账号管理流程"。

（2）资产管理：根据公司资产管控需求，公司的管控重点大多是信息资产，可能需要有资产定级、变更流程，以及资产的申请访问等流程，建议制订"信息资产管理流程"。

（3）物理安全：根据《物理区域信息安全管理规定》，要求对核心或关键区域都有访问、接待、操作、记录等流程规范，故需要制订"外部人员接待流程"。

（4）网络安全：《网络信息安全管理制度》会约定网络上的设置，一般为员工终端上网、服务器上网、网络端口打通、系统对外发布等，建议制订"网络资源变更流程"。

（5）信息保护：根据制订的《数据防护管理规定》和《终端信息安全管理规定》，可制订

"数据备份管理流程"和"终端权限变更流程"。

（6）应用系统安全：依据《应用信息安全管理制度》，需要制订"应用系统权限管理流程"以满足特殊用户的数据访问需求。

（7）信息安全事件管理：针对信息安全的管理，除了技术管控，还有事后审计和运营，针对信息安全可疑事件，需要启动"信息安全事件调查流程"，依据《信息安全奖惩管理规定》，对信息安全事件需有定级，针对事件的处置，需要启动"信息安全事件确认流程"。

因为公司的业务性质及安全管理的范围不同，上述流程或许不能完全覆盖公司的安全需求，各企业可根据业务场景制订对应的信息安全流程，并根据安全需求及风险情况设置对应的审批层级。

⮑ 6.2.2　ISO 27001 体系

ISO 27001 是一套信息安全管理体系标准，前身为英国的 BS7799 标准，该标准由英国标准协会（BSI）提出并修订而成，经过多次修订和发布，最终通过了国际标准化组织（ISO）的认可，正式成为国际标准。

目前，大部分科技企业及一些科技公司的供应商，对信息安全有比较高的要求，尤其是海外的高科技公司（如谷歌、苹果、亚马逊等）对中国供应商的信息安全要求更高，不仅要提供信息安全相关认证，还要提供对应的技术手段和相关材料，方可通过信息安全管理体系认证。对于需要安全认证的企业，根据 ISO 27001 体系标准，公司需要制订对应的制度和流程，同时配套相应的技术手段以保障制度的落地。

除了企业对安全体系的投入，ISO 27001 认证还需要聘请第三方认证机构。颁发 ISO 27001 信息安全管理体系证书的认证机构必须是经过国家认证监督委员会（简称认监委或 CNCA）授权的认证机构，方可在国内进行审核发证，所有 CNCA 授权的认证机构和通过认证且合法的证书均可在 CNCA 的网站上进行查询。

在企业向认证机构提出申请之后，认证机构需要初步了解组织现状，并确定审核范围，大致包括员工数量、办公场所、组织类型、业务性质和企业 IT 情况等。

企业在认证机构的辅导下，通过 ISO 27001 认证并不困难，在此不再展开。针对信息安全体系的建设，则不能仅仅体现在认证本身，还需要结合公司的业务需要，在制度及流程完备的情况下，通过信息安全技术防护，将公司的信息安全管理落到实处。

⮑ 6.2.3　组织与职责

在企业的管理体系中，组织职责与角色设计往往是这个管理体系成败的关键。在信息安全管理体系中，信息安全相关的组织和职责定义，企业通常会在组织架构外设计信息安全委员会单独运作，如图 6-3 所示。

1. 组织构成

- **信息安全委员会**：由公司任命，通常会任命 CSO（Chief Security Officer，首席安全官），涉及信息安全执行的核心领导（如法务、HR 和 IT 等部门主管）一般也会在信息安全委员会中。

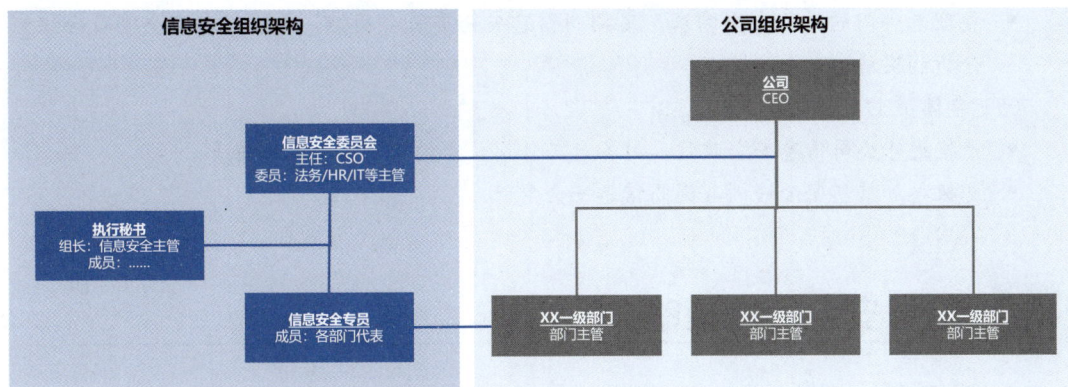

图 6-3   信息安全组织架构

- **信息安全执行秘书**：信息安全体系运作的核心团队，通常是信息安全团队成员。
- **信息安全专员**：往往来自各业务部门，配合信息安全委员会，支撑业务部门内的安全运作。

2. 组织职责

（1）信息安全委员会

- 信息安全管理工作的最高领导机构，对信息安全的重大事项进行决策。
- 为信息安全管理体系的方案评审与实施、运营与改进提供足够的资源。

（2）信息安全执行秘书

- 贯彻和执行信息安全管理委员会的决议。
- 规划和维护公司信息安全整体策略，推动公司信息安全管理体系的建设。
- 负责对公司各业务部门信息安全状况进行评估、监督和审计，协助信息安全专员对信息安全问题的整改。
- 负责对信息安全违规行为进行调查处理，对信息安全优秀事迹进行表彰。
- 负责对 IT 项目中涉及的信息安全方案和相关设备进行评估和认证。
- 定期向公司信息安全委员会汇报工作。

（3）信息安全专员

- 由业务部门一级主管指定，作为本部门与信息安全委员会的对接人。
- 负责本部门的信息安全工作开展和执行，包括宣贯、培训和方案实施等。
- 协助信息安全委员会处理本部门发生的信息安全事件。
- 年度 KPI 指标随着信息安全委员会的需求而调整，包括但不限于宣传次数、培训次数，安全响应时间及安全事件影响等，并由信息安全委员会提供考评结果。

（4）各业务部门主管

- 部门主管是本部门信息安全第一负责人，如果本部门员工违规，主管负相应的管理责任。
- 组织识别和定期更新本部门重要的信息资产，并对部门内部公示。
- 组织审查部门业务中存在的风险，并及时向信息安全委员会反馈，促进风险漏洞的完善。
- 协助处理信息安全事件，审批本部门员工涉及信息安全风险的相关流程。

- 整理本部门的信息安全需求，定期向信息安全委员会反馈，并由信息安全委员会组织分析和实施。

（5）全体员工

- 严格遵守公司信息安全政策，对各自工作岗位上的信息安全工作负责。
- 积极参加信息安全培训，提高信息安全意识。

6.3 信息安全管控策略

公司要进行信息安全管理，就需要采取相应的安全管控策略。信息安全管控策略不是单一的一个硬件和软件，它需要企业根据自己的需求制订，明确保护哪些数据、以哪种方式保护、应该建立什么样的保护机制等。这些内容大多属于指导性的策略，并非针对某一个软件或者硬件方案。

⊃ 6.3.1 数据分级

数据分级是数据管理的基础，是信息资产梳理的前提，对指定对象以既定的标准进行分级，从而实现对重要数据分配标签，以及实现数据保护的规范化。通常，根据业界常见的数据分类，以及信息资产的价值、内容的敏感程度和影响，数据可分为以下 5 个等级。

- 绝密（Top Secret）：绝密属于最高级别的分类，是公司最重要的信息资产，关系着公司的未来发展。一旦未经授权而泄露，将会给公司带来灾难性的后果，并对公司的经营发展带来破坏性打击。在企业内部，绝密通常是公司核心的研发成果，如核心专利、算法代码、新产品结构设计等，一般授权给必要的工作直接相关人。
- 机密（Confidential）：机密属于公司比较重要的信息，如果未授权而泄露机密数据，将会有重大后果，使得公司利益遭受严重的损害。机密通常是公司的研发数据，如软件代码、产品设计文档等，一般知晓范围为同一项目组。
- 秘密（Secret）：秘密属于公司的重要信息，用于具有受限特性的数据，未授权而泄露将会有严重后果，使得公司利益遭受损害。秘密通常是部门内部的经验总结、非机密项目的文档等，知晓范围一般为部门内部或特定的内部接收对象。
- 内部公开（Internal Use Only）：内部公开属于非敏感信息，通常是公司内部的公告信息，但仅限于公司内部，泄露这些数据对公司不会造成任何明显的损坏，知晓范围为全体员工。
- 外部公开（Public）：外部分开属于公司向第三方媒体或者互联网上对外发布的信息，通常是公司产品发布会、客户案例宣传等。

⊃ 6.3.2 区域划分

在信息安全管理中，区域是一个逻辑的概念，把各类业务范围通过安全设备对企业网络进行逻辑划分，形成多个网络区域，便于安全的治理和策略的推行。区域划分通常可根据业务重要性来进行划分。

根据业务数据的重要程度可划分为红区（绝密区域）、黄区（研发区域）、绿区（通用区）和蓝区（对外公开区域）。

- **红区**：红区为存放公司绝密信息的区域，通常只有少数人有权限访问。并非每个公司都会设置红区，如公司需要，通常会将公司最具核心竞争力（如算法代码）、高精尖技术预研项目放在此区域。
- **黄区**：黄区是用于存放公司重要信息的区域，但机密性较红区低，一般承载公司日常研发的数据。一般说来，公司的研发项目数据，如 Git、SVN 代码库、产品设计图等数据放在此区域。
- **绿区**：绿区是用于存放公司普通信息的区域，机密性较低，一般承载公司的内部公开数据。常见的 IT 系统，如 OA、邮件、ERP、CRM、在线文档系统都会放在此区域。
- **蓝区**：蓝区是用于存放公司对外公开信息的区域，可以是公司租用的外部云服务器，也可以在公司内部搭建 DMZ 区域供外部访问，如公司官网、SRM 系统、商城等都会放在此区域。

除了根据业务数据的重要程度，还可以根据网络的逻辑区域来划分，常见于网络架构设计中。

- **DMZ 区**：DMZ 即隔离区，顾名思义，DMZ 主要用于隔离，将内外网进行隔离。将需要被外部访问的系统或设备放在此区域，如对外访问的 Web 服务器、外部使用的 FTP 服务器、SSL VPN 设备、WAF 设备等。
- **内网接入区**：内网接入区是用于提供用户接入的区域，此区域通常是用户 PC、笔记本、哑终端等，此区域通常在企业内部，与 DMZ 和外网区隔离。通常情况，内网接入区会再根据用户的工作职责范围和安全要求，在物理区域再划分红、黄、绿区，或者通过网络 VLAN 划分出红、黄、绿区。
- **内网服务器区**：内网服务器区存放内部服务器，用于给用户提供内网服务，常见设备有服务器网络设备、服务器、存储等。在内网服务器区，一定要根据公司信息安全要求，通过防火墙设备进行逻辑隔离，划分出红、黄、绿区。

内网服务器区的流量统称为东西向流量，而服务器区与接入区的流量称为南北向流量。所以，划分出不同的区域，有利于安全策略的管理，也更易于监控不同区域之间的流量。

⊃ 6.3.3　保护机制

在企业的信息安全管理中，保护机制是一系列安全方针的集合，包含分层设计、区域划分、单向策略、人员分权机制。

- **分层设计**：分层设计是指多层次设置安全策略，从而规避单一方法失效的重要手段。例如，在企业中抵御外部威胁，会在不同区域的网络位置放置各种安全设备，这就是一种分层的理念。分层设计有串行和并行两种方式，对于安全领域基本上都是采用串行设计，这也意味着攻击者往往需要层层突破安全防护才能达到目的。例如，数据要从公司泄露出去，往往需要从服务器区域到用户区域，然后通过外部网络传出去，分别在服务器区、用户终端和网络区域设置监控，这样信息安全的防护能力就会大幅增强。

- **区域划分**：前面介绍过企业会根据不同的业务重要性和边界来划分区域，这也是便于安全管理的一种重要机制，通过区域划分能减少攻击范围，减少策略复杂度。区域内的管理可以相对开放，一方面是业务交互多，另一方面是数据流量大；但区域间的安全策略管理及流量监控则需要重点关注，除了安全策略的必要性，还要监控内容的合理性。
- **单向策略**：单向策略有两种情况，一种情况是网络策略是单向的，只允许 A 跨区域访问 B，但不允许 B 访问 A；另一种情况是流量策略是单向的，即只允许数据从 A 跨区域流向 B，不允许数据从 B 流向 A。对于网络策略单向，非常容易理解，因为只需要监控 A 就可以保证区域之间的安全性，这样就可以减少 50% 的安全风险。但对于流量单向来说，因为 A 访问 B 时可以复制到自己区域，也可以复制至 B 所在区域，这就需要考虑增加"数据防泄露"设备或"流量监控"工具，根据数据内容或者流量大小来判断信息安全风险。
- **人员分权**：在企业中，通常都是基于角色的访问控制策略，不同角色拥有不同的访问权限和操作权限。另外，信息安全中常提及的还有最小权限原则，即用户仅获得完成工作所需的最低权限。实际上，在信息安全管理中，IT 系统管理员或者信息安全管理员的权限往往是最大的，因此，这些管理员的权限如何管理是我们最需要关注的。常见的方法如下：重要系统需要多人一起认证、堡垒机管理所有服务器及系统（堡垒机的权限应多人一起管理）、管理员提交流程自动获取密码并在一段时间内失效（需要工具自行修改管理员密码）等。

⤶ 6.3.4　密码策略

密码管理是信息安全防护中最关键的一环。密码作为身份验证的基本手段之一，如果被不相关或未经授权的人员获取，尤其是管理员密码，也就意味着企业信息安全防护被攻破，将导致严重的安全风险和信息泄露。

常见的密码策略如下：
- 包括大小写字母、数字及特殊字符（如 @、#、$）。
- 禁止使用密码阻止黑名单中的词，如包含公司特征的词，以及常见的 P@ssw0rd、Qwerty123、zaq1ZAQ! 等。
- 长度不少于 8 位，最好在 12 位及以上。
- 在连续尝试错误密码达到若干次（如 5 次）后锁定账户 5 分钟。
- 定期更改密码，通常每 90 天或 180 天更改一次。
- 避免使用 Excel、记事本等明文方式存储，推荐使用 KeePass 密码管理软件。

⤶ 6.3.5　变更管理

在日常的 IT 运营中，系统变更必不可少，如对 IT 应用系统升级、服务器安装某些软件、操作系统升级等，都属于 IT 变更范畴。在变更过程中，往往会对信息安全带来一些未知的信息安全风险。

- **风险漏洞引入**：应用系统和基础设施的变更可能会引入新的风险和漏洞，从而被攻击者利用。
- **业务连续性受影响**：变更过程中操作不慎，可能造成服务停机和业务中断的事故，对 CIA 三元组中的 A（Availability，可用性）带来影响。
- **安全策略变更**：变更可能需要调整安全策略，如防火墙策略、增加新的账号权限、数据共享访问等策略，操作失误或带来信息安全风险。

一般来说，完整的变更管理流程需要包括如下环节：

- 申请人请求变更。
- 专家团队（受影响的相关方、IT 部门相关领域专家）审核变更。
- IT 部门主管批准 / 拒绝变更。
- IT 运维人员实施变更。
- 申请人验证变更。

特别注意的是，在"申请人请求变更"节点中至少需要包括变更原因、涉及的服务器 IP（确认对业务的影响）、对网络资源的需求（确认对信息安全策略影响）、变更步骤等，具体流程细节不再展开。

6.4 终端安全管理

终端安全（Endpoint Security）是针对企业用户终端的安全管理方案，以识别终端安全风险，并对终端风险进行安全管控和改进管理，从而降低和避免终端安全风险事件的发生。

计算机终端安全管理大致分为两个方面：终端安全策略管理和操作系统安全管理。

6.4.1 终端安全策略管理

终端安全策略管理是指计算机所在物理环境的安全、计算机自身硬件、网络及软件方面的安全策略管理。随着科技水平的不断提高，目前计算机各个零部件的寿命、强度都有了明显提高，本章不再赘述计算机硬件方面的安全管理。

1. 非法终端管理

企业内部网络包含多种多样的网络设备和终端设备，并且运行着公司的全部业务数据。如果外来终端可以随便接入企业内部网络，一方面，会对公司的数据造成很大的隐患——外来终端可以通过内部网络访问到公司的重要服务器和数据，从而通过漏洞或者内部员工账号访问或泄露公司机密数据；另一方面，由于外来终端的安全管控措施不到位，一旦这台终端发生病毒或者木马感染，往往会扩散到全网络，令网络瘫痪或者数据被破坏或泄露。

另外，非法终端的外设也需要进行管控，例如，U 盘、开发版等可能感染了木马或病毒。这类设备需要在公司的终端管理中，通过 AD 域策略或安全软件管控，如仅对部分有权限的用户开通访问或者修改权限，加上后面操作系统安全的管控，从而降低了数据被破坏的风险。

一般通过如下两种方式，可有效管理非法终端的接入风险。

（1）网络准入认证

网络准入认证是对终端接入公司内网的合规程度、安全状态和终端环境等规则的验证。对于公司的内部网络，无论是有线还是无线 WiFi，都应该有网络接入的准入认证。通常情况下，公司的网络认证会采用除 802.1X 或者 MAC 地址的基础认证外，还会考虑配合计算机终端的准入软件，通过校验该计算机的准入环境（如加入域、账号密码、安装公司安全软件、杀毒软件、补丁信息等）后，方可接入公司网络。

随着零信任的逐渐成熟，不少企业开始不再使用专业的准入软件，也不再使用专业的 VPN 软件，随之而来的是零信任软件。通过该软件，可以将公司内部网络接入和互联网接入统一管理，接入的终端不仅进行准入环境监测，并且零信任软件会持续监测，更加提升了终端准入的安全性。

（2）内部网络隔离

内部网络除了考虑对非法准入的接入，还要考虑网络上的隔离，即网络安全域的划分。通过划分不同的安全域（如管理域、DMZ、应用域、普通数据域、核心数据域、开发测试域等）或安全子域（如管理域中可以再次划分网络管理子域、基础平台管理子域、安全管理子域等），即便有了非法入侵，也会将数据灾难降到最低。目前，常见的网络内部隔离通常是通过防火墙或者网络路由策略进行管控的。对于公司的业务数据，可通过不同的数据密级、不同的业务部门，根据用户角色划出多个网络逻辑区域，将数据分布在不同的网络区域，再根据业务的数据传输需要，开通点对点的网络通信。图 6-4 所示为某企业网络区域隔离示意图。

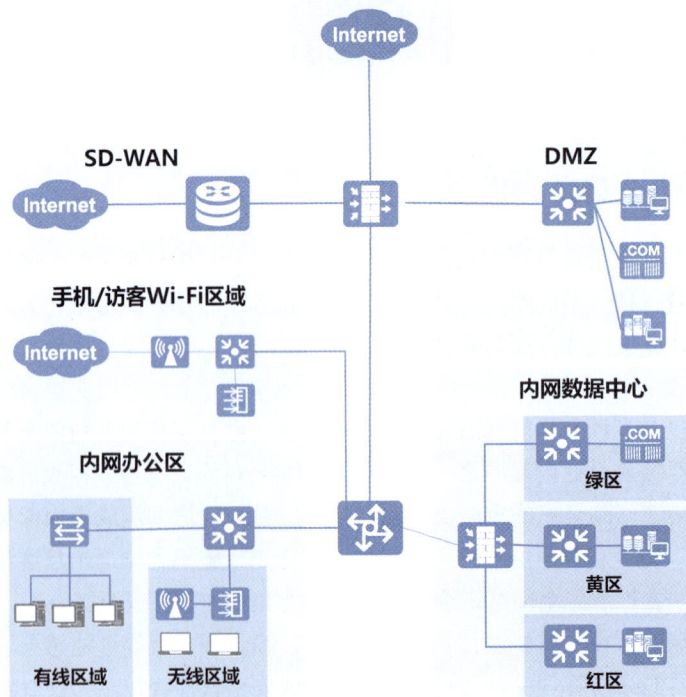

图 6-4　某企业网络区域隔离示意图

2. 非法外联管理

内网本身是和互联网隔离的，而非法外联则是通过内网终端主动连接互联网，搭建与外部通信的隐蔽通道。黑客往往会植入木马，该木马可以通过主动连接黑客服务器，从而让黑客操作内部终端。

所以，针对这类终端的安全，侦测内部终端是否存在非法连接外网或指定网络的行为，并对违规终端执行断网或隔离，成为处理非法外联的重要任务。一般监测内部终端的外联，除了在客户端安装相关的防护软件（如6.4.1节介绍的EDR），还可以通过网络防火墙的端口监控或者流量统计分析，一旦发现某台终端网络异常，立即告警或联动响应。

3. 非法流量管理

除了发现非法外联，还要考虑终端上的人为将数据泄露情况。一般公司的终端上都装有安全监控软件，并对终端外设端口做了管控，所以，通过网络上传数据，就成了终端数据泄露的一个较为便利的方式。

为了更加方便地监控终端是否上传了大量数据，除了限制终端的网络，还可以在终端安装DLP软件（参考6.6.4节），另外，还需要对每个终端的网络实时流量进行统计，若该终端对某一个外部IP产生了大量上传流量，则可能产生了数据的泄露风险。针对这一风险，需要及时告警并通过人工审计，对风险及时处理和防范更大的风险产生。

4. 非法软件管理

非法软件管理，一方面是为了合规性要求，禁止终端安装非法软件（如非法破解或绿色版的商用软件）；另一方面是为了防止安装的软件带来木马或病毒。

一般说来，终端可安装的软件都在公司的白名单中，除了白名单内的软件，安装其他软件均需要申请。管理白名单内的软件，一般都是放在公司内部的应用市场或者公司软件管理平台中，由员工根据自己的需要进行安装。

对于白名单，需要例行进行维护和更新。可通过内部员工申请或向各业务部门收集，例行更新白名单。

5. 终端监控与审计

终端计算机的计算和存储能力日益增强，办公终端成为重要信息的存储和处理工具。为了保护终端上的数据，防止内部人员有意或无意泄露，必须采用技术手段监控甚至是限制数据的泄露。

最常见的方式是在办公终端初始化时安装公司的安全管理软件，并配合公司网络接入的认证，保障公司内网的终端均可被监控、审计和端口限制。终端安全软件一般包括如下功能：

- **终端文档监控**：对终端上文件的操作记录需要完整记录，除了常见的Office文档，还有不少是专业工具产生的代码、图纸等，均需要有清晰的创建、访问、修改、删除、上传等记录。
- **终端网络监控**：对终端的网络访问允许或拒绝进行监控和设置，类似于Windows防火墙或者杀毒软件的网络控制，并且针对本地的网络流量进行统计分析，在异常IP的流量特别大时进行预警。
- **终端邮件监控**：对终端上的邮件发送需要监控，对外发时必须抄送哪些人进行严格设置。内部泄露时，通过邮件外发是最容易的操作方式。除了终端监控，也可以考虑在邮件网关上进行事后审计。

- **终端打印监控**：对终端上的打印操作进行监控，并对打印文件进行备份以备审计。对于打印的文档，除了记录打印日志，还需要考虑设置文档水印，建议在文档的左上角打印该终端的账号和时间等信息。
- **终端外设监控**：终端外设监控是终端监控最重要的功能。因为员工需要大量复制文件，最理想的方法就是通过终端外设复制到移动设备。对于普通用户，打开 USB 的复制权限，或者对于技术人员打开 ADB 调试权限，均可将文件复制出去。所以，外设的监控和审计是这些特性中最重要的功能之一。
- **终端屏幕录制**：对于终端屏幕的录制，必须符合当地的法律法规要求。在终端屏幕的辅助下，会对上述各种事件的监控或审计起着至关重要的作用。对于一些不确认的操作，均可通过终端屏幕记录再次确认。
- **终端水印管理**：和屏幕录制一样，需要考虑当地法律法规要求。终端水印包括屏幕水印和文档水印，这些水印的功能是为了防止员工拍照或者将文档传出而无法确认"谁在什么时间操作的"。因为水印的启用对视觉和计算机的性能均有影响，故需要考虑实际的业务场景确认是否启用。

⊃ 6.4.2　操作系统安全管理

随着勒索病毒的出现，各企业甚至政府单位随时面临着木马、蠕虫和勒索病毒等威胁，并且造成终端之间的交叉感染现象严重，又很难彻底清除所有终端上的病毒。一般针对这类事件的防范，往往要通过操作系统补丁和杀毒软件一起来防范。

1. 补丁管理

公司终端和服务器基本上都是 Windows 或 Linux 操作系统，这些操作系统的漏洞往往成为黑客攻击或病毒的最佳入口。在信息安全管理体系中，补丁管理往往是容易被忽视的，恰恰相反的是，补丁管理却能极大地提高安全防护等级。

当终端或服务器的数量达到一定规模时，自动通过打补丁的机制（如微软的 WSUS 服务）有可能带来许多未知的风险——造成部分操作系统不稳定或者蓝屏等。因此，需要在补丁服务器自动更新所有补丁后，通过预先设置好的灰度发布，仅将补丁推送到小批次的终端上（基本上是一些测试机器或者少量用户的服务器），待这些终端验证后，再分几个批次分发，逐渐将补丁推送到全部终端上。

目前，市场上有些补丁管理工具，可对上述分批次推送进行自动化编排管理，一旦设置好推送过程，无须管理员过多手动参与即可完成安装。

2. 杀毒管理

病毒防护是为了能够有效防止病毒、黑客通过计算机或者网络漏洞带来的攻击。面临木马、蠕虫和勒索病毒等威胁，杀毒软件是除了操作系统补丁外，最高效的终端安全防护软件。最常见的木马或者病毒软件一旦开始传播，各杀毒厂商都会立即更新病毒库。所以，装有杀毒软件并能够及时更新病毒库的计算机，很少会受到病毒或木马攻击。

正因如此，杀毒软件成为终端准入或零信任的一个重要条件。一般企业都会购买商业杀毒软件，并通过杀毒管理中心控制各个终端的病毒库状态。

3. 终端检测与响应（EDR）管理

EDR（Endpoint Detection and Response，终端检测与响应）有别于传统杀毒软件，是一种更加智能和全面的端点安全防护解决方案。它除了终端杀毒功能外，会记录端点上的行为，使用数据分析和基于上下文的信息检测来发现异常和恶意活动，并能结合大数据分析能力做出快速响应和处理。

EDR 的主要特点如下：

- 可以持续收集端点上的大量行为数据，并进行分析，可用于快速响应和追溯攻击路径，并在攻击发生后进行详细的调查。
- 与病毒特征库相比，它可以使用行为分析、机器学习和其他高级检测技术，可以识别未知威胁和复杂的攻击链，这使得 EDR 在面对 APT（Advanced Persistent Threat，高级持续威胁）攻击时更为有效。
- 它提供一套响应机制，包括隔离文件、终止可疑的进程、动态调整安全措施等，可以更高效和自动化地采取措施来减少影响。

6.5 网络安全防护

在网络安全的世界里，早期的黑客更倾向于炫技和搞破坏。如今，随着计算机和网络技术的迭代升级，比特币这类数字加密货币的兴起及开源社区的发展，网络攻击已经变得组织化、商业化和常态化。近年来，各种勒索病毒、APT 攻击、DDoS 等攻击层出不穷。

1. 2017 年"永恒之蓝"事件

WannaCry 是黑客在 2017 年 5 月利用 NSA（National Security Agency，美国国家安全局）泄露的 EternalBlue（永恒之蓝）漏洞发起的勒索软件攻击。尽管微软早在 2017 年 3 月就推出了相关的补丁，很多企业和单位仍未能及时更新补丁。直到 5 月 12 日，WannaCry 勒索病毒在全球范围内爆发，至少造成 150 个国家、30 万名用户中招，造成损失达数十亿美元。WannaCry 大范围传播的一个很大原因，主要是利用 Windows 共享协议（445 端口）进行攻击，而该端口在 Windows 系统中默认开放。因此，至今仍然有不少企业的 Windows 计算机和服务器缺乏对 Wannacry 的有效防护。

2. 美国最大燃油管道运营商 Colonial 事件

2021 年 5 月 9 日，美国宣布进入国家紧急状态，起因源于一起石油管道运营商 Colonial Pipeline 被黑客攻击的事件。这是一起周密计划的网络攻击事件，黑客通过长期潜伏在公司网络内部，摸清公司网络架构和数据分布，然后在 5 月 9 日这天发起行动，该事件造成东部沿海的燃油网络陷入瘫痪，17 个州陷入紧急状态，损失金额更是不计其数。

3. Facebook 数据泄密事件

2019 年，社交媒体平台 Facebook 遭遇重大安全漏洞，导致超过 5 亿用户的个人信息泄露。2019 年底，另一个包含 2.67 亿用户个人信息的数据库出现在网上。据推测，该数据库在暗网上被免费使用了近两周时间。

上述安全事件只是众多事件中的冰山一角，从这些事件中可以看出现在的网络攻击越来越隐蔽化，并且是有目的、有组织的攻击。所以，我们应该时刻保持警惕，还是最常说的那句话：企业虽然内部表面上风平浪静，但实际每天都在遭受着安全攻击。很多攻击者在实施攻击时尽可能降低影响，在离开被攻击者环境时都会做大量的清除痕迹操作，这也导致很多企业IT 管理员压根没有觉察到曾被攻击过。

面对外部网络攻击的巨大挑战，需要企业管理者重视网络安全的建设。接下来将介绍如何构建企业的网络安全防护体系。

⊃ 6.5.1 威胁类型介绍

对大多数企业来说，常见的网络攻击和威胁包括病毒攻击、钓鱼邮件、漏洞利用、暴力破解、DDoS 攻击、Web 应用攻击等，涉及企业的终端、服务器、网络、邮件、Web 应用等多类资源。

1. 病毒攻击

计算机病毒像人体内的病毒，从主机传播到主机，并具有自我复制的能力。病毒攻击方式是通过病毒执行破坏性代码，窃取密码或数据、记录按键、破坏文件，甚至接管这台机器。病毒的传播途径也有多种，如通过 USB 插入、电子邮件、短信附件、互联网文件下载和社交媒体上的诈骗链接，甚至是病毒借助系统漏洞从其他受感染的主机复制过来。

病毒的防御，通常需要采用如下 4 种方式一起来防御：

- 安装防病毒软件，并定期运行病毒扫描。
- 让操作系统和应用软件保持更新状态。
- 避免点击可疑链接和邮件。
- 定期备份本地数据。

2. 钓鱼邮件

根据 FBI 的互联网犯罪报告，网络钓鱼是最常见的社会工程网络犯罪。网络钓鱼中最常使用的工具就是电子邮件。

攻击者会伪装成受信任的实体，诱骗受害者打开电子邮件中的附件或链接，这可能导致计算机面临被安装恶意软件、获取账号密码信息、执行破坏性脚本等风险。钓鱼邮件通常是以 IT、HR 部门的名义发送给企业的核心管理人员，并且在邮件中的内容和系统地址看着都是企业的系统链接，但实际上该地址的"超链接"是攻击者专用的网址，引导用户输入账号和口令，从而盗取用户的账号和密码。

网络钓鱼的预防建议如下：

- **意识加强**：定期对企业员工进行安全宣传，提高员工的安全防范意识。
- **内容过滤**：通过邮件网关对恶意 URL 进行拦截，阻止投递给员工。
- **多因子认证**：多因子认证可以显著减少网络钓鱼攻击，即便账号密码意外被盗用，但辅助身份验证方法仍会让攻击者无法登录相关系统。
- **端点安全软件**：计算机上安装防病毒、EDR 等软件，可有效阻止钓鱼邮件中的恶意软件或 URL 链接。

3. 漏洞利用

漏洞利用是使用硬件或软件相关的漏洞，以特定的软件、数据或命令序列实现网络攻击的行为。常见的漏洞通常会在 CVE（Common Vulnerabilities & Exposures，通用漏洞披露）系统中公开。CVE 是一个免费的漏洞字典，开发人员可以通过它了解已知漏洞并发布补丁进行修复。正是如此，一些网络犯罪分子及军事、政府机构选择不在 CVE 平台上披露这些漏洞，导致这些漏洞被称为 0day（零日）漏洞。

大部分被利用的漏洞，都是分布在操作系统、企业商用和自主开发的 IT 系统、开源软件等软件中，如内存安全违规（缓冲区溢出、过度读取、悬空指针）、输入验证错误（代码注入）、跨站点脚本（XSS）、目录遍历、SQL 注入等。

通常的攻击步骤如下：许多网络犯罪分子通过攻击某个 Web 应用，首先获得有限的访问权限，然后使用所在服务器的另一个漏洞提升权限，直到他们获得该服务器的管理员（如 root）权限。这就是在信息安全团队必须进行纵深防御的原因，通过多种防护措施相互配合与补充，这在后面的防御体系中再次展开。

避免漏洞被利用的常见防护措施如下：

- 定期漏洞检查，对存在漏洞的系统或应用进行补丁修复。
- 引入 IPS（Intrusion Prevention System，入侵防御系统）、WAF（Web Application Firewall，Web 应用防火墙）等安全设备/软件，对访问流量进行实时防护，即作为应用系统的热补丁。
- 引入 SDL（Security Development Lifecycle，安全开发生命周期）管理方法，在整个软件开发过程定义规范和严格评审，降低代码出现漏洞的概率。
- 减少网络、服务器、应用系统不必要的端口暴露，对服务器发布到公网要格外谨慎，降低攻击面。

4. 暴力破解

暴力破解是攻击者试图"猜测"用户的账号和密码，直接以该账户登录操作系统或访问某 Web 应用系统的方法。使用这种方法，即使使用多台计算机，这也可能需要数年时间才能破解。

通常情况下，用户的密码规则设置比较复杂，而且还设置了密码错误的锁定机制，那为什么被暴力破解了呢？这是因为很多系统的管理员是本地账号，而且密码非常简单，这也导致了管理员密码容易被"猜测"，或者错误多次而不能被及时发现。

暴力破解的类型包括如下 6 种：

- **简单的暴力破解**：使用常规"猜测"方法，不依赖于外部逻辑，目前较少采用。
- **混合暴力破解**：从外部逻辑开始确定哪种密码变体最有可能成功，然后继续使用简单的方法尝试许多可能的变体。
- **字典攻击**：使用可能的字符串或短语的字典来猜测用户名或密码。
- **彩虹表攻击**：彩虹表是用于反转加密哈希函数的预计算表，可用于猜测由一组有限字符组成的特定长度的函数。
- **反向暴力破解**：对许多可能的用户名使用通用密码或密码集合，针对攻击者先前已获取数据的用户网络。
- **凭据填充**：使用以前已知的用户名和密码对，并针对多个网站进行尝试，这是利用许多用户在不同系统中具有相同用户名和密码的事实。

常见的破解工具有很多，如 Hydra、Aircrack-ng、Hashcat、L0phtCrack、John the Ripper 等，本节不再展开。针对这些暴力破解方法，常用的防范措施如下：

- **复杂的密码策略**：完善的密码策略可有效防范暴力破解，尤其对系统的本地账号，需要采用复杂的密码策略。
- **增加验证码**：如利用 reCAPTCHA 等工具，需要用户完成简单的任务才能登录系统，用户可以轻松完成这些任务，而暴力破解工具则不能。
- **多因子认证**：可以使用多个因素组合来验证身份，如增加手机验证码或 OTP（One Time Password，一次性密码）验证。

5. DDoS 攻击

DDoS（Distributed Denial of Service，分布式拒绝服务）攻击，或称分布式阻断服务更容易让人理解，是指通过大量恶意请求以淹没目标系统和服务，导致该站点对正常用户不可访问。DDoS 攻击通常是从众多受感染设备发起的，这些设备也被称为"僵尸"或"肉鸡"。

DDoS 攻击的目的如下：

- **业务竞争**：企业可以使用 DDoS 攻击竞争对手的网站，例如，阻止对手参与重大活动，如"网络星期一"。
- **勒索**：犯罪者使用 DDoS 攻击作为从目标勒索金钱的手段。
- **网络战**：政府授权的 DDoS 攻击可用于削弱反对派网站和敌国的基础设施。

常见的 DDoS 攻击手段有 SYN Flood、ACK Flood、UDP Flood、NTP Flood、DNS Flood、HTTP Flood、IP 欺骗、死亡之 Ping 等。针对这些攻击手段，常用的防御措施有如下 4 种：

- **增加带宽**：虽然单独增加带宽不能完全防止 DDoS 攻击，但它确实可以提高系统承受突发流量的能力，提高攻击者成功发起攻击前需要克服的门槛。
- **使用 CDN 和负载平衡**：通过使用 CDN 和负载平衡技术，可以将流量分散到全球或国内多个数据中心，增强系统的可用性和弹性。即便部分系统受攻击，其他部分仍能继续提供服务，减少攻击影响。
- **防火墙配置**：通过合理配置防火墙，如丢弃无用的 ICMP 数据包，禁用 Ping 或阻止非法的 DNS 响应。
- **部署 Anti-DDoS 软硬件解决方案**：国内外安全厂商都提供了类似的解决方案，可在最前端通过执行流量行为分析与检测，并有效阻止 DDoS 攻击。

6. Web 应用攻击

Web 应用是当今最流行的应用系统，企业内部的应用系统绝大多数也是 Web 应用。人们在随时随地享受 Web 服务的同时，Web 应用也给企业自身带来了许多威胁。近年来，Web 攻击层出不穷，很多公司的网络攻击和数据泄露，大多是从 Web 应用开始的。

接下来，介绍如下 5 种常见的 Web 应用攻击类型。

（1）SQL 注入

OWASP（开源 Web 应用安全项目）在其最新的十大研究中，注入攻击被列为网站的最高风险因素。SQL 注入作为注入攻击的最常见的一种，也是网络犯罪分子对 Web 应用最常用的攻击方法之一。攻击者通过将恶意 SQL 代码插入应用程序的输入字段中，从而操控应用程序后台的数据库，以执行未授权的命令。这种攻击可能导致数据泄露、数据损坏，甚至控制所有数据的访问权限等严重后果。

常用的 SQL 注入防范措施非常简单——使用参数化 SQL 语句，严禁 SQL 语句拼接。市面上流行的开发框架基本上都可以防范 SQL 注入的攻击。

（2）XSS 攻击

XSS（Cross-Site Scripting，跨站脚本）攻击也是最常见的 Web 网络攻击，据 Precise Security 之前的一个统计，XSS 攻击约占所有攻击的 40%。XSS 攻击是针对用户设计的，而不是直接攻击 Web 应用程序本身。黑客将一段代码插入易受攻击的网站，然后由访问该网站的用户来执行。该代码可能会盗取用户资料、破坏网站或传播恶意木马等。XSS 攻击分为 DOM 型（未经过服务器）、反射型（请求服务器返回）、存储型（存储在服务器上）3 种。

常用的 XSS 防范措施严禁用户直接输入 HTML 和 JavaScript 代码，而是将用户输入的 HTML 和 JavaScript 代码进行编码后再展示。

（3）CSRF

CSRF（Cross-Site Request Forgery，跨站请求伪造）是攻击者诱导用户执行他们不打算执行的操作，这些操作可能是发送邮件、交易或者数据修改等。图 6-5 所示为 CSRF 攻击路径示意图。

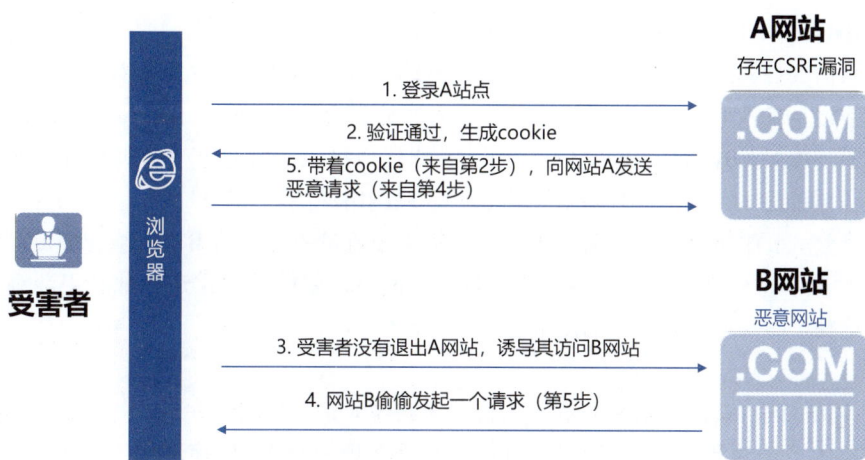

图 6-5　CSRF 攻击路径示意图

常用的 CSRF 防范措施是对敏感的请求增加一次性令牌（Token）的方式，或增加用户的多次确认动作，如验证码或者手动再次确认等环节。

（4）目录遍历

目录遍历攻击是以 Web 根文件夹为目标，以访问目标文件夹之外的未经授权的文件或目录。路径遍历成功后，很可能会危及站点的访问、配置文件、数据库，以及同一物理服务器上的其他网站和文件。

目录遍历攻击不像以前的黑客方法那样普遍，但仍然对任何 Web 应用程序构成相当大的威胁。常见的防御手段是对输入目录进行严格验证，确认输入内容符合预期，还需要限制应用程序访问的文件和目录，确保它们只能以最小权限访问资源。

（5）Fuzzing

Fuzzing 就是模糊测试。开发人员可以使用模糊测试来发现软件、操作系统或网络中的编码错误和安全漏洞。同样，攻击者也可以使用相同的技术来查找企业的站点或服务器中的漏洞。

Fuzzing 的工作原理是最初将大量随机数据输入到应用程序以使其崩溃，下一步是使用模糊器软件工具来识别其中的薄弱环节。如果目标的安全存在任何漏洞，攻击者可以进一步利用它。

对抗 Fuzzing 攻击的最佳方法是及时更新操作系统及相关应用程序的补丁，尤其是官方发布的安全补丁。

⊃ 6.5.2　信息安全产品介绍

在介绍了上述威胁类型后，又该如何防范这些攻击？对于有漏洞的系统或者应用软件，除了自身的补丁修复外，是否还有其他的措施来防护？

正式基于这样的背景下，业界已经有很多非常成熟的安全产品来解决上述问题。除了大家常见的杀毒软件、防火墙产品外，本节介绍几款常见的网络安全产品。

1. IDS

IDS（Intrusion Detection System，入侵检测系统）是一种网络安全技术，最初用于检测针对目标应用程序或计算机漏洞的攻击。

IDS 只需要检测威胁，因此它会被放置在网络基础设施之外，这意味着它不会在信息发送方和接收方之间的实时通信路径中。IDS 解决方案通常会利用 TAP（Test Access Point，一种硬件设备）或 SPAN（Switched Port Analyzer，又称端口镜像，可通过交换机配置实现）技术来分析内联流量的副本，从而确保 IDS 不会影响内联网络性能。

如前所述，IDS 也是一个监听设备，它会将监控流量的分析结果报告给管理员，但无法自动采取行动来阻止外部的攻击。攻击者一旦进入网络，就能够非常迅速地利用漏洞，这使得 IDS 在信息安全防御方面有一定的局限性。

2. IPS

IPS（Intrusion Prevention System，入侵防御系统）是一种网络安全中的威胁防御技术，用于检查网络流量流向和防止漏洞攻击。IPS 有多种检测方法用于发现漏洞，最常见的两种监测机制是基于签名的检测和基于统计异常的检测。

基于签名的检测是将每个漏洞的唯一可识别的模式或签名存储在不断增长的签名字典中，这样可以通过在流量中通过签名匹配来识别特定的漏洞是否被利用。基于统计异常检测，是随机抽取网络流量样本，并将它们与预先设置的行为基线进行比较。当网络流量活动样本超出该基线时，IPS 会采取行动来处理这类异常情况。

目前，业界常见的 IPS 产品基本已经覆盖了 IDS 的功能，除了检测威胁流量外，还增加了阻止威胁的能力，这也使得 IPS 技术成为信息安全防御中比较重要的部署选项。

IPS 与 IDS 最大的不同如下：IDS 是一种扫描流量并报告威胁的被动系统，而 IPS 则需要被放置于内联（即放置在源和目标之间的直接通信路径中），主动分析所有进入网络的流量。因此，推荐将 IPS 设备放置在防火墙后面，便于根据网络流量监测情况并及时阻断。

因为 IPS 串联在网络通信链路中，所以，要求 IPS 必须高效工作以避免降低网络性能。另外，IPS 的监测性能同样需要高效，因为漏洞近乎实时发生，它必须及时、准确地检测和响应，以消除网络威胁。

3. WAF

WAF（Web Application Firewall，Web 应用防火墙）提供 7 层（应用层）级别的防护，

主要是针对 Web 应用的保护。WAF 可对 SQL 注入、XSS 攻击、CSRF、开源组件漏洞、Webshell 攻击、暴力破解等多种攻击行为进行有效防护。

WAF 的操作方式与代理服务器类似，虽然同为"中介"（即流量转发），但 WAF 的主要作用在于保护 Web 应用，而不仅仅是"反向代理"的功能。WAF 通过过滤、监控和拦截恶意的 HTTP 或 HTTPS 请求，从而保护 Web 应用不被攻击和利用。尽管 WAF 产品有一些默认的安全防护策略，但因为每家企业的 Web 应用不尽相同，因此，上线 WAF 产品时仍需要设置一套符合企业需要的安全策略，以准确识别哪些流量是恶意的、哪些流量是安全的。

WAF 产品有软件、硬件两种形态。常见的部署方式有如下两种：

- **透明模式**：通过将硬件串接在用户网络中，这种模式下无须改变用户的内网环境，实施简单，但是也带来了新的故障点，增加了问题排查复杂度。
- **反向代理模式**：需要将 Web 应用统一通过 WAF 产品（硬件或软件均可）代理出去。这样做的好处是 Web 应用站点维护清晰，WAF 产品的故障并不会引起整个网络的瘫痪。

4. HIDS

HIDS（Host-based Intrusion Detection System，主机入侵检测系统）是一种运行在服务器上，用于检测服务器是否被入侵的安全软件。不同于 IPS、WAF，HIDS 直接面向服务器上的操作系统和应用，因此在检测的准确性方面高于其他网络设备。

与杀毒软件相比，HIDS 主要是用于识别黑客的各类行为，这与杀毒软件基于库识别病毒文件有着本质区别。HIDS 目前可以实现对恶意命令、RCE（Remote Code Execution，远程代码执行）、反弹 Shell、恶意 DNS 请求、暴力破解、异常登录、木马、病毒、Webshell、挖矿、文件篡改、本地提权等攻击行为进行识别。

通常，HIDS 不阻断这些恶意行为，只是检测并告警，所以，部署时对服务器上的应用影响较小。因此，建议在关键的服务器上安装 HIDS 软件，对现有 IT 环境影响较小，又可以大幅提升信息安全防护水平。

5. 漏洞扫描工具

漏洞评估通常分为"白盒"和"黑盒"两种。漏洞扫描工具（简称"漏扫工具"）属于"黑盒"的一种，它可以快速发现企业中的 IT 资产（网络、服务器、存储、操作系统、Web 应用等）的脆弱性，让该资产的相关人员及时了解漏洞情况并进行整改，提高企业的安全防护能力。

常见的漏扫工具有 Nessus、AWVS、Goby 等，在此不再展开说明。

6. 蜜罐

蜜罐是一种通过伪装正常应用来迷惑攻击者的手段。它可以是应用服务器，如 OA、虚拟化管理平台 vCenter、VPN、Gitlab 等应用；也可以是文件共享服务，如 FTP、Windows 共享服务器等。蜜罐的主要目的是让攻击者误以为获得了机密文件，而将自己的信息暴露给防守者。

网络蜜罐通常部署在内网的各个区域。正常情况下，这些蜜罐是不会被企业员工访问到的，只有潜入公司的黑客通过端口扫描等探测手段，从而被黑客访问到这些蜜罐。所以，蜜罐一旦有告警，就需要信息安全团队引起注意并快速响应。

Hfish 是国内一款不错的免费蜜罐，供大家参考。

7. 零信任

零信任最早源于 2004 年成立的耶利哥论坛（Jericho Forum），其成立的使命正是为了定义无边界趋势下的网络安全问题并寻求解决方案，提出要限制基于网络位置的隐式信任。零信任是把传统的区域安全概念弱化，通过安全定义边界来重新定义安全，所以，对于企业来说，以后会弱化内网的概念，统一认为内网和外网都是不安全的。

零信任技术分为两种，一种是 Web 代理网关模式的零信任模式，类似于 WAF；另一种是基于流量转发的模式，类似于 VPN。零信任还可以根据用户位置，动态控制用户的访问权限。例如，用户在远程办公时，仅能获取公司内网部分资源的访问权限，但用户在内网时又可以自动获得内网区域的全部权限，这都是传统 VPN 所不能办到的。

⊃ 6.5.3 防御体系建设

在介绍了上述威胁类型和相关的信息安全产品后，企业作为防守方，如何建立一套有效的防护体系来抵御内部和外部的威胁？

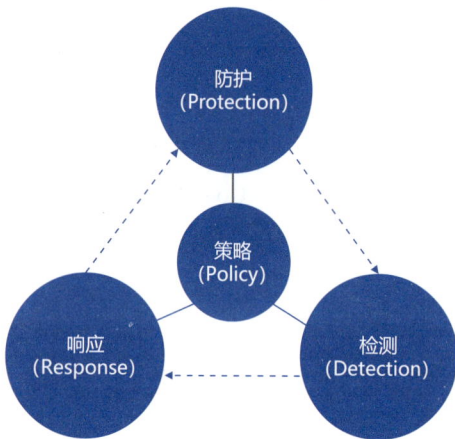

图 6-6　P2DR 模型

1. 信息安全防御模型

信息安全防御模型是网络安全专业机构制订的一套标准、准则和方法，帮助企业了解和管理面临的网络安全风险。

（1）P2DR（PPDR）模型

P2DR 模型，也称为 PPDR 模型，是美国 ISS 公司提出的动态网络安全体系模型。该模型名称来源于其内部四个核心要素的缩写，如图 6-6 所示。策略是模型的核心，所有的防护、检测和响应都是依据安全策略实施的。在安全策略的指导下，通过防护、检测和响应组成一个完整的动态安全闭环，从而保证信息系统的安全。

- 策略（Policy）：网络安全策略一般包括总体安全策略和具体安全策略两部分。
- 防护（Protection）：防护是指对系统脆弱性进行加固，常见防护加固手段包括数据加密、身份认证、访问控制、认证授权、VPN、代理、准入网关、防火墙、漏洞评估扫描、备份容灾等。
- 检测（Detection）：检测是对防护系统的补充，常用防护手段包括 IDS、IPS、流量分析、HIDS、杀毒扫描等。
- 响应（Response）：响应是对威胁的处理，响应包括应急响应和恢复处理，恢复处理又包括系统恢复和信息恢复。

（2）WPDRRC 模型

WPDRRC 模型是我国"863"信息安全组设计出的适合中国信息安全系统和保障体系的模型，它是在 P2DR 模型的基础上增加了预警和反击，如图 6-7 所示。这个模型包括 6 个部分：预警、保护、检测、响应、恢复和反击，3 个要素：人员、策略和技术。通过落实 WPDRRC 模型 6 个环节的各个方面，将安全策略变为安全现实。

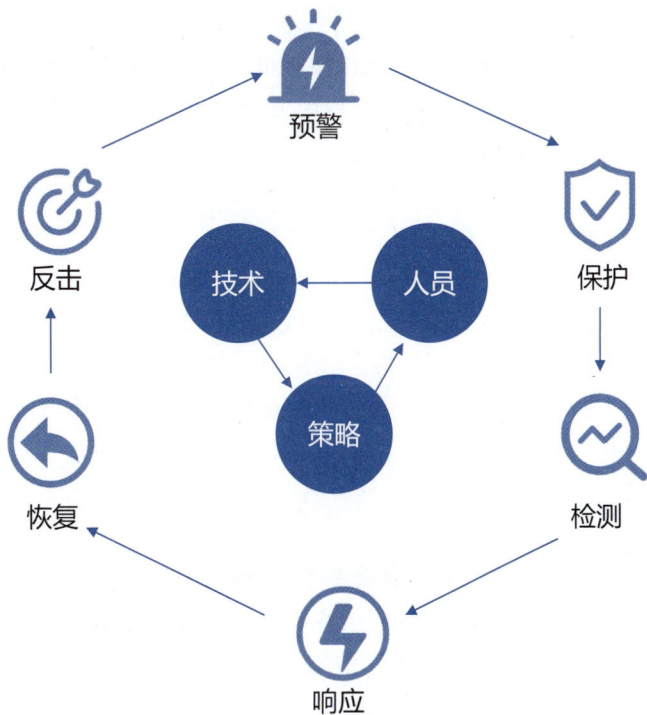

图 6-7　WPDRRC 模型

2. 常见的网络攻击流程

图 6-8 所示为常见的网络攻击流程，主要包括外部信息收集、目标评估、入侵、接入维持、权限提升、内网信息收集、内网横向移动、完成目标和抹除痕迹 9 个阶段。

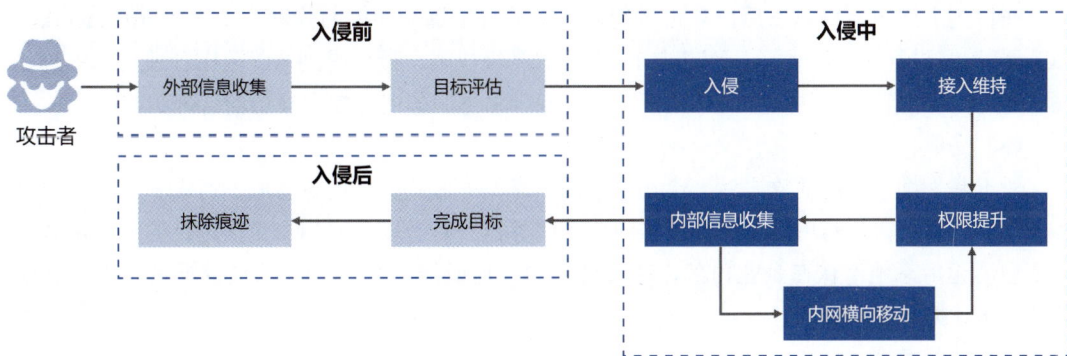

图 6-8　常见的网络攻击流程

（1）外部信息收集

信息收集是网络渗透的第一步，指攻击者通过在互联网上对需要攻击的对象进行收集。信息收集方式除了攻击者主动收集外，还可能通过第三方进行收集，因为攻击者不需要和目标系统进行交互，所以，较主动收集信息更具隐蔽性。

外部信息收集是为入侵做准备的，主要包括外部网站信息及端口、人事信息、组织架构、邮件信息、技术框架等方面进行收集。常用的信息包括域名、公网 IP 及 TCP 端口、发布到公网的软件产品及版本信息、公司高层及 IT 部门的关键人员信息等。

（2）目标评估

在收集完外部信息以后，需要对信息进行梳理和评估，找出公司各种系统、公司重要人物、邮件信息、应用技术框架和漏洞等内容，然后决定使用哪种方案进行攻击，常见的有钓鱼邮件、物理入侵、边缘资产入侵和互联网攻击等。

（3）入侵

在入侵阶段，攻击者通过已经获取的信息，使用相关的入侵手段，通过自动化攻击，甚至会配合手动攻击的手段，通过互联网便突破到企业内网（DMZ 区或内网服务器区）的服务器上。常见渗透工具有 Metasploit、Kali Linux、Cobalt Strike、Burp Suite 等工具。

（4）接入维持

攻击者一旦成功入侵某应用，他们需要通过该应用持续渗透。通常，攻击者通过对该应用植入 Webshell、反弹 Shell 等后门从而实现持续连接，常见的 Webshell 工具有中国蚁剑、中国菜刀、冰蝎、哥斯拉等。

（5）权限提升

对于比较重视信息安全的公司，通常都会基于权限最小化原则启动应用，因此攻击者入侵后并无管理员权限，他们还需要提升该应用的权限。常见的方式有利用系统漏洞提权、Hash 传递、代理 IP 实现权限提升，从而拿到该应用所在服务器的最高权限，为下一阶段做准备。

（6）内部信息收集

有了一个稳定的连接后，攻击者开始对内部信息进行大范围收集。内网信息收集包括网络拓扑收集和内网服务器信息收集（主机名、IP、操作系统、本地管理员、系统漏洞、服务端口等），攻击者对核心服务器或者数据存储服务器尤其关注，如 AD、邮件、虚拟化平台、中间件、数据库、SVN、Gitlab、Ansible、堡垒机、ERP、OA、HR 等重要系统。

（7）内网横向移动

在得到上述内网信息以后，攻击者便可以借助特定漏洞和内网代理工具（如 frp、ngork、reGeorg 等）进行横向移动，从而获取 IT 人员的高级权限，最后得到 AD 域控管理员的密码。在此之后，攻击者可能陆续获得堡垒机、防火墙、杀毒服务器等安全设备的管理员密码。

（8）完成目标

对于基于勒索目的的攻击者，会在对内网信息基本收集完成时进行收网行动——对重要服务器进行勒索加密，然后将加密私钥传回自己服务器。对于以盗取用户数据为目的的攻击者，通常会悄无声息地潜伏在企业内部，通过自建的代理或借用 Web 应用系统的通道，再持续向外部传输数据。

（9）抹除痕迹

攻击者在完成数据加密或盗取后，最后一步就是抹除入侵痕迹。对于更高阶的攻击者，每次入侵的动作都会及时被清理。所以，如果攻击者不对数据进行加密，不少企业即便被入侵和盗取了数据，企业的信息安全管理人员也无法感知。

3. 防御策略

无论攻击者勒索还是盗取数据，对于企业来说都是灾难性的。那么，作为企业的防守方，应该怎么做好防御策略呢？面对外部的威胁和攻击，以下是常见的防御策略，供大家参考。

（1）减少内部系统 / 服务暴露到互联网

企业需要发布到互联网上的 IT 系统，以供企业外部用户或内部用户远程办公使用，如

CRM、SRM 等系统，应在防火墙上以最小的应用端口范围发布，如仅发布 80 和 443 端口。除此之外，还应该关闭其他非必要的业务系统，如 ERP、PLM 等系统建议只能在公司内网或拨入 VPN 情况下访问。对于远程登录服务，如 RDP、SSH 等禁止发布到互联网上。之所以有这样的建议，是因为即便这些系统或服务存在漏洞，也可规避互联网上的威胁和攻击。值得主要的是，应用系统的中间件、数据库和管理后台页面，原则上也不允许发布到互联网上。

（2）加强入侵检测

对于需要发布到互联网上的系统，除了使用传统的防火墙外，还需要加强入侵检测。可以引入 WAF、IPS、HIDS、EDR 等产品，可对外部的嗅探和攻击进行监视与阻断。

利用 WAF、IPS 可对非法的请求进行过滤拦截，对网络入侵行为进行防御，重点关注一些高危的攻击日志、Webshell 攻击的告警日志等，并对此类做阻断处理。在关键服务器上部署 HIDS 和 EDR，实现对病毒和木马等黑客工具的查杀及异常行为的监控告警。HIDS 对 Webshell、异常命令、系统提权等操作监控比较准确，因此，HIDS 的告警都需重点关注，有效做到入侵后的快速发现。

（3）部署蜜罐系统

在内部网络的各个区域中都部署蜜罐，一旦攻击者进入公司内部网络，在他们收集内部信息时，可诱捕和误导他们，甚至反制。因为蜜罐通常部署在内网，所以，一旦出现告警，就需要信息安全团队成员高度重视。

（4）严控内网接入

防范了外部互联网攻击，不能忽视非法终端接入公司内网的情况。内网接入通常使用终端准入技术，如通过 802.1X 认证、MAC 准入、终端安全环境检测等手段，也可以结合终端流量分析等技术，对接入的终端进行检测、告警和阻断。

对于远程办公的情况，使用多因子认证的 VPN 产品，可避免字典爆破。有条件的企业可以使用零信任产品替代 VPN，可对访问的终端持续检测，判断其合法性。

（5）单向访问策略

采用单向访问策略能一定程度削弱攻击者在内网横向移动能力。对一些拥有集中权限管理的服务器，如 AD 域控服务器（以下简称"AD 服务器"）、邮箱服务器、共享服务器等，只允许被其他服务器访问，而禁止它们主动访问其他服务器。此外，对 Ansible、Nessus 这类应用，只允许它们主动向外访问，而不允许白名单以外的 IP 访问它们。严格控制核心服务器的访问策略，会在一定程度上会延缓甚至阻断攻击者的横向移动。

（6）定期评审内部网络安全策略

对防火墙、WAF 等核心网络安全产品进行例行检查，防止运维人员误操作导致内网资源暴露在互联网上。

（7）发现与修复系统漏洞

使用漏洞扫描工具，评估操作系统、中间件、数据库和应用软件的漏洞及相关配置项。安全管理团队需要及时发布高风险的事项及整改措施，并督促相关 IT 人员迅速修复。

（8）重点防范 AD 服务器

AD 服务器是黑客攻击的首要目标。针对 AD 服务器的防护，最重要的是加强 AD 管理员账号的管控，尽可能只保留 1 ～ 2 个管理员账号，当管理员账号登录任何服务器时均需及时告警。另外，AD 组策略、关键群组的成员变更都需要及时告知信息安全团队。针对 AD 服务器的访问，也要满足第（5）点的策略控制——单向访问，即只允许其他服务器访问 AD 服务器，而不允许 AD 服务器主动访问出去。即便在 AD 服务器沦陷的情况下，攻击者也无法利用 AD 服务器横向移动到内网各个区域。

（9）及时监控预警

通常，一家企业引入的安全产品来自多个厂商，且各家的日志管理各不相同，因此存在日志收集麻烦、日志缺少标准化、日志量巨大等诸多问题，这就导致信息安全人员常常疲于应付日志的审核和分析工作。那么，建立一套完善的安全日志平台至关重要，利用日志平台对服务器和终端的异常行为自动分析与监控告警，如单位时间内突然向某个 IP 的传输流量变大、某系统收到的攻击数量明显增加等。

目前，国际上主流的日志平台有 Splunk、ELK、Graylog，国内也有日志易等厂家。通过统一的日志采集，可以将防火墙、WAF、HIDS、IPS、IDS、AD 服务器、关键的 Windows 和 Linux 服务器流量分析等日志统一采集并处理，便可通过事先设置的规则实现日志的自动过滤，也可以根据企业的要求输出报表。

日志平台过滤出来的高危日志，必须及时告警。告警的内容，至少要包括攻击者 IP、受影响服务器 IP 和异常行为描述等。通常，告警方式也可以设置多个级别，例如，最高危风险的告警（如单位时间内异常流量超过多少）需要电话和短信告警，其他的风险告警可以用邮件、微信等方式。

（10）网络安全设备实时联动

在发生异常告警时，为避免企业遭受更大的损失，通常需要网络安全设备之间实时联动。如果企业有 SOC（Security Operations Center，安全运营中心）平台，SOC 平台需与网络防火墙、HIDS 和 WAF 等进行联动，最常见的做法是将外部 IP 阻断。对于没有 SOC 平台的情况，可以自建脚本工具，使用防火墙、HIDS 和 WAF 的 Restful 接口自动拉黑外部 IP。

⊃ 6.5.4 网络安全典型应用场景

介绍了相应的防御策略外，下面介绍针对企业内部易被攻击的区域，如何使用上述策略去防护。

1. DMZ 区域的防护

在企业内部的网络区域划分中，DMZ 区域通常是在互联网外部可访问的区域，原则上，此区域内的服务器仅提供对外可访问的服务或系统（如 SRM、CRM 系统、邮件网关），尽可能限制这些服务器主动访问 Internet 和内网区域服务器。

但考虑到企业的特殊需求，DMZ 区域的部分服务器仍具备可以访问 Internet 和内网服务器的权限，如访问内部的 AD 服务器、OA、HR、邮箱等系统。因此，针对这样的场景，通常的防护策略如下：

- 在确定访问者的范围下，建议采取 IP 白名单或者地区白名单方式，例如，某个系统只在中国区访问，就设定只允许中国区域的 IP 访问该系统。
- 最小范围内发布端口，如 Web 应用只开通 80、443 端口，尽可能避免高危服务直接映射到 Internet 上，如 RDP、SSH 等管理端端口，缩小攻击面。
- 默认 DMZ 内的服务器与 Internet、区域内服务器、内网服务器都是隔离的（虚拟机网络隔离或防火墙策略）。最小范围内开通 DMZ 服务器访问策略——外部 Internet 服务的 IP 和端口、内部服务器的 IP 和端口、DMZ 内的访问端口。

- 部署 IPS，可以对一些自动化攻击进行过滤阻断、防御系统漏洞的攻击。
- 部署 WAF，将 DMZ 区域的 Web 应用通过 WAF 统一发布，可以有效阻止大部分自动化扫描和攻击，包括各种注入攻击、XSS、CSRF、Webshell、禁止访问管理后台、文件上传攻击、爬虫等。
- DMZ 服务器上均安装 HIDS 软件，可以从系统或应用层面准确判断服务器是否被入侵。

2. 内网接入区的防护

对于内网接入区，主要是用于提供公司终端的接入能力，包括台式机、笔记本计算机、打印机、考勤终端等设备接入。

对于不同的终端类型需要设置不同的准入控制策略，对于台式机来说，最常用的方式是采用 802.1X、MAC 等认证方式。其中，802.1X 有多种认证方式，如账号密码认证、证书认证和账号密码＋终端特征准入。这几种认证方式的特点如下：

- 密码认证最简单，但这种方式仅可以防止外部员工，无法防止内部员工私带终端的问题。
- 证书认证对于大的企业来说比较麻烦，需要 IT 团队为每个需要接入内网的终端分配证书文件。
- 账号密码＋终端特征准入最安全，它是在账号密码的基础上，实现对终端基线的安全检查和硬件特征码识别，但会涉及准入服务器和准入设备之间的兼容性问题。
- MAC 认证的原理简单，但安全性和维护都是一个大问题。MAC 地址可以轻易伪造，大量的 MAC 地址需要人工去维护。通常，MAC 认证只用于哑终端等不支持 802.1X 的设备。

企业在选择准入方式时，通常需要综合考虑上述情况。

3. 内网服务器区的防护

针对内网服务器区，首先需要根据业务数据的安全等级划分出多个服务器区域（如红区、黄区和绿区），从而通过防火墙策略来实现不同区域之间的隔离和管控。

- 服务器的应用权限需遵循最小化原则，避免使用管理员账号启动应用，应用的管理后台和业务接口最好实现分离，管理页面的访问需做白名单管控。
- 谨慎使用 AD 域管理员账号，避免在普通计算机上登录而导致密码泄露，域管理员的登录和使用都应做重点监控告警。
- AD 域的组策略正常情况下调增不多，因此，组策略的变化都应做到及时告警，避免非法修改组策略导致全员受影响。
- 内网服务器也需要建立补丁漏洞管理机制，明确补丁管理策略和修复对象。
- 对于内网区域的应用系统和安全产品本身的漏洞，也需要重点关注。前几年不少 VPN、IPS、EDR、蜜罐等厂家被爆出漏洞，而且这类产品有较大的网络权限，入侵者一旦拿下这些目标，在内网横向移动时便会畅通无阻。
- 企业自建的邮件系统，需要部署安全邮件网关作为出入口，对邮件内容进行识别并阻断风险，从而避免企业用户接收到恶意邮件。

6.6 数据安全防护

信息安全管理的本质是保护公司数据的安全。我国的《数据安全法》中第三条给出了数据安全的定义：数据安全是指通过采取必要措施，确保数据处于有效保护和合法利用的状态，以及具备保障持续安全状态的能力。

在企业内部，数据安全是指保护公司的数据，以避免未经授权的访问、修改、泄露，甚至是破坏等，从而确保数据的保密性、完整性和可用性。

那么，如何建设公司的数据安全管理体系？如何衡量一个企业的数据安全管理水平呢？数据安全能力成熟度模型（Data Security Capability Maturity Model，DSMM）是以 GB/T 37988—2019《信息安全技术数据安全能力成熟度模型》为依据的数据安全保护体系，如图 6-9 所示，也可用来衡量一个组织的数据安全管理水平。

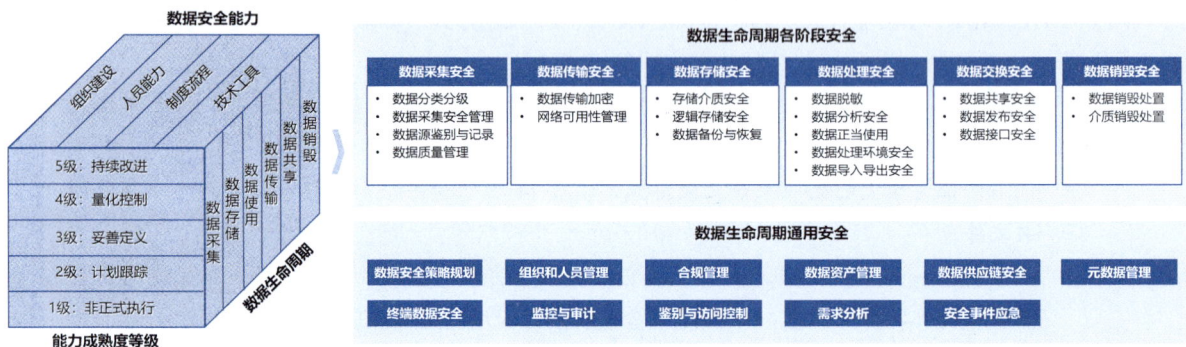

图 6-9 数据安全能力成熟度模型（DSMM）

其实，所有体系的建设都是和公司的组织、流程制度、技术能力与人员能力密不可分的。在本章节的前面部分已经介绍过信息安全管理的组织、流程和制度，也介绍了信息安全的整体管理策略，所以，本节将重点介绍数据安全的技术体系建设，而且是企业内部通常会涉及的几个部分：

- 数据加密。
- 数据备份与恢复。
- 数据隔离与脱敏。
- 数据防泄露。
- 数据传递。

数据安全还与终端安全和网络安全密切相关。终端涉及个人信息与终端数据的存储，是数据的主要访问入口，而网络安全则侧重于保护网络基础设施和通信，防止数据在传输过程中被窃取或篡改。有效的数据安全策略需要结合终端安全和网络安全措施，以防范多种威胁，确保数据在存储、传输和处理过程中得到全方位保护。

⊃ 6.6.1 数据加密

数据加密作为数据防护的最常见手段，在企业内部使用非常广泛。诚然，所有的企业数据都是分布在终端和服务器（包括云服务器、SaaS 系统、存储设备等）上的，但除了应用系统对敏感数据加密处理外，大部分数据加密都是针对终端和服务器的文件进行加密的。

针对文件的加密，有两种类型：一种是磁盘加密，以 BitLocker 为典型产品代表；另一种是单个文件加密，这类加密软件在国内使用得较多。尽管中国颁布了《数据安全法》，但在国内的安全违规成本仍然较低，大部分安全监控手段无法完全规避数据风险，因此，很多公司会在采用多种安全防护手段后，仍然会将敏感文件再单独加密，作为数据的最后一道防线。

1. BitLocker 磁盘加密

BitLocker 是微软的一款免费产品，通过加密 Windows 操作系统卷上存储的所有数据以更好地保护计算机中的数据。BitLocker 需要结合 TPM 芯片存储密钥，以确保计算机即使在无人参与、丢失或被盗的情况下也不会被篡改。如果计算机上没有 TPM 芯片，所需加密密钥可存储在 USB 闪存驱动器中，必须提供该驱动器才能解锁存储在卷上的数据。所以，BitLocker 的加密密钥管理尤其重要，可以用微软的 Intune 产品，也可以借助第三方产品来管理 BitLocker 密钥，或者自行开发一个工具，在执行 BitLocker 加密时，自动将密钥存储至公司服务器上。

2. 文件加密

即便终端使用了 BitLocker 磁盘加密，也与文件加密并不冲突。当进入 Windows 后，如果只有 BitLocker 加密的终端，此时所有的文件都是明文的。引入了文件加密软件，就如同一把双刃剑，一方面，提升了数据的保护，但同时也会带来一些未知的风险——终端性能降低、文件损坏、程序损坏、操作系统异常等。对于加密的文件，数据外传时还要解密，对于解密权限的管理也是至关重要的。是否给员工开通解密的通道？一旦开通，又将如何管控被解密的文件呢？

对于公司机密以上的数据，建议存储在一个固定的区域，也就是后面将要介绍的数据隔离。但因为业务需要，这类机密数据又必须在终端上存储，那么，通常会在磁盘加密（如 BitLocker 加密）的基础上，再进行文件加密，并且默认是不允许被解密的。通过技术手段绕过加密或者传递未加密的机密数据，又需要结合 DLP 或信息安全审计来进行，这些手段将在后续章节逐一介绍。

⊃ 6.6.2　数据备份与恢复

数据备份与恢复的目标是确保数据的完整性和安全性，以便在出现意外的数据丢失、破坏或攻击时，能够快速恢复完整数据，从而保障业务连续性，尽量减少业务中断时间。同时，备份与恢复还需满足相关法律法规和行业标准的要求，支持审计需求，并通过预防硬件故障、自然灾害或人为错误造成的数据损失来实现全面的数据保护。

1. 备份方法

数据备份的方法有很多种，如全备份（Full Backup）、增量备份（Incremental Backup）和快照（Snapshot）等。每种方法有其独特的优点和缺点，适用于不同的场景和需求。全备份提供了完整的数据副本，但占用存储和备份时间最长；增量备份节省存储空间和时间，但恢复过程复杂；快照则以快速创建和高效的空间利用见长。

（1）全备份

全备份是对系统中所有数据进行一次完整的备份，创建一个数据的完全副本。全备份的特点如下：恢复速度最快，因为可以直接使用最近的完整备份恢复到备份时间点的状态，但备份过程耗时长，并占用大量存储空间，频繁进行全备份并不现实。全备份主要的应用场景是对企业内部非常重要的数据，每周或每月定期进行全备份，是对增量备份的一种补充。

（2）增量备份

增量备份只备份自上一次全备份或上一次增量备份以来发生变化的数据。增量备份的特点是备份速度快，大大减少了存储空间的占用，因为每次只备份少量变化的数据，但恢复过程较为复杂。增量备份主要的应用场景是应对数据量较大的情况，每日的备份必须使用增量备份，如数据库、共享目录等。

（3）快照

快照是一种在特定时间点捕捉文件系统或磁盘卷的状态的方法，不进行实际数据复制，而是记录数据块的变化。快照的特点是创建迅速，几乎不会占用额外的存储空间，直到数据发生变化时才会消耗存储，这依赖于底层存储系统的实现。快照主要的应用场景是对于大容量的存储卷、虚拟机等，可快速备份并且可以减少备份存储需求。

2. 相关场景及工具

不同的数据备份与恢复场景需要使用不同的工具，以便更好地满足特定要求和环境。以下是企业数据备份的主要场景。

（1）数据库备份与恢复

企业内部使用的数据库，大部分是关系型数据库，大多数有自带的备份工具。例如，RMAN 是 Oracle 提供的备份和恢复管理工具，支持增量备份、全备份和归档日志管理。MySQL Enterprise Backup 是 MySQL 的常用备份工具。对于 PostgreSQL，备份工具有很多种，如 pg_dump、Barman（Backup and Recovery Manager）都是常见的备份工具。

（2）虚拟机备份与恢复

Veeam 公司提供了专门为虚拟机环境备份的软件，支持常见的 VMware 和 Microsoft Hyper-V 的备份与恢复。另外，VMware 作为最常用的虚拟机软件，自带的虚拟机快照功能也是 IT 人员常用的备份工具之一。

（3）通用备份（邮件、应用系统、文件服务器、存储）

通用备份软件很多，适用的场景也很广泛。业界常见的 Symantec BE（Backup Exec）、Veritas NBU（NetBackup）、EMC Networker 都提供全面的备份解决方案，支持邮件、应用系统、文件系统和存储设备的备份。

（4）桌面和笔记本计算机备份

因为个人数据非常分散，容量需求远远超过服务器的存储容量，并且目录分散、无价值的本地数据较多，不是每家企业都会提供个人数据的备份。如果企业使用网盘代替了共享目录，建议通过网盘的双向同步功能代替备份，这样也能节约备份空间。

企业可能还有一些应用系统需要备份，通常可以拆分为应用服务器和数据库服务器分别来备份。还有一些复杂的商业软件，需要供应商的成熟备份方案来执行。

在容灾方面，企业需重点考虑 RTO（Recovery Time Objective，恢复时间目标）和 RPO（Recovery Point Objective，数据恢复点目标）两个指标——即系统允许服务中断时间和数据丢失量。根据不同的业务需求和系统特点，企业可以制订不同的容灾方案，这涉及到数据库、服务器和网络的容灾切换方案等。当然，还有一些企业的做法值得借鉴，直接将备份的数据容灾到异地，当需要时再启动恢复。在此不再赘述容灾的详细方案。

通过选择适合的工具，可以根据特定场景的要求进行有效的数据备份与恢复，提高数据安全性和业务连续性。这些工具不仅提供了全面的解决方案，还能根据具体需求进行定制和优化。

3. 注意事项

数据备份与恢复是确保数据安全和业务连续性的关键措施之一。然而，成功的备份与恢复不仅依赖于选择适当的工具和方法，还需要一定的管理策略来确保备份策略的有效性和可靠性。

（1）制订完善的备份策略

制订一份详细的备份策略是数据保护的基础。策略需要明确备份频率（每日、每周、每月等）、备份窗口（任务错峰）、保留周期及恢复目标。同时对各需求部门，尤其是 IT 部门内部做好宣导，必要时需要介入到每个项目中。

（2）实施定期的备份验证与恢复演练

每天验证备份数据的完整性，确保每天的备份任务都成功完成。在此基础上，定期并进行恢复演练。一般来说，每半年或一年至少有一次备份数据成功恢复的验证过程。对于任何备份或恢复任务的失败，需要 IT 人员及时响应并解决。

（3）加密和保护备份数据

备份数据同样需要进行加密和保护，以防止未经授权的访问和数据泄露，甚至是被外部攻击者人为破坏。一般来说，对 IT 团队来说，最容易操作的方案是数据隔离，即备份区的网络和数据权限均与当前业务网络分开，并做好权限管控与定期审计。

（4）制订应急响应计划

应急响应计划是为了在数据丢失或灾难发生时，能够迅速恢复业务运行。在公司内部需要有明确的数据丢失事件的定义、响应制度和组织分工。在数据发生异常时，需要根据不同的级别启动相应的计划。

通过注意这些关键事项，企业可以建立一个健全和高效的数据备份与恢复体系，最大限度地减少数据丢失风险，保障业务的连续性和稳定性。

⊃ 6.6.3　数据隔离与脱敏

随着隐私保护和数据安全法规的发展，企业必须确保敏感数据在存储、传输和使用过程中不受到威胁。数据隔离与脱敏成为保障数据隐私和安全的关键措施，不仅满足法律法规要求，也可以防止数据泄露和滥用。

数据隔离通过网络、账户权限等策略严格控制敏感数据的访问权限，确保数据仅在特定的地点，并且是必要时方可被使用。数据脱敏通过对敏感数据进行匿名化或屏蔽处理，使其在测试、开发等非生产环境中安全使用。

1. 主要方法

在数据隔离与脱敏中，常用的方法包括数据分区、访问控制、多租户隔离、数据脱敏等。其实很多时候每种方法都有相互的关联性，在介绍每种方法的特点和使用场景时，可能会涉及其他的隔离方法。

（1）数据分区

数据分区即将数据从物理上或逻辑上进行分隔，确保各个部分的数据独立存储和访问。在公司内可以根据业务数据的密级进行分区，业界通常分为红、黄、绿区，即绝密区（红区）、通用研发区（黄区）、非研发区（绿区）和 DMZ 区等。很多企业的数据没有分区，这样就会导致所有的数据都需要重点关注，却什么都关注不到。

数据分区时，需要注意如下事项：

- 对于合规性要求，例如，欧洲 GDPR 规定，涉及个人隐私数据的系统需部署在欧盟当地以满足数据合规性要求。
- 数据的部署要求和访问要求必须完全一致，如红区的数据只能被红区的终端访问。
- 不同区域之间的数据传递，需要借助数传系统（可参考 6.6.5 节）来完成，并且可以搭建数传 DLP（可参考 6.6.4 节）来实现。
- 不同区域之间的服务器需要互相访问，需要专门的信息安全评审及相关的技术访问手段，方可允许防火墙点对点策略开通。

（2）基于角色的访问控制（Role-Based Access Control，RBAC）

RBAC 通过定义用户角色和相应权限，控制不同用户对数据的访问。IT 人员通常的做法是，借助 AD 域群组的方式来管理和维护，不同的角色设定不同的群组。除了角色控制，还需要考虑访问的网络区域，例如，某业务领域的关键数据，只能从某些终端访问，这些终端可能是桌面云（VDI），也可能是服务器跳转（如堡垒机、专用的接入服务器等）。

通过互联网接入的终端需尤其注意，比如在公司受控的终端上，且必须拨入公司 VPN 或零信任方可访问；邮件或 App，需在移动端访问时，必须通过专用的 App，且有沙箱功能方能查看附件。

（3）多租户隔离

多租户隔离在网络、计算、存储等共享环境中隔离不同用户或组织的数据，确保各自数据独立。但在企业内部，考虑到相同区域内的服务器分别属于不同的业务部门，如果有个别服务器需要进行特殊安全管控——与同区域内的服务器隔离，可采用服务器操作系统配置、虚拟化的网络隔离策略来设置，如 Linux 服务器配置 iptables、VMWare 的 NSX 等。

（4）数据脱敏

数据脱敏是在数据的 IT 系统中的展示、传输过程中，将敏感信息隐藏或替换为通用符号，从而消除数据泄露风险，确保数据安全。数据脱敏适用于对管理员权限的管控，即 IT 人员和业务管理员均无法查看业务部门的敏感数据。

2. 注意事项

在数据隔离与脱敏过程中，有一些关键的注意事项需要遵循，以确保措施的有效实施和维护。

（1）明确数据分类与分级

制订数据分类和分级标准，有助于明确哪些数据需要进行隔离和脱敏。这通常要求信息安全管理团队定期与公司业务部门一起梳理和更新关键信息资产，确保能够及时响应新的数据类型。

（2）清晰的网络架构

清晰的网络架构确保可以将服务器和终端划分相应的区域，并且有对应的访问控制，确保数据只能在对应的区域内流动。除了传统的三层网络架构，还需要考虑在跨广域网（即多个办公地点、多个数据中心）时，也需要类似的网络架构，以及和外网交互的数据需要单独的 DMZ 区域。

（3）确保数据操作可跟踪

对于承载公司业务核心数据的 IT 系统或服务，有详细的日志记录，包括访问、修改、删除、传递等操作记录。信息安全团队定期审计日志，以确保数据隔离与脱敏措施的落实，对数据的异常操作及时响应处理。

（4）平衡数据可用性与安全性

需要在工作效率和数据安全之间找到平衡点，尤其是当数据之间有很多关联关系或者传输需求时，更需要考虑数据的访问效率。避免过度脱敏、过度保护，导致数据不利于访问，或者无法用于实际分析和操作。对不同区域间的数据传输需求，搭建易用、易于监控和审计的数传通道。

（5）遵循法规和合规要求

确保数据隔离与脱敏措施符合相关法律法规和行业标准。了解并遵循相关的隐私保护法规和行业合规要求（如 GDPR）。定期与法务部门进行合规性审查，确保持续满足法规要求。

⊃ 6.6.4　数据防泄露

DLP（Data Leakage Prevention，数据防泄露）技术一般分为终端 DLP、网络 DLP、邮件 DLP、数传 DLP 和存储 DLP 等。与传统的基于边界的防护方式不同，DLP 注重数据内容的安全。DLP 采用深度内容识别技术，如自然语言、数字指纹、智能学习、图像识别等，通过统一的安全策略，对静态数据、动态数据及使用中的数据进行全方位、多层次的分析和保护，对各种违规行为执行监控、阻断等措施，并对数据的全生命周期进行审计，防止企业核心数据以违反安全策略规定的方式流出而泄密。

DLP 识别内容发现风险的根本原则是，根据不同的数据类型或内容制订不同的管控策略，一般有如下几个方式定义数据规则：

- **关键字匹配**：常用于固定的文档模板，如包括"机密"等。
- **正则表达式**：常用于个人敏感信息，包括身份证、薪资等敏感信息。
- **文件指纹信息**：用于保护已知的机密文档（如财务报告、战略文件）。
- **数据类型规则**：用于代码、设计图纸等机密文件。

（1）终端 DLP

终端 DLP 安装在企业的终端上，是通过内容识别技术，防止企业敏感文件通过终端泄露的一种数据安全防护技术。当终端用户通过网络上传、邮件外发、终端拷贝、聊天软件发送等方式传递文件时，DLP 软件会检测被操作的文件，对于有风险的文件进行违规告警或拦截，从而提高了数据安全性。

（2）网络 DLP

网络 DLP 部署在网络出口，或者作为 Proxy 代理使用，终端浏览器以网络 DLP 为网络通道访问互联网。一般来说，网络 DLP 支持的协议包括电子邮件（SMTP）、Web（HTTP）、文件传输（FTP）、文件共享（SMB）和其他自定义的非加密的 TCP 会话流量。通过深度内容识别技术对网络传输中的数据进行监控，并根据安全策略产生相关的动作（如阻止、审计、提示），及时阻断敏感数据的外发，同时生成预警日志和审计日志。

（3）邮件 DLP

邮件 DLP 通常部署在邮件网关的出口处，这些策略会对所有外发的邮件及其附件进行全面的内容识别和审查，防止其未经授权或意外地发送到外部。与终端 DLP 类似，邮件 DLP 包括但不限于关键字匹配、文件指纹比对、文件类型检测等技术。通过这种方式，系统能够识别出包含敏感信息的邮件，例如，涉及个人身份信息、财务数据、研发代码或设计图纸等机密资料的内容。当邮件正文或附件中检测到违反企业数据保护政策的内容时，系统可以自动采取一系列可配置的应对措施，如阻止邮件发送、将邮件转发至其主管审核，或记录相关日志，由安全团队事后审查等。

（4）数传 DLP

当数据在不同区域之间传递时，往往是通过公司的数传系统，或者是由专人复制至专属 FTP 来完成。如何保证用户传递的数据是业务授权的数据？如何保证专人复制的数据不会出错？可以借助数传 DLP 自动检查传递的数据是否包括机密数据，如果有类似的数据，可以及时通知更高层的主管进行审核确认。

（5）存储 DLP

不同于上述任何一种 DLP 技术，存储 DLP 专注于静态数据的保护，是对存储在企业内部系统和设备上的敏感信息进行防护，即对在硬盘、文件服务器、云存储等存储介质上的数据提供安全防护。存储 DLP 会不断监控存储系统中的数据活动，记录所有访问和修改行为。当检测到用户对机密数据的异常行为时，存储 DLP 系统可以自动执行一系列预定义的响应措施，如阻止访问、将文件移动到隔离区、通知安全团队等，并且会提供详细的审计日志以供信息安全团队审查。

DLP 的应用分布如图 6-10 所示（另外，存储 DLP 根据需要自行选择，建议部署在红区）。

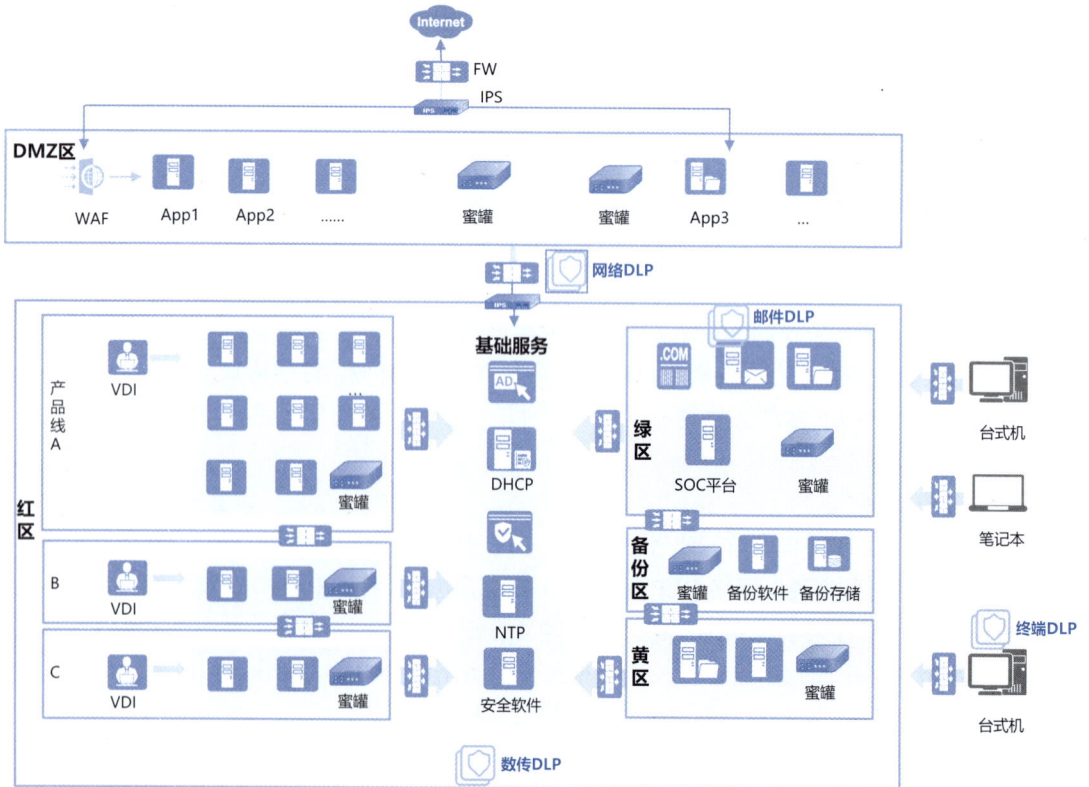

图 6-10　DLP 应用分布图

尽管 DLP 有这么多防护功能，但如何用好 DLP，取决于业务团队的配合，以及信息安全团队的长期运营。一般来说，信息安全策略越严苛，对业务效率影响越大。对于 DLP 来说，业务部门是否支持事前阻断、是否配合安全团队对机密信息进行梳理，以及信息安全团队能否对这些安全策略维护及时，都会影响 DLP 实际的防护效果，也会影响业务部门的工作效率。

是否要引入 DLP 取决于很多方面，通常在如下条件具备的情况下，才建议部署 DLP 系统：

- 网络区域是否划分得清晰？不同区域之间的数据传递出口是否有相关的数传系统？如果有，则可以考虑数传 DLP。
- 外网出口是否已经管控？是否禁止了终端和服务器的上网权限？从严格意义上来说，终端和服务器默认是禁止访问互联网的。对于需要上网的终端和服务器，可通过 Proxy 上网。此时可以考虑网络 DLP。
- 外网发布的系统是否得到管控？从安全角度来说，所有系统都不应该从外网直接访问，只可以通过 VPN、零信任或者专属的移动办公 App 来访问。移动 App 也需要有沙箱管理能力来确保数据不可落地。在此之外，仍有一些需要在外部访问的系统时，确保不可以直接从外网下载文件，或者下载大量文件时可考虑应用 DLP（应用 DLP 还需要每个应用系统与其对接，可监控应用系统的文件下载等活动）。
- 对于邮件的访问，除了在公司计算机上之外，是否只允许通过具备沙箱能力的专属 App 来访问？如果是，那么邮件 DLP 是可以大幅提升安全防护能力，并且对用户来说是无感的。
- 在上述环境都不具备的情况下，业务部门又提出了机密文件的防护需求，而这些文件往往都是在个人终端上存放的，如软件开发代码、项目相关文档等，此时可以考虑终端 DLP 来监控及防护。

除了上述几种情况，或许 DLP 的运营才是信息安全团队比较苦恼的事情，因为这是让 DLP 发挥作用的根本，也就是说，在启动 DLP 之前，还需要确认业务部门是否可以配合安全团队梳理相关资产、配置相关策略、配合相关审计等工作。

⊃ 6.6.5 数据传递

数据传递是数据管控中的一个关键环节，其涉及在不同网络区域、不同设备和不同系统之间的数据流动和交换，需要确保数据在传递过程中保密、完整可用的前提下，还需要考虑传递的数据就是业务授权的最小数据范围。

一般来说，在网络区域隔离或者服务器之间有隔离的情况下，公司考虑到业务部门的工作效率，需要搭建相关的数传系统，由业务人员申请并上传数据至系统，然后经相关主管审核后，由系统将本区域的数据复制至目的区域，然后通知对方下载数据。

在这个过程中，要保证数据传递的机密性、完整性和最小授权原则，这往往需要考虑数据传递的加密隧道（如 HTTPS、SFTP、FTPS 等）、数据文件的校验算法（文件的 MD5、HASH 校验等）、主管易于审核等，还可能需要借助数传 DLP 来协助业务部门自动审核及预警。

常见的数传系统示意图如图 6-11 所示。

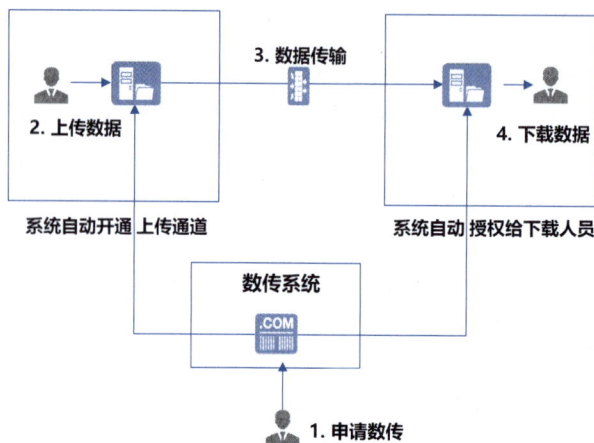

图 6-11　数传系统示意图

世上本无两全法，对于任何安全管控，都会带来相应的影响。需要因地制宜，通过不断的磨合调整，逐渐摸索出符合自己的安全管理方法。

6.7 信息安全运营

信息安全管理和 IT 的其他工作一样，是一个持续建设和持续优化的工作，包括安全监控与审计、漏洞管理、事件响应、建立 SOC 平台，以及对公司内部的定期宣传培训等内容，以确保信息系统的机密性、完整性和可用性。

信息安全运营不同于之前的任何一个信息安全项目，它不再针对信息安全防御能力的建设，而是通过对公司信息安全威胁与风险的及时发现、漏洞的持续改进和定期培训宣贯，使得企业的安全防护能力持续提升，公司全员具备更高的信息安全意识，确保信息系统的长期安全稳定运行。

⊃ 6.7.1 安全审计与监控

安全审计与监控是信息安全运营的根本，通过对涉及信息安全的网络、服务器、终端、IT 应用系统的持续性监控，并结合自动化审计和人工复查手段，以发现并应对安全威胁。

常见的安全监控手段已经覆盖终端、服务器、网络及相关威胁防护手段，以及常见的 DLP 技术。针对这些设备或软件的监控数据，以及公司内部关键系统的相关日志，需要关注如下几点。

1. 安全日志记录

- 日志采集。所有安全设备上的相关数据和日志，以及重要系统和应用的安全日志，都需要记录，例如，终端和服务器的文件和相关操作日志、防火墙、IPS、WAF、DLP、零信任等安全设备和软件的登录日志、访问日志、告警日志等。
- 日志存储。一个中型公司每天产生的安全日志，可能都是数 GB 甚至数十 GB 的数据量，那么，一个安全的、持久的存储，在后续的审计和追溯中都是非常重要的。通常，除了相关设备或本地的磁盘存储，还需要有一个可扩展、容量大、性能不需要非常好的设备，以便在需要时进行追溯和分析。

2. 实时监控与告警

- 网络流量监控。监控网络中的数据流动，识别可疑的流量，对于加密的数据流量，识别关键 IP 的流量、外网流量、某终端流量是否异常，以便及时发现和阻止入侵活动。这往往需要企业内部的安全人员设计相关规则，并结合网络流量采集和分析软件来监控，一旦触发相关规则，需及时告警。
- 系统行为监控。设计相关的系统异常行为的规则，例如，在非工作日时间的异常访问、频繁（在一段时间内超过几次）的攻击日志、扩展名改名、大量数据的复制或上传、频繁登录失败、突然高流量等系统异常行为，需要及时通过微信、短信、邮件等方式通知安全团队人员。
- 告警信息汇总。上述告警信息，往往需要人员介入判断，需及时归档到 SOC 平台，并且作为事件来跟进处理。

3. 例行审计（AI+ 人工）

- 数据分析。利用大数据分析技术，对采集到的所有安全日志进行深度分析，形成分析后的数据结果，再由系统或人工识别潜在的安全威胁。分析手段包括过滤无风险的安全日志（如本区域内的数据访问、团队固定访问的白名单系统）、对重点人员的日志提取、关键 IP 的数据流量分析等。
- 人工审计。通常情况，安全审计人员需要每天对分析后的数据结果进行人工判断或复核，检查是否有违规操作、异常访问等行为。对于确认后的异常行为，仍需要形成事件，在 SOC 平台中跟进。
- AI 审计。随着通用大模型技术的快速发展，企业可以借助 AI 技术提升信息安全审计的精度与效率。例如，企业可将信息安全日志作为语料，对本地化模型进行微调，从而实现对信息安全异常行为的智能化识别。此外，借助支持多模态的大模型，还可以对异常行为发生时的屏幕截图进行比对分析，及时发现潜在的信息安全风险，为企业构建更全面、更智能的安全防护体系。

⊃ 6.7.2 事件响应与持续改进

事件响应是指在发生安全事件时，企业及时采取一系列行动进行应对，从而为企业规避风险或减少损失，并及时恢复正常运营。持续改进则要求不断优化和完善安全措施。

在大部分企业中，事件的管理相对薄弱，这主要是因为企业内部的信息安全团队较小，事件的跟进往往是一两个人。对于事件，除了跟进外，还有对事件的经验总结、该事件需要的安全改进措施等。

本节不再赘述事件管理和跟进过程，仅针对事件的范围和经验总结进行简要说明。

1. 事件范围

- 安全风险告警确认。通过监控系统或者大数据分析系统的告警机制，及时发现安全风险。
- 可疑行为确认。经过人工审计和确认的可疑行为，需要当事人主管或信息安全主管确认。

- 信息安全事故调查跟进。对已经确认的安全事故，需要启动调查分析，因为往往会涉及多个部门配合及确认，故需要一个单独事件跟进。

2. 持续改进

- 经验总结。每次事件处理后，总结经验和教训，还包括事件发生的原因和改进过程。
- 优化措施。根据总结的经验，需要优化现有的安全措施和策略，提高信息安全宣传力度，从而提升整体安全防护能力。

⮞ 6.7.3　漏洞管理

漏洞管理是指通过发现、评估、修复和预防系统和应用中的安全漏洞，确保系统的安全和稳定。其实，在前面的章节介绍网络安全产品时，已经对漏洞进行过一定的阐述，本节主要介绍针对漏洞如何进行管理。漏洞管理主要包括如下 4 个过程。

1. 漏洞扫描

- 定期扫描。使用专业的漏洞扫描工具（如 Nessus、Awvs 等），定期扫描操作系统、网络和 Web 应用等，识别潜在的安全漏洞。
- 实时扫描。针对关键系统和高风险区域，当有新的系统变更或者 0day 漏洞被发现时，利用工具进行实时漏洞扫描，及时发现新漏洞。

2. 漏洞评估

- 风险评估。对发现的漏洞进行风险评估，评估漏洞的影响范围和严重程度。一般来说，扫描工具给出的等级（如"致命""严重"等）可以作为参考，但是否需要修复、在何时修复，需要根据漏洞被利用的条件进行综合评估。例如，该系统前面有 WAF 可拦截，或该服务器只能在内部访问时，风险等级可以适当降低或延后修复。
- 优先级设定。根据风险评估的结果，对漏洞进行分类和优先级设定，确保高风险漏洞优先修复。对于优先级最高的漏洞，需要找到责任人（即 Owner）负责，并且需要将该漏洞修复任务作为事件来跟进。

3. 漏洞修复

- 补丁修复。在终端管理中也介绍过补丁管理，此处的补丁不再局限于对操作系统、应用系统的安全补丁，也可能是需要修改部分代码、修改简单密码等。
- 临时措施。在无法及时修复的情况下，可采取应急措施，如隔离服务器、限制系统访问的范围、增加相应的安全防护软件或设备等。

4. 验证与追踪

- 修复验证。在修复漏洞后，安全人员需要对系统再进行扫描、测试，确保漏洞确实被修复。
- 跟踪报告。针对比较复杂的漏洞修复过程，需要记录漏洞的修复和验证过程，由安全人员与该漏洞 Owner 共同编写详细的漏洞管理报告，再关闭该漏洞对应的事件。

⮞ 6.7.4　宣传培训

宣传培训是提升员工安全意识和技能的重要手段，确保所有员工了解和遵守信息安全政策和操作规程。在一个企业的安全运营过程中，宣传培训、安全考试都是贯彻始终的。

1. 安全意识培训

- 全员培训。全员培训是指定期进行全员信息安全培训，提升员工的安全意识，介绍基本的安全知识、公司政策、安全防范技能等。尤其注意的是，新员工入职时，需要对新员工进行专门的信息安全培训。
- 专题培训。专题培训是指针对不同部门和岗位，进行定制化的安全培训，如开发人员的安全编码培训、IT运维人员的系统安全管理培训、服务部门在外部客户的安全管理准则培训等。

2. 持续宣传

- 安全文化。通过企业内部网站、邮件、会议等形式，持续宣传信息安全的重要性，营造良好的安全文化氛围。一个好的信息安全宣传，通常是与当前安全风险最高的事件密切配合的，如勒索病毒、个税退税的"钓鱼"邮件等。
- 案例分享。分享实际的安全事件案例，可以是外部的知名案例，也可以是公司内部的匿名案例，让员工有切身的感受或体会。

3. 考核与评估

- 知识考核。通过信息安全考试、问卷，以及安全团队故意向关键岗位人员发送"钓鱼"邮件等形式，评估员工对信息安全知识的掌握程度和防范意识。
- 评估反馈。根据考核结果，提供反馈和改进建议，提高培训的效果和针对性。

⊃ 6.7.5　SOC 平台建设

SOC 平台是信息安全运营的核心平台，集成了安全监控、漏洞管理、事件响应、安全报告等功能，而且提供全面的安全态势感知和应对能力。

市面上已经有不少态势感知的产品，可以集成多种安全软件和设备，对日志进行分析，然后做出安全预警和自动响应。当商用的态势感知产品不能完全对接企业的安全软件和设备时，需要安全团队自行开发一些分析或响应工具，作为态势感知产品的一个补充。

在此不对态势感知产品进行推荐，但建设一个完整的 SOC 平台，需要考虑如下 4 个方面：

1. 多种安全产品的集成能力

- 多源数据采集。需要考虑集成外部的威胁情报、企业的多种安全产品，如网络流量、系统日志、安全设备日志、威胁情报等，形成全面的安全数据视图。
- 数据存储与处理。利用大数据平台对海量安全数据进行处理和存储，确保数据的完整性和可用性。

2. 综合监控

- 实时态势感知。利用机器学习和大数据分析技术，对用户和系统行为进行深入分析，发现异常行为和潜在威胁。
- 可视化展示。通过图表、仪表盘等形式，直观展示安全监控的结果，以便于分析和决策。

3. 自动响应与编排

- 自动化响应。根据预设的响应策略，对常见的安全事件进行自动响应和处理，提高响应效率，如自动将网络阻断、IP 隔离等。

- 事件编排。通过编排工具，定义和自动执行复杂的事件响应流程，确保自动化响应的完整性和流程一致性。

4. 报告与分析

- 安全报告。生成安全总结报告，涵盖安全事件总结、事件处理效果、系统安全态势等内容。
- 趋势分析。对历史安全数据进行趋势分析，评估安全防护效果，预测未来的安全威胁。

6.8　信息安全建议与心得

考虑到每个企业的 IT 基础不尽相同，在进行信息安全建设时，应优先关注安全风险较大的部分，同时从易到难逐步推进，确保每一步都能见到成效。对于信息安全的技术建设，是以**"事前可控制风险，事后可追查审计"**为底线，在安全和效率两方面取得平衡。其实每个公司的要求不同，"平衡"的原则自然不同。

很多公司的信息安全建设，往往都是始于加密，又终于加密。为什么会出现这样的情况？企业就如同一个"房子"，而数据就如同"人"，因为企业这座"房子"开了很多门窗，甚至到处都是可以进出的"口子"，怎么能防止"房子"中的"人"不经报备就走出去？又怎么防护外面的"坏人"随意进来威胁"人"的安全性？加密就像一个"手铐脚镣"，为了保护"人"的安全，只能让每个"人"都带着"手铐脚镣"，既没有效率，又不是真正的安全（因为很多人对外沟通又需要频繁解密文件）。

真正的信息安全，应该是规划好"门窗"——数据出口通道，只需要做好通道的防护和审计就可以了，至于文件是否加密，都不会带来严重的信息安全风险。下面介绍如何建设好"门窗"，给大家一些建议，供大家参考。

⊃ 6.8.1　信息安全体系建设（组织、制度、流程）

信息安全建设的第一步就是体系建设。在不少企业的初期，往往只是签发一个信息安全管理制度，这是信息安全体系的开始。一个完整的安全体系包括如下 3 个方面：

- 信息安全组织。信息安全组织包括管理层（如信息安全委员会）、执行层（信息安全小组）及业务信息安全专员——配合信息安全小组的执行。
- 信息安全制度。针对公司的管理要求，信息安全制度包括完整的信息安全管理手册，以及各领域相关的管理制度。
- 信息安全流程。信息安全流程是配合公司制度落地而设计的，公司可以在 OA 或 BPM 系统上设计相关流程，可有效帮助信息安全管理要求的落地。

⊃ 6.8.2　终端安全管控

终端设备是信息安全管理中最受关注的部分，因为终端设备往往是信息安全事件的主要发生地，这里的终端设备包括计算机终端和移动终端。终端安全管控可参考 6.4 节，建议从以下

3 个方面入手：

（1）计算机终端策略管理。制订并实施终端安全策略，包括设备的安全配置、补丁管理、防病毒或 EDR 软件的安装与更新。这些管控策略主要是防御外部的病毒和木马攻击。终端策略的管理，可以使用 AD 域策略，或者结合网络准入条件，确保每个终端都具备安全防护能力。

（2）计算机终端安全管理软件。除了防范外部的病毒和木马攻击，如何防范计算机终端用户的主动泄露行为？终端安全管理和加密软件就是主要的管控软件。

终端安全管理软件是指通过部署终端管控软件，记录和分析终端设备的操作行为，及时发现异常，提供安全事件的追溯依据，包括但不限于终端 USB 权限、禁用有数据风险的网站（如第三方邮箱、网盘）、禁用第三方聊天软件、禁止随意安装客户端软件等。另外，终端上的文件加密，在公司信息安全管理初期是非常有效的手段，尽管数据出口的"门窗"很多，但在大部分场景下，用户因为无法解密文件不会造成数据风险。

（3）移动终端安全管理。对于移动办公，若要访问公司关键信息资产的系统（如邮件、网盘、聊天软件、核心业务系统等），则需要通过具备沙箱能力的 App 接入，或者通过类似沙箱的手段，关键数据只能预览，不可下载。常见的移动办公工具，如飞书、钉钉、企业微信，都具备安全防范能力。需要注意的是，企业内部的业务系统通常会被集成在这些工具上，这就需要考虑如下管控方案：

- 业务系统上的数据是否有机密数据？如有，则该系统需要禁止访问或下载机密数据。
- 利用移动办公工具，对业务系统下载的数据进行加密或放入沙箱内。

⊃ 6.8.3　网络安全之准入

网络是信息传输的基础，也是信息安全中最值得关注的部分。网络安全需要从准入控制开始，而准入又是针对终端而言的，可参考 6.4.1 节和 6.5.4 节，通过对非法终端的防控，从而保护公司内网的安全性。

- 网络区域隔离。将公司内网、手机网络和 Guest 网络分开管理，避免不同网络间的安全风险传递。
- 准入要求。公司内网需要有准入要求，确保只有符合安全策略的终端才能接入，保障接入公司内网的设备都具备安全管控能力。
- VPN/零信任架构。建立和配置公司 VPN 或零信任架构，实现外网接入的安全性。从外网接入公司网络必须通过 VPN，并在 VPN 接入时校验终端环境。

⊃ 6.8.4　网络安全之 Internet 出口

在每个公司的办公环境中，Internet 网络是必要办公条件。只要有 Internet 出口的地方，就一定有数据传出风险，需要考虑的关键点如下：

- 划分必要的网络区域。为了兼顾数据安全和工作效率，默认情况下，建议将服务器、办公网划分不同的网络区域，只有 DMZ、无线网络区域有 Internet 访问权限，可参考 6.4.1 节中的图 6-4。

- 专业的上网通道（Proxy或专用上网设备）。如图6-4所示，在有线区域使用台式机的同事，往往是研发人员，他们对Internet的需求往往超出了非研发人员，那么，如果有线区域不能上网，如何解决他们的上网需求？建议在绿区搭建Proxy服务器，或者在DMZ区搭建专用上网的VDI（虚拟桌面云），可以解决他们的上网需求。
- Internet出口的DLP。Internet出口可以考虑部署DLP软件，对外传的附件或敏感信息进行监控、预警及拦截，详情可参考6.6.4节。

⊃ 6.8.5 网络安全之服务器

服务器中存储着企业的核心数据，一旦服务器上的数据出现问题，对于企业来说将是致命的。可参考6.5.4节，重点介绍了服务器的安全防护要点。

- 关闭网络访问权限。为了避免不必要的网络风险，服务器默认应关闭对Internet网络的访问权限。对于需要访问互联网的业务系统，仅授权开通必要的外部IP和端口。
- 强化权限管理。严格控制服务器的账号和权限，定期审查管理员权限及相关操作日志，防止内部人员误操作或权限滥用。
- 安全加固。对服务器进行安全加固，包括安装防火墙、防病毒或EDR、HIDS软件，并定期进行漏洞扫描和修补。事件响应是指在发生安全事件时，企业及时采取一系列行动进行应对，从而为企业规避风险或减少损失，并及时恢复正常运营。持续改进则要求不断优化和完善安全措施。

⊃ 6.8.6 网络安全之应用

应用系统往往承载了公司非常多的机密信息，并且是公司员工主要的办公平台，而且容易成为外网攻击目标。应用系统的网络攻击，在6.5.1节中有详细阐述，并且在6.5.2节中重点介绍了针对Web应用的防护和漏洞扫描两款产品。

- 控制外网访问。对应用系统的外网访问进行控制，尽量将重要应用（如OA、网盘等系统）置于内网。若使用SaaS系统，可通过VPN隧道接入公司内网。
- WAF（Web应用防火墙）。部署WAF，对外部访问进行检测和过滤，防止来自外部的攻击和数据泄露。
- 漏洞管理。除了WAF防护外，上线前仍需要信息安全团队进行漏洞扫描，在漏洞修复后方可上线，定期漏扫并及时上线防护措施。
- 统一认证管理。实现应用系统的统一认证管理，减少账号管理的复杂性和风险。

⊃ 6.8.7 网络安全之邮件

之所以将邮件系统从应用中单列出来，主要是考虑到邮件作为企业最重要的通信工具，且往往需要在移动设备上访问，保护其安全至关重要。一个具备安全管控的邮件App是至关重要的。

一般来说，邮件不能直接从公网访问，用户需要在手机上访问，需要考虑带有VPN和沙箱功能，确保邮件可以在移动端上的访问安全。

⊃ 6.8.8 数据安全防护措施

安全防护就如同建造一座防风防雨的房子，需要先将墙砖砌好，然后安装门窗，最后才是各个砖瓦缝隙。在完成上述基础防护措施后，再考虑高级数据防护，以保障数据的机密性和完整性。

- 数据加密。对敏感数据进行加密处理（如应用系统中的敏感数据存储时就需要加密、机密文件加密后进行最小授权等），防止未经授权的访问和数据泄露。
- 数据防泄露（DLP）。部署 DLP 系统，监控数据流动，防止敏感数据外泄，具体方案可以参考 6.6.4 节。
- SOC 平台建设。通过 SOC 平台的集中监控和快速响应，提高整体安全防护水平。详情可参考 6.7 节。

信息安全建设是一项系统工程，需要从管理体系和技术两个层面协调推进。通过建立完善的信息安全管理体系和采取有效的技术防护措施，企业能够在复杂多变的网络环境中保障信息安全，确保业务的连续性和稳定性。

上述建议仅供参考，在实际工作中需根据企业的具体情况和需求进行调整和优化。每个企业的信息安全架构和策略应量身定制，以适应其独特的环境和需求。信息安全永远没有满分，只有通过不断迭代和改进信息安全措施，企业的安全管理能力才能越来越好。

第7章 展望未来
——AI 时代的数字化转型

回顾前面各章讲述的企业数字化转型中的每个领域，每家公司可能都有不同的转型路径。在这条漫长的数字化之旅中，没有标准答案，一切都必须以服务业务为目标。然而，我们不能停下脚步，更不能故步自封，因为一个崭新的时代已经悄然而至，那就是 AI（Artificial Intelligence，人工智能）时代。

7.1 未来已来

随着以 ChatGPT 为代表的 LLM（Large Language Model，大语言模型，简称"大模型"）的广泛应用，AI 的发展势如潮涌，其影响已超越单一领域或应用的边界，深度渗透到社会的各个层面。特别是在 DeepSeek 发布国内首个开源大模型后，全球逐步迈入"全民 AI"时代。

然而，正如前言所述，AI 并不是企业数字化转型的全部，也不会取代任何现有的企业管理系统。相反，它是数字化转型的重要助推器，是加速企业革新进程的关键驱动力。通过"AI + X"模式，AI 赋能业务与 IT 系统的深度融合，不断提升企业的运营效率与综合竞争力。

随着大模型技术的持续演进与完善，越来越多企业正在积极探索 AI 的落地场景，部分企业已成功将大模型应用于实际业务实践中，如市场营销、产品研发、质量测试和供应链管理等核心领域。AI 如同一把熊熊燃烧的火炬，不断释放并放大企业数据这一"燃料"的潜在价值，助力企业迈向更智能化的未来。

7.2 AI 能为企业创造核心价值的领域

随着 AI 技术的不断成熟和普及，未来 AI 在企业中的应用将更加广泛和深入。可以预见，在不远的将来，AI 将会成为企业各个业务环节的"强力助手"，甚至是"驱动引擎"，帮助企业实现更加智慧、高效和创新的发展。

截至目前，AI 在大部分企业内部并未大范围推广和应用。这其中主要的原因是 AI 仍然是以工具的方式出现，若要 AI 在企业内价值最大化，还需要结合企业的实际业务运行情况，寻找合适的 AI 赋能场景，方能将 AI 推广到企业内部。未来，AI 在企业内部的技术应用体系将呈现多层次架构特征。在通用大模型提供基础认知能力的基础上，企业将深度整合模型微调、RAG、Agent 等关键技术。这些技术组合将在以下领域创造核心价值：

1. AI 助理

在企业内部，AI 助理已经可以成熟应用。这类助理分为如下两个层面：一个层面是有固定答案的助理，它可以作为客户机器人，回答用户的问题；另一个层面则像个人助理一样，能够提醒我们待办事项、帮助预订日程、确认某些事情的状态等。此外，当我们忘记某些事情时，它还可以随时帮我们找到相关信息（如搜索早前的邮件、文档等）。

目前，AI 助理在企业内部已经是最为成熟的 AI 客服助理，对公司内部或外部客户的问题根据知识库自动问答。对于个人分身的 AI 助理，伴随着 IM 工具的发展，已经越来越成熟，每个人的数据、日程、待办任务都是个人 AI 助理的输入，相当于为每个人配置了一个无限的大脑，而不再会遗忘。而且，AI 助理也可以解决大部分简单重复的场景，如一句话填报出差申请、一键总结群消息、一条语音快速反馈 IT 问题等。

2. 业务赋能

AI 可以通过辅助业务团队提高工作效率，甚至是赋能业务团队。例如，编写文档、代码，或者对文章进行总结分析，这些工作 AI 已经驾轻就熟。另一方面，AI 还可以在业务协作中赋能业务，如对为新员工进行培训、针对不同的问题提供不同的建议、为项目团队提供技术方案或文档预审等。

AI 作为专业领域的 Copilot 已经非常成熟。AI 编写代码的工具已经得到了广泛的应用，并且有了非常量化的效能提升，使得代码编写的效率整体提升 20% 以上。当前，以文档智能处理（分析总结、内容生成）、PPT 自动化制作、宣传视觉素材创作为代表的 AI 应用，正加速渗透到企业内部，大幅提升了企业办公效率。

与此同时，AI 在语音交互领域也取得显著进展。通过结合企业知识库，AI 语音助手能够灵活自适应接打电话场景，从客户咨询到问题解决，全流程自动化管理极大提升了客户满意度。此外，AI 正逐步融入企业的核心业务流，作为流程型机器人自动化处理多种重复性任务，如自动搜索简历、对合同文档进行评审、财务发票审核和对账等场景。

未来，企业针对自身业务场景，选择适配的 AI 工具或定制开发 AI Agent，充分发挥 AI 技术在特定领域的专业能力，持续驱动效率提升与业务模式创新。

3. 辅助决策

尽管生成式 AI 的决策能力尚不够强大，但它可以作为 Copilot，帮助企业发现运营中的潜在风险。通过对企业内部数据的分析，AI 能够发现一些潜在的运营风险，如财务现金流风险、项目延期风险、客户逾期风险和信息安全数据泄露风险等。通过风险预警，AI 能够辅助公司管理层做出更科学的决策，从而降低决策风险。未来，AI 将助力企业进一步重塑业务流程，使得企业流程和运营更加智能和高效。

例如，质量管理中常见的问题、经验和解决方案，在后续发生的每个产品质量问题上，AI 可以借助公司的经验库，发现类似问题的解决方案，并提醒问题相关人。虽然复杂的结构化数据对于 AI 来说仍然存在挑战，但在某些具体的案例上，AI 仍然可以发现风险并预警，例如，AI 可以根据终端操作日志识别信息安全风险、根据项目当前状态与里程碑比较发现延期风险等。

4. 全面智能化运营

从市场到研发，从生产到销售，每个业务流程都可以由 AI 赋能，实现对每个节点和流程的智能化分析与总结，并给出相应的建议，使企业能够更加精确地控制和优化每个环节。

相信未来，企业可以结合每个业务流程和场景，对本地模型进行微调（微调后的模型可以称为"专家经验"模型），同时设计不同的 AI Agent，并由该 Agent 结合"专家经验"模型做出大部分的决策与判断。例如，研发过程中遇到的异常日志，可以将过去的异常日志输入本地模型进行微调，借助这个微调的模型，将大大提升研发人员的分析效率。

AI 时代已经到来，并以不可阻挡之势改变着我们的世界。在这条数字化旅途中，AI 一定会使得企业的管理更加高效和智能，同时也使得数字化转型路径充满了无限可能。因此，为了更清晰、更生动地描述数字化转型过程，我们尝试从一个虚构的故事开始，为大家描述 Danny 的数字化转型之旅。

故 事 篇

第8章 故事从这里开始

为了方便读者将理论知识与实际更好地结合起来，从本章开始，将讲述 XD 公司从 0 到 1 建设 IT 架构的整个历程故事，主人公是 Danny，他是 XD 公司的 IT 负责人。通过这个虚构故事，给大家分享一家中大型制造业公司的 IT 建设过程，你会看到其中很多注意事项和细节方案，这与每个企业的 IT 建设或有相似之处，希望能为大家参考与借鉴。

表 8-1 所示为故事中的核心人物（按照出场顺序）。

表 8-1　故事中的核心人物

名字	角色	出场时间
Danny	XD 公司 IT 负责人	8.1 节
Bill	XD 公司老板、CEO	第 9 章
Mason	XD 公司 IT 基础架构主管	9.1 节
Jimmy	XD 公司 IT 应用开发主管	9.2 节
Peter	XD 公司研发负责人、副总裁	9.5 节
Andy	XD 公司流程运营主管	9.5 节
Tom	XD 公司信息安全主管	第 10 章
Bob	XD 公司销售负责人、副总裁	10.3.1 节
Evan	第一期 CRM 的 IT 项目经理，后离职	10.3.2 节
Louis	XD 公司供应链负责人、COO	10.4 节
Jessie	XD 公司财务负责人、CFO	10.4 节
Marshall	XD 公司 IT 运维人员，常驻欧洲	10.6.2 节
Douglas	XD 公司 IT 移动 App 开发人员	11.1 节
Tina	XD 公司财务预算管理人员	12.3 节

8.1　主人公介绍

Danny 是本部小说的主角，是某科技公司的 IT 负责人。Danny 代表了这样一个群体——IT 人，他们兢兢业业、任劳任怨，他们曾跌倒过，但不曾被打倒，他们就是这样一群可爱又努力的人。

作为一名有着丰富经验的 IT 人员，Danny 曾在一家世界五百强企业任职，又曾混迹于各大中型企业，担任 IT 管理职位多年。他深知 IT 的苦，也知道 IT 问题的复杂性和多样性，也了解 IT 操作的风险性。在 IT 建设的过程中，他曾经成功带领团队获得过公司的嘉奖，也犯过一些错误，但幸运的是，他成功化解了危机，并带领团队解决了很多复杂问题。这样的经验教会了他用耐心和技能来解决问题，以确保公司 IT 系统的稳定运行，并逐步提升公司的运营效率，在降本增效的同时，他也希望能通过 IT 工具协助公司做出正确的决策，甚至是商业转型。

Danny 回首过去，将自己的一路酸甜苦辣细细道来。

8.2 初入 XD 公司

混乱的 IT 环境正是历练的好机会！

Danny 大学毕业后在一家大型企业做 IT 软件开发工作，严格意义上说应该是一名"码农"。其实就如大部分年轻人一样，毕业后直接加入一家大企业，Danny 很幸运也很珍惜这份工作。他努力工作，也得到了部门领导和同事的认可，但一晃七八年过去了，他还是做着 IT 软件开发的工作，似乎一眼就可以看到自己未来 10 年甚至 20 年后的样子，是继续在这家公司安心地做一颗"螺丝钉"吗？是要继续做一辈子的 IT 软件开发吗？

一次偶然的机会，有一家科技公司邀请他来做 IT 经理，让他负责整个公司的 IT 平台建设。这似乎是一个非常好的机会，虽然舞台不大，却可以施展自己的理想——帮助一家企业做好信息化（那时候"数字化"还不太流行）。要离开一个熟悉的环境，Danny 有太多不舍，但又毅然决绝。

这家名叫 XD 的科技公司并不大，主要是做消费电子类的产品研发工作。公司约 200 人，现在的 IT 团队只有 4 个人，承担整个公司的 IT 建设和运营。Danny 心想，虽然团队人数不多，但按照上家公司 IT 人员 2% 的配比（IT 人员占公司人员的比例），XD 公司也算是非常重视 IT 建设了。

Danny 入职的第一天就遇到了棘手的问题。因为报到当天公司的邮件就出问题了——所有人的邮件都不能收发了。他手足无措，因为自己只会做软件开发，而这些邮箱问题根本不知道怎么处理，更不用说对邮箱改进和提高可用性了。经过部门同事的不懈努力，1 小时后邮箱终于陆续恢复了。原来是邮件所在的托管机房带宽不够，刚刚被一封群发邮件卡住了——而这封全员邮件就是对他的任命，令他有点尴尬。

除此之外，公司还刚刚上了一套加密系统。因为老板要管控研发数据安全，这或许是很多公司管控信息安全的第一招——文件加密。IT 同事每天的工作都是解决计算机加密问题，不是蓝屏，就是某个软件卡死，甚至有时候还会"连累"打印机不能打印。

Danny 陷入了沉思，面对如此混乱的 IT 环境，这样的日子什么时候是个头呀，必须进行整改！

第9章　第一次 IT 规划

网络上有着各种 IT 规划的传说，每个规划都有自己的美，但只有合适自己的，才是最好的。

只来了半个月的 Danny，第一次开始做整个公司的 IT 规划，有点懵。这次规划主要是给老板汇报自己的长期规划和短期目标，以及 IT 部门又该何去何从。

Danny 虽然是第一次做规划，但他还是比较有条理地将 IT 的规划拆分为如下 5 个部分（可参考 1.3.5 节）：

1. 战略理解

战略理解，就是了解企业的战略目标。企业的战略目标通常是指企业通过深入分析市场状况、行业趋势、竞争对手等因素，确定企业的战略发展方向、目标和策略，从而实现企业的长期利益和成长。战略理解通常包括以下 3 个方面：

- 战略目标。确定企业未来的目标和愿景，如市场占有率、收益增长率、扩展领域、提高客户满意度等。XD 公司同样也制订了未来 3～5 年的战略目标，预计营收可以翻 3 倍，营收约 30 亿元，发展成为该细分领域的 Top3。
- 业务模式设计。确定企业在产品和服务方面的优势和定位，支持商业模式的发展。XD 公司在业务上也会从单一产品线发展为 5 条产品线，覆盖家电、工业、汽车等领域，并且可能还会启动并购。
- 资源规划。在达成目标的过程中，要优化资源配置，包括人力、物力、财力和时间等各种资源。要匹配上述的战略和业务模式，XD 公司必须抓紧招聘各种业务领域的人才，并且还会根据资源分布，在全球布局，预计 3 年内人员将每年增加 500 人，在未来 3 年，预计公司规模达 2000 人。

在其他方面，如环境、市场方面，以及战略的解码、举措和执行方面，IT 则需要跟紧公司发展的步伐，尽快建设与提升公司运营效率。

2. 现状调研

Danny 通过半个多月的观察及业务人员的反馈，并且通过初步访谈公司各业务主管和内部 IT 同事，他整理了当前 IT 现状，并归类为如下 4 大问题：

- 基础环境差。公司的网络经常出现不稳定（出现过操作异常导致的断网、环路问题，还出现过老鼠咬断了楼层间的光纤）；邮箱也不稳定，收发经常卡住；计算机安装了加密软件，不仅卡顿，还经常蓝屏等。
- 应用系统少。公司只有一个 K 公司的 ERP 和简易的 OA 系统。
- 信息安全弱。XD 公司虽然 IT 建设落后，但产品研发能力绝对是国内的翘楚，如何保护公司的研发数据？办公计算机和服务器默认都可以上网，研发的核心数据也没有网络隔离，邮箱和 IT 系统可以在任何手机和外部计算机上访问……
- IT 部门满意度低。IT 部门满意度，不需要专门调查就知道是倒数的。其实 Danny 提出来这个问题，主要是考虑除了建设之外，还要体现 IT 服务的标准化和流程化，这是 IT 能够长期稳定发展的根本。

3. 数字化愿景与目标

Danny 的理解，其实就是期望 IT 部门能够达到的目标。他根据自己的理解，制订了如下愿景，也是未来的目标：

打造业界一流的 IT 平台，以稳定可靠的 IT 基础架构保障公司的办公效率，以流畅敏捷的 IT 应用系统提高公司运营效率，以安全高效的技术架构保护公司核心资产。

4. 顶层蓝图架构

顶层蓝图架构是本次规划中需要重点体现的，Danny 要在本次规划中明确未来几年做到什么程度，所以，Danny 决定先给自己画个"饼"，如图 9-1 所示。

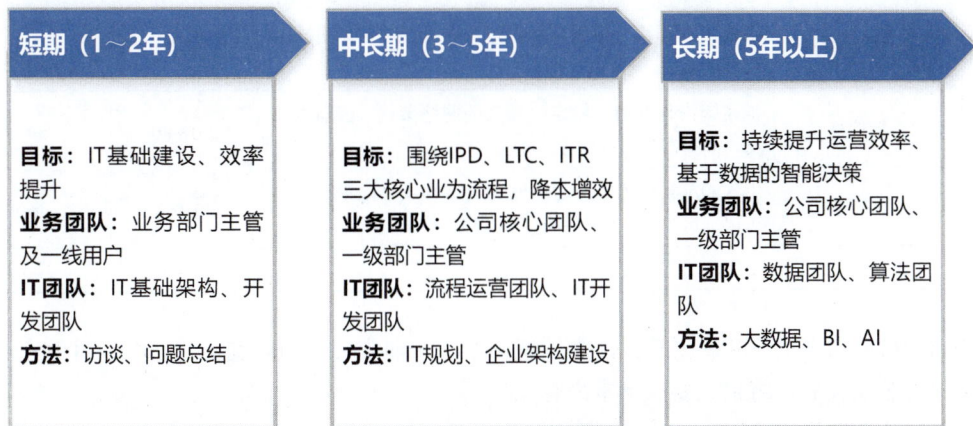

短期（1～2年）	中长期（3～5年）	长期（5年以上）
目标：IT基础建设、效率提升	**目标**：围绕IPD、LTC、ITR 三大核心业为流程，降本增效	**目标**：持续提升运营效率、基于数据的智能决策
业务团队：业务部门主管及一线用户	**业务团队**：公司核心团队、一级部门主管	**业务团队**：公司核心团队、一级部门主管
IT团队：IT基础架构、开发团队	**IT团队**：流程运营团队、IT开发团队	**IT团队**：数据团队、算法团队
方法：访谈、问题总结	**方法**：IT规划、企业架构建设	**方法**：大数据、BI、AI

图 9-1　第一次做 IT 长期规划

在图 9-1 中，Danny 把 IT 的建设分为短期、中长期和长期 3 个阶段。在这 3 个阶段中，他设定了不同的目标，以及实现该目标需要的业务团队和 IT 团队，并且设计了实现方法。那么，长期阶段又是什么样子呢？所以，Danny 又画了图 9-2，当时的他还挺满意的（其实在未来每一次规划，Danny 都深有感触，其实我们可以比自己想象中做得更好）。

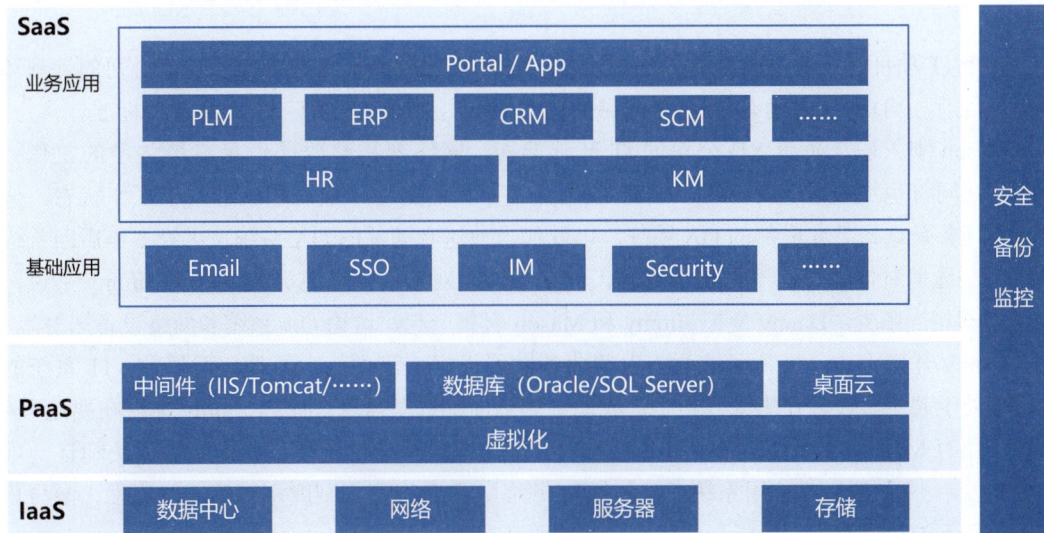

图 9-2　第一次 IT 规划的设计蓝图

5. 项目规划

Danny 知道，所有的 IT 规划都必须体现在项目上，而且 1～2 年必须看到实质性效果提升（其实就是 1.3.5 节所说的"速赢项目"），否则，"规划"都是停留在纸面上的。

Danny 结合目前 IT 的人力现状，建议公司根据目前的规划项目，增加两个主管——分别负责 IT 基础架构和应用开发团队。

表 9-1 所示为 Danny 第一次规划的 IT 项目清单。

表 9-1 第一次规划的 IT 项目清单

No.	项目	主要目标	计划完成时间	预算（万元）
1	邮箱系统改造	搭建国内外均可使用，稳定可靠，性能良好、分布式部署的系统	2018-11	50
2	网络架构整改	搭建国内外互通、稳定、高效的网络架构，具备高可用，高扩展性	2018-10	50
3	OA 系统导入	引入 OA 软件包，快速搭建公司流程及移动办公，高可用，可扩展，性能满足万人规模	2019-2	40
4	IPD 系统导入	支撑公司 IPD 变革落地，搭建公司 PLM 及相关系统	2019-6	100

Danny 给公司老板 Bill 做了汇报，老板就问了一个非常尖锐的问题："这些项目做完后，会不会随着公司发展，将来又要推倒重来呢？"

Danny 认真地说："这些 IT 项目都是基于公司战略发展规划出来的，未来的 IT 系统选型也会参考行业标杆，确保能支撑公司长期发展，即便未来公司达到上万人的规模，甚至发展更多业务线时也不需要将这些 IT 系统推倒重来。"

Danny 的 IT 规划汇报顺利通过了，期待后续项目进展顺利。

9.1 IT 选型制度

一个 IT 项目的成败，取决于多方面因素，如 IT 产品选型、解决方案和当前公司的管理环境等，目前，XD 公司并没有任何 IT 产品的选型标准，他决定先制订 IT 产品选型标准。

Mason 刚入职，负责 XD 公司的 IT 基础架构，网络架构整改是他目前最关键的工作。Jimmy 在同月也加入了 XD 公司，任 IT 应用开发团队的主管，刚入职就进入了工作状态，他的首要任务是选择一款成熟的 OA 系统，以取代当前这套简易的 OA 系统。尽管多年后回首这段经历，选型对他来说已不再是个难题，但在当时，对于有着丰富开发经验的 Jimmy 来说，IT 选型却相当陌生。Danny 便把 Jimmy 和 Mason 召集一起，讨论 OA 系统和网络设备选型。

Danny 开门见山："公司这两年主营业务发展很好，已进入上升期。但目前，IT 系统的建设仍处于起步阶段，在未来几年里，我们会频繁面临选型需求。比如 Jimmy 你现在要选 OA 系统，还有 Mason 为了彻底解决网络问题，也正在选择网络设备商。我们应当尽快制订一项选型制度，不仅包括 IT 应用系统，还包括 IT 设备、服务选型。制度中明确选型流程、参与角色及各角色的职责分工，以指导我们今后的选型工作。"

在 Danny 的指导下，Jimmy 和 Mason 快速理解了选型的关键点。简而言之，选型就像购物一样，涉及需购买什么、从何处购买、花费多少及为谁购买等因素，并且如何评估对比多家供应商，除了功能、性能，还有定制能力、服务能力、供应商技术实力等。

在接下来的两周时间里，公司最终批准了《XD 公司 IT 选型制度》（选型制度里的关键内容可参考 1.3.2 节）。IT 选型流程图如图 9-3 所示。

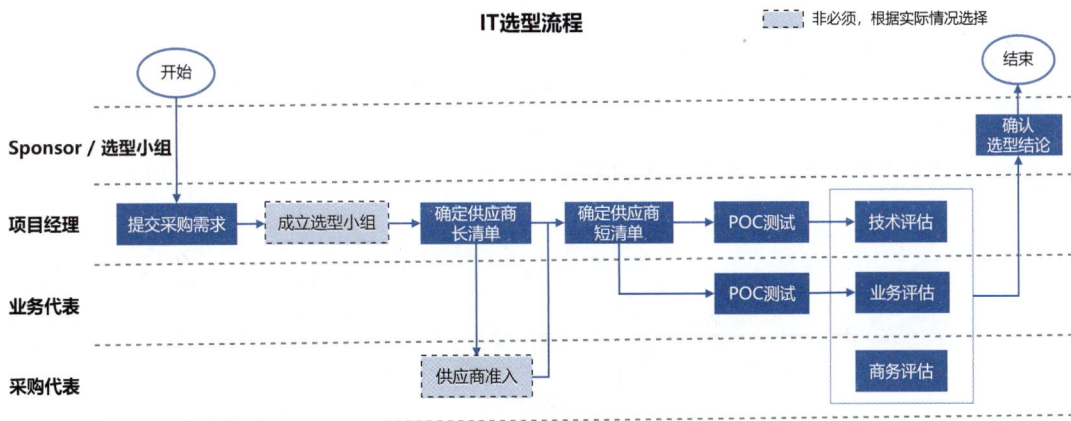

图 9-3　XD 公司 IT 选型流程图

在选型流程中，有如下几个关键点：

- **IT 提出采购需求**：需要明确采购的产品规格、功能清单、服务标准等。
- **技术评估**：需要制订技术评估项，确保技术评估项覆盖采购需求，并符合战略发展要求。
- **招标结果决策**：IT 团队需要根据供应商回标情况，评估技术得分。同理，采购团队和业务团队也需要对商务、业务功能满足度评估相应得分，然后共同决策出中标供应商。

选型制度在公司内部签发完成，而 Danny 团队工作才刚刚开始。

9.2　网络必须整改

突如其来的 IT 事故，Danny 与团队如何应对？IT 项目规划只是来自高大上的愿景吗？

Mason 在入职当天恰巧公司有高管会议举行。但是，正当会议即将开始时，突然传来了一个令人惊恐的消息：公司的网络突然断掉了！所有的计算机都无法连接到网络，所有的 IT 系统、邮箱、研发服务器等都无法使用，全员的工作都陷入了瘫痪状态。

整个公司都开始陷入了恐慌状态，IT 部门的所有成员都在急切地寻找解决问题的办法。这让刚入职的 Mason 措手不及，但 Danny 已经入职公司两月有余，他和团队经过层层分析和排查，最终定位到了问题。故障原因是因为一个破旧的网络设备，承担了全公司的接入认证服务，正是因为这个设备故障，导致了全公司断网。经过几个小时的紧急处理和团队的不懈努力后，网络终于恢复了正常。

虽然"救火"成功，但接下来的两周内，不同的网络问题层出不穷。楼层之间的光纤被老鼠咬断，导致大片用户无法连接到网络。在另一次事件中，一些用户私自连接了交换机，导致网络环路。这些不断出现的问题，让 Mason 和他的团队每天都在"救火"，十分疲惫。

Danny 和 Mason 深入分析了网络架构的问题，目前公司的网络设备老旧，而且网络管理和规划比较混乱，需要重新设计和整改。

网络架构整改项目启动了！整体架构如图 9-4 所示，从架构上保证了网络的稳定性和可用性。

- 确保核心设备和线路有冗余。
- 根据公司业务的重要性，将网络架构分为多个层级及多个区域，并设置不同的防火墙策略。
- 设置专门用于对外发布业务的 DMZ 区域。

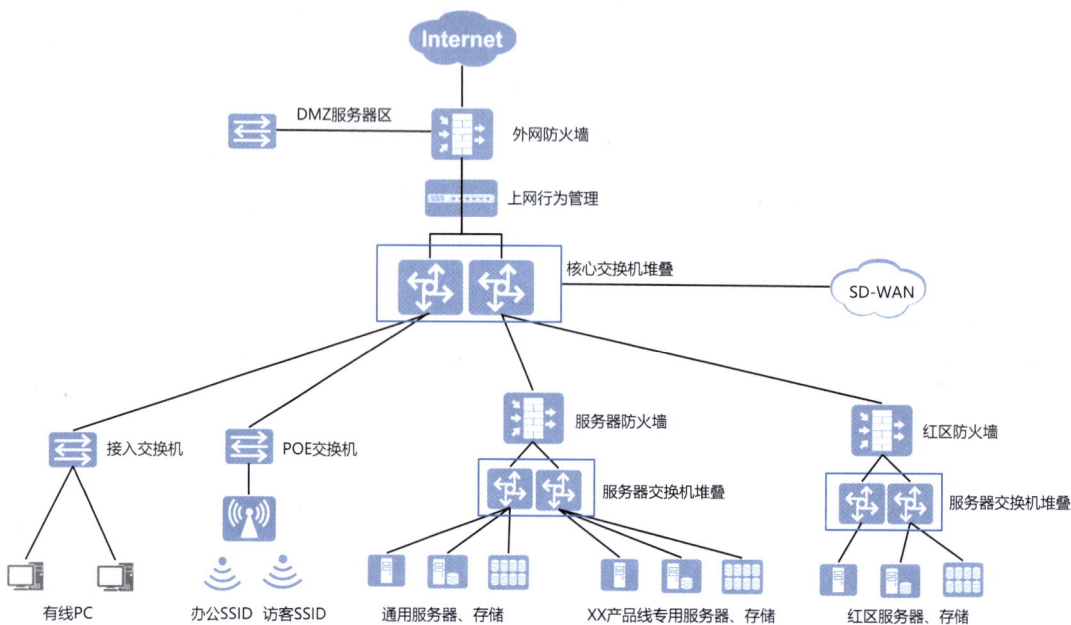

图 9-4 XD 公司网络架构图

Mason 联系多家网络设备商，针对需求参数、方案能力、客户案例、服务支持等多个维度的评估，经过多轮的选型对比，最终 XD 公司选定了 WH 公司作为本次项目的供应商。

为了确保整个升级过程不影响正常的业务运转，Mason 和他的团队不得不精心策划每一个变更步骤。值得一提的是，目前公司的 IP 网段依然是 192.168 网段，本次变更时需要对 IP 进行整改。关于整个网络架构整改的过程，也经过了一番讨论。

- **是切换到 172 还是 10 网段？** DMZ 区域使用 172 网段，内网区域使用 10 网段。
- **变更后如何让业务平滑切换？** 变更前对业务进行梳理，对使用域名的业务系统，变更后调整 DNS 记录。对于没有采用域名的系统，完成网络切换后，调整关联系统的 IP 指向。
- **如何解决核心系统无法切换 IP 的问题？** 无法修改 IP 的系统，采用在原有系统上，进行集群扩展的方式，并逐步将业务切换到新服务器。通过长期调整并验证无误后，再将旧服务器下线。

- **管理和业务 IP 网段如何分开？** 规划单独的 IT 设备管理网段及交换机，将 IT 设备管理口接入管理网络，并将管理网段和业务网段隔离。
- **哑终端设备如何管理？** 设置哑终端的专用网段，用于连接打印机、监控、门禁、会议设备，并设置单独的网络权限，严格控制访问内部服务器和互联网的权限。
- **无线网络权限怎么划分？** 无线网络使用不同 SSID（Service Set Identifier，服务集合标识符，也称为网络名称），分别提供给员工计算机、手机、访客接入。不同的 SSID 采用不同的认证方式，相互之间需要网络隔离。

经过多番讨论和验证后，Mason 决定启动升级公司网络。有线网络的升级比较顺利，虽然无线网络的权限改造也已经完成，但员工反馈的无线网络频繁掉线的问题依然没有解决。

Mason 深知这个问题的急迫性，他立即组织团队成员和项目实施方，进行深入分析并开展实地调查，希望能够尽快找到问题的症结所在。经过一段时间实地勘察和体验，原因终于浮出水面：由于先前 AP（Access Point，无线接入点）规划和布局问题，以及信道之间规划不合理和漫游设置问题，造成了无线网络频繁掉线。

要解决这个问题，需要重新规划无线网络。调整 AP 布局及信道分配、优化漫游设置，更换老旧的 AP。AP 分配信道时，尽量避免与周围和上下楼层之间 AP 信道冲突。AP 功率大小也要合适，AP 之间的信号覆盖要有交叉，从而实现平滑、无缝的漫游切换。这些都可以借助分析仪和软件检测现场环境，避免金属材料等环境对无线使用的干扰。经过对无线网络架构多次优化、实地测试和验证，Mason 和团队成员终于解决了无线网络问题。

Mason 和他的团队总算顺利完成了网络架构升级。通过网络的升级改造，公司网络性能和稳定性有了显著的提升。一起再看看 Jimmy 团队是怎么选型 OA 的吧。

9.3 OA 选型及实施

Jimmy 已经在着手 OA 系统选型了，他计划从如下 3 个方面梳理本次选型的需求：
- IT 部门根据现有 OA 系统的状况，整理当前功能模块，并指出在满足业务需求过程中遇到的开发困难。
- 对现有 OA 系统的主要需求部门进行调研。
- 在与供应商交流过程中，收集更多的需求信息。

根据 Jimmy 的计划，首先梳理现有 OA 系统的功能模块，以及在满足业务需求过程中所遇到的开发困难。表 9-2 所示为 OA 系统现有模块。

表 9-2　OA 系统现有模块

No.	功能	业务部门	No.	功能	业务部门
1	考勤管理	行政部	5	制度管理	人力资源部
2	会议管理	行政部	6	通信录	人力资源部
3	出差申请	行政部	7	组织架构	人力资源部
4	报销申请	财务部	8	采购申请	采购部

表 9-3 所示为目前 IT 开发团队遇到的困难。

表 9-3 IT 开发团队遇到的困难

No.	困难
1	公司流程调整频繁，刚刚开发完的需求，业务部门又要调整
2	系统的技术架构老旧
3	系统权限控制不够灵活，对于业务部门提出的权限调整都需要修改代码
4	组织架构调整也需要 IT 配合业务部门修改数据
5	系统界面老旧，不够优化

OA 系统作为一个面向全公司的通用办公平台，除了已知的行政、人力资源、财务和采购部门外，Jimmy 还需确定了解其他哪些部门的需求。于是，Danny 以 IT 部门的名义发送了一封邮件给各部门经理，说明要进行 OA 选型，希望每个部门经理指派业务代表参与需求调研和系统选型。

在 Danny 的帮助下，Jimmy 迅速收到了各部门业务代表名单，但大部分业务代表并无法提出具体的需求。他们主要是反映当前系统的不便之处，如系统界面不友好、响应速度慢等，而这些问题 IT 部门早已了解，这一情况基本符合 Jimmy 的预期。就像乔布斯所言：**人们并不知道自己想要什么，直到你提供一个好产品，他们才意识到这是他想要的。**

这也是 Jimmy 要从与供应商的交流过程中收集需求的原因。供应商能在行业中提供专业解决方案，必定积累了很多客户的诉求，并转化成功能沉淀到产品中。客户需要做的，是从众多的功能中甄别出自己要用和能用的部分。

Jimmy 整理出一份包含近十个供应商的长清单。紧接着他们进行了一系列密集的会议安排，基本上每天都有 1 ～ 2 家供应商进行交流。这轮交流的重点集中在公司情况的介绍、产品能力的展示，以及 Jimmy 向各家供应商解释 XD 公司选型的背景和需求。

第一轮沟通完，Jimmy 根据供应商提供的资料及会议记录内容，按表 9-4 整理了各供应商的情况，经过选型小组会议决策，确定了 F 公司、L 公司、Z 公司和 W 公司进入供应商短清单。

表 9-4 长清单供应商考察项

No.	考察项
1	供应商规模、所在地，是否为业界主流供应商
2	是否符合公司长期发展战略？能支撑 ×× 人的规模
3	产品系统架构能满足性能、扩展性和定制性
4	支持主流服务器、操作系统、数据库
5	供应商响应的积极性情况

距离原定的选型结束时间还有大约一个月，Jimmy 迅速在心中梳理了接下来需要完成的工作：确定技术评估项、完整评估项、评估标准，组织 POC，组织评估打分。其中，POC 环节最消耗时间，评估项一旦确定，POC 便可以并行开展。

Jimmy 基于前期整理的目前开发过程中的困难清单，转换形成了技术评估项，如表 9-5 所示。

表 9-5　技术评估考察项

No.	考察项
1	产品定制能力
2	易用性、用户交互效果
3	安全性测试
4	技术栈
5	权限管控能力

根据陆续与供应商的沟通，进一步完善了本次选型的功能需求，如表 9-6 所示。

表 9-6　OA 选型功能需求清单

No.	考察项	功能说明
1	流程管理	<ul><li>提供流程配置功能，能够按照业务要求实现流程表单、路由等相关配置</li><li>提供流程管理能力，能查看、审核、跳转、废弃、修改、暂停流程</li></ul>
2	会议管理	<ul><li>提供会议室及相关资源的编辑能力</li><li>提供会议预定能力，会议通知提醒</li><li>提供会议冲突提醒（资源冲突、时间冲突、人员）</li></ul>
3	知识管理	<ul><li>提供知识的快速录入、搜索、查看</li><li>能对知识按照不同维度分类组织</li><li>能够精细地控制领域知识权限</li></ul>
4	办公用品管理	提供办公用品入库、申请、统计相关功能
5	制度管理	<ul><li>提供制度发布、审批、编辑功能，并支持版本管理</li><li>提供制度信息推送、查阅功能</li></ul>
6	行政办公	<ul><li>提供人事资料管理</li><li>提供员工假期管理</li><li>提供员工考勤管理</li></ul>
7	权限管理	<ul><li>有明确的权限管理模型</li><li>能够对各个功能模块提供精细化的权限管理</li></ul>
8	个性化设置	支持用户设置个人平台的布局、样式、常用功能
9	固定资产	<ul><li>提供资产申购、采购、入库、领用、调拨、维修、保养、处置、变更、出借、归还申请</li><li>提供资产导入、导出</li><li>提供资产统计功能</li></ul>
10	用户管理	<ul><li>从 AD/HR 系统同步用户，用户离职可自动同步并删除</li><li>其他用户可手动增加或删除</li></ul>

选型小组经多次讨论决定，IT 团队负责技术评估项评估，权重为 20%；功能需求评估项由 IT 团队和业务代表共同评估，权重为 30%；价格及供应商能力则作为商务评估项，由采购部门进行评估，权重为 50%。最终制订了一份详细的评估表，为每个考察项设定了评分标准，如表 9-7 所示。

表 9-7　OA 选型评估表

考察项分类	考察项	评分标准	权重
功能需求	1. 流程管理	覆盖 100% 场景（100 分） 只能覆盖大部分场景（50 ~ 80 分）	30%
	2. 会议管理	同上	
	3. 合同管理	同上	
技术评估	4. 产品定制能力	完全可以定制前台界面和后台逻辑（100 分） 只能定制前台界面，后台逻辑定制弱（70 分） 只能定制前台界面，无法定制后台逻辑（50 分） 其他（0 分）	10%
	5. 易用性	自适应各种终端，界面易用，无须培训（100 分） 只能自适应（60 分） 其他（0 分）	10%
商务评估	6. 价格		30%
	7. 公司规模	1000 多人（100 分） 500 ~ 1000 人（80 分） 100 ~ 500 人（50 分） 其他（0 分）	10%
	8. 售后服务	本地有售后团队（50 分），支持多种方式（20 分），7×24 小时（30 分）	10%

最终，选型团队依据各自的意见进行评分，最终选择了 L 公司的产品，Jimmy 有惊无险地完成了第一次选型之旅。经过选型的铺垫和准备，OA 系统的实施非常顺利，新的 OA 系统经过两个多月的实施，并在 XD 公司的新年晚会的当天成功上线了。

除了热火朝天的 IT 部门，一场大的变革也正在 XD 公司酝酿着。

9.4　IPD 变革前序

IT 规划项目已经如火如荼地开始实施，Danny 该如何启动 XD 公司首个业务变革与 IT 项目？

虽然 IPD 系统已经纳入了年度规划并得到了公司的批准，但 Danny 要启动这个 IT 项目，需要从研发业务着眼，并确保 IPD 系统能有效解决当前研发业务的痛点。为了准确把握研发部门的关键痛点，Danny 安排了一次与研发部门负责人 Peter 的深入讨论会。Peter 分享了他们在日常研发工作中遇到的两个痛点：

- 市场部、客户和研发团队之间的沟通不畅，导致产品研发过程中难以掌握客户需求，以及需求变更频繁带来的风险。
- 在资源分配、项目预算控制和研发团队协作上，存在很多问题，这也使得项目进度难以掌握和达到预期。

Danny 了解了研发团队的痛点和他们对引入 IPD 系统的热切期望，他开始着手寻找合适的业务流程专家，来帮助实现这一目标。Andy 具备丰富的企业运营和流程再造经验，Danny 决定招聘 Andy 组建流程运营组，负责业务流程规划和流程运营管理。

Andy 入职后与研发负责人 Peter 访谈调研，他深切地意识到要打造一套全面的 IPD 业务体系来满足产品开发管理的诉求，除了自己的专业知识，还需要更有影响力的外部专家顾问共同推进，成立公司级 IPD 管理变革项目，以自我变革的决心和空杯的心态方可确保项目的成功实施。于是，Andy 开始筹划如何启动 IPD 业务变革项目及寻找业务咨询公司。

经过一番调研和选型后，XD 公司引入了一家在业界享有盛誉的业务咨询公司。该公司拥有一支丰富经验的专家团队，并成功辅导过 XD 公司所在行业的客户，对 XD 公司的 IPD 变革有着非常大的借鉴意义。

Andy 与咨询公司顾问一起制订了 IPD 变革项目的整体计划，包括项目的战略目标、详细执行方案等。在获得高层及 Danny 的支持与认可后，Andy 和顾问开始了 IPD 变革项目的正式启动。这意味着企业将在业务流程管理方面迈出了具有里程碑意义的一步，开启了一个崭新的篇章。

9.5 IPD 变革

⊃ 9.5.1 松土培训

变革会对习以为常、根深蒂固的工作模式产生不小的冲击，甚至会触动各层级的既得利益，变革前进行"洗脑"尤为关键。没有进行松土培训，是很多变革项目推进困难甚至失败的主要原因之一。

当汽车刚刚发明时，你知道最先坏的部件是什么吗？（答案在本节末。）这就是旧习惯的可怕之处，也会成为变革的阻力。在过去的业务流程中，员工习惯了既定的工作方式，对于新的 IPD 变革可能会感到不安和担忧。为了克服这种阻力，他们计划通过宣讲 IPD 的益处和具体案例来说服员工。顾问也会分享他们在其他企业变革的经验，说明变革对企业的积极影响，并解答员工可能存在的疑虑和困惑。

Andy 和顾问决定开展一场名为"松土培训"的活动。松土培训的目的是通过向员工解释变革的意义和目标，缓解他们的焦虑和阻力，使他们能够更好地适应和支持新的工作方式。

IPD 变革的松土培训如期开展，除了邀请与研发业务相关的高管、部门主管、老员工、新员工参加，还邀请了市场、销售、供应链、财务、质量团队的高管和代表参加。松土培训包括以下内容：

- **IPD 变革的意义和目标**：让员工了解 IPD 变革不仅对企业而言是一次重大机遇，也是企业高速发展所需的必要调整。
- **IPD 变革案例分享**：由顾问分享一些之前 IPD 项目变革企业的成功案例，借鉴他们的经验教训，让员工能够从实例中看到变革带来的益处和成功之道。
- **IPD 变革后的工作方式介绍**：详细介绍变革后的工作方式和流程，让员工对新的工作方式有清晰的认识，并解答他们可能存在的疑虑和困惑。

- **员工参与和支持的重要性**：强调员工参与和支持的重要性，鼓励他们积极提出意见和建议，共同促进变革顺利进行。

为验证松土培训的效果，每位参训人都需要提交心得体会，并邀请各级部门代表发言。一方面可以从心理上让参训人产生认同感，另一方面也为后续参与变革进行宣誓承诺。

Peter 代表公司管理层分享了他对 IPD 变革的认识和期望，对员工积极参与变革的支持表示赞赏，并鼓励员工要具备开放的心态、学习新知识和技能，以适应变革带来的挑战和机遇。

问题答案：方向盘。汽车发明之前都是马车，驾驶马车的时候需要用力拉拽缰绳，汽车刚发明的时候人们总是习惯用力拉扯方向盘，而不是转动它。

⊃ 9.5.2　现状诊断

现状诊断是业务变革的起点，好的开头是成功的一半，一旦开头失误或将会南辕北辙。业务变革的现状诊断有无好的方法论，您的企业在进行业务变革或流程优化时，是不是也是这样做的？ XD 公司的诊断结果如何？

相信每位读者都有过看病的经历，无论是轻微的感冒还是严重的慢性疾病，第一步医生会让做一个详细全面的诊断，然后根据诊断结果制订最有效的治疗计划。对于业务变革来说，也需要一个类似的"诊断"过程——也就是现状诊断。变革之前，需要全面地分析和了解公司管理的现状，发现问题并找出解决方案，从而更好地指导业务变革。

业务变革的诊断方法非常丰富和多元化，包括但不限于以下 4 种：

- GAP 分析。GAP 分析就是找出现状与期望状态之间的"差距"。这种方法诊断出客观存在的问题，并以此为基础，为如何变革提供清晰的方向。
- 流程分析。通过画出业务流程图，可以明确看到每个步骤、每个环节，了解流程的全貌和细节，从而识别出流程中存在的问题，以及可以优化的部分。
- 基于数据的分析。依据收集来的各类业务数据，运用统计学理论进行分析，找出业务中存在的问题。例如，运用 DMAIC（定义、测量、分析、改进和控制）的方法，结合数据的收集和分析，可以帮助找出业务流程中的问题，并找到解决办法。
- 员工访谈、问卷调查。直接从一线员工那里获取信息，了解他们在当前业务流程中遇到的问题，以及他们对变革的看法和建议。

在 XD 的 IPD 变革项目中，顾问结合 GAP 分析、业务流程分析、调研访谈等方法，对业务部门管理中的关键问题发现和提炼，核心问题举例如下：

- 缺乏端到端拉通和关键点管控，无产品立项流程，而且在产品开发过程中缺少管控点及其标准，项目团队各角色职责不明确。
- 产品缺乏质量目标和端到端管理，涵盖产品设计、生产、调试、服务等环节，形成端到端的质量控制体系。
- 缺少流程规划、建设、推行和运营的管理机制，无法支撑流程落地和持续优化。

Andy 看到，XD 公司在变革中面临的这 3 大问题，其实是很多公司都可能经历的通病。针对流程拉通、质量管理和流程管理机制问题，Andy 与顾问、变革项目组成员反复探讨，最终给公司汇报了他们的建议方案：设计端到端 IPD 开发主流程及相关支撑流程——质量管理流程和流程管理流程。

⊃ 9.5.3　IPD 开发主流程

IPD 开发主流程经历了 20 年的变革演进、细化，本节不再针对细节展开介绍，仅针对 IPD 开发主流程各阶段精髓进行简述。

XD 公司的 IPD 变革项目已经确定了改进优化方向和设计要点，进一步设计具体落地的流程时，如何才能抓住 IPD 流程的精髓和本质是 XD 公司也是各位读者需要思考的问题。设计 IPD 开发主流程的核心要点如下：

- 基于业务要求，针对全部领域的核心角色设计端到端流程。
- 明确业务流中的各角色的职责及每个关键节点的输入输出，根据项目规模，设计各节点各领域的交付件清单和裁剪建议。
- 业务决策（DCP）和技术决策（TR）分离，并设计每个决策点的评审要素，对关键节点的质量把关。
- 建立分层分级的业务决策机制。

经过 Andy、顾问团队与业务团队反复研讨，XD 公司的 IPD 开发主流程分为概念、计划、开发、验证、发布 5 个阶段。各阶段都是结构化的，分别有关键的决策评审和技术评审点，如图 9-5 所示。

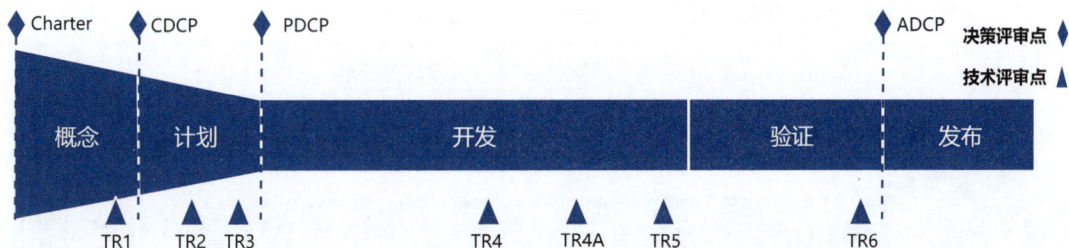

TR点通过标准示例：

TR1	TR2	TR3	TR4	TR4A	TR5	TR6
产品初始需求及概念完成	需求规格完成	概要设计完成	详细设计完成	产品模块完成开发、关键模块验证完成	初始产品的质量验证通过（系统集成测试）	制造系统验证、导入Beta客户并验证通过

TR4~TR5涉及生产制造环节，需各领域重点关注：

	规格（功能、性能、结构）	产品数据	采购	制造	技术支持	定价&配置器	可获得性
TR4	模块功能完成开发和测试		开发物料			启动定价	不能发货
TR4A	系统级测试完成，部分性能已验证	BOM发布	试制的工程物料	启动试制，工艺文件确认		确定定价、销售模型	不能发货
TR5	性能、稳定性测试完成，但需要外部验证	更新BOM	批量生产物料	工艺装备完成验证	可服务性培训完成	配置器完成	可早期发货

图 9-5　IPD 开发主流程关键评审点

概念阶段的目标、关注点及交付所图 9-6 所示。
计划阶段的目标、关注点及交付如图 9-7 所示。
开发阶段的目标、关注点及交付如图 9-8 所示。
验证阶段的目标、关注点及交付如图 9-9 所示。
发布阶段的目标、关注点及交付如图 9-10 所示。

概念	计划	开发	验证	发布

目标:
- PDT 根据项目任务书 Charter，确定产品包需求，对产品机会的总体吸引力以及各功能领域策略做出快速评估，形成初步项目计划。

关注:
- 分析市场机会和产品应用场景，评估财务结果和产品成功的理由及风险。
- 通过市场需求，定义产品特性和设计需求。
- 评估是基于有效假设，而不是有效的数据：
  - 若概念得到批准，则在计划阶段对假设进行验证。
  - 若概念没有得到批准，则不浪费资源。

交付:
- 项目计划（1~2级）。
- 产品包需求、设计需求、产品特性、关键技术可行性分析结论。

图 9-6 概念阶段的目标、关注点及交付

概念	计划	开发	验证	发布

目标:
- 清晰地定义产品方案及其竞争优势，制订详细项目计划及资源计划，确保风险可以被合理地管理。

关注:
- 基于事实数据对关键技术方案进行评估，开发最终的产品方案：
  - 若计划得到批准，则PDT团队与IPMT签订一个合同完成产品交付。
  - 若计划没有得到批准，则不会浪费资源。
- 产品关键需求。
- 制订项目详细计划，对于各阶段目标和存在的风险与IPMT达成共识。

交付:
- 产品规格和方案设计、最终商业计划书。
- 项目计划（3~4级）。
- 项目合同。

图 9-7 计划阶段的目标、关注点及交付

概念	计划	开发	验证	发布

目标:
- 对符合设计规格的产品包进行开发和验证,并完成制造准备工作。

关注:
- 确保产品定位为商业成功:
  - 关注市场和客户需求,重点关注变化情况。
  - 审视产品和财务假设,重点关注变化情况。
- 对产品进行设计、构建、集成。
- 制造准备就绪:
  - 确保产品具备可制造性。
  - 减少和处理风险和不确定性因素至可接受水平。
  - 准备发布工艺文档。

图 9-8　开发阶段的目标、关注点及交付

概念	计划	开发	验证	发布

目标:
- 对制造系统批量验证和客户验证测试,以确认产品的可获得性,发布最终的产品规格及相关文档。

关注:
- 确保产品定位为商业成功:
  - 关注市场和客户需求,关注变化情况。
  - 关注财务目标达成情况和预测。
  - 销售赋能情况、产品的可服务性。
- 产品功能和质量符合客户需求。
- 确保制造就绪:
  - 最终的工艺文档。
  - 供应商及产能就绪。

图 9-9　验证阶段的目标、关注点及交付

| 概念 | 计划 | 开发 | 验证 | 发布 |

目标：
> ➤ 发布产品，制造足够数量的满足客户需求和质量的产品，以便及时销售发货。

关注：
> ➤ 对制造准备的验证，确保制造过程中的产能和质量。
> ➤ 对发布计划跟进和调整。
> ➤ 项目权限清理。

图 9-10　发布阶段的目标、关注点及交付

具体的 IPD 开发主流程架构及相关活动，在此不再展开（详情可参考 2.2.3 节）。

➲ 9.5.4　IPD 支撑流程

IPD 开发主流程能否良好运作，支撑流程的作用不容小觑。针对质量管理和流程管理，XD 公司将怎么设计这两个支撑流程？

在全面理解和掌握了集成产品开发主流程的优化方向和设计要点之后，质量管理和流程管理这两大支撑流程如何为主流程运作保驾护航？它们对于 IPD 开发主流程而言，不仅关乎整个产品生命周期的效率，也直接决定了产品的质量和价值。

如果将 IPD 比作一座大厦，那么 IPD 开发主流程是这座大厦的主结构，支撑流程则如同基座和护城河，让大厦更为稳固和在遇到变革阻力时免受破坏。因此，本节将重点介绍质量管理和流程管理这两大支撑流程的设计要点。

质量管理流程设计要点如下：

- 建立完整的质量组织及相关流程。
- 将质量要求融入业务流程中，有专人开展质量过程监控辅导等工作。
- 对流程各阶段的质量要求设计 Checklist（检查项），确保质量措施和要求落实。

质量管理组织可以根据不同质量领域来设置专门的质量团队，图 9-11 所示为质量管理部组织架构。

为了提高产品的质量，研发质量管理是其中最重要的一环。图 9-12 所示为研发质量管理流程框架。

在研发质量管理过程中，涉及的文件清单如表 9-8 所示。

对于流程管理，为什么还要设计相关的管理流程呢？这是因为流程要服务业务部门，所以，流程需要随着业务的发展不断优化改进。流程管理的核心设计要点主要有如下 3 点：

- 基于流程架构，任命分层分级的流程 Owner（责任人），明确 Owner 的相关职责。
- 建立流程管理组织，支撑流程 Owner 持续进行流程规划、建设和运营。
- 设置流程运营机制和流程的绩效指标，对流程的适用性、合理性和有效性进行审视，再与流程 Owner 一起优化流程。

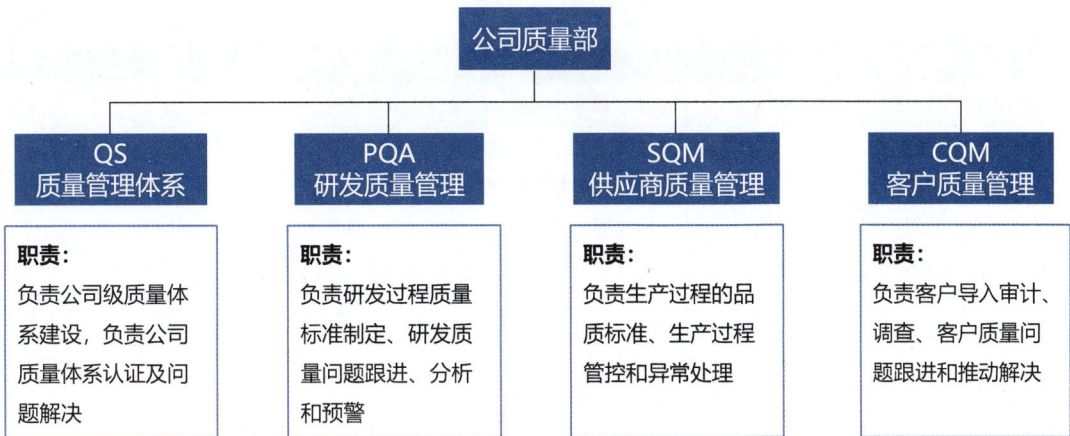

图 9-11　质量管理部组织架构

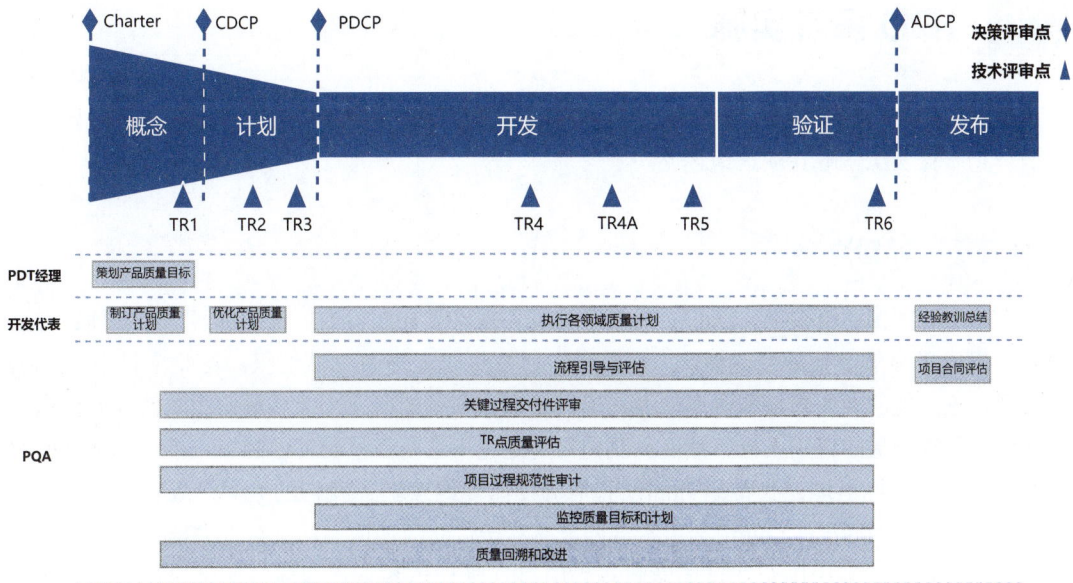

图 9-12　研发质量管理流程框架

表 9-8　研发质量管理过程中的文件清单

No.	名称	描述
1	《项目质量计划模板》	项目质量计划是项目计划的重要组成部分，主要包括项目关键里程碑节点、项目过程及结果度量指标、项目关键质量保证活动、历史经验和风险策划等
2	《质量回溯报告模板》	对研发问题或客诉的根因分析、解决措施及问题解决进展的相关回溯报告
3	《评审计划模板》	指导项目组各领域相关技术团队开展关键交付件的同行评审活动，主要包括评审评审内容、评审方式、评审组织者和评审完成时间等
4	《同行评审过程记录模板》	同行评审中的评审专家参与情况及问题记录

No.	名称	描述
5	《评审问题汇总及分析结果》	记录项目组评审的问题及综合分析结果
6	《TR 阶段质量评估报告模板》	对各 TR 阶段的关键业务活动的执行结果、关键质量活动的充分性和有效性，识别的问题和风险的评估报告
7	《项目过程规范审计报告》	项目过程中的规范审计结果报告，推动流程有效执行和改进
8	《项目度量状态报告模板》	对项目开发过程中指标数据的度量分析结果报告
9	《项目合同评估模板》	针对产品开发任务书合同完成情况，PDT 内部的初步评估报告

关于流程管理体系，不再展开赘述（详情可参考 1.3.1 节）。

XD 公司的 IPD 变革梳理已经完成，如何将变革通过 IT 系统固化落地？

9.6 IPD 系统实施

在 Andy 的带领下，公司的 IPD 变革咨询项目已经完成。IPD 落地的工作才刚刚开始，让我们一起体验 XD 公司 IPD 落地之旅。

⊃ 9.6.1 项目准备

在这周五的部门会议上，Danny 精炼地向团队介绍了 IPD 咨询项目的进展。尽管项目行进曲折，但成果显然令他感到满意。"IPD 咨询项目将在下周做总结汇报。在此项目中，Andy 的表现出色，他的专业知识和协调能力，确保了参与项目的研发团队和顾问团队的良好合作，因此受到了领导层的特别表扬。然而，我们只是走完了这场万里长征中的第一步。接下来的关键在于项目的实际落地，我希望 Jimmy 和他的团队能继续扩大我们的胜利，成功交付一个出色的项目。"听到这里，Jimmy 与大家一同鼓掌欢庆，然而他内心却没有太大把握。

近些年来，许多中国企业试图学习华为的 IPD 管理体系，咨询项目交付的很多，但成功落地 IT 系统的例子寥寥无几。Jimmy 与 Danny 深入探讨后，针对 IPD 的 IT 系统建设进行了充分梳理，主要涉及如下 4 个方面。

1. 项目目标
- 统一的研发管理系统，固化产品开发过程管理，支撑 IPD 管理活动在系统中落地。
- 统一的公司产品数据管理系统，是公司产品主数据的唯一可信源头。
- 制订 1～3 年的研发领域信息化建设路径。

2. 项目收益
- **规范流程管理**：通过统一研发管理系统，规范项目过程管理，提高研发能力和效率。
- **提升决策效率**：借助数据管理，可以更有效地进行策略决策和执行，帮助公司快速响应行业变化。
- **高效率投入**：持续投入研发领域信息化建设，将会使公司的研发管理水平显著提升。

3. 实施计划
第一阶段：基础数据打通和关键功能上线。该阶段是打基础，通过 4 个月左右的建设周期，完成产品核心数据的线上化，确保数据共享和协同。

第二阶段：支撑 IPD 产品开发管理流程。此阶段预计 2 ～ 3 个月，将产品开发过程通过 IT 系统落地，这类 IT 系统在很多公司也被称为研发项目管理系统。

上述两个阶段的整套系统通常被称为 PLM 系统。

4. 项目运作规范

在 Danny 的授权下，Jimmy 开始着手组织项目团队。按照以往的经验，Jimmy 拟定了一份《XD 公司 IPD IT 系统实施运作规范》，在规范中定义了项目组架构，明确了各角色职责、运作方式。规范内容如下：

（1）项目组织

IPD 实施项目组织架构如图 9-13 所示。

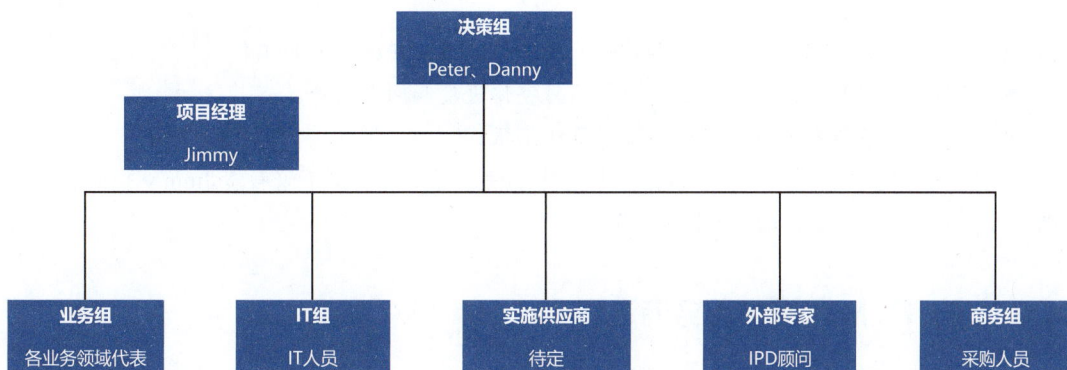

图 9-13　IPD 实施项目组织架构

决策组：由研发负责人 Peter 和 Danny 组成，负责选型决策和项目关键节点决策工作，负责向高层做阶段汇报。

项目经理：由 Jimmy 担任项目经理，整体负责项目的管理工作，协同实施供应商项目经理，向项目决策组进行阶段汇报。

业务组：由 Andy 和各领域代表组成，作为 IPD 项目业务责任主体，是沟通业务与 IT 的桥梁。负责组织 IPD 项目各个阶段需求调研、讨论。开发阶段完成后，负责组织研发业务代表参与功能验收。项目迭代发布后，负责输出推行文档，组织项目推行活动。

IT 组：由 Jimmy 按需安排 IT 成员参与项目。作为本次落地项目责任主体，选型阶段 IT 组主导产品选型和供应商选型工作。实施阶段负责将业务组的需求转化为方案，输出需求规格书。配合实施供应商完成整体实施方案制订，参与产品配置与开发工作。

实施供应商：经过选型确定具体供应商，也被称为"服务商"，是本次项目实施的核心力量，在 IT 组的协助下完成项目规划、执行、测试和上线的工作。负责关键用户培训，并完成技术转移。

外部专家：IPD 咨询项目顾问出任外部专家，为项目组提供必要的支持。

商务组：由采购经理指定采购员参与项目，负责商务谈判、合同拟定、付款等工作。

（2）选型

选型工作由项目经理主导，业务组、商务组全程参与选型过程，由项目决策组确定最终选型结果。从行业情况，大部分 PLM 软件厂商不提供实施服务，部分软件厂商虽然提供实施服务，但原厂交付的费用相对较高，所以，本次选型要综合对比产品能力、实施供应商的能力和费用投入情况。

（3）软件

本次选型不仅要考虑 PLM 软件，还要考虑是引入研发项目管理系统，还是在 PLM 系统上定制实施。经过一番探讨后，项目组决定再引入一款单独的研发项目管理系统。

（4）实施

项目实施由 IT 组和实施供应商协同完成，主要工作由供应商完成，IT 组需要指派固定的需求分析和技术开发人员全程参与，尽早熟悉产品和开发模式，避免项目结束后无力做技术转移的情况出现。

（5）例会

例会分为如下几类：

- 技术团队每天组织晨会，回顾前一天的工作进展，安排当天的工作。
- 项目经理每周组织项目例会，审核项目整体进度和问题风险。
- 项目经理在里程碑点例行向项目决策组汇报。

所谓"磨刀不误砍柴工"，项目范围和运作规范已经制订，接下来看看 Jimmy 和他的团队如何开展推进产品选型和实施选型的工作。

9.6.2　PLM 产品与服务商选型

PLM 产品与服务商的选型，决定了 PLM 系统实施的成败。

当前市场上的商用 PLM 产品种类繁多，大致可以分为两类。一类是从 CAD 设计工具出发，逐渐发展成能够覆盖整个研发过程的产品生命周期管理系统，国外代表性的产品有西门子的 Teamcenter、PTC 的 Winchill 和达索的 Enovia，国内厂商有天喻软件等。这类产品由于其深入的研发领域经验和与自有 CAD 设计工具的无缝集成，能与大部分主流 CAD 设计工具整合，因此其占有市场份额相当大，这也是 Jimmy 主要的评估重点。另一类是传统的 ERP 供应商，他们大多从商业角度出发，拓宽 ERP 的业务覆盖范围，引入了产品研发过程管理，通常将 PLM 作为其 ERP 系统的一个模块。这类产品的卖点是能实现研发与采购、销售、财务等一体集成。这类厂商的典型代表有 SAP、Oracle、金蝶、用友。但是，由于这类企业的核心方向仍为 ERP，所以，对于其 PLM 能力的实际效果，仍需要进行深入的评估。

从功能角度来看，为了覆盖产品生命周期的全过程，PLM 系统通常会包含以下功能：产品管理、零部件管理、BOM 管理、图文档管理、项目管理、流程管理及变更管理等。当然，本次项目组还需要引入专业的研发项目管理系统，再集成 PLM 系统来支撑 IPD 开发主流程的落地。

选型小组经过多次讨论，决定从如下 3 个方向来整理本次选型的需求：

- **业务组**：结合本次 IPD 咨询的成果，从研发部门使用系统角度考虑，看看选型产品需要有哪些能力来满足业务运作，输出业务需求。
- **IT 组**：从技术角度出发，考虑选型产品的系统灵活性、可扩展性、集成能力和产品迭代路标，给出技术需求。
- **商务组**：从供应商的行业地位、案例、服务水平和价格方面考虑。

PLM 系统的业务需求清单如表 9-9 所示。

表 9-9　PLM 系统的业务需求清单

功能	功能细项
产品基本信息管理	重量级团队管理
	产品分类管理
	产品信息管理
	产品规划管理
Part&BOM 管理	Part 管理
	BOM 管理
	物料选型和认证管理
	认证 / 检测 / 环保合规管理
文档管理	文档分类管理
	文档基础信息管理
	文档评审
	文档权限管理
	基线管理
	文档与 Part 关系管理
	文档存储管理
变更管理	产品变更、工程变更
项目群管理	项目监控、预警、统计
项目管理	项目立项
	项目计划管理
	里程碑管理
	成员管理
	问题风险管理
	工时管理
	任务管理
	测试管理
需求管理	需求结构化分解
	需求基线与变更
质量管理	质量度量分析

PLM 系统的技术需求清单如表 9-10 所示。

表 9-10　PLM 系统的技术需求清单

需求分类	需求描述
系统灵活性	支持业务对象及属性配置，支持业务流程配置
	支持灵活的数据权限管控能力，按组织架构、角色、群组等
定制能力	支持自定义模块，自定义模块可与现有模块交互
	可主动调用上下游系统接口，也具备完整的 API，并支持自定义 API 供上下游系统调用
易用性	基于角色定义个性化入口
	能自适应不同操作系统和浏览器客户端
	功能设计符合用户习惯，无须培训即可使用
性能	常用功能页面在 3 秒内响应，复杂页面不超过 7 秒
国际化能力	多语言支持，至少支持中文和英文两种
产品路标	有明确的路标规划
	具备明确的技术路线

PLM 系统的商务需求清单如表 9-11 所示。

表 9-11　PLM 系统的商务需求清单

需求分类	需求描述
供应商规模	企业规模需在 500 人以上
服务能力	需明确的 SLA，包括服务内容、服务资源、服务渠道和响应时间
商务价格	软件价格、服务价格

明确了需求后，采购团队开始积极联系由小组提供的候选软件供应商，并邀请他们推荐合作伙伴。紧接着，进行了一系列的沟通，如产品介绍、需求澄清、方案讲解。经过近一个月的沟通，选型小组根据收集的意见确定了候选供应商的候选名单。

接下来是 POC 阶段。选型小组甄选了本项目的关键场景，要求各供应商预备体验环境，并做好 POC 演示准备。Jimmy 明白这一阶段的重要性，并提出在 POC 演示前，供应商只需构建体验环境，无须安排操作培训。项目组在零基础的情况下能否上手使用系统标准功能，是对易用性评估的关键。

与 POC 阶段并行的是采购流程。由于项目预估金额达到公司的招标要求，故需通过邀标方式进行。Jimmy 协助采购团队整理标书，并启动内部采购流程，待供应商应标、回标。

从 POC 开始到收到标书，共花费了近两个月的时间。在采购约定的开标日期，业务、IT组和采购团队开始审阅标书，并完成各个领域的评分评估。Jimmy 向决策团队报告评估结果，因评估过程全面且客观，所以，选型结果顺利汇报通过。

⊃ 9.6.3 PLM 系统实施

Jimmy 团队完成产品和服务商选型后，产品到位和供应商入场等细节暂且不表，先看他如何组织整个实施过程。

周一早上，Jimmy 第一个到达公司，今天是项目开工会的日子。会议邀请了研发领导 Peter、研发二级领导、供应商公司高层及项目团队成员，近 20 人与会。开工会邀请双方的高层领导，不仅为了给团队鼓舞士气，还会明确项目的重要性，以及将来项目过程出现资源调度和问题上升的情况，都会有高层领导的支持。

整个项目将被分为 5 个阶段，预计需要耗费 6 个月的时间，具体的时间表如表 9-12 所示。

表 9-12   PLM 实施项目阶段

No.	阶段	周期	说明
1	项目准备	1 周	项目的部分准备工作，在合同期间可提前完成，主要是细化项目计划与资源安排
2	蓝图设计	1 个月	业务调研、蓝图方案设计与讨论
3	系统实施	3 个月	迭代方式上线，每月可迭代一次
4	上线准备	1 个月	历史数据整理、软硬件安装配置
5	上线支持	1 个月	上线后的用户支持工作

时间过得不紧不慢，问题不断出现，也在不断被解决。Jimmy 和他的团队在接下来的几个月时间里，就这样遇山修路、逢水搭桥。年轻的队员们借着项目的契机快速成长着，业务需求随着一个个配置，一行行代码，在系统上逐渐上线了。几个月后，将看到 XD 公司的 PLM 系统和研发项目管理系统全部成功上线了。

Jimmy 和他的团队在庆功宴上举杯相庆，但 IPD 变革能否基于这套 IT 系统在 XD 公司顺畅落地呢？它是否能给公司带来期待的收益？这些问题都需要时间来证明。Jimmy 清楚地认识到，IT 系统的成功上线只是开始，真正的挑战在于持续优化 IT 系统以适配业务未来的变化。

9.7 邮件之殇

虽然 PLM 项目干得如火如荼，但邮件系统让 IT 团队压力倍增，Mason 和他的团队应该如何优化和改进？

在完成公司网络架构升级和改造之后，Mason 和他的团队松了一口气，但是最近他们频繁收到公司高层和用户的抱怨：

- 公司的邮件访问速度缓慢，用户群发邮件经常导致公司邮件系统卡顿。
- 经常无法成功收发邮件，时常收不到外部邮件，发不到外部或者发出去也经常被当作垃圾邮件拦截。
- 研发对邮件安全问题感到担忧。因为现在任何人都可以从外部登录公司的邮箱，没有安全管控措施，这给公司信息安全带来了极大的风险。

为了解决这些问题，Mason 和他的团队仔细分析现状和原因。他们发现公司目前仍在使用外部租用的邮箱服务，邮箱服务器托管在 IDC 数据中心，并通过一条 5M 专线与公司内部连接。用户邮箱既没有配额限制，也没有收件人数量限制。这就导致在邮件使用高峰期或者同时给多人发送大附件邮件时，网络带宽和服务器经常出现卡顿，影响了用户的正常使用。

Mason 意识到随着公司的不断壮大，这个问题会越来越凸显，他们需要尽快采取一些行动来解决这些问题，提高邮件访问速度和保障用户信息安全。为了进行邮件系统优化，Mason 和他的团队计划自建邮件服务器，并将用户数据迁移到自己的服务器上，以提高邮件服务器的性能和稳定性。

邮件系统建设目标如下：

- **自建邮件系统**：在本地机房搭建成熟和稳定的邮件系统方案，这样才能提升访问速度和安全性。
- **安全访问策略**：为邮件系统访问增加严格的网络访问策略，禁止通过互联网直接访问，只有在公司内网、VPN 环境下或具备沙箱功能的专用 App 才能访问邮箱，以保障公司信息安全。
- **统一邮箱客户端**：使用统一的计算机客户端和移动端 App，便于运维和管理。
- **邮件策略设置**：规范邮件的使用行为，设定合理的邮箱配额和收件人数量，确保邮箱资源的合理使用。

Mason 与团队成员根据以上初步需求，开始寻找邮件系统实施厂商。经过反复评估和选型，他们最终选择了一家专业的邮件系统实施方，并选择微软 Exchange 作为内部邮件系统。通过对专线带宽扩容、使用不同运营商、智能 DNS 等措施来提高稳定性和使用体验。

邮件系统升级方案要点如下：

- **邮件服务器高可用**：采用邮件集群的方式提供高可用性服务，保证邮件系统的连续性和可靠性。
- **配额设置**：合理设定邮箱大小和收件人数量配额，如用户邮箱大小配额（默认 10GB）和收件人数量配额（默认 100 人），也可根据需要设定不同的配额限制。
- **移动办公**：选择支持沙箱的手机邮箱应用，用户可以随时随地收发邮件，并且保障了数据安全性。
- **邮件网关防护**：选择专业的邮件网关作为公司邮件系统安全防护系统，确保其具备强大的垃圾邮件过滤功能和安全防护机制。

在与供应商合作推进下，历经半年时间，Mason 和团队成员完成了邮件系统的选型、升级和用户数据迁移。新邮件系统不仅显著提高了邮件收发速度，还避免了带宽和服务器卡顿的问题，用户的满意度显著提升。

第 10 章 第二次 IT 规划

在解决了 IT 基础问题后，未来的 IT 方向在哪里？

经过第一次 IT 规划的实施，XD 公司的 IT 基础已经变得稳健可靠。主流的 IT 系统如 OA 和 IPD 系统已经初步完成上线，使得 IT 满意度大幅提升。IT 部门负责人 Danny 对此感到非常满意，这一切都是他和团队这几年努力的结果。

第二次规划要启动了。Danny 已经有了第一次 IT 规划的经验，他将之前的 5 个部分（详情参考第 9 章）化繁就简，转化为以下 3 个部分：

- **公司目标**：即对公司的战略理解。
- **IT 规划目标**：主要是融合对公司现状的调研，结合之前设定的数字化愿景和目标，优化顶层架构蓝图。
- **项目规划**：保持不变，是 IT 规划中最核心的部分。

1. 公司目标

此时，XD 公司已经成功在纳斯达克上市，前期制订的战略目标已经达成，但公司的未来目标愈发可期。在未来 3～5 年，公司确定了目标为 20 亿美元的营业额，员工规模也将超过 5000 人，并且计划通过资本市场来快速扩张，产品将从现在单一的手机领域，拓展到家电、工业、汽车等领域，为客户提供全方位的解决方案。

在家电领域，XD 公司将致力于为消费者提供创新的产品和体验。通过与合作伙伴的合作，将不断引入新的科技和设计理念，满足消费者对于品质、个性化和智能化的需求。

在工业领域，XD 公司将致力于提供先进的工业解决方案，包括设备、软件和服务。通过与制造商、供应商和合作伙伴的合作，帮助客户实现数字化转型和智能化生产，提高产品质量和降低成本。

在汽车领域，XD 公司将致力于研发和提供高性能电动车和智能交通解决方案。通过整合先进的电动车技术、智能驾驶技术和互联网技术，创造更安全、更智能、更环保的出行方式，提升人们的出行体验。

2. 第二次 IT 规划目标

为了支撑公司长期的业务目标、更广的客户范围及更快的增长速度，XD 公司将依托强大的 IT 基础设施和先进的信息技术，推动业务的发展和创新。IT 部门将积极参与到业务发展的全过程中，通过建设稳定的 IT 基础架构、提高信息安全水平、建设关键业务系统和改善流程运营效率，为公司的快速发展提供强有力的支撑和保障。

为此，Danny 和其团队核心人员启动了第二次 IT 规划：**以支撑公司长期的业务目标，打通公司各流程，提高运营效率和数据安全**。

在第二次 IT 规划中，IT 部门将以支撑公司业务为目标，守护数据安全为底线，并以 IT 系统建设为手段，助力公司实现更大的业务目标。通过 IT 部门和各二级部门主管的协作和努力，XD 公司相信能够实现公司的愿景和战略目标，成为这个行业的领军企业。

在解决了日常办公效率，建设了面向"产品创新"的 IPD 体系和系统后，IT 部门将以支撑业务为核心，并以流程高效运营为目标。数据安全将作为底线，而 IT 系统的建设将成为实现这些目标的重要手段。为了支撑 XD 公司的更大业务目标和更广客户范围，IT 部门计划建设"面向业务"的 LTC 和 ITR 两个主流程，并在运营层面启动 ISC 和 IFS（Integrated Finance Service，集成财经服务）的流程变革，以提高运营效率。XD 公司业务架构图如图 10-1 所示。

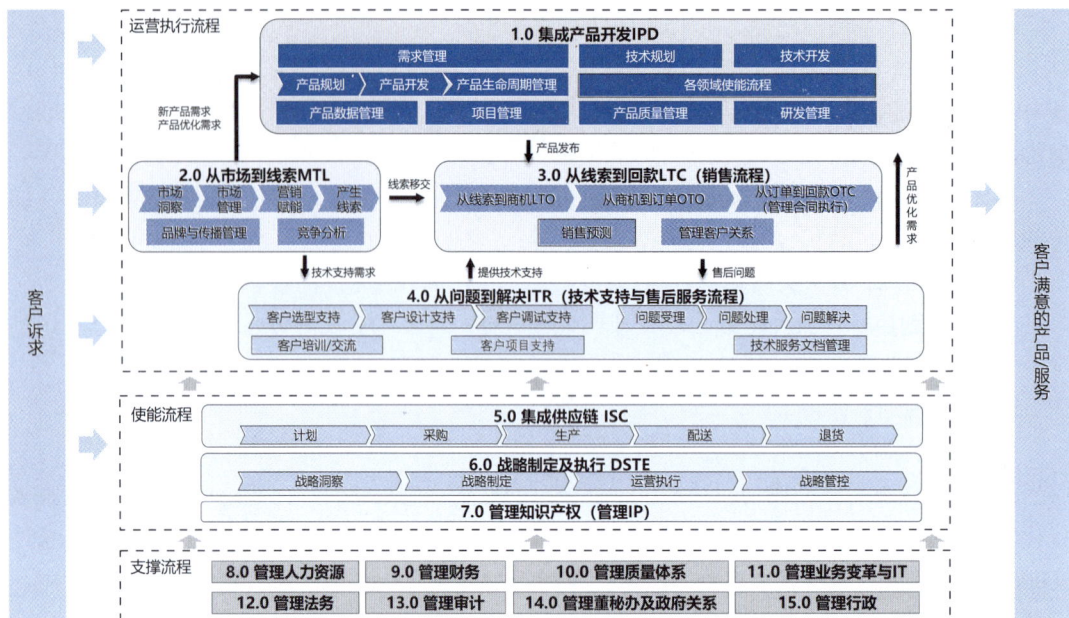

图 10-1　XD 公司业务架构图

3. 项目规划

在第二次 IT 规划中，项目的预算和 IT 建设团队规模将更上一个台阶，这是公司长期发展的决心，也是 IT 团队走向成熟的开始。为此，IT 部门确定了以下项目：

- **IT 基础架构升级**：IT 基础架构升级的负责人是刚刚解决了诸多 IT 基础架构问题的 Mason。为了支撑公司更大规模的业务需求，IT 部门计划围绕内部私有云建设稳定的 IT 基础架构，并启动数据备份和容灾计划。这将确保公司的业务系统始终可用，并将数据安全风险降到最低。

- **信息安全 1.0 建设**：信息安全 1.0 建设的负责人是刚就任信息安全团队的主管 Tom。为了提升信息安全水平，IT 部门将建设信息安全制度、终端安全、数据安全和网络安全的 1.0 版本。通过加强安全制度和措施，保护公司的信息资产和客户数据，防止信息泄露和网络攻击。

- **业务变革项目（LTC、ISC、IFS）**：业务变革项目的负责人是 Andy，他牵头并出色完成了 IPD 变革项目。通过 LTC，服务客户需求，提高项目转换率；通过 ISC 实现采购、制造、服务等方面的高质量交付；通过 IFS，将业务的收入费用算清楚；通过 IHR，激活组织，赋能培训，营造人才辈出的良好机制。如此这般，企业将逐步具备用系统的确定性应对不确定性的新能力、新体质。

- **LTC 项目**：LTC 项目是为了更好地支撑业务变革，负责人仍然是 Jimmy，他已经成功上线了 OA 和 IPD 系统。为了更好地管理和服务客户，IT 部门计划建设 CRM 和 CSM（Customer Service Management，客户服务管理）系统。这将帮助公司更好地了解客户需求，并提供更精准的定制化服务，从而提高客户满意度和忠诚度。

- **ERP 项目**：ERP 项目是 ISC、IFS 业务变革中的重点项目，将由 Danny 和 Jimmy 一起负责，公司董事长牵头。为了提高公司运营效率和数据准确性，IT 部门计划替换原来的老 ERP 系统。通过梳理 ISC 和 IFS 流程，消除 ERP 系统的孤岛问题，解决公司数据的及时性和准确性问题，并提高供应链和财务效率。新的 ERP 系统将为公司提供更强大的数据分析和决策支持能力。

第二次 IT 规划，也是 XD 公司发展道路上的重要一步，IT 部门负责人 Danny 与他的团队，将齐心协力，为公司的 IT 建设贡献力量，实现公司的更大目标。这意味着 XD 公司将在管理和数字化建设方面迈出了具有里程碑意义的一步，开启了一个崭新的篇章。

10.1 信息安全 1.0 之体系建立

IT 基础已成型，信息安全仍为零。

作为一家快速发展的科技公司，XD 公司亟须建立起一套完善的信息安全制度来保护其重要数据和网络安全。IT 负责人 Danny 最近聘请了信息安全主管 Tom，希望他能全面负责 XD 公司的信息安全建设。

Tom 具有多年的信息安全管理经验，针对信息安全体系，他根据公司的行业特点及面临的信息安全风险，制订了信息安全体系的 1.0 版本（详情可参考 6.2 节）。该体系明确了：

- 信息安全组织。
- 信息安全管理制度。
- 信息安全相关流程。

尽管信息安全制度在推行过程中，对部分研发人员的工作效率产生了影响，但是 Tom 通过与员工的有效沟通，充分尊重员工的意见，并积极调整措施，提供专项培训和技术支持，帮助员工尽快适应这些管理要求。

信息安全体系 1.0 刚建立起来，一场可怕的网络安全危机接踵而至，Danny 和他的团队如何面对？

10.2 信息安全 1.0 之技术建设

制度技术两手抓，信息安全方能报平安。

Tom 刚刚完成了 XD 公司信息安全体系的建设，就遇上少量员工反馈笔记本中了勒索病毒。虽然数量不多，但数据丢失的影响却不小，Tom 深刻意识到安全技术建设已经迫在眉睫。

经过一番调查，Tom 发现了一个惊人的事实：

- **终端管理**：终端基本没有设置安全策略，存在大量老旧系统和未打补丁的情况。
- **数据安全**：大量用户的计算机和部分服务器数据未备份，也没有对数据风险操作的审计。
- **网络管控**：终端准入存在漏洞，未经授权的设备可接入内网；所有终端和服务器皆可以访问 Internet；服务器网络和用户网络未做区域划分和隔离。

Tom 抓紧时间对上述问题进行分析，并提出了针对性的改进方案，主要的设计点如下：

1. 提升终端安全能力

- 引入了集中管理式的杀毒软件和补丁系统，对终端系统进行了全面的管理和威胁监控。
- 限制员工计算机的安装权限、USB 权限、共享权限，建立软件白名单机制，禁止下载和安装不受信任的软件。
- 将不再提供支持服务的 Windows 7 等操作系统升级到 Window 10。

具体方案可参考 6.4 节。

2. 保证数据安全

- 采用一套全面、高效的终端审计和加密于一体的解决方案，实现了对公司终端资料的全面监控。新加密软件的引入，不仅使终端性能大幅提升，而且加密导致的软件异常也减少了。
- 对于文件的上传、下载、共享、打印等操作方面的审计，通过与 IT 开发团队的合作，开发出审计自动化工具，极大地提高了审计的效率和准确性。
- Tom 引导用户使用公司网盘进行数据备份，由服务器运维人员定期检查备份情况和进行数据恢复演练，确保备份的有效性。

具体方案可参考 6.6.1 节、6.6.2 节和 6.7.1 节。

3. 加强网络管控

- 利用免费的 Windows NPS 准入服务器对所有接入公司内网的终端进行身份认证，同时结合自研的终端接入分析工具，可以确保设备合规性，实现了终端准入能力。
- 服务器与用户网络作为单独的网段，通过服务器防火墙，缩小用户访问服务器端口范围，对 22、135 ~ 139、445、3389 等高危端口进行严格限制，同时限制服务器主动访问用户侧网络和互联网，这可以有效避免反弹 Shell 类木马、勒索病毒、挖矿病毒的攻击。
- 在上网出口侧引入上网行为管理，对一些涉及信息安全泄密的网络应用屏蔽和审计，如聊天工具、外部网盘、论坛等。在上网权限控制方面，除笔记本外，台式机和服务器一律采代理和专门上网服务器（如利用 Windows 的远程桌面服务）两种方式，能有效限制网络访问权限和屏蔽用户的登录上传行为。

XD 公司经过上述改进措施的落实，公司信息安全状况得到了显著的改善。在全球爆发了 Wannacry 勒索病毒时，公司得益于上述改造而未受任何影响。

10.3 CRM 夭折

第二次规划的第一个项目 CRM 为何会夭折？接下来是业务梳理和 IT 系统实施衔接配合的失败教训。

⊃ 10.3.1 业务梳理

早晨的阳光透过办公室的窗户洒下，照亮着坐在办公桌前的 Andy，他正考虑如何启动

LTC 业务变革，必须与业务 Owner 销售副总裁 Bob 进行深入的沟通，以了解销售业务的需求，并共同梳理出适合 XD 公司的 LTC 流程架构。

首次会议中，Bob 剖析了销售部门的工作流程，目前最大的瓶颈是销售团队拉通各部门的效率不高，他急需一个端到端的销售交付流程来赢得更多的客户项目与份额。在 Andy 介绍玩业界 LTC 业务流程后，Bob 强调，对于销售团队来说，从线索到回款的整个销售周期非常关键，因此，LTC 业务流程需要尽快得到规范和优化，建议先梳理 L1 ～ L3 流程架构，再同步进行梳理详细业务流程和 IT 系统实施。

Andy 认真倾听 Bob 的需求，同时结合自己对行业的了解，开始构思适合 XD 公司的 LTC 流程架构。他考虑到 XD 公司的产品特点和市场需求，决定将 LTC 流程的 L1 ～ L3 流程框架按照业务阶段划分，即从线索到商机、从商机到订单、从订单到回款。

Andy 组织 Bob 指派的业务骨干共同梳理和设计 L3 流程及其主要流程活动，如图 10-2 所示。

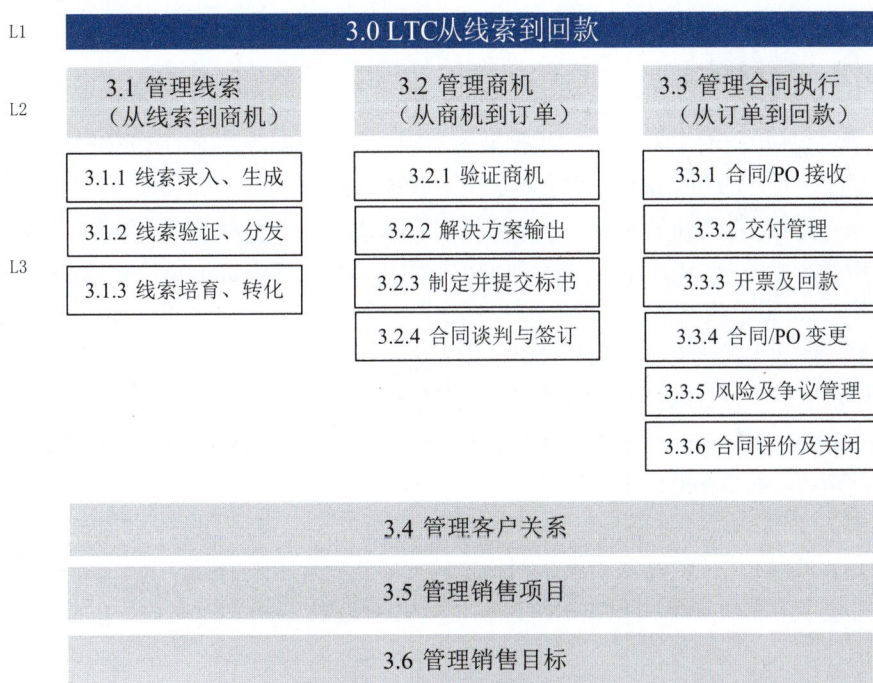

图 10-2　LTC 流程架构

- 在"3.1 管理线索"阶段，重点在跟踪和培育线索的措施，以确保销售团队能够及时获得潜在客户的信息，并与他们建立起稳固的商业关系。
- 在"3.2 管理商机"阶段，着重于确认客户需求、提供解决方案，并进行选择评估，以满足客户的具体需求。
- 在"3.3 管理合同执行"阶段，强调了获取订单、及时答交与交付、开票对账回款等环节的重要性。

LTC 流程架构之间的业务逻辑关系如图 10-3 所示。

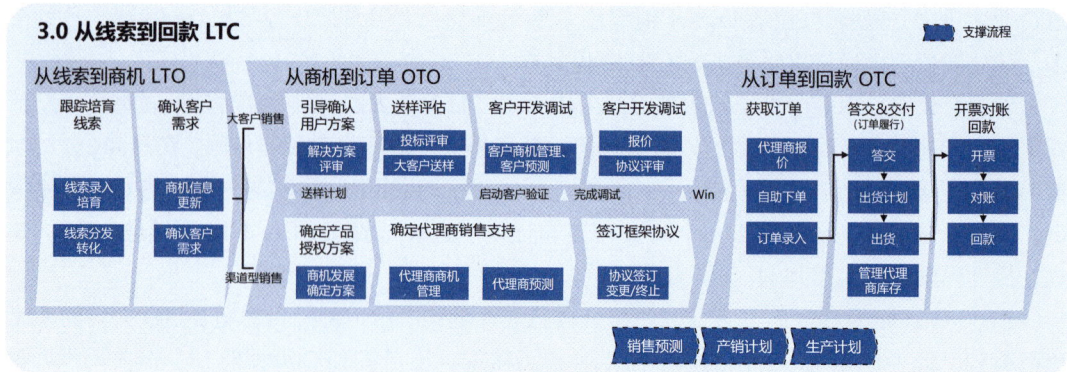

图 10-3 LTC 流程架构之间的业务逻辑关系

如何在 LTC 流程框架下进一步细化销售业务并通过 CRM 落地实施？为何 CRM 项目会夭折？

○ 10.3.2 项目终止

在 Andy 团队梳理的 LTC 业务流程框架的基础上，Jimmy 带领他的团队开始了 CRM 的选型工作，然而，良好的开头不一定就会有完美的收场。

在 Andy 团队前期工作的基础上，公司销售副总裁 Bob 表示对 CRM 项目大力支持，并主动指派了销售和服务两个部门的代表参与到项目组中。IT 方面，Jimmy 决定让 Evan 担任项目经理。尽管 Evan 最近状态不佳，但他在销售需求分析方面拥有近 3 年的经验，是 IT 团队中对销售业务最了解的人，因此被认为是目前最佳人选。

CRM 项目选型小组成员被确定为 IT 端的 Jimmy、Andy 和 Evan，以及业务端的两位代表，决策层是 Bob 和 Danny。在选型小组的讨论中，他们决定先对市面上的 CRM 产品和供应商能力进行调研，然后细致梳理选型需求。

近年来，CRM 软件市场格局已经相对清晰。国外几大厂商一直占据着高市场份额，而国内的一些新兴 CRM 供应商则依靠互联网资本的支持迅速崛起，Jimmy 和 Evan 经过讨论，并不费力地敲定了多家供应商，陆续安排交流。

一轮交流下来，大家发现每个厂商的路数基本一致：介绍自己公司规模如何，资本支持如何，Gartner 排名如何靠前，产品功能齐全且强大。接下来，Evan 需要请两位业务代表分别整理出需求，看看希望 CRM 系统能为我们实现哪些事情。两周后进行内部对需求的审核。

两周后，销售和服务代表分别介绍了他们的需求，销售部门材料很少，而服务部门提交的内容却很丰富。总结起来看，销售和服务部门对 CRM 系统的需求有较大的分歧。从销售角度看，XD 公司重点客户非常集中，因此，他们只希望业务流程足够清晰，并不需要将销售过程都落地到 IT 系统中，这样反而增加了销售人员操作系统的时间。服务部门表示，XD 公司的服务不是传统的售后服务，而是全程参与整个销售项目过程，还要主导产品导入验证的工作。虽然公司客户集中，但每个客户经常有多个项目并行，且项目过程有代理商、加工厂和配件商等多种角色参与，如何协调团队资源、如何跟进客户提出的问题、如何管理团队内部的工作任务、如何控制风险和成本等，都需要 IT 系统来支持。

结合上面的沟通情况，Jimmy 认为，销售部门可能并不需要 CRM 系统，而服务部门需要一个更加专注于服务管理的系统。屋漏偏逢连夜雨，这时 Evan 也提出了离职，他希望回老家发展。为了解决业务需求分歧，又遇上 IT 项目经理离职，Jimmy 组织了一次小组会议，并提出希望能尽快向决策层领导汇报项目的整体情况。

在项目例会上，Jimmy 向 Bob 和 Danny 汇报了每家供应商的沟通情况、选型需求总结及相关的风险等。Bob 听完 Jimmy 的汇报后表示认同，他说："从目前整体业务来看，销售和服务部门对系统需求的冲突还无法彻底解决，让两个部门都妥协可能最终将导致谁都不满意。我们可以考虑采取一种折中的方案，先把服务管理系统搭建起来，等到销售业务拓展后再考虑 CRM 系统的引入。"

Danny 附和道："非常同意 Bob 的建议，我们不应仅仅为了引入系统而引入系统。我认为，要满足服务部门的需求，也不是非得上个 CRM 系统才行，可以根据业务实际情况来提供针对性的解决方案嘛。"

Jimmy 说："非常感谢两位领导的意见。我们先暂停 CRM 选型的工作，关于服务部门的需求，我们会再单独与服务部门讨论与实施。"关于服务管理系统的实施暂且不表，在 3.2.5 节介绍了服务管理的部分内容。

在面对业务部门的需求分歧时，停止项目推进可能是一个明智的决策。

10.4　轰轰烈烈的 ERP 之业务架构梳理

Danny 和 IT 部门如何吸取 CRM 项目夭折的教训？接下来的 ERP 项目至关重要。

在 Danny 和 IT 部门经历了 CRM 项目夭折后，他们深刻认识到，业务部门需求的不成熟和内部分歧会给项目的成功带来巨大隐患。因此，他们决定必须吸取教训，才能为下一个业务变革项目做好充分的准备。

为了避免类似的情况再次发生，Danny 决定亲自牵头与供应链负责人 Louis 和 CFO Jessie 沟通，如果要上 ERP 项目，必须源于供应链和财务有迫切的业务痛点。

Louis 和 Jessie 非常认可这一点，决定亲自组织收集自己部门的业务痛点。他们深知只有真正了解自己的业务需求和当前的问题，才能为 ERP 项目的顺利推进提供更加准确和切实可行的解决方案。收集 Top5 业务痛点如下：

- **计划**：库存数据不准确，委外工单、生产进度只能通过邮件传递，导致供应商供货状态不准、没有整体计划、没有预警机制。
- **采购**：采购计划、采购成本、供应商协议、供应商绩效管理零散或缺失，没有系统进行操作和管理。
- **仓储**：没法管控从来料到委外交工、入库、出货的准确性、及时性和可追溯性。
- **销售**：缺少需求预测管理，难以查询到准确的库存状态和数量。
- **财务**：生产成本不准、委外存货没法分析监管，研发费用核算、费用报销都是手动作业，业务不流畅、效率低、月结速度慢；固定资产、现金流分析、费用报表缺乏有效的业务衔接和数据支持。

有了这些刚性需求，Louis 和 Jessie 更加坚定地支持必须尽快启动新的 ERP 导入项目，通过对供应链、销售、财务的业务梳理，解决上述 Top5 问题，助力公司实现更高效的运营和更健康的发展。

为了项目尽快开展，Danny 安排 Andy 先梳理业务架构。Andy 组织供应链和财务代表共同参与，梳理集成供应链（ISC）和集成财务管理（IFS）的业务架构，设计 L3 流程及其主要流程活动。具体内容可参考 2.5 节和 2.7.2 节，在此不表。

10.5 轰轰烈烈的 ERP 之系统实施

⊃ 10.5.1　项目准备

对 Danny 的团队来说，新的 ERP 导入是挑战，但更是机会。

Jimmy 的团队深入调研了市场上主流的 ERP 产品，如 SAP S4、Oracle EBS、Microsoft Dynamics 等，并对每个产品的功能和适用领域进行了评估。在选择 ERP 产品时，Jimmy 和他的团队考虑了以下因素：

- **功能完备性**：他们对每个 ERP 产品的功能进行了详细评估，确保选择的产品能够满足公司各个部门的需求。
- **可定制性**：由于公司的业务需求较为独特，团队注重产品的可定制性，以便根据公司的实际情况进行个性化定制。
- **可扩展性**：考虑到公司的未来发展和扩张，团队需要确保选择的 ERP 系统能够支持公司的业务增长，并方便地与其他系统集成。
- **可靠性和稳定性**：ERP 系统的稳定性对于公司的运营至关重要，因此，团队倾向于选择市场上已经证明稳定可靠的产品，并且在未来几年都有清晰的产品路标。
- **用户体验**：团队也非常注重 ERP 系统的用户友好性，希望选择一个操作简单、界面友好的产品，以便员工容易上手并提高工作效率。

经过与各供应商的沟通后，Jimmy 和 Danny 汇总了项目的初步成本和计划。结合整理的内部问题和需求，他们给高层做了第一次汇报。汇报得到了高层的肯定，高层要求继续细化需求，明确方案，并且安排了公司各相关业务的代表参与讨论，提供更清晰的方案框架和更精确的成本分析。

在接下来的一个月里，Jimmy 与 ERP 供应商进行了更细致的交流，各供应商也提供了基于各自产品的初步解决方案。主流的 ERP 厂商根据 XD 公司的需求，提出了以 ERP 系统为核心，并增加 SRM 系统，优化公司现有的 WMS 系统，集成公司现有业务系统，加强研发、销售、财务、供应链和供应商之间的协同，提高数据处理的及时性和自动化水平。这次方案提供了概要的解决方案框架和更精确的成本分析，Louis 和 Jessie 对这次的方案特别满意，批准了启动选型招标。

➲ 10.5.2 项目启动

轰轰烈烈的 ERP 项目启动了。

1. 选型要求

Jimmy 对本次选型准备很充分，他主要考虑了如下几点：

- 产品平台是基础，优秀的产品再适配 XD 公司的方案才能让产品发挥出价值。
- 实施供应商整体能力重要，但更重要的是他们配置的项目顾问。
- 项目上线时间点的选择很重要，因为 ERP 项目涉及各领域的期初数据的整理、核对和切换，如果这个时间点选择不对，会多出很多额外的工作。

整个决策团队对 Jimmy 的选型标准都非常满意。最终，经过采购部门的招标，各业务部门代表和 IT 部门评估打分，再由 Louis 和 Jessie 确认，选定了 ERP 软件、SRM 软件和第三方实施商。

2. 庞大的团队

这是 XD 公司近年来最大的 IT 项目，从 Andy 前期梳理的业务流程看，ERP 涉及公司80% 的业务部门，仅参与业务调研和讨论的部门代表就有 20 多人。IT 部门投入也很大，在每个业务领域，都安排了对应的 IT 人员，随着项目的推进，IT 投入的资源还会动态调整。供应商团队由 5 个业务顾问和 8 个技术顾问组成，这些资源都经过了 Danny 组织的面试筛选。

在 Danny 的领导下，40 多人的 ERP 团队开始了为期 6 个月的系统建设工作。在项目阶段划分和节奏控制上，供应商团队表现出了超高的职业素养和丰富的经验，这让 Danny 能够放心地把项目执行过程交给 Jimmy 和 Andy，自己更多关注关键节点的情况和高层需求。

3. 重要的方案

Danny 针对业务部门提出的 Top5 问题，经过与 Jimmy 和顾问的讨论，根本原因是上下游协同效率不高和数据更新不及时导致的。项目组对这个协同方案进行了多次讨论和修改，最终得到销售、采购、计划和仓库部门的一致认可。针对订单协同和生产加工过程协同确定了集成方案，如图 10-4 和图 10-5 所示（详细方案可参考 3.4.5 节）。

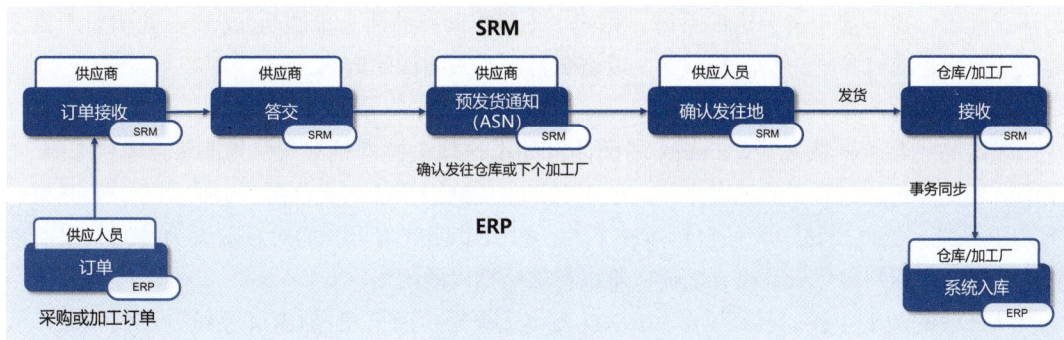

图 10-4 订单协同

Jimmy 组织项目组内部对蓝图方案评审通过后，并由 Danny 向 Louis 和 Jessie 做正式的阶段性汇报，高层对整体蓝图给予了高度评价。

虽然整个项目过程困难重重，但阶段性的成功已经足够激励团队前行。

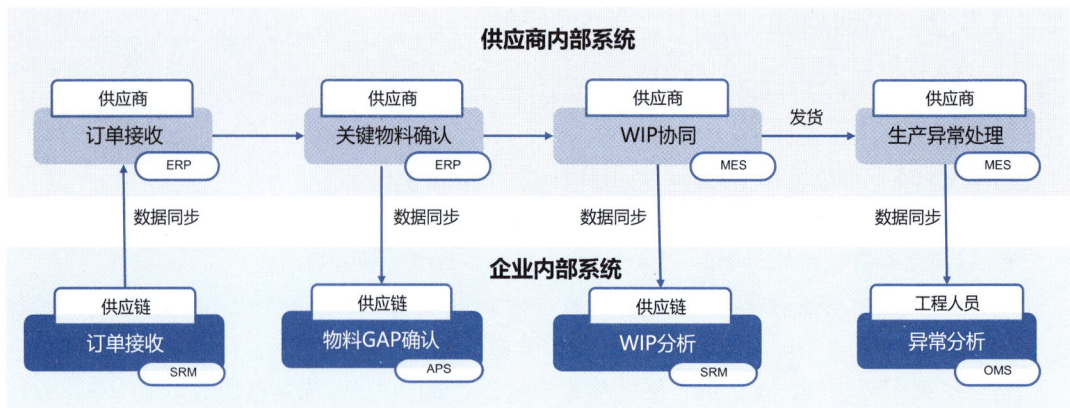

图 10-5　生产加工过程协同

⊃ 10.5.3　项目上线

上次讲到 ERP 团队已经完成了蓝图方案设计并顺利通过了阶段汇报，接下来的重头戏是实施，但系统配置和代码编写是枯燥无味的，因此，我们以 Jimmy 的视角，带大家看看不一样的体验。

要导入新的 ERP 系统，就不能只考虑单个 ERP 系统的上线。Jimmy 主要考虑有如下几点：

- 将视线拓宽到周边的配套系统建设，审视它们是否能像珍珠串般把各个业务过程紧密连接，形成一条完整的业务链。
- 关心用户体验的每个细节，努力让这次变革不仅仅是技术上的翻新，更是用户感受上的提升，至少不应削弱从前的舒适和便捷。
- 聚焦于团队能力的培养，当外来的顾问撤走，留下孤立无援的系统给我们自己，我们的团队是否有足够的技能和智慧去驾驭，去维持它的生机与活力？！

不仅如此，在建设新系统时，不能只是"弃旧图新"，还要"取长补短"，既不能盲目地追逐新潮流，也不能全盘否定旧系统。如同"不能在同样的河流里洗两次脚"，我们对于系统建设的原则也应该是吃一堑，长一智，以避免再次跌入同样的坑洞。

1. 不仅仅是一个 ERP 系统建设

在绘制了项目蓝图之后，Jimmy 的团队开始了一项关键的挑战——为即将启幕的 ERP 实施添砖加瓦，构筑起必要的配套系统。这不属于供应商团队的职责范围，他们的专长始终聚焦于 ERP 系统，因此，这一责任自然落在了 Jimmy 及其团队肩上。面对目前人力资源紧张的局势，诸如临时招聘显然只是权宜之计，难以打破短期内的困局。

从之前的故事中我们已经了解到，XD 公司迄今为止尚未配置 CRM 系统。不仅如此，从蓝图方案中提到的排产系统（APS 系统）、预测管理系统（FCST 系统）也是空白一片，仓库管理系统（WMS 系统）更是与新的 ERP 系统不兼容。经过一番激烈的头脑风暴，Jimmy 的团队做出了决断：他们将着手开发全新的 APS 和 FCST 系统；与此同时，对 WMS 系统进行最低限度的改造以保其运行，随后再逐步进行升级优化。

在 ERP 系统的同步运行中，再额外自建两套系统、优化改造一套，这对任何 IT 团队而言都是一项艰巨的考验。然而，Jimmy 内心充满了信心。这份自信来自团队这些年来在开发平台的稳步积累：他们已经熟练运用开源框架来搭建系统，并逐步汇聚了一系列的系统通用能力，如用户管理、权限管理、模块化建模及简易流程设计。经过 3 个月的努力，验证了 Jimmy 团队实施策略的合理性。他们凭借其创造性的思维和坚不可摧的毅力，逐个击破种种挑战，最终将这些独立的系统融合为一个协同共生、功能丰富的整体网络。

2. 用户体验至上

面对全新的 ERP 系统及众多补充系统的部署，该如何在短时间内让业务团队熟练掌握它们的使用，对于 Jimmy 及其团队来说，无疑是一场颇具挑战的考验。在项目推进过程中，供应商不断重申 ERP 项目是一项顶层设计的工程，这在 Jimmy 看来，一方面，是因为 ERP 项目将对业务流程造成重大调整，涉及各部门作业流程的调整和职责的重新分配；另一方面，业务团队对于新系统可能会有学习的抵触情绪，担心带来的学习成本和使用困难。

Jimmy 理解，即使得到高层的支持，如果系统本身难以操作，那么这将给他的团队带来持续的风险，因此，Jimmy 始终将用户体验视为项目的重中之重。基于此，他设计了多个设计研讨会、用户测试和反馈回环，以确保任何潜在的使用问题都能被尽早识别和解决。

Danny 也亲自参与了界面讨论，一一辨识出那些影响用户操作效率的界面元素，不遗余力地进行了优化和完善。他反复与供应商沟通，要求达到"以最少的点击，完成最多的操作"的使用效率。对于无法调整的界面，IT 部门就会用外围系统的流程或功能来弥补。

最终，Jimmy 团队坚守的用户至上原则，获得了用户广泛的认可与赞誉。

3. 人员能力培养

人才培养与成长是任何事业成功的基石，高效而稳健的 ERP 系统同样需要后期的精心雕琢。因此，对于 IT 团队来说，仅仅依赖供应商远远不够，内部成员的专业成长和自主适应性的提升才是长久之计。

因此，从项目伊始，Jimmy 就在团队内部进行了技能的盘点，并针对每位成员确定了一条成长路径。这些同事需要在短短的半年时间中，快速学习并吸收供应商顾问在产品和领域方案上的经验积累。

通过培训和实战经验并行，在供应商顾问的协助下，XD 公司的 IT 成员逐步掌握了系统的关键配置和开发方法，并在项目的每个阶段都参与其中。从需求收集到系统设计，再到开发实施，他们学习业务流程，理解客户需求，打磨技术技能。

这一系列能力的积累和提升，不仅为 ERP 系统的顺利实施提供了坚实的后盾，更为 XD 公司在数字化转型过程中培养了一批骨干力量。

ERP 成功上线了！对 Jimmy 和整个 IT 团队来说，都是一笔宝贵的成长经验。XD 公司的业务还在发展，这群可爱的 IT 人的故事还在继续。

10.6 并购之路

为了打造更全面的产品组合，实现协同效应和外延式增长，使企业全球化战略快速落地，XD 公司开启了并购之路。首个并购项目又将给 IT 团队带来怎样的挑战与成就？

1. 并购之始

Danny 和他的团队，通过持续不断的努力，成功地完成了第二次 IT 规划中的多个项目，并得到了公司管理层的高度认可。尤其是 ERP 系统的成功上线，整个 IT 团队获得了 COO Louis 和 CFO Jessie 的高度赞扬。Danny 和他的团队，在享受了阶段性的成功后，再一次整装待发。这次，他的团队将面临更大的考验。

XD 公司近期取得了巨大成功，不仅新产品成功上市，股价节节攀升，资本市场为 XD 公司带来了新的机遇和挑战——公司首次启动了海外并购计划。为了补充公司在无线通信领域的空白，XD 公司斥资 3 亿美元购买了一家名为 GN 的欧洲公司的其中一条完整产品线。GN 公司是一家全球领先的同行公司，产品线众多，员工规模超过 1 万人。

2. 时间之紧

并购计划是在疫情肆虐期间进行的，从当年的第三季度正式启动，交割时间（Day1）定为第二年的春节，时间不足半年，时间紧，任务重。

为了顺利完成并购交割，各部门开始组成联合项目团队，除了 IT 部门外，财务、人力资源、行政和供应链部门，都在为这场大规模的交接做准备。这次并购团队的领导是公司老板 Bill，但主要的领衔人物还是 CFO Jessie 和 COO Louis。

此次并购比 ERP 项目更加宏大，为此，XD 公司还召开了誓师大会——这是迈向国际化的重要一步。因为项目的重要性，所以，Danny 的团队压力比之前的所有项目更甚，因为 IT 是保障新团队顺利运作的基础。显然，这次并购对 IT 部门来说是一项巨大的挑战。

3. 难度之大

并购不仅仅是一个庞大的财务项目，对于 IT 切换来说，难度之大比其他团队更甚——既对 GN 现有的 IT 环境缺乏了解，国内也缺少有并购经验的 IT 供应商。在全球排名前十的 GN 公司，需要进行交接的不仅仅是一条产品线，更是一套复杂的 IT 环境和业务模式。

本次 IT 交割的主要困难有如下 6 点：

- R&D（Research and Development，研究开发）的工作环境非常复杂。GN 的研发环境不仅硬件架构复杂，还涉及多样的软件环境、设计工具和配套的许可证。此外，GN 公司还配备了大量的 IT 工具，包括 ERP 系统、PLM 系统、多个项目管理软件、文档管理系统、代码管理工具和各种应用系统等。
- 办公环境差异很大。GN 公司使用的是微软 O365，而 XD 公司使用的是本地的 Office、邮箱和聊天工具等。GN 公司租用大量的云服务器，如 AWS，而 XD 公司是以自建服务器为主的。此外，GN 公司的安全要求需要符合欧洲 GDPR 标准，而 XD 公司对安全管理要求却非常严格。
- 供应链切换颇具挑战。GN 公司的 BOM 结构、生产工序、ERP 排产和工单等与 XD 公司有很大的差别。在确保新的团队可以正常运转的同时，还需要梳理供应链业务流程，并且要调整 XD 公司的 ERP 系统（就是 Jimmy 团队刚刚上线的 SAP 系统）、PLM 系统以适配新的供应链业务，确保业务不能中断。
- 语言交流困难。在异国他乡，面临的不仅是专业层面的挑战，还有文化和语言层面的困扰。Danny 和他的团队成员，英语水平一般，除了书面可以借助工具之外，参加英语口语的会议非常吃力。他们在 GN 公司现场交流时，Danny 本人必须用蹩脚的英语与对方交流。
- 办公地点分散。GN 这条产品线遍及欧亚两地 6 个国家，除了少部分在中国外，大部分都是在欧洲和印度。无疑，办公室分散，给 Mason 的团队也带来了很多挑战，除了切换时需要当地有 IT 支持外，还需要考虑海外线路等问题。

- XD 公司的 IT 团队势单力薄。目前 Danny 的团队已经从最初的几个人扩大到 20 多人了，但这些人都是"一个萝卜一个坑"，能参与交割的 IT 人力捉襟见肘。

4. 任务之巨

Danny 和团队成员们开始着手各项任务的布局和实施，并制订了一系列关键任务和分工负责。

- R&D 环境的迁移。R&D 环境的迁移是由 Danny 负责的重要任务，他将寻求供应商的协助，确保新的团队可以顺利进行研发工作。因为 GN 公司的研发环境，是定义了公司的 Flow（通过自动化的脚本提高工具使用效率），而国内中型公司一般不会有这么复杂的环境。Danny 必须努力寻找方法，以尽可能将新的设计环境顺利迁移到 XD 公司，并确保所有 R&D 工作的顺利开展。
- 办公 IT 的迁移。办公 IT 的迁移是由运维组主管 Mason 负责的任务。他知道，从本地的 Office 转移到 O365，从自建的服务器迁移到 AWS 云服务器，还有海外线路的切换。每一个迁移步骤都不能出错，每一个数据文件都是公司的生命线。
- IT 系统的迁移。IT 系统的迁移是由应用组主管 Jimmy 负责的任务，这里不仅涉及一部分系统的租用和迁移，还涉及优化 XD 公司现有的 IT 系统，尤其是 ERP 和 PLM 管理系统，以适应新的业务需求。

5. 并购之旅

寒冷的欧洲衬托着 Danny 团队的单薄，他们负责交割项目的全部人员比 GN 公司参与配合的人都要少得多。时间短、任务重、团队小、环境杂，Danny 和他的团队开始了数次"欧洲之旅"，这对许多人而言的浪漫旅程，但对他们来说却是巨大的压力与挑战。

⊃ 10.6.1　系统改造

并购，这个高大上的词汇，Jimmy 置身其中，还没理清自己需要做什么。

一切都来不及准备，也不顾上疫情的防控，紧张压迫的节奏推着 Jimmy 踏上了欧洲土地。Jimmy 团队的任务，是让新加入 XD 公司的业务，能够在研发、供应链和销售领域的系统上跑起来。

Jimmy 组织内部的业务团队，梳理了研发、供应链和销售 3 个重点领域的关键流程，然后尝试拿新产品线的数据，按照关键流程试跑起来。这个过程中，最难的是理解对方提供的数据，例如，一个产品有多套 BOM，为什么会有多套呢？每套是否能完全替代？产品库存到底用的是哪套 BOM？一个产品有多个加工路径，为什么要保留多个加工路径？是产能限制，还是客户要求？收购完成后，是否要保留多个加工路径？这些问题，在业务上的答案就是是或否，但在系统层面就意味着要不要支持业务的多种场景，一旦场景遗漏，后续就可能影响产品生产和销售。

1. 研发系统适配

Jimmy 团队讨论认为，研发领域需要解决如下两个问题：

- 有哪些产品数据需要接收？这些产品的完整 BOM 及零部件是否完整？
- 将来新产品数据谁来负责维护？在哪些系统上维护？

GN 公司使用了达索公司的 Enovia 系统对产品数据进行管理，系统中不仅有 XD 公司关心的用于量产的生产数据，还有研发过程积累的过程数据。研发部门从对方拿到的数据固然很全，但混杂了很多过程数据，这些数据如果通过人工来识别，工作量非常大，而且容易出错。

Jimmy 建议开发一个数据整理工具，按照业务规则，从离散的产品数据中解析出 XD 公司需要接收的产品信息。经过 3 天的开发调试，工具实现了 1 个小时从 100 份产品数据中解析出需要的产品数据。

虽然经过工具清洗整理后的产品数据量有所减少，但是通过人工创建的方式进入 PLM 系统中，仍然需要花费大量的时间。Jimmy 团队又开发了针对性的产品数据导入工具，实现了将接收的产品数据自动导入到 PLM 系统新产品线中，并自动标识出产品层级、物料在 BOM 中的关联关系。

另外，GN 公司的研发项目团队一直在利用 Jira 管理项目需求和任务，同时也利用 Confluence 实现团队工作的在线协同。幸运的是，XD 公司也使用了一样的工具，所以，这些数据和工作流都将平滑切换到 XD 公司的系统上。

将来，这条新产品线的数据将适配 XD 公司现有的项目管理方式，通过各业务流程自动进入 PLM 系统中。至此，研发领域的系统适配工作已经基本完成，为 Day1 到来准备的工具也已经就绪。

2. 供应链系统适配

对于本次收购，XD 公司在供应链系统上面临的挑战更大。对 Jimmy 所关心的系统层面的挑战包括如下 3 个方面。

（1）委外生产订单方式多样化

GN 公司的产品下单方式灵活，不同的产品采用不同的加工路径，Jimmy 团队能否根据业务的需要，灵活调整产品的下单方式？为此，他们梳理了所有产品十多种加工路径，多段加工委外物流流转路径，每段加工成本计算逻辑和对账规则，确保从原材料加工到成品的过程被完整覆盖。

经过对系统的改造升级，收购的产品 BOM 会通过 PLM 系统同步到 ERP 中，BOM 会根据产品可能存在的加工路径生成多种结构，生产部门可以根据供应链的实时情况选择性下达生产订单。加工过程需要的测试程序、工艺信息会根据投产物料自动带出，减少下单过程中的人工干预。

（2）生产数据协同方式不同

GN 公司的生产数据是通过 EDI（Electronic Data Interchange，电子数据交换）系统和上下游进行自动对接的，而 XD 公司并没有这个系统，在短短 3 个月内搭建一个 EDI 系统，并打通上下游十多家供应商，几乎是不可能能完成的任务。加工厂的数据集成方式是多样的，在供应链负责人的协调下，Jimmy 和上下游加工厂逐一确认了集成方式。经内部讨论，针对实时性要求高的数据，通过 XD 公司 SRM 系统的接口实现数据的实时交互，针对实时性要求不高的数据，通过 FTP 定时获取数据。

（3）数据迁移方案复杂

从生产到销售，如何迁移历史订单和库存数据？对于 XD 公司来说，这里的难点是要在 Day1 当天切换未关闭的生产订单和实时库存。在 Day1 当日，GN 公司会通知加工厂停止生产，然后从系统中导出实时的委外加工订单和库存，XD 公司需要将委外加工订单通过清洗转换，形成新的委外加工订单，通过系统下单给加工厂。同时，将库存导入 XD 公司系统。

为此，Jimmy 团队需要开发两个工具：第一个工具是将 GN 公司委外订单转化为 XD 公司委外订单，并将订单生成到 ERP 中，再通过 SRM 同步给加工厂；第二个工具是将库存导入 XD 公司 ERP 系统中。

3. 销售业务适配

销售端的情况对 Jimmy 来说比较简单，因为 GN 公司在系统层面和客户直接对接的情况不多，这就意味着业务转移给 XD 公司后，需要对销售业务系统进行改造的工作近乎没有。Jimmy 团队需要做的事情是，能够在 Day1 的时候，将客户下的采购单批量导入 XD 公司的 ERP 系统中。至此，XD 公司收购的业务就可以在系统上完整运行起来了。

Jimmy 和他的团队经过近 3 个月的努力，完美交付 XD 公司首次并购中的 IT 系统适配。

⊃ 10.6.2　R&D 环境迁移

在这次并购中，R&D 环境的迁移一波三折，Danny 领导的 IT 团队在全球业务一体化的大背景下面临诸多挑战。Danny 是如何解决国际并购中的各种困难并顺利交割完成呢？为了保障并购的成功，Danny 亲自带队，负责 R&D 环境迁移。

1. "跨境作战团队"的苦恼

并购的 GN 团队分散在欧亚美 3 大洲的 8 个国家，虽然每个国家的人员并不算多，但彼此负责的内容尽不相同，与 XD 公司文化差异显著，而且 Danny 团队也不熟悉欧洲的 GDPR 要求。

对于 Danny 来说有一个好消息，GN 公司现在合作的供应商 LITY（化名），正好负责 GN 的 R&D 环境和办公 IT 的支持，如图 10-6 所示。他们主动做了一个 Proposal（建议方案），确保能够在 Day1 顺利交割，这对 XD 公司极具吸引力。因此，IT 的切换就会像财务和 HR 的切换一样，由一个特别熟悉 M&A（Mergers and Acquisitions，并购）的供应商来主导，省去了不少麻烦。然而，本来双方谈定的 10 万美元的整包合同，LITY 临时坐地起价，涨到 100 万美元，这无疑是一个天文数字。

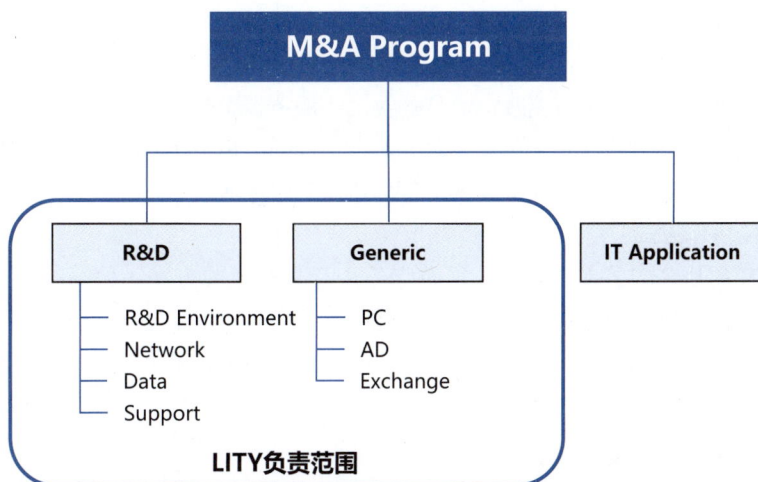

图 10-6　M&A IT 项目范围

Danny 向公司高层汇报后，果断改变策略，决定由自己寻找团队来做迁移。公司某高层还动用了他的国际人脉资源，邀请到了来自欧美 3 个国家的独立顾问。同时，Danny 还找到了国内一家服务商，与欧美这几个独立顾问，以及 XD 公司的海外 IT 人员一起组建了项目团队——来自世界各地的"跨境作战团队"组成。

深夜的办公楼，灯火依旧明亮，Danny 痛苦不已。"跨境作战团队"的协作隐患，随着团队的第一次碰面就暴露无遗了：

- 时差问题，国内团队需要半夜和大家开会。
- 工作节奏的不同导致进度难以匹配。
- 工作边界不明晰而产生的误解和小冲突不断。

团队成员合作不畅，时常有人找 Danny 投诉，令他最好笑的是，A 投诉 B，B 投诉 C，C 同时投诉 A 和 B，诸如此类。苦不堪言的 Danny 决定制订如下规则：

- 团队成员划定清晰的职责边界。
- 固定周会时间，确保跨区域协作不出岔子。
- 任何职责不明或交叉部分，都由 Danny 组织专项会议讨论解决。

经过两个月的磨合，"跨境作战团队"不再互相投诉和抱怨，这仅仅让 Danny 暂时松了一口气，但团队仍然工作效率不高。

2. 效率低下的困局

按照既定的计划，两个月应该进展大半才能满足 XD 公司的交割期限，大多数任务摆在 Danny 和他的全球化"跨境作战团队"面前，进展缓慢，方案不统一，配合陌生，团队效率不高。对比"跨境作战团队"的配合，这个问题更加棘手。Danny 将这些问题逐步拆解。

（1）数据同步方案

GN 的数据散落在世界各地的多个云服务和物理服务器上，如何迅速而准确地迁移、消除冗余并保持数据一致性？如何搭建服务器能够对接 GN 公司？租用云还是自建服务器？

Danny 下令成立了跨部门的工作小组，专门负责云数据的迁移与同步。与 GN 公司一样，Danny 租用了同一家运营商机房、同一家云厂商，并开通高速传输带宽，以便团队无须深入专线和云架构细节，就可以快速同步任务。这个策略虽然费用稍高，但在一定程度上降低了技术门槛，并统一了数据迁移的流程。

（2）研发服务器架构确认

研发服务器架构问题迟迟不能敲定，是购买二手服务器节约时间，一直租用云服务器，还是找一家交付速度最快的供应商购买新设备？为此，Danny 邀请了存储原厂的专家，并且由采购部门支持，决定先租用云，同步购买新设备再替换云服务器。

（3）与 GN 协作方式

针对与 GN 的协作方式，Danny 必须敲定一个行之有效的方案。他深知，除了全面采取远程工作外，还需要现场的 IT 人员对接。幸运的是，他自己的 IT 团队，虽然不大，但遍及全球，在欧洲的 IT 兄弟 Marshall 不但技术过硬，而且富有激情。无疑，让 Marshall 作为当地对接的 IT 人员，是 Danny 做出的最正确的选择。

（4）研发环境搭建

研发环境搭建是最重要的一个问题。GN 公司多年来使用的研发工具种类多，沉淀的研发设计流程和规则也非常复杂。为了解决这一问题，Danny 联系了熟悉 GN 公司环境的一个自由顾问——他曾为 GN 公司服务多年，由他专注于解决 GN 环境调试问题，其他人专注于数据同步和验证问题，R&D 环境问题逐步解决了。

3. Day1 的成功

经过无数个通宵达旦的辛苦奋斗，R&D 环境迁移团队在 Danny 的带领下终于迎来了曙光。对于这个"跨境作战团队"的项目团队，虽然在配合默契程度和工作效率方面不尽人意，但最终凭借各个团队成员不断磨合和相互支持，R&D 环境最终在 Day1 前的一周顺利验证通过了。

事实上，成功当天并未带来预期的巨大喜悦和放松感。相反，在经历了无数个白天与黑夜的奋斗后，留给 Danny 和他的团队的是格外宝贵的经历与精神财富。

同期，还有 Mason 团队在迁移办公 IT 环境，他们接下来会面对哪些困难和挑战呢？

⊃ 10.6.3　基础架构整合

Mason 和他的团队也面临着前所未有的挑战。除了时间紧迫、任务繁重外，他们还必须克服与此并购相关的一系列技术和文化障碍。

Mason 及其团队正在对 IT 基础架构进行整合，主要包括以下内容：

1. 邮件系统迁移

XD 公司使用本地搭建的邮箱，而 GN 公司使用的是微软 O365 邮件系统。搭建一个本地与 O365 混合的邮箱架构，是他们面临的第一个挑战。除了本地邮箱和 O365 集成外，Mason 还需要使用 Exchange 管理工具实现对用户数据的迁移，包括用户邮箱内容、共享文档、日历和联系人等，并且要确保迁移过程中的数据一致性和完整性。

2. 办公计算机环境统一

使用 O365 的 OneDrive 对用户数据和配置信息进行全面备份。对于 GN 员工正在使用的计算机，则采用操作系统镜像的方式进行批量安装，以节省时间和确保一致性。准备自动化脚本，用于对计算机进行加入域和配置，从而提高部署效率和减少人工操作出错的可能性。

制订并准备软件清单，明确需要安装的软件及其配置要求，并编写详细的部署文档，以便进行统一的部署和配置。

3. 本地机房及网络建设

因办公室内无法搭建自有机房，所以，Mason 决定采用 IDC 机房租用方式，以快速搭建本地的 IT 基础架构。通过部署 SD-WAN 解决方案，实现快速的内网架构互通，有效整合国内和海外办公环境，提升网络通信效率和稳定性。

利用公有云平台方式，对交接的数据临时暂存，为数据迁移提供足够的灵活性和可扩展性。在新购的服务器和存储到位后，通过云平台的同步命令，将云上数据快速同步到本地存储，并对数据进行完整性校验，确保数据迁移的准确和可用性。

在这次并购的征程中，Mason 团队的每位成员都有了显著的成长。除了技术上的成长，在面对多样化的工作环境和不同国籍的团队成员时，还学习到了更高效的沟通方法和冲突解决技巧，共同克服了一次又一次的困难。

第 11 章　第三次 IT 规划

以支撑业务为核心，以流程运营为目标，启动第三次 IT 规划。

在经过第二次 IT 规划实施后，信息安全 1.0 版本已完成，IT 基础架构更加稳健，并且完成了公司私有云平台和异地容灾备份。ERP 系统已经成功上线并获得老板的高度赞扬，因此 IT 满意度大幅提升。同时，XD 公司在资本市场成功并购了 GN 公司的一条产品线，通过 IT 团队的不懈努力，半年内就完成了 R&D 环境、IT 办公和 IT 系统的交割，这是 Danny 团队一起努力的成果。

尽管 IT 团队获得了公司高层的高度认可，但也有一些不尽人意的地方，因为公司在销售业务管理上没有形成统一的管理思想，所以，二期规划的 CRM 系统只能被迫搁浅。

第三次 IT 规划又启动了，和第二次 IT 规划一样，本次 Danny 也是按照如下 3 个部分进行：

1. 公司目标

XD 公司在成功并购了 GN 公司的一条产品线后，公司之前的战略目标 20 亿美元已然达成，公司老板雄心勃勃，再次和公司各高层制订了未来的 5 年目标——50 亿美元，员工预计达到 10 000 人以上，尽管仍然是覆盖家电、工业、汽车等领域，但产品线应用领域更广泛，如通信、连接、AI、IoT 等。

从并购之始，XD 公司便开始布局海外，不仅仅是在海外布局销售和服务，而且海外的研发中心也遍及全球，在欧美豪强、亚洲"四小龙"等地，XD 公司的高楼耸立，这对 XD 公司而言是前所未有的繁荣景象，对于 Danny 团队来说，也带来了更多的机会和挑战。

很显然，对于不同的应用领域，不同的产品线，不同的客户群体，不同的国家与文化，自然也需要调整相应的营销策略和运营策略。为此，IT 团队需要密切配合公司业务团队，支撑公司全球化布局，并且要为公司第三次战略目标达成提供生产力。

2. 第三次 IT 规划目标

这次和前一次不同的是，XD 公司已经成为一个 Global Company（全球公司），新产品线更多，而且研发队伍、客户群更加分散，为了更好地支撑公司这一战略，XD 公司必须依 IT 来提升业务流程运营效率和协同效率，推动业务的快速发展。为此，Danny 和其团队核心人员启动了第三次 IT 规划：

以支撑公司长期的业务目标，打通公司各流程，提高运营效率和各部门协同效率，支撑公司规模增长的同时，合理控制员工人数的增长。

同时，XD 公司越来越受关注，技术的领先，已经让数据安全成为公司的红线和底线。对此，Danny 又大展身手，制订了以下几个重要事项：

- 基础架构统一。如何支撑公司全球化办公？IT 的基础环境如何统一？如何自动化运维管理？这些都是 Mason 要考虑的，似乎很简单，又着实很难。
- 信息安全提升。如何保护公司的信息资产，又不影响大家的工作效率？对于 Tom 来说，挑战无疑也是巨大的。
- 业务变革落地。本次规划中一是要解决"面向全球业务"的 LTC 和 ITR 两个主流程；二是要持续优化交付，提高交付效率的同时，又能管理好库存周转率。Jimmy 和 Andy 要进行业务的变革梳理，还要考虑 CRM 系统是否需要建设，以及如何去建设，还有供应链协同如何提升效率等。

3. 项目规划

本次项目规划主要涉及如下 3 个重点项目：

- IT 基础架构统一化和自动化运维，由 Mason 牵头。
- 信息安全 2.0 建设，加强网络安全防护，及时发现风险，负责人还是 Tom。
- LTC 全流程落地项目，这不仅涉及流程梳理，还涉及多个 IT 系统的建设和优化，负责人仍然是 Andy 和 Jimmy。

第三次 IT 规划是 XD 公司发展道路上的重要一步，作为一个中大型企业，很多公司都是围绕此阶段不断重复改进和优化，如何成功突破 IT 系统的重复建设困局？如何能够迈向公司智能化运营阶段？要满足目前所需，也要支撑未来之变，允许小的调整，又不能无功折返，Danny 和他的团队处在最重要的 IT 建设阶段，也是最具挑战的阶段。

11.1 黑客来袭

信息安全最可怕之处，就是它一直暗流涌动，而你却以为风平浪静。

1. 风暴来袭

一个周六的早晨，平静如常，IT 群里的消息打破了宁静。原来是移动 App 出现故障，公司员工无法打开 App 进行打卡了。这个 App 的负责人 Douglas 急匆匆排查，却发现服务器的 C 盘空间告急，服务被异常终止了，而且无法手动重启。

细心的 Douglas 发现，原来服务器上的 C 盘空间满了。这完全不合理，因为这个 App 所占空间很小，肯定是有其他的文件占用了 C 盘。很快，在 C 盘一个隐藏文件夹内找到了有两个非常大的压缩包，文件名是 10.50.100.22_1.rar 和 10.50.100.22_2.rar，共有 50GB，难怪 C 盘空间满了。

10.50.100.22 服务器是谁负责维护？谁把打了压缩包？又是谁把这个压缩包复制到 App 服务器上？

Tom 作为信息安全负责人，非常警觉，直觉告诉他，这应该是黑客攻击——这是恶意的定向攻击。

2. 快速应对

Tom 的猜测很快得到了验证，原来 10.50.100.22 作为内部 Git 代码服务器，上面的代码被黑客压缩后搬运至该 App 服务器，然后通过外网传递出去。于是，一场安全危机迅速蔓延至整个 IT 团队。

Tom 迅速制定了如下应对措施：

- **切断网络**：关闭 App 服务器的外网，确保现有数据的安全性。
- **保存现场**：保存现有的网络防火墙等日志，和团队一起分析追踪黑客身份、攻击的日期、数据丢失的大小等。
- **分析问题**：查找安全漏洞、分析黑客攻击链路，确认攻击到 Git 服务器的完整链路。
- **紧急响应**：从公司层面，需要尽快汇报，如何应对这次事故？经老板批示，与法务、研发成立联合工作组，评估代码的风险，并向警方报案。

- **安全改进**：快速制订网络安全提升方案，预防本次漏洞。

可想而知，这不仅仅是一个不平静的周末，而且是不眠的周末。IT 团队夜以继日，两天两夜没有合眼，经过分析防火墙和服务器日志记录，最终得知黑客利用 App 漏洞入侵，并且控制了 AD 服务器。众所周知，AD 服务器是公司最核心的服务器——拥有 Windows 的最大权限。黑客通过 AD 服务器，然后便如入无人之境。

3. 柳暗花明

经过 Tom 和他的团队分析，最终还原了整个过程，如图 11-1 所示。

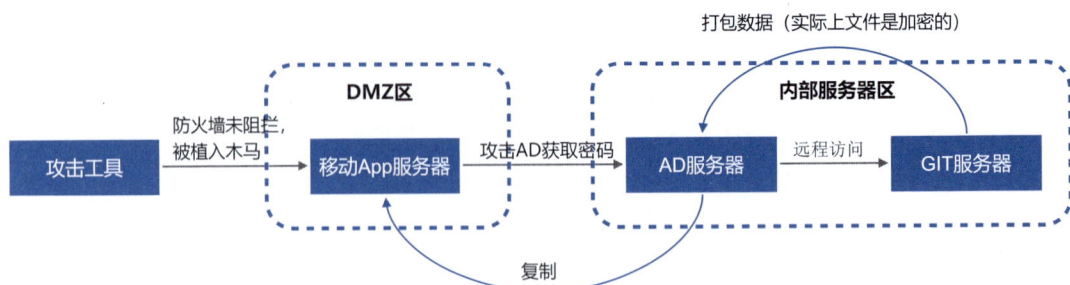

图 11-1　黑客攻击过程图

- 黑客利用该 App 的漏洞，通过外网攻击 XD 公司的机房，进而控制 AD 服务器，然后去访问当前网络内的 Windows 服务器。
- 黑客潜伏在 XD 公司的服务器上多日，已经完全摸清楚服务器的用途，并重点复制这台 GIT 服务器的数据。
- 幸运的是，这些数据都加密了，这都源于当时信息安全 1.0 中做的一些安全提升，GIT 服务器上的数据原来都是加密的。

最后，在公安机关的协助下，最终找到了这名黑客——是一名比较厉害的"江湖高手"。幸运的是，黑客因为加密问题而无法访问这些数据，并未导致机密数据泄露，这令 XD 公司松了一口气。

然而，网络安全成了 XD 公司的首要任务。Tom 开启了新的信息安全规划，他将从升级防护措施、提高员工安全意识、建设信息安全运营中心等不同维度的提升，来应对未来可能出现的网络威胁。

每当回忆起这些不眠的夜晚，Danny 仍无法释怀，这是不幸还是幸运？但对 XD 公司和 IT 团队来说，这是一个警钟，也是对其网络安全体系全面升级的契机。

且看 Tom 如何规划信息安全 2.0。

11.2　信息安全 2.0

⊃ 11.2.1　信息安全 2.0 之重新出发

Tom 团队重振旗鼓，能否力挽狂澜？

几个月前，XD 公司经历了一次严重的网络安全事件。虽然对公司未造成严重损害，但该事件暴露出 XD 公司现有信息安全体系存在的漏洞和不足。Tom 作为公司的网络安全负责人，在事件发生后进行了深刻的反思。他认识到，尽管公司已经部署了诸如集中式补丁管理、网络隔离、杀毒软件及信息安全制度等基础防护措施，但在面对日趋复杂和精密的网络攻击手段时，这些措施远远不够。决定性的时刻要求决定性的行动，Tom 开始策划一次彻底的安全架构升级。

为了提高企业网络安全防护能力及防御有效性，Tom 决定执行一套"抓大放小"与"纵深防御"相结合的策略，从而实现高级的网络防护。

"抓大放小"是指在网络安全管理中的一种策略，即将资源和注意力集中在对整体安全最为关键的资产和威胁上，而对于较小、影响较低的风险则给予较少的关注。这个原则背后的理念是安全资源的有限性——无论组织有多大，其可用于网络安全的时间、预算和资源都是有限的。

网络安全中的"纵深防御"是指采用多层次、多策略的安全措施来保护信息系统安全。这个概念源自军事战略，即通过多个防御线的布置来加强防御能力，以便在一层防御被突破时，其他层次仍然能够提供保护。

Tom 利用攻击树分析和渗透测试，模拟攻击者可能会采取的路径，预测攻击者如何尝试获取资产控制权。针对这些潜在的攻击路径，Tom 运用纵深防御原则，策划多层次的防御措施，包括 WAF、IPS、HIDS、EDR 等系统，确保安全架构可以在不同阶段有效地阻断攻击者的行动。主要体现在如下几点（详情可参考 6.5.2 节和 6.7.1 节）：

1. 网关层

- **WAF**：部署基于语义的 WAF 产品，保护网站和 Web 应用免受 SQL 注入、跨站脚本攻击，上传攻击等。
- **IPS**：实现应用级别的漏洞防护和威胁流量监控。
- **IP 白名单**：部分对外系统可通过 IP 白名单减少在互联网上的暴露面。

2. 主机层

- **HIDS**：部署 HIDS 来监测和分析异常行为，提高对内部威胁的检测能力。
- **蜜罐技术**：诱捕和分析黑客行为，同时减缓攻击者的进程。
- **微隔离技术**：在网络层隔离运行环境，例如，AD 只允许入方向流量，不允许出方向流量，以防止内部网络穿透和横向移动。
- **漏洞扫描系统**：持续进行内部和外部漏洞扫描，及时发现和修补安全漏洞。

3. 终端层

- **EDR**：部署 EDR 在终端层实现识别、调查和应对威胁的能力，防范 APT。
- **零信任**：对远程接入终端采用零信任 VPN 方案，运用零信任策略，持续验证所有设备和用户的身份，且默认不信任任何内外网络。

4. SIEM（Security Information and Event Management，安全信息和事件管理）

- **日志管理**：使用开源平台建立强大的日志管理体系，对系统日志、应用日志和网络日志进行统一泛化处理收集和管理（保存时间为 180 多天）。
- **威胁智能告警系统**：结合行业情报和本地上下文，实现威胁告警和账号登录及异常提醒，以及每日威胁报表等功能，提高准确率和威胁发现的及时性。

5. 安全运营

- **密码策略**：制定明确的密码策略，要求密码必须包含大小写字母、数字和特殊字符，IT 系统账号禁止使用弱密码，并且需进行防暴力破解（如验证码、IP 限流等方式）、定期修改密码等。

- **MFA**：对于关键系统，实施多因子认证，增加一层安全验证，降低单一密码被破解的风险。

- **宣传与培训**：定期对员工进行安全宣传及培训，新员工需要通过信息安全考试，提高他们对信息安全的意识。

- **定期审计与合规检查**：执行定期的安全审计，并确保所有系统和操作符合相关合规标准，防止人为失误造成的网络安全攻击。

在 Tom 及团队大刀阔斧的改造下，XD 公司通过纵深防御策略全面升级网络安全架构，做到了及时发现，及时处理，自升级后一直未遭受网络攻击，安全水平显著提高。

随着大量安全产品的引入，如何快速响应和提升管理效率？Tom 及团队又面临新的思考。

➲ 11.2.2 信息安全 2.0 之高效运营

在升级安全防护体系以后，海量的攻击日志及众多安全产品让 Tom 团队经常疲于奔命，看他们是如何化解的。

企业，尤其是科技型企业，对网络安全工作的要求主要集中以下几点：

- **数据防泄露**：大部分黑客或非法入侵者的终极目的是获取企业核心数据，以谋取私利，且其行动往往难以察觉，悄无声息地盗取机密信息。

- **IT 基础设施防破坏**：少量黑客的目的是破坏和勒索，他们寻找企业系统的漏洞以勒索金钱。这类攻击的特点在于破坏性强且往往无法恢复。

- **信息安全合规性**：在与客户合作中，企业需要遵循一系列信息安全的认证要求，如 ISO 27001、CC 认证及国家等级保护要求等。

Tom 和他的团队有着雄心壮志——让企业的网络安全水平提升到行业内顶尖水平，他们仔细分析了升级过程中遇到的挑战和安全运营的常见痛点，以下是他们的发现：

- **安全产品繁多**：众多安全产品导致学习和维护工作量巨大，分散了安全团队对关键任务的注意力，并增加成本。

- **产品孤立性问题**：不同的安全工具之间缺乏有效整合，影响了对威胁的整体应对，延缓了反应时间，降低了策略实施质量。

- **海量日志**：安全系统产生的大量日志数据难以管理和分析，急需有效工具以提炼关键信息，提高效率。

- **用户配合度低**：当安全整改需要用户参与时，通常面对其不配合的态度，这可能由于缺乏安全意识，造成企业安全风险提高。

- **新型攻击层出不穷**：不断演化的安全威胁对安全策略的追踪、评估与更新提出挑战，如新型钓鱼邮件（如二维码图片邮件），要求团队快速准确调整策略。

基于这些核心要点，Tom 提出构建一个"以结果为导向"的自动化网络安全运营体系。这意味着安全运营者需要专注于实际结果，逆向推导出必需的防护范围并制订有效策略。在互联网环境中广泛存在的是无数无目的的攻击，自动化体系有助于确保资源不被无效攻击浪费，提高安全防护的效率和有效性，具体的举措如下：

1. 安全产品日志输出标准化

实施安全工具的标准化规定，要求每款产品具备规范的 syslog 日志输出和 Restful API。这不仅方便集中管理和自动化分析，而且使得多个安全产品之间可以无缝集成，形成一个协同防御的生态圈。

2. 关注有效攻击

在安全防护工作中重点关注可能对企业造成实际损害的攻击。例如常见的 IT 系统用的是 Java Web 框架，而经常收到针对 PHP 系统的互联网攻击，可视为无效攻击。因此，我们需要专注于那些可能影响关键业务和数据资产的攻击方式，并结合 SOC 平台进行监控。此外，还应与安全厂商保持合作，及时获取行业最新情报，有效应对各类新型攻击。

3. 自助式安全管理

通过搭建一套包含安全处理、资产管理、警报通知、漏洞识别、密码强度监控的自助服务平台（可与 Ticket 系统结合，实现工单效果），将安全任务、告警、风险作为标准化处理流程，减少人为处理。例如，用户可以自行去系统内看到自己账号的登录情况、弱密码情况、应用漏洞情况，用户对密码更改、漏洞修复后自动进行更新状态，确保所有安全活动都可遵循严格的规范进行。流程化有助于减少人为失误，确保快速、一致的应对措施。

4. 建立安全响应团队

组建一个拥有明确分工和具体职责的安全事故响应团队，负责制订响应流程，定期进行模拟训练，确保在各种预期内外的安全事件发生时能够迅速、有序地应对。

5. 关注结果的保护方案

Tom 利用大数据及多种安全产品结合开发出一套可以统计任意 IP 会话的流量分析系统，用于发现各种数据上传行为（包括任何加密流量），一旦有流量异常，立即告警（还可以建立黑白名单机制）。企业的基础设施底线在于数据，因此，Tom 与 Mason 协同做好数据备份容灾工作，为备份设置隔离网络，并做出了针对性防护措施。

6. 攻击面管理

将重点资产和易受攻击资产加入攻击面管理系统，定期评估并优化攻击面，以减少潜在的入侵点。通过持续的监控、评估和降低风险，确保策略的有效性能够得到维持和提升。

7. 特权账号管理

对 AD 及重要系统的特权账号（如 AD 的 domain admin 群组账号），必须严格按规范使用，并进行登录和使用提醒，避免账号被盗用。

8. 合规例行化检查

将信息安全合规检查常规化。例如，每年定期组织渗透测试、安全策略有效性检查、容灾演练等，同时针对发现的问题及时更新信息安全制度，或组织不定期的信息安全培训与宣贯，确保及时发现信息安全漏洞并完成整改。

9. 建立 SOC 平台

通过构建 SOC 平台，整合 IP 黑白名单、情报源、日志信息和设备管理。实现防火墙、WAF、EDR、流量分析等产品的自动化联动（如自动拉黑或阻断某 IP），利用日志进行关联威胁分析，生成智能告警和报表，不仅提高了安全监控的效率，还为决策者提供了及时准确的信息。

10. AI 在安全领域的探索

在安全分析、风险评估和自动化响应过程中，发挥人工智能的能力。AI 技术可以帮助筛选海量数据，识别潜在威胁，并提出响应建议。例如，利用 AI 结合 RAG 实现威胁 IP 的拉黑决策、夜间电话告警等，以支持安全运营决策。

在这个不断演变且日益复杂的网络环境中，XD 公司成功构建了一套"以结果为导向"的自动化网络安全运营体系。这一变革不仅解决了安全团队内部工作效率的问题，还标志着企业安全水平的显著提升。

11.3 LTC 第二季——业务架构揭秘

在 LTC 流程架构的基础上，持续优化交付管理，打通销售与供应链。

全球化的业务布局让 XD 公司如同一艘扬帆远航的巨轮，满载着无限潜力和机遇。但随着业务版图的不断拓展，这艘巨轮上的交付流程开始显露疲态，销售数据的预测与实际执行之间的巨大差距，以及如何精准地对接销售预测和供应链的挑战，正考验着公司的应变能力。

Danny 的内心清楚，如果不迅速转变，公司的竞争力必将大打折扣。他开始深入反思销售与供应链之间的衔接问题。回想起去年初，副总裁 Bob 和 Louis 为了两个团队之间的信息同步，搭建了销售预测（简称 FCST）管理系统，但预测数据填报不及时带来的数据质量问题，使得销售与供应链流程存在一定的脱节，导致整个供应链的运作不如预期顺畅。

为了彻底解决这个问题，这不仅是一个系统的升级，还涉及流程、数据及整个组织运作的变革。Danny 决定启动交付管理优化项目（简称 DMS），目标是让销售和供应链业务紧密衔接，提升公司的交付管理能力。Andy 经过一个月的访谈调研，识别出的痛点如下：

- 销售填写的 FCST 数据质量存在问题。
- 从预测 FCST 到出货的数据没能进行拉通分析。
- 产销会决策机制不完善。
- 风险库存管理机制缺失。
- 业务系统的流程和数据没能有效串联衔接。

夜幕下的城市充满活力，交替的灯火与星光辉映。Danny 连夜提交了《从 FCST 到交付的内部管理优化项目建议书》，经评审后项目正式启动。想到即将到来的挑战，他心里既忐忑又期待。DMS 项目不仅要解决现有的问题，还要在 LTC 流程的关键节点上打通障碍，优化整个供应链，让销售数据流动起来。

Andy 已经开始忙起来了，桌面上铺满了各种流程图和优化方案。终于，DMS 项目的整体框架图形成了，如图 11-2 所示。

Jimmy 坐在他的工位，前方的屏幕上展示着复杂的项目时间线。他正在认真梳理每个阶段的任务，为各团队分配责任节点。他深知，优化落地实施的每个细节，都至关重要。

随着 DMS 项目的启动邮件发出，项目组成员已经开始为这场 IT 和业务的双重升级准备。Andy 的桌面上铺满了各种流程图和优化方案，Jimmy 认真识别方案对每个系统的影响，

Danny 与他们一起评估这些影响对项目带来的风险。最终，项目组针对"销售预测与订单管理""风险库存管理"这两块核心业务，通过系统设置规则及自动化处理原则，制订了详细的优化方案，如图 11-3 和图 11-4 所示。

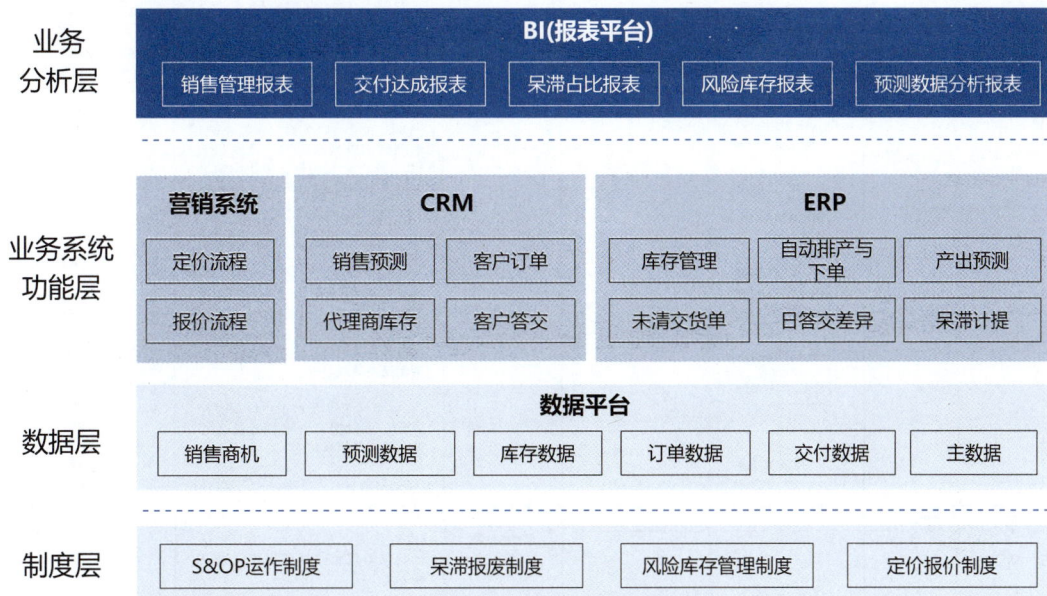

图 11-2　DMS 项目的整体框架图

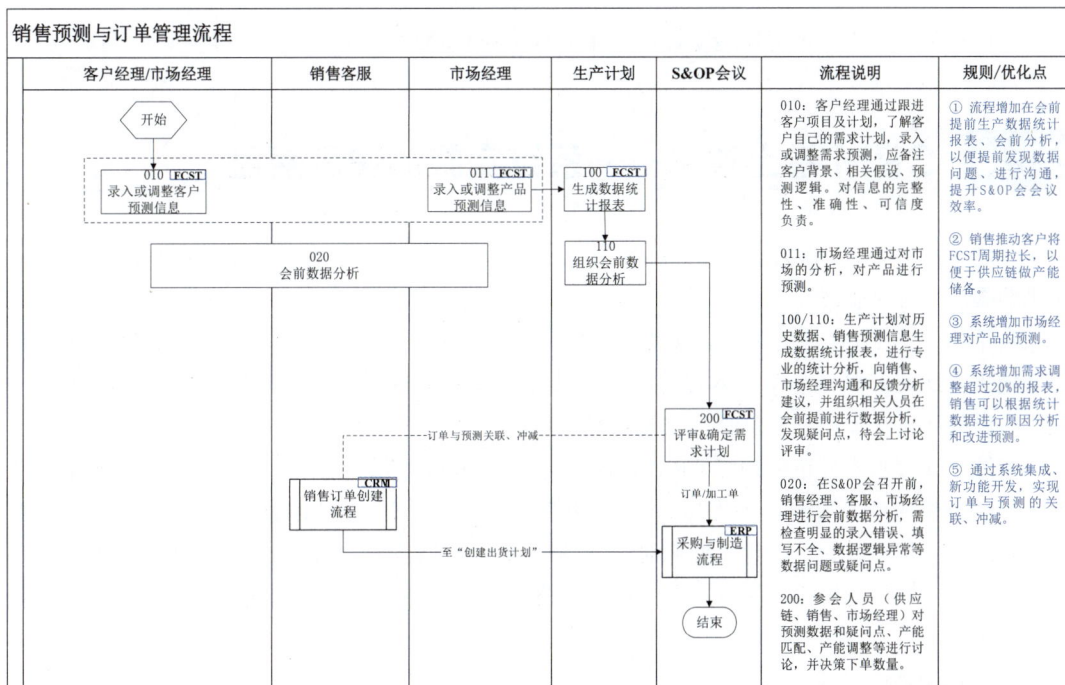

图 11-3　销售预测与订单管理流程图

风险库存管理流程

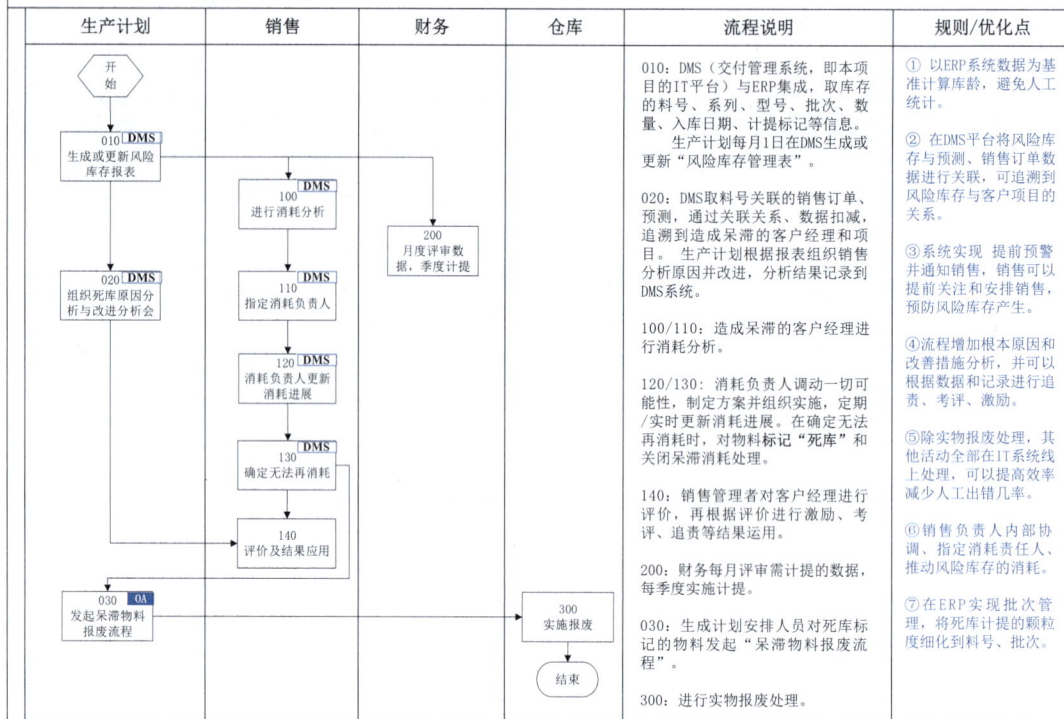

生产计划	销售	财务	仓库	流程说明	规则/优化点
开始 010 DMS 生成或更新风险库存报表 020 DMS 组织死库原因分析与改进分析会 030 OA 发起呆滞物料报废流程	100 DMS 进行消耗分析 110 DMS 指定消耗负责人 120 DMS 消耗负责人更新消耗进展 130 DMS 确定无法再消耗 140 评价及结果应用	200 月度评审数据，季度计提	300 实施报废 结束	010：DMS（交付管理系统，即本项目的IT平台）与ERP集成，取库存的料号、系列、型号、批次、数量、入库日期、计提标记等信息。 生产计划每月1日在DMS生成或更新"风险库存管理表"。 020：DMS取料号关联的销售订单、预测，通过关联关系、数据扣减，追溯到造成呆滞的客户经理和项目。生产计划根据报表组织销售分析原因并改进，分析结果记录到DMS系统。 100/110：造成呆滞的客户经理进行消耗分析。 120/130：消耗负责人调动一切可能性，制定方案并组织实施，定期/实时更新消耗进展。在确定无法再消耗时，对物料标记"死库"和关闭呆滞消耗处理。 140：销售管理者对客户经理进行评价，再根据评价进行激励、考评、追责等结果运用。 200：财务每月评审需计提的数据，每季度实施计提。 030：生成计划安排人员对死库标记的物料发起"呆滞物料报废流程"。 300：进行实物报废处理。	① 以ERP系统数据为基准计算库龄，避免人工统计。 ② 在DMS平台将风险库存与预测、销售订单数据进行关联，可追溯到风险库存与客户项目的关系。 ③ 系统实现 提前预警并通知销售，销售可以提前关注和安排销售，预防风险库存产生。 ④ 流程增加根本原因和改善措施分析，并可以根据数据和记录进行追责、考评、激励。 ⑤ 除实物报废处理，其他活动全部在IT系统线上处理，可以提高效率减少人工出错几率。 ⑥ 销售负责人内部协调、指定消耗责任人、推动风险库存的消耗。 ⑦ 在ERP实现批次管理，将死库计提的颗粒度细化到料号、批次。

图 11-4　风险库存管理流程图

LTC 业务有了供应链的赋能支撑，今年的重头戏 CRM 将如何实施落地？

11.4　CRM 卷土重来——系统实施的逆风翻盘

经过上次 CRM 项目夭折后，Jimmy 终于迎来了卷土重来的机会，这次他和他的团队能否逆风翻盘，一雪前耻呢？

真正高效的 CRM 系统不是直接购买来的，而是根据公司的实际情况来逐步打磨和优化的长期成果。Danny 和 Jimmy 深入讨论之后，决定先借鉴业内最佳实践，然后根据 Global 公司独特的业务环境逐步建设和定制自己的 CRM 系统。

在综合评价国内外诸多顶级 CRM 供应商之后，Jimmy 最终选定了一家能满足 Global 公司需求的海外供应商。尽管市场宣传赋予了该产品亮眼的光环，但 Jimmy 清楚，工具如何服务于业务部门才是关键的。因此，他们对于云端产品的全球性能、可自定义的扩展能力和在中美贸易背景下的软件使用权等敏感问题进行了严格的风险评估。尽管如此，项目组仍然遇到了很多困难。

1. 操作习惯的挑战

XD 公司虽然定位全球化，但以中国员工为主力的团队在采用海外供应商的 CRM 产品时，难免遇到文化碰撞和操作习惯上的障碍。销售同事们发现，系统中的某些操作逻辑与预想的乃至于传统的国内业务实践大相径庭。一些不合乎本地习惯的功能设计和服务流程引起了员工的普遍不满，抱怨声此起彼伏。

2. 流程的水土不服

原本希望能够适应多变的业务流程和审批，可这款产品并不是"百搭"的。它在流程审批和自定义功能上的局限性给 XD 公司的业务流程固化带来了诸多挑战。虽然具备一定的标准流程，但与他们个性化、多变的业务需求有着巨大差异，使得该产品的排他性在某种程度上又成为"水土不服"问题的另一方面。

3. 原厂服务不及时

当系统发生故障或需要维护时，不论问题大小，都需要通过烦琐的问题单系统与供应商联系，这无疑增加了沟通成本和解决问题的时间，也导致了业务部门的不满甚至投诉。

在这个阶段，Danny 作为 IT 部门的领头羊，与海外供应商进行了数轮沟通和协商，争取到了更快的响应时间和更好的服务支持。随着时间的推移，员工逐步适应了新系统。Jimmy 在这个过程中发挥了项目经理的关键作用，他潜心记录下每份反馈和建议，为之后的优化工作埋下伏笔。

4. 自建之路

3 年的时间如白驹过隙。项目组成员精心汇总了这些年业务部门的反馈，形成了一套更加贴近公司实际需要的自建 CRM 实施方案。在做好使用现有 CRM 系统的同时，Jimmy 坚持召集团队进行每周会议，聚焦于自建 CRM 系统的业务功能及方案。

"我们需要的不只是代码堆砌，更是对业务的深刻洞察力。"Jimmy 在一次会议中强调道。他和团队按照业务的实际需求逐一拆解 CRM 系统的功能，一边制订详尽的方案，一边推敲 UI 的细节设计，以及交互的精妙之处。在激烈的讨论、反复的试验与检验中，自建方案逐渐鲜明起来，每个模块、每个操作流程都被优化到几乎完美的程度。

5 个月后，XD 公司终于迎来了它们自主研发的 CRM 系统的问世。新系统在功能和性能上针对性更强，操作习惯和业务管理思路更贴近本土，同时也兼顾了全球市场的需求。

从选型的摸索到产品的使用，从业务不满的诉求到自主开发的 CRM 系统，XD 公司用实践和决心，在 CRM 建设上实现了逆风翻盘。

11.5 未来运维——XD 公司的自动化运维转型

IT 运维团队陷入了琐碎的日常工作中。看看 Mason 如何把 IT 运维变得不那么"手工"和"烦琐"，让一切运维问题都随风而逝。

Mason 作为 IT 运维的舵手，每日目睹团队成员挥汗如雨——重复处理虚拟机申请、分配 IP 地址、开通网络权限、开通 IT 策略等。这一切，是否就是 IT 运维的宿命？于是，他召集了团队成员，共同揭开了自动化运维的序幕。

1. 服务器管理效率低下

在服务器申请和部署方面，用户在 OA 上的申请流程显得笨拙且缺乏效率，管理员的操作也缺少执行的流程标准，主要有如下 3 个方面：

- 配置过程工作量大。所有的服务器安装和配置工作都依赖手动操作，不仅效率极其低下，而且工作量庞大。手工安装和配置过程中很容易由于疏漏或错误而造成配置不一致。用户收到资源后，还需要反复沟通和修改。这给后期的维护工作带来了复杂性。

- 系统版本不统一。手动管理服务器导致无法保证操作系统和应用软件的版本一致。在公司环境中，存在各种操作系统版本，不同的服务器可能运行着不同版本的软件，这种差异性增加了管理的复杂性。许多退出历史舞台的操作系统，无法再更新和升级，这为以后的系统升级和故障排查设置了障碍。
- 通知机制效率低。线下通知用户确认信息的方式不仅低效，还容易导致沟通的延误，不利于资源的快速分配和利用。

2. IP 地址管理的混乱

IP 地址是网络建设的基石，但 XD 公司的 IP 地址管理过程十分简陋，主要还依靠人工方式管理，主要体现在以下 3 个方面：

- 人工记录管理。由于缺乏一个集中化的系统，每位管理员都依赖各自的 Excel 表格来记录和管理 IP 地址。这种分散管理的方式容易导致信息孤岛的产生，不仅效率低下，而且使得数据的统一性和准确性大打折扣。
- IP 地址分配缺少规范。因为没有明确和统一的标准，全凭手工操作的环境下，IP 地址的分配往往显得比较随意，管理员总是随机测试和挑选可用的 IP 地址，然后上线使用，无法支持业务长远的发展。
- IP 地址冲突问题频发。当 IP 地址分配没有遵循明确的管理流程时，很容易产生地址冲突，这直接影响业务的稳定性。网络中的 IP 冲突问题会造成设备无法正常通信，导致整个业务系统的中断。

3. 权限配置重复作业

网络资源权限管理，对于 IT 管理员来说是一个让人头疼的问题。除了每天需要重复的手工操作外，资源到期后也无法及时提醒管理员，使得整个系统管理陷入了更加棘手的管理困境。

- 重复性的权限开通。IT 管理员每天都被重复、手动的权限开通工作所困扰，不仅效率极低，而且非常耗费时间，并且容易配置错误。
- 缺乏资源使用到期提醒。网络资源和权限使用的提醒功能缺失，不利于管理员及时了解资源使用和权限分配的到期情况，无法有效预防或准备权限的更新和资源的再分配。用户可能会因为权限未得到及时续期而突然失去访问权限，导致用户投诉频发。
- 授权回收不及时。权限到期后没有及时回收，可能会导致不应持有权限的用户继续访问资源，这不仅违背了权限管理的原则，也增加了信息安全的风险。

4. 配置管理信息的分散

及时且准确的 IT 配置信息，对每个 IT 运维人员来说至关重要。然而，在 XD 公司内部缺少一个集中的配置信息管理平台。当前，每个人都是使用自己维护的 Excel，既不便于维护和分享，也难以保证数据的及时性和准确性。

为了应对这些挑战，XD 公司急需开启自动化运维的大门，引进先进的工具和解决方案，包括配置管理平台、自助服务门户及自动化部署工具等（详情可参考 5.3.5 节）。这将传统的 IT 运维模式转变为自动化和集约化的运营新框架，使得审批一旦通过，相关资源的配置就能自动完成，而用户随即收到邮件通知，大幅提升了用户的体验。以下流程自动化的关键点：

- 常用流程电子化。针对经常出现的用户需求，将涵盖多个场景的 IT 服务流程进行了电子化处理，并设定了标准化选项，如明确操作系统版本、资源配置、网络区域、相关权限等，以便用户能够进行简便的申请。

- 资源创建自动化。通过与自动化工具 Ansible 深度整合，实现了虚拟机的分配与部署、网络权限的配置、账号的创建与激活等，所有操作都通过脚本自动完成。

- 通知自动化。系统在资源创建完成后会自动发送电子邮件通知用户，确保他们能够及时得知资源状态，并可以立即开始使用，这样大大减少了用户等待和沟通的时间。

- 统一 IP 地址管理方案。Mason 团队使用了统一 IPAM（IP Address Management，IP 地址管理）系统，他们通过 OA 流程集成 IPAM 系统，一旦流程审批通过，系统将自动进行 IP 分配并记录到 IPAM 系统中。

- IT 资源集中化管理。去繁就简，Mason 团队运用开源 CMDB 系统，把杂乱无章的信息整合成结构化数据。针对用户申请的资源信息，自动维护进 CMDB 系统中。

- 资源到期管理与提醒。针对用户申请的硬件资源，通过系统监控并设置自动化提醒，系统提供了自动续期选项，用户只需轻轻一点，便能在 IT 资源的续期和关闭之间灵活选择。

如今，Mason 团队的工作流程自动化覆盖率超过 70%。他们正在畅想未来：IT 系统可以自动分析日志和识别问题，并通过数据预测提醒 IT 管理员甚至可以自主预防潜在的故障。

第 12 章 第四次 IT 规划——AI 已来

以稳健发展为根本，以 AI 创新为助力，以运营效率提升为核心，启动第四次 IT 规划。

1. 公司目标

在全球经济挑战和疫情的共同冲击下，XD 公司不得不把目光转向如何在这个充满不确定性的市场中稳健生存和发展。公司将战略调整为"有质量地活下去"，逐步调整全球业务布局，追求稳健发展，并为经济复苏后的市场扩张做准备。

在经历了连续的业务变革和 IT 建设之后，XD 公司的 IT 能力有了显著提升。尤其是在第三次 IT 规划实施后，网络安全及 SOC 平台已逐步完善，IT 全球自动化运维初见成效，LTC 的变革和系统落地获得了业务部门的高度认可。尤其是对公司交付管理的优化，使得公司在运营效率上大幅提升，销售和供应链部门合作越来越顺畅，为公司在高效运营层面实现质的飞跃奠定了基础。

因此，公司将战略重点放在了业务变革和效率提升方面，主要聚焦于战略管理和营销管理的业务变革，兼顾全面预算和运营决策方面的管理水平提升。随着 AI 技术的成熟，公司希望将 AI 技术尝试应用于公司业务管理中。

2. 第四次 IT 规划目标

为了持续推动公司的稳健运营和面向未来的可持续发展，公司将继续聚焦业务变革，利用管理优化和技术创新提升公司整体效率。此次的 IT 规划将匹配公司这一战略，重点投入到以下领域：

- 变革管理。在 IPD、LTC、ITR、ISC 和 IFS 逐步完善的基础上，XD 公司将聚焦战略管理与营销管理，通过对战略和市场的管理优化，从而支撑公司更长远的发展。
- 启动全面预算管理和运营决策系统建设。通过公司全面预算管理，并依靠运营决策系统的实时监控，及时发现公司经营风险，以便更有效地应对和调整年度经营计划。
- AI 技术的预研与应用。随着公司数字化水平越来越高，XD 公司需要从"数字化"进阶到"智能化"，通过 AI 的创新应用来提升公司整体运营效率，尤其在需求预测的偏差改进、数据驱动的风险预警、智能助理、ChatBI 等方面，这将使公司在运营效率、决策效率和风险管控层面得到极大提升。如图 12-1 所示，XD 公司本次的规划目标就是全面拥抱 AI，通过 AI 赋能业务、接入 IT 系统，实现"AI + X"的战略规划目标。

3. 项目规划

第四次 IT 规划中，将聚焦如下 5 个项目：

（1）全面预算管理

将产品线、研发、供应链、销售和所有管理部门都纳入预算管理。从预算的编制、审批、执行、控制、调整、监督、核算、分析、考核方面，形成一个完整体系，这是公司能否稳健发展的核心部分，该项目的重要性不言而喻，仍由 ERP 项目的核心负责人 Jimmy 来牵头。

（2）数据中台项目

数据中台项目是公司运营决策的基础，作为公司级的数据底座，它不仅涉及公司所有业务系统的对接，而且要对公司的数据进行定义、清洗和管理，这个项目挑战巨大，也关系着公司运营决策和风险管理的成败，这是 Jimmy 的第二项重点工作。

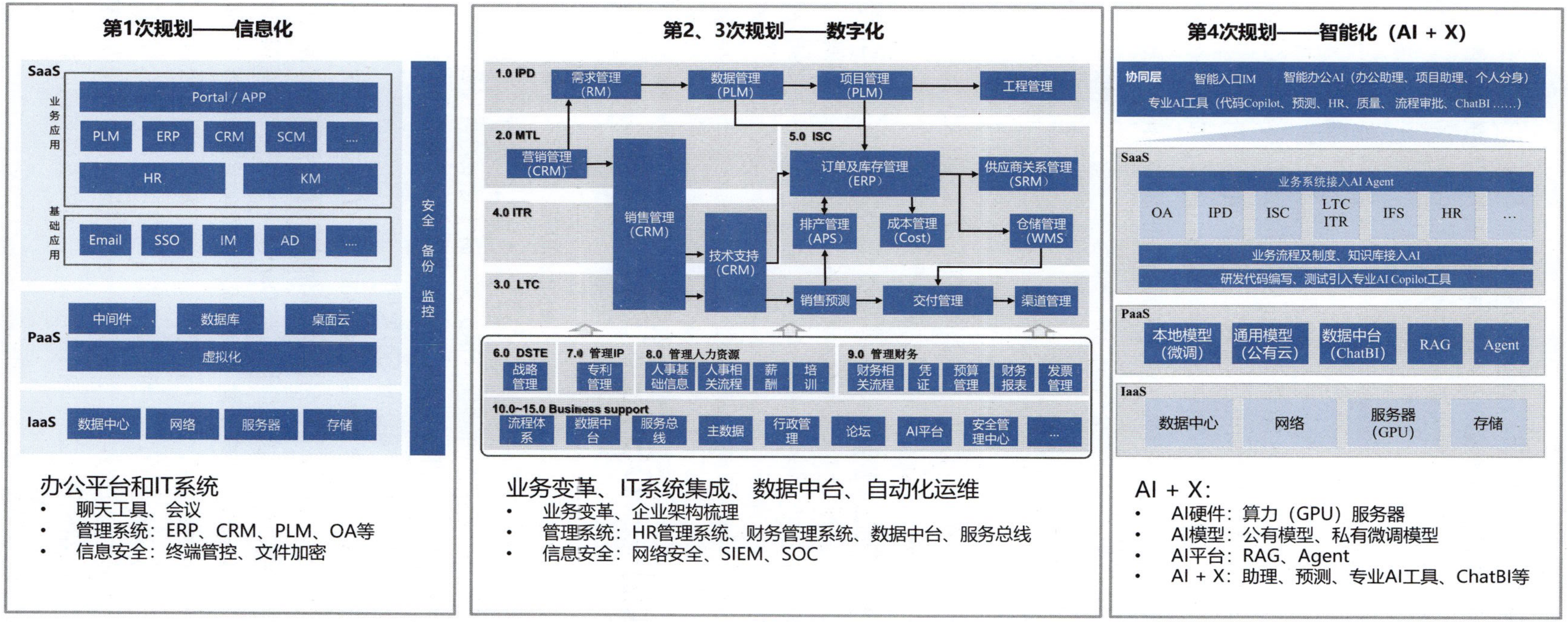

第1次规划——信息化

办公平台和IT系统
- 办公平台：聊天工具、会议
- 管理系统：ERP、CRM、PLM、OA等
- 信息安全：终端管控、文件加密

SaaS
- 业务应用：Portal / APP、PLM、ERP、CRM、SCM、HR、KM
- 基础应用：Email、SSO、IM、AD、桌面云

PaaS：中间件、数据库、虚拟化

IaaS：数据中心、网络、服务器、存储

安全 备份 监控

第2、3次规划——数字化

- 1.0 IPD
- 2.0 MTL
- 4.0 ITR
- 3.0 LTC
- 5.0 ISC

需求管理（RM）、营销管理（CRM）、数据管理（PLM）、销售管理（CRM）、技术支持（CRM）、项目管理（PLM）、工程管理、成本管理（Cost）、排产管理（APS）、订单及库存管理（ERP）、供应商关系管理（SRM）、仓储管理（WMS）、销售预测、交付管理、渠道管理

- 6.0 DSTE：战略管理
- 7.0 管理IP：专利管理
- 8.0 管理人力资源：人事基础信息管理、人事相关流程
- 9.0 管理财务：财务目关流程、预算管理、服务验证、账务报表、发票管理
- 10.0—15.0 Business support：流程体系、新训、薪酬、行政管、主数据、论运、AI平台、安全管理中心
- 服务总线、数据中台

- 业务变革、IT系统集成、数据中台、智能化运维
- 业务变革：企业架构梳理
- 管理系统：HR管理系统、财务管理系统、数据中台、服务总线
- 信息安全：网络安全、SIEM、SOC

第4次规划——智能化（AI + X）

协同层：智能入口IM、智能办公AI（办公助理、项目助理、个人分身）、专业AI工具（代码Copilot、预测、HR、质量、流程审批、ChatBI……）

SaaS
- OA、IPD、ISC、LTC、ITR、IFS、HR……
- 业务系统接入AI Agent
- 业务流程及制度、知识库接入AI
- 研发代码编写、测试引入专业AI Copilot工具

PaaS：本地模型（微调）、通用模型（公有云）、数据中台（ChatBI）、RAG、Agent

IaaS：数据中心、网络、服务器（GPU）、存储

AI + X:
- AI硬件：算力（GPU）服务器
- AI模型：公有模型、私有微调模型
- AI平台：RAG、Agent
- AI + X：助理、预测、专业AI工具、ChatBI等

图12-1 XD公司的信息化、数字化、智能化路径

（3）运营自动化及决策

运营自动化及决策项目要实现关键运营指标的实时监控和自动化管理，涉及公司的销售、交付、成本、库存和财务指标多个领域。这是公司未来稳健发展中的指南针，也是公司管理层的随身助理和隐形管家。这个关键项目需要在数据中台项目的基础上构建，由 Danny 和 Jimmy 共同来完成。

（4）战略管理和营销管理变革

战略管理和营销管理变革项目主要是建设公司的 DSTE 和 MTL 业务流程，通过业务管理系统来支撑公司长期稳健的发展。DSTE 的核心作用是帮助组织明确战略目标并制订有效计划，确保战略的成功实施。MTL 连接 IPD 和 LTC，主要作用是分析市场、培育市场、牵引研发、生成线索、打造品牌、促进增长，指导企业如何洞察市场、如何选择细分市场、如何选择关键客户、如何制订营销策略和营销方案，以及如何将营销活动转化为线索。这个挑战的变革项目将由具备多次变革经验的 Andy 来牵头。

（5）AI 预研和应用

在 AI 技术日益成熟的当下，公司将在需求预测方面寻找合适的 AI 模型来改进公司的预测偏差，同时，大幅推进 ChatGPT、DeepSeek 等大模型在公司的内部应用，这是公司未来效率提升的关键所在。虽然 AI 在企业内部的应用尚在初期阶段，但 XD 公司将不遗余力尝试 AI 的推广，本次项目将由 Danny、Andy、Tom 一起牵头预研和推广。

XD 公司的 IT 规划将紧扣公司当前战略，通过内部管理的优化，拥抱技术创新，提升公司业务管理水平和组织能力，打造一支能够在未来市场竞争中始终卓越的团队。这一系列的业务变革，必将使 XD 公司在未来几年中继续稳步前进，在下一轮经济回暖时迎来更加强劲的发展机会。

12.1 战略规划——DSTE

战略目标是一个公司的航标，如何尽可能得到正确的战略并将之实现，就是航标之下的灯塔。

如何科学地制定公司的战略目标并确保目标实现，需要对战略规划的过程进行梳理，形成适用于公司的从战略制订到执行的业务流程。XD 公司通过了 Danny 的第四次 IT 规划，其中的开场大戏是公司战略规划业务流程梳理的变革项目。

公司一把手 Bill 亲自牵头，并请销售副总裁 Bob、CFO Jessie、COO Louis 和 RD 副总裁 Peter 在内的全体高管团队参与其中，研讨各领域如何从各自的业务角度提出公司未来必须推广 DSTE 流程，各领域必须投入资源参与研讨，与 Danny 一起整理形成可操作的流程。

身为项目执行经理的 Danny，非常清楚 DSTE 流程的成功关系到 XD 公司能否走在行业的前列。而 Andy，这位业务流程专家，致力于结合业界最佳实践，引导公司高管形成正确的战略认知，在公司愿景的指引下，从各自领域的角度提出战略设想，再从公司角度审视这种战略设想能驱动和支撑公司达成什么目标，并为战略目标达成和落地执行提出专业建议。

战略是指对一个企业或组织在一定时期的全局的、长远的发展方向、目标，主要分为如下几个层面：

- 通过战略制定确立战略和战略目标。
- 通过战略分解部署使战略和战略目标具体化，转化为实施计划和关键绩效指标。
- 战略执行是通过资源（组织、预算、人力、文化、氛围）配置实施和完成战略举措，以实现战略目标。

业界比较流行的是 IBM 提出的 BLM（Business Leadership Model，业务领先模型）模型，在国内通过华为的引进和发展使这套模型日趋完善，已经成为企业战略制订和执行的主流方法。

经过发展优化后的 BLM 模型如图 12-2 所示。

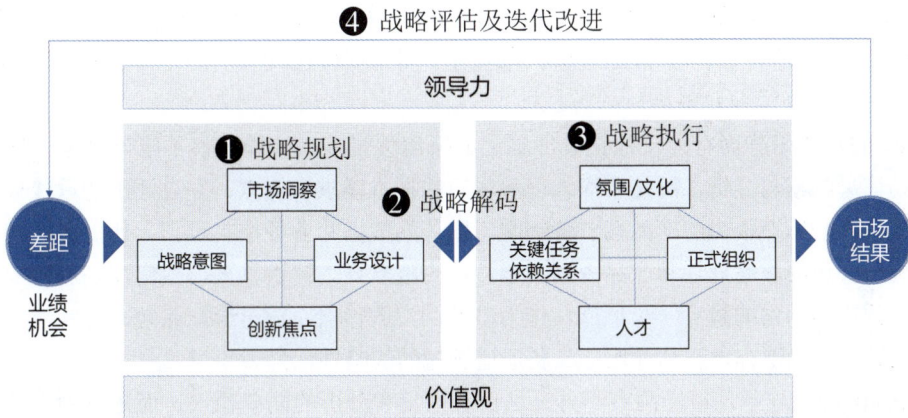

图 12-2　BLM 模型

领导力贯穿战略制订与执行的全过程，并基于与企业战略匹配的价值观，以差距为起点，通过战略制订、战略执行，不断减少差距，持续提升市场结果，并对战略进行复盘，对战略管理体系进行评估和迭代改进。

战略制定到执行体系是包括制订中长期战略规划、制订年度业务计划与预算、执行并监控、持续评估迭代的一个管理体系。经过长达两个月多轮高管们的研讨和调整，形成了 XD 公司的战略到执行的流程示意图，如图 12-3 所示。

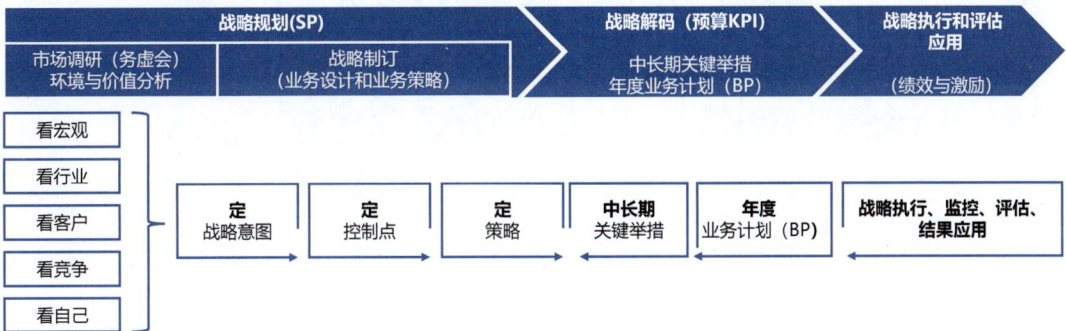

图 12-3　战略到执行的流程示意图

具体的 DSTE 流程可参考本书 2.6 节。战略目标通过什么流程落地到产品端、营销端和供应链端？

让企业的战略落地不再虚无缥缈。

在市场营销的纷繁世界中，MTL 流程一直被视为公司争夺市场高地的重要武器。然而，随着商业环境的日趋复杂和变化迅速，这个原本锋利的工具似乎渐渐变得钝化，无法为公司带来预期的成果。在一次关于市场战略的会议上，所有的目光都集中在了一张精致的市场营销流程图上，这张图精心设计、色彩斑斓，掩盖了其中的问题的实质——一个"华而不实的花瓶"。

Andy 针对这个问题，提出了 MTL 业务变革的契机，他向众人展示了一份重新设计的 MTL 流程架构。这份新流程相比之前，增加了一个画龙点睛的动作——战略和业务控制点设计。

Andy 的声音平静而有力，他指着屏幕上的新流程说："市场洞察不应该只是一种基于当前的市场信息收集与分析，而是要深入理解客户的根本需求和痛点，并设计出能承接战略目标并让产品具备长期竞争力的产品端、营销端、服务端战略和业务控制点。"他提出，市场洞察应该直接与公司的战略规划和产品规划相承接，为战略规划提供输入，战略规划流程中的业务设计嵌入到市场洞察的最后一个环节，作为市场洞察的输出，输出给产品端、营销端、服务端甚至供应链端，确保公司产品和服务具备遥遥领先的战略性优势。

在 Andy 的引导下，市场洞察不再只是信息收集和分析的简单输入，而是驱动产品端、营销端、服务端、供应链端乃至全公司的价值驱动引擎，新的 MTL 流程已经不再是孤立的市场行为，而是变成了整个公司战略落地的抓手、生命线，实现了从战略到落地的无缝衔接，让企业的战略落地不再虚无缥缈。

融合 XD 公司的业务，Andy 输出了适配 XD 公司的 MTL 流程框架，如图 12-4 所示，并得到了公司高层的一致认可，具体流程框架可参考 2.3.2 节。

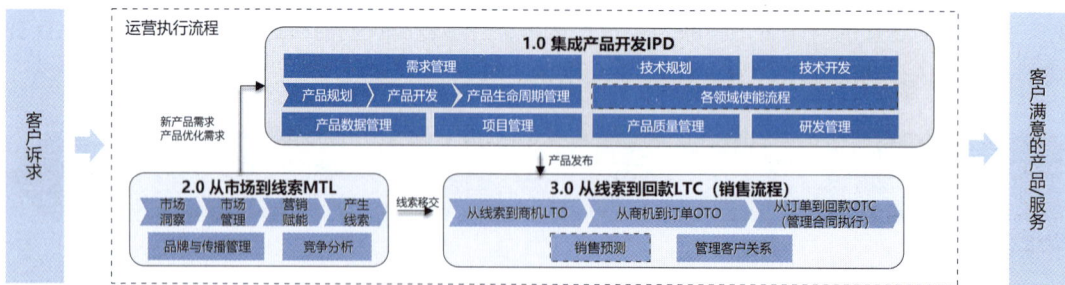

图 12-4　MTL、LTC 和 IPD 流程架构关系

至此，第四次规划的流程梳理和业务变革告一段落，规划的 IT 系统落地项目又将如何开展？

12.3 全面预算管理之旅

Jimmy 正在负责全面预算系统建设项目，让我们跟随他的视角，看看会发生什么样的故事。

在 IT 第四次规划成功获得批准之后，Jimmy 带领团队迅速投入了全面预算系统构建的紧张工作中。现在是 5 月份，而公司的管理层紧迫地要求，在今年 10 月进行下一财年的预算编制工作时，新系统必须投入使用。

在 XD 公司内部，所有关于集团整体预算管理的任务都由财务部门统筹，经过与财务部门的深入沟通，Jimmy 对公司现行的预算管理过程有了一个全面的认识。

Tina 作为财务部门经验丰富的预算管理负责人，对现状不无牢骚。她表示："每到年底，财务部门需要从各个部门收集明年的预算数据。这些预算数据都是在 Excel 模板上管理，因为每个部门的数据质量参差不齐，而且往往会修订多个版本，这导致财务部合并预算数据非常困难，而且工作效率实在低下。"虽然目前的 IT 系统在单一业务领域支撑尚可，且部分上下游业务已得到合理的系统集成，但对于全面预算这一具体场景，还没有对应的 IT 系统来承载，而且数据分散。

预算的编制如此艰难，预算执行情况的监控自然也不尽如人意。在 XD 公司的 OA 系统中，涉及费用的相关流程都有财务 BP 的身影——通过人工管理的数据来审核预算的执行。若有了全面预算系统，这些繁杂过程都将得到显著简化和提升。

随着全面预算管理系统选型工作的正式启动，Jimmy 安排了一系列评估会议，邀请了 IT 实施团队和财务部门的核心成员共同参与，为 XD 公司选择最合适的全面预算管理解决方案。

市场上的预算管理软件非常多。首先是 Oracle Hyperion，这位行业巨头的解决方案，以全面的预测和深入的分析功能令人瞩目，不少行业内的朋友给 Jimmy 推荐过，但其产品组件繁多，对 IT 团队来说也是一种挑战。

接下来登场的是 IBM TM1。IBM 的这一解决方案以强大的内存处理能力享誉市场。尽管拥有高性能的标签，但市面上能够实施和维护该产品的资源比较难寻觅。

最后轮到了 SAP BPC。SAP 的这一产品是将财务和运营规划流程综合起来的解决方案。它以对 SAP 生态系统的深入整合、高效的数据处理与分析能力，以及出色的财务报表和预测性能而闻名。

于是，在考虑了集成能力、用户友好性、灵活性及供应商的市场影响力等关键因素后，整个决策过程逐渐指向了 SAP BPC。这个选择符合业务诉求，也解除了 Jimmy 在团队资源安排的焦虑，因为 BPC 和 ERP 都是 SAP 公司的产品，技术路线上有延续性。这样，目前团队中 ERP 系统的技术资源就可以复用了，这将有效降低项目过程中技术方案制订和将来的运维风险。

预算管理方案详情可参考 3.5.2 节，在此不表。忙碌的日子过得特别快，转瞬间 6 月已经接近尾声。在过去的几个月里，Jimmy 的工作卓有成效，产品选择确定，实施团队组建完毕，核心业务部门的关键成员也都已参与进来。随着这些关键准备工作的完成，全面预算管理系统项目终于可以全力以赴地启动。

Jimmy 明白，时间是当前项目面对的最大敌人，项目组必须加班加点确保预算编制功能在

10月份可上线。最终，终于在预算季开始前完成了预算编制功能的初版。Tina 在今年的预算编制过程比往年顺利多了，整个财务部门在新系统的支持下能够高效地完成工作。

有了这个成功的开端，Jimmy 的团队也在随后几个月中，继续迭代实施其他预算管理功能。最终，全面预算管理系统全方位地投入使用，它不仅简化了预算编制流程，还加强了公司对财务状况的控制力和洞察力。XD 公司现在能够在一个整合的系统中完成从预算编制到执行、监控、分析的整个预算生命周期，而 Jimmy 和他的团队因灵活的解决方案和出色的执行能力而赢得了公司的广泛认可。

12.4　数据中台建设与实践——AI 辅助决策

作为一家迅速崛起的科技公司，XD 公司在充满活力的市场中一直取得亮眼的业绩。但这一年，市场的剧烈波动搅乱了他们精心制订的销售计划。CEO Bill 站在窗前，望着繁忙的街道，深感未来的管理策略必须有所改变。他知道现有的销售预测方法与市场的急剧变化脱节了，他需要一种全新的方式来应对挑战，那就是人工智能。

人工对数据的理解是有限和不够客观的，必须依靠机器，用机器学习和人工智能分析历史数据，结合人工对未来趋势进行判断。将人工对未来趋势判断的自然语言转化作为一种输入，加上历史数据、人工预测的数据，通过机器算法进行销售预测。

将人工智能引入到企业决策，一直是 Bill 的愿景。Bill 的思绪回到 3 年前，作为一家高科技公司的老板，已经见识了机器学习在产品创新中的威力，一直深信人工智能的潜力无限，当时就提出审批流程的智能审批构想。他设想有这样一个机器，可以收集过去的审批流程数据，通过机器学习找出其中的模式和规律，形成决策依据，并据此给出审批建议甚至直接做出决策。

经过两年的数据沉淀，恰逢大语言模型的爆发，Bill 认为将人工智能用于辅助决策，必须提上日程。他希望这样一个人工智能的预测结果比人工更优，用人工智能辅助主管的审批，减少主管投入到审批的时间，提高审批质量。Danny 的想法与 Bill 不谋而合，在年度规划时，也提出了人工智能辅助决策项目。就这样，Danny 自告奋勇，牵头推动这个项目。

项目的第一步是整合各个 IT 系统数据，搭建数据中台。基于 XD 公司这么多年的 IT 建设，IT 系统和数据已经非常完善，搭建数据中台也不在话下，具体可参考 4.2 节和 4.4 节。

项目的第二步是基于数据中台，如何实现智能决策？Danny 访谈多个行业内算法专家，他想尝试运用机器学习技术来进行销售预测，鼓励 Andy 一起学习机器学习，两人亲自操刀，说干就干。

Danny 和 Andy 经过 3 个月的摸索，尝试了数十个机器学习模型（可参考 3.4.2 节），优化了数百次，终于能综合多个模型结果，输出最终的需求预测。

又试运行几个月，整体来看：

- 对未来 1 个月的销售预测，AI 与人基本相当。
- 对未来 3 个月的预测，AI 比人工偏差率减小 5%，这对公司的运营决策非常有用。
- 对未来 5 个月的预测，偏差率可以减小 10%，这让 Danny 和 Andy 欣喜不已。

在销售预测方面取得初步成果的同时，Danny 还着手将大模型应用到 OA 系统。开发团队在 OA 系统中整合了大模型的能力，将其应用于审批流程，大模型成为简化和加速审批流程的关键因素。通过大模型，为系统赋予了处理自然语言输入的能力，允许审批人员以对话的方式与系统交互。当他们有疑问或者需要进一步的信息来做决策时，随时向系统提问，系统会整合流程中的相关数据及制度条款，并反馈 AI 的理解与建议。

在费用审批方面，审批人员可以直接询问大模型："这笔费用是否合理？"系统能够即时回应，提供过去类似情况的数据分析、相关制度条款、推理过程解释，帮助审批人员做出更加明智的决策。

同样，在项目立项方面，大模型使得项目审批更为高效。例如，项目决策者只需要问："基于我们的预算和资源，我们应该优先考虑哪个项目？"大模型可以快速搜集相关的数据，给出历史同类项目数据参考，对比分析不同项目的潜在价值。

AI 预测经过近一年的运行，库存水平更加合理，避免了库存积压，提升了库存周转率。AI 辅助审批，让各级主管在 OA 审批流程时，就像有一个随身顾问一样，系统就能提供这些数据和相应的规则，并给出是否同意的决策建议及理由，大大降低了主管在流程审批上所消耗的时间。

Bill 感到非常满意，他的远见现在得到了验证。公司现在不仅在技术上领先，更在智能化决策上开创了先河。接着，Danny 基于公司需求，同时结合 AI 技术的发展现状，制定了 AI 实施的三个阶段，如图 12-5 所示。

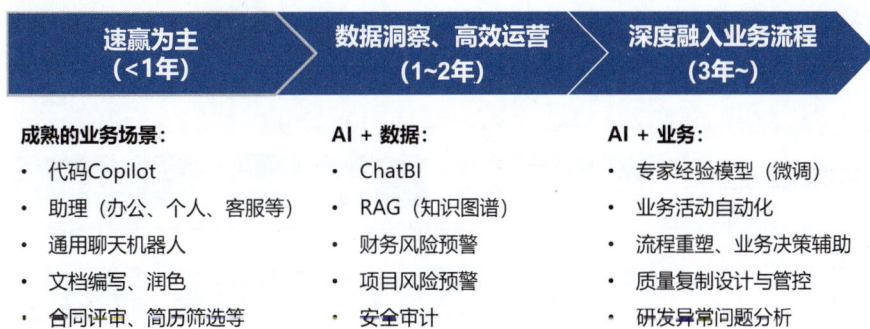

速赢为主 （<1年）	数据洞察、高效运营 （1~2年）	深度融入业务流程 （3年~）
成熟的业务场景：	**AI + 数据：**	**AI + 业务：**
• 代码Copilot	• ChatBI	• 专家经验模型（微调）
• 助理（办公、个人、客服等）	• RAG（知识图谱）	• 业务活动自动化
• 通用聊天机器人	• 财务风险预警	• 流程重塑、业务决策辅助
• 文档编写、润色	• 项目风险预警	• 质量复制设计与管控
• 合同评审、简历筛选等	• 安全审计	• 研发异常问题分析

图 12-5　XD 公司的 AI 实施三个阶段

- **速赢为主**：聚焦已成熟且易落地的 AI 应用场景，快速提升业务效率，如代码生成助理（Copilot）、智能客服（如语音或文本交互）、文档编写、合同评审、简历筛选等。
- **数据洞察、高效运营**：整合公司内部的结构化和非结构化数据，构建智能工具平台（如 ChatBI、RAG 平台），实现对财务运营、项目管理、信息安全等多个业务领域的数据分析、洞察与风险预警，通过深度数据挖掘赋能企业决策。
- **深度融入业务流程**：利用模型微调技术，构建企业本地化的"专家经验模型"，支持更复杂的业务场景，如：辅助业务流程审批、质量管理、研发异常问题分析等，使 AI 深度融入企业核心业务流程，提升公司整体运营效率。

未来已来，AI 已来。

面对外部环境的不确定性和经济的下行压力，如何让公司稳健经营和长期发展？

清晨的阳光格外温柔，懒懒地照入 Danny 的办公室。他看着老板 Bill 刚刚发来的邮件，沉思良久——Bill 要求公司的报表不应该是主管去中台查阅，而应该是中台提醒主管哪里有风险，智能和主动响应能力才符合现在的 AI 时代。

正当 Danny 纳闷如何优化中台系统和建立新的智能监控体系时，公司 CFO Jessie 急匆匆地走了进来，带着一份紧迫的消息："Danny，我们遇到了大问题，上季度的大部分研发项目费用都超支了，而且项目进展是延期的，最麻烦的是我们现在才发现！"Jessie 显得有些焦虑，昨天的公司管理会议上因为这个话题几乎变成了战场。

Danny 沉默了一会儿，又微微地摇了摇头，他知道这不仅仅是一个报表更新慢的问题，这更是一个管理上的不到位和不及时。不仅是项目费用和进度，还有更多关键的运营指标，如库存周转率、毛利率等，都是在季度末才被财务手动整理出来。不仅如此，报表还需要高级管理层定期开会讨论，反馈周期漫长，对于风云变幻的商业环境来说，危机重重。

面对这样的局面，Danny 认为应当立即采取措施。他立即召集了一支由 IT 和业务部门（以财务、供应链、销售为主）的核心成员组成的变革项目组，并向管理层建议，公司需要建设关键运营指标监控系统。

项目组成立后，首先制订了项目的目标，包括项目层面与经营层面的综合运营指标体系的监控，如图 12-6 所示。

图 12-6　综合运营指标体系

项目进度不再仅以里程碑完成度来评估，而是通过实时的项目工时统计、项目费用统计，并与项目预算对比，形成动态的费用执行率监控机制。对于项目进度，针对项目中的每个领域，制定各领域的关键里程碑，以跟进计划的完成度。

同时，经营层面的指标更加细致，实时的发货量、营收、价格、成本，月度的毛利率、库存、库存周转率、呆滞库存率、预测准确率，以及季度的 BP 达成率、商机转换率等也需要被整合到数据中台，并建立了实时的数据仪表盘。

因为这些指标并不是简单的统计汇总和分析，还包括很多业务流程的梳理和数据规范性定义，所以，Danny 将整个项目划分为如下 3 个部分。

（1）运营流程梳理

对于研发和运营流程，公司虽然一直在推行 IPD、MTL、LTC 等流程，但每个 L5～L6 层的任务活动仍需要考虑集成与持续优化。例如，研发的工时管理流程，应该以什么方式填报？公司的销售预测管理，应该是哪些部门以哪种频率和维度来填报？呆滞库存的标准、成本的计算方法等，应该对不同的产品线制订相应的标准流程。

（2）数据规范定义

数据标准在中台系统中已经梳理过，但针对自动化的运营指标监控，数据的颗粒度会更小，例如，毛利的计算，需要考虑到公司的成本问题，而成本又涉及历史计提、供应商价格波动、BOM 变更等，所以，毛利需要考虑实际毛利、实时毛利等多个统计指标。

（3）指标统计分析

除了常规的数据统计计算，Andy 还牵头公司的算法团队，引入了机器学习算法，打造了智能的预测模型和风险分析模型，能够对各项指标进行趋势分析和异常检测，让系统能学习过去的数据模式，精确地识别出潜在的风险和机会。

当新的监控体系随着中台系统正式上线后，公司内部的气氛焕然一新。管理层不再是等待月底报告出炉，而是所有关注点变得即时、透明。一旦经营数据出现异常波动，系统会及时通过电子邮件和移动 App 推送预警通知。XD 公司的运营敏捷度和响应速度大大提升，这使得公司能够在第一时间采取补救措施或调整策略。

Jessie 再次出现在 Danny 的办公室门口，只是这次，她的表情轻松了许多。"Danny，真是太棒了！我们及时发现了库存中呆滞风险，并在呆滞前找到解决方案，为公司节省了几百万元……"这让 Danny 和他的团队明白了，IT 团队的价值不在于 IT 技术本身，而是技术对公司的商业成功发挥了多少价值。

自动化的数据仪表盘，就如 XD 公司这艘巨轮的灯塔，指引它在变幻莫测的商海之中稳稳前行。

第 13 章　结尾

因环境和行业的差异，IT 建设之路千差万别。

正因如此，每个行业，每家企业的 IT 建设之路各异，笔者难以评论。但作为 20 年的从业者，踩过很多坑，碰到各种难，甚至还经历过很多不眠之夜，所以，想把这些经验教训，以另一种方式呈现给大家，希望对大家有所启发，抑或引起一点点共鸣和些许思考。

其实，每一章的故事，因为篇幅有限，难以表达其中的苦与乐。在公众号上，笔者也收到过不少粉丝的私信和打赏，除了表达他们的赞许，他们还希望了解一个中小企业如何去规划和建设自己的 IT 平台，也希望能够了解其中的细节。所以，这才有了技术篇和故事篇，希望这样的分类，对您来说更加清晰，也对您的工作也有所帮助。

我们在低头走路的时候，别忘了抬头看天，或许顿悟就来自我们抬头的一瞬间。我们坚信，数字化的未来一定是星辰大海，繁星灿烂！

附录 A　缩略语

英文缩写	英文全称	中文全称
AA	Application Architecture	应用架构
AAA	Authentication、Authorization、Accounting	认证、授权、审计
AD	Active Direcotry	活动目录
ADCP	Availability DCP	可获得性决策评审
AI	Artificial Intelligence	人工智能
AP	Access Point	无线接入点
APS	Advanced Planning and Scheduling	高级计划与排产
APT	Advanced Persistent Threat	高级持续性威胁
AR	Allocation Requirement	分配需求
ASN	Advance Shipment Notice	预发货通知
B2B/ToB	Business to Business	企业对企业
B2C/ToC	Business to Consumer	企业对消费者
BA	Business Architecture Business Analysis	业务架构 业务分析
BCP	Business Continuity Plan	业务连续性计划
BEM	Business Execution Model	业务执行力模型
BI	Business Intelligence	商业智能
BLM	Business Leadership Model	业务领先模型
BOM	Bill of Material	物料清单
BP	Business Plan Business Partner	经营计划 业务伙伴
BPA	Business Process Architecture	业务流程架构
BPC	Personal Business Commitment	个人业务目标承诺
BPM	Business Process Management	业务流程管理
BT&IT	Business Transformation & Information Technology	业务变革 &IT
CBB	Common Building Block	公用基础模块
CDCP	Concept DCP	概念决策评审
CDT	Charter Development Team	项目任务书开发团队
CIA	Confidentiality、Integrity、Availability	保密性、完整性、可用性
CIO	Chief Information Officer	首席信息官
CMDB	Configuration Management Database	配置管理数据库
CRM	Customer Relationship Management	客户关系管理
CS	Custom Service	客服
CSM	Customer Service Management	客户服务管理
CSO	Chief Security Officer	首席安全官

英文缩写	英文全称	中文全称
CSRF	Cross-Site Request Forgery	跨站请求伪造
DAS	Direct-Attached Storage	直连式存储
DCP	Decision Check Point	决策评审点
DLP	Data Leakage Prevention	数据防泄露
DRP	Disaster Recovery Planning	灾难恢复计划
DRR DCP	Deployment Ready Review DCP	推行准备度决策评审
DSTE	Develop Strategy To Execution	战略开发到执行
EA	Enterprise Architecture	企业架构
ECAD	Electronic Computer-Aided Design	电子计算机辅助设计
EDCP	Early Sales Support DCP	早期销售支持决策评审
EDI	Electronic Data Interchange	电子数据交换
EDR	Endpoint Detection and Response	端点检测和响应
EOFS	End of Full Support	停止全面服务
EOL	End of Lifecycle	生命周期结束
EOM	End of Marketing	停止销售
EOP	End of Production	停止生产
EOS	End of Service & Support	停止服务和支持
ERP	Enterprise Resource Planning	企业资源管理
ESB	Enterprise Service Bus	企业服务总线
HIDS	Host-based Intrusion Detection System	基于主机型入侵检测系统
IA	Information Architecture	信息架构
IaaS	Infrastructure as a Service	基础设施即服务
IDS	Intrusion Detection System	入侵检测系统
IFS	Integrated Financial Services	集成财经服务
IM	Instant Messager	即时通信
IP	Intellectual Property	知识产权
IPAM	IP Address Management	IP 地址管理
IPD	Integrated Product Development	集成产品开发
IPMT	Integrated Product Management Team	集成产品管理团队
IPS	Intrusion Prevention System	入侵防御系统
IR	Initial Requirement	初始需求
ISC	Integrated Supply Chain	集成供应链
IT	Information Technology	信息技术
ITR	Issue to Resolved	从问题到解决
KPI	Key Performance Indicator	关键绩效指标
LLM	Large Language Model	大语言模型，又简称大模型
LODSP	Last Order Date of Spare Parts	备件最后购买日
LT	LT	提前期
LTC	Lead to Cash	从线索到回款

英文缩写	英文全称	中文全称
LVS	Linux Virtual Server	Linux 虚拟服务器
M&A	M&A（Mergers and Acquisitions）	并购
MCAD	Mechanical Computer-Aided Design	机械计算机辅助设计
MDM	Main Data Management	主数据管理
MECE	Mutually、Exclusive、Collectively、Exhaustive	相互独立，完全穷尽
MES	Manufacturing Execution System	制造执行系统
MFA	Multi-Factor Authentication	多因子认证
MPS	Master Production Schedule	主生产计划
MQ	Message Queue	消息队列
MRD	Market Requirements Document	市场需求书
MTL	Market To Lead	从市场到线索
NAS	Network-Attached Storage	网络接入存储
NL2SQL	Natural Language to SQL	自然语言转换为 SQL
OA	Office Automation	办公自动化
OES	Operating、Enablinge、Supporting	运营、使能、支撑
OGSM	Objective、Goal、Strategy、Measurement	目的、目标、策略和度量
OKR	Objectives and Key Results	目标与关键成果法
OMS	Operation Management System	运营管理系统
OTP	One Time Password	一次性密码
P2DR/PPDR	Policy、Protection、Detection、Response	策略、防护、检测、响应
PaaS	Platform as a Service	平台即服务
PBC	Personal Business Commitment	个人业务目标承诺
PBI	Product Basic Information	产品基本信息
PDCA	Plan、Do、Check、Act	计划、执行、检查、行动
PDCP	Plan DCP	计划决策评审
PDM	Product Data Management	产品数据管理
PDT	Product Development Team	产品开发团队
PEST	Politics、Economic、Society、Technology	政治、经济、社会、技术
PF	Product Feature	产品特性
PLM	Product Lifecycle Management	产品生命周期管理
PMT	Portfolio Management Team	产品组合管理团队
PO	Purchase Order	采购订单
POC	Proof of Concept	概念验证测试
PQA	Product Quality Assurance Engineer	产品质量保证工程师
PR	Purchase Requisition	采购申请
PRM	Partner Relationship Management	合作伙伴关系管理
PRR DCP	Pilot Ready Review DCP	试点准备度决策评审
QoS	Quality of Service	服务质量
RAG	Retrieval-Augmented Generation	检索增强生成

英文缩写	英文全称	中文全称
RCE	Remote Code Execution	远程代码执行
RFID	Radio Frequency Identification	射频识别
RFP	Request for Proposal	需求建议书
RME	Requirement Management Engineer	需求管理工程师
RMT	Requirement Management Team	需求管理团队
ROI	Return on Investment	投资回报率
RPO	Recovery Point Objective	数据恢复点目标
RTO	Recovery Time Objective	恢复时间目标
S&OP	Sales and Operation Planning	产销计划
SaaS	Software as a Service	软件即服务
SAN	Storage Area Network	存储区域网络
SCM	Supply Chain Management	供应链管理
SCOR	Supply Chain Operations Reference	供应链运作参考
SDL	Security Development Lifecycle	安全开发生命周期
SD-WAN	Software-Defined Wide Area Network	软件定义的广域网
SIEM	Security Information and Event Management	安全信息和事件管理
SIT	System Integration Testing	系统集成测试
SLA	Service Level Agreement	服务水平协议
SOC	Security Operations Center	安全运营中心
SOP	Standard Operating Procedure	标准作业程序
SOW	Statement of Work	工作说明书
SP	Strategy Plan	战略规划
SPDT	Super Product Development Team	超级产品开发团队
SR	System Requirement	系统需求
SRM	Supplier Relationship Management	供应商关系管理
SSID	Service Set Identifier	服务集合标识符 / 网络名称
SSO	Single Sign On	单点登录
SWOT	Strengths、Weaknesses、Opportunities、Threats	优势、劣势、机会、威胁
TA	Technology Architecture	技术架构
TR	Technical Review	技术评审
TR	Technical Review	技术评审
UAT	User Acceptance Testing	用户验收测试
VDI	Virtual Desktop Infrastructure	虚拟桌面基础架构
WAF	Web Application Firewall	Web 应用防火墙
WIP	Work In Process	在制品
WMS	Warehouse Management System	仓库管理系统
XSS	Cross-Site Scripting	跨站脚本